張信剛

- 著 -

文明的地圖

一部絲綢之路的風雲史

海外修訂版

商務印書館

文明的地圖 —— 一部絲綢之路的風雲史（海外修訂版）

作　　者：張信剛

責任編輯：吳一帆

編　　務：董　雨

裝幀設計：高　毅　　張　毅

排　　版：周　榮

出　　版：商務印書館（香港）有限公司

　　　　　香港筲箕灣耀興道 3 號東滙廣場 8 樓

　　　　　http://www.commercialpress.com.hk

發　　行：香港聯合書刊物流有限公司

　　　　　香港新界荃灣德士古道 220–248 號荃灣工業中心 16 樓

印　　刷：美雅印刷製本有限公司

　　　　　九龍觀塘榮業街 6 號海濱工業大廈 4 樓 A 室

版　　次：2021 年 7 月第 1 版第 1 次印刷

　　　　　© 2021 商務印書館（香港）有限公司

　　　　　ISBN 978 962 07 5880 5

　　　　　Printed in Hong Kong

目 錄

土耳其進行曲

結　語

序

我在小學四年級時就從課本上讀到了班超投筆從戎到西域建功的故事。我上中學時，父親告訴我，歐洲人和日本人對蒙古、新疆和中亞地區很感興趣，不少學者都曾實地考察過張騫所開通的絲綢之路。這是我第一次聽到"絲綢之路"一詞。從那時起，我便對絲綢之路抱有一種浪漫的情懷，憧憬要到絲綢之路體驗一下。

用腳丈量文明地圖

1963 年，我的父母在東非的埃塞俄比亞（Ethiopia）為世界衞生組織工作。由於我要到美國留學，必須先去父母所在地申請美國簽證。於是，1963 年 7 月，我從台北出發，途經香港、曼谷、孟買、貝魯特，抵達埃塞俄比亞的首都亞的斯亞貝巴，我還在埃塞俄比亞的故都貢德爾停留了一個多月。拿到簽證後，我輾轉經過阿斯馬拉、喀土穆、雅典、蘇黎世、羅馬、巴黎到達紐約，然後乘長途汽車橫貫北美大陸到洛杉磯，再從洛杉磯乘火車到位於舊金山灣區的斯坦福大學（Stanford University）報到。

我先後於 1972 年、1978 年和 1983 年三度趁暑假回國參觀、訪問、探親、講學，走遍了大半個中國，只是沒有去新疆和西藏。

1987 年夏，我獲得了一個罕有的機會，得以從蘭州經嘉峪關、敦煌到烏魯木齊和喀什，終於圓了自己幼時的夢想。以這個機會為肇始，探索絲綢之路成了我的最大愛好。為此，我買了不少飛機票、書籍和紀念品。

1963-2019 年，我到過除阿富汗與伊拉克以外的所有亞洲國家，造訪了除立陶宛與摩爾多瓦之外的所有歐洲國家，以及除阿爾及利亞以外的所有北非和東非國家，一共探訪、參觀過陸上絲綢之路和海上絲綢之路沿線 200 多個城市。

這些親身訪問的經歷加上多年的閱讀積累使我認識到，我們今天所說的"陸上絲綢之路"與"海上絲綢之路"構成了歐亞大陸文明的動脈系統，正是這兩個動脈系統把人類文明的養分輸送到歐亞非洲的各個地區。幾千年來，在這兩條動脈上往來的商人、僧侶、士兵、外交官、作家、遊客，在不同時段裏用他們的腳繪製並且丈量了"文明的地圖"。

用口講述絲綢之路

2007 年夏，我在香港退休後，探索絲綢之路和歐亞大陸上的文明交流成為我的"新專業"。

2007 年秋，我在清華大學給 200 名本科生教授"遊走於文明之間"的通識課程。2008 年，我在北京大學的新聞與傳播學院給碩士生講授"東西文明交流"課程，並給光華管理學院師生開設"文化與經濟系列講座"。2009 年春，我在山東大學做了一個關於文明發展與文明交流的系列講座。2009 年秋，應土耳其海峽大學的邀請，我給該校歷史系本科生講授一門名為"中國與絲綢之路"的課程。2012 年秋，我在上海交通大學給大約 150 名本科生講授了共 30 課時的"文明交往講座"。2013 年夏，我在中歐國際工商學院的 EMBA 班（高級管理人員工商管理碩士）講授了共 56 課時的 "文明的地圖" 課程。

數年間，圍繞絲綢之路與東西文明的交流，我系統地教授了不少課程。多次的講述難免涉及一些重複的題材，但我完全沒有厭倦之心，反而提升了進一步探索的興趣。每次回望絲綢之路和相關的歷史，都會讓我有更深刻的認識。

用腦思考人類命運

1974 年，毛澤東提出了 "三個世界" 這一概念："我看美國、蘇聯是第一世界。中間派，日本、歐洲、澳大利亞、加拿大，是第二世界。咱們是第三世界。" 鄧小平於 1974 年在聯合國大會上宣講這個理論時，我就坐在旁聽席上。當時所有第三世界國家的經濟都不發達，其中大多數國家要麼存在內部民族和宗教矛盾，要麼與鄰國存在歷史恩怨和領土糾紛，甚至兼而有之。我一直在思索，這些國家要怎樣才能團結起來？

2013 年秋，習近平在哈薩克斯坦和印度尼西亞先後提出了共同建設 "絲綢之路經濟帶" 和 "21 世紀海上絲綢之路" 的倡議。這個被稱為 "一帶一路" 的倡議反映了世界的新格局，表達了中國對國際關係，進而對人類命運的設想。

"一帶一路" 倡議或許可以被視為 "三個世界" 理論的當代版和具體化。兩者的共同點是都把重心放在佔世界人口大多數的發展中國家，而 "一帶一路" 則是以合作共贏為重點。

在社會科學領域，目前並不存在適合各國情況的普遍理論和統一實踐。任何地區的經濟發展和社會現代化都會受到地理、歷史和文化因素的影響。中國學者若要認真地探索絲綢之路國家，就應該從 "一帶一路"的具體建設中獲取啟發與資料，開闢新課題，做出新論述。

擺在中國知識界面前最大的挑戰是：通過對陸上絲綢之路和海上絲綢之路沿線地區進行深入的觀察與分析，參照發達國家與中國自己的發展經驗，建構一套"發展中國家應以合作互補來促進彼此發展"的政治經濟學，闡述在當今科技水平和國際新形勢下的最佳發展途徑。

用筆書寫體驗心得

這些年，我在用筆記錄自己的體驗方面也做了一些努力：我曾在紙質期刊和網絡媒體上發表多篇文章，其中有對歐亞大陸的不同地區、族羣的歷史做出的述評，也有對"阿拉伯之春"和高加索、烏克蘭、土耳其等地的歷史與政局做出的分析與評論。這些文章的主題都與"絲綢之路"和"文明的地圖"有關。部分在期刊上發表過的文字和授課內容的轉錄已經陸續結集出版。本書所有的篇章都是以 2020 年為基準，包括經校訂的已發表的文章和近期新寫的文字。

付梓在即，香港商務印書館要我寫一篇自序。前兩節所述可說是本書的緣起，下面我將對本書的內容略做陳述。

從舊石器時代起，人類就以自己的手和腦對自然界加以改造，創造了人類文明的基因。今天，科學與技術已經將人類社會帶入 DNA（脫氧核糖核酸）改造、幹細胞、電子商務和 5G（第 5 代移動通信技術）物聯網的時代。應該與科學和技術互相促進的，是人類社會的組織方式和治理模式。

本書的書名為《文明的地圖》，如書名所示，本書是對不同地區和不同時代的文明的綜述。

本書第一部分表現了文明研究的不同方法和視角；第二部分着重介紹"絲綢之路"的概念和相關內涵，以及引起全球注視的"一帶一路"倡議；第三至七部分以我自己的親身經歷和觀察思考為基礎，分別對絲綢之路的五個重要地區（大中亞、印度、伊朗、高加索、土耳其）的歷史文化和發展前景做出介紹和評論。

　　結語部分，我敝帚自珍，做一個畫龍點睛的嘗試，希望能夠說明：古絲綢之路乃是人類歷史的地理宿命，而今日備受關注的新絲綢之路則是歐亞大陸的歷史宿命。換言之，新絲綢之路乃是形成人類命運共同體的必由之路。

緒 論
文明的地圖

文明的基因

　　"基因"這個詞現在很流行，
"文明"這個詞大家也都非常熟悉。
那我們文明的基因是從哪裏來的？
使我對整個人類文明真正有興趣並
且有意識地想去了解的，是一張照
片（見圖）。這是我在埃塞俄比亞
國家博物館裏拍到的一張照片。這
張照片的主角被人類學家親昵地稱
為"露西"，是生活在距今 320 萬
年前的類人類。從照片中可以明顯
看出，她雙足可以直立行走，前肢
比後肢短。她的後人慢慢地走出了
埃塞俄比亞，並且走到了全世界。
（這是人類起源的"單地起源說"，
另有"多地起源說"等。）按照今

320 萬前的女性原始人"露西"的
骼，收藏於埃塞俄比亞國家博物館

天絕大多數古人類學家的看法，露西應該是我們人類共同的祖先。但她的顱容量跟現代人還有很大的差別，所以科學家只能將她歸類為原始人類，而不是現代意義上的人。從已發現的化石來判斷，人和猿分開的時間大概是在 750 萬年前：大約 300 萬年前有了非洲猿人；大約 200 萬年前出現了會製造工具的能人；大約 150 萬年前出現了直立人，直立人不但有工具，可能還會用火。他們從非洲東部走出來，經過中東，到達亞洲（爪哇人和北京人應該都是他們的後代），也去了歐洲；大約 50 萬－20 萬年前，留在非洲的直立人進化成智人，但和直立人的區別並不十分明顯。這些智人在大約 20 萬年前也走出了非洲，他們的部分後代被稱作尼安德特人，在中東和歐洲留下許多遺骸、工具和人為埋葬的痕跡；大約十萬年前出現的現代智人和今天的人類在解剖學上基本上是相同的，我們大家應該都是這一批現代智人的子孫。

在 10 萬年前，人類大致可以分為兩支，較為古老的一支是主要在中東和歐洲的尼安德特人；另一支是從非洲散佈到中東、亞洲，後來又到了歐洲的現代智人。在歐洲的現代智人消滅了尼安德特人，雖然他們也曾經和尼安德特人交配混血。這兩支人類的前額、眉骨和下巴的形狀都不一樣，顯示了他們進化過程的不同。

大約 4 萬年前，地球還處於冰河期，印尼與澳大利亞、新幾內亞之間的水道還很窄狹，一部分現代智人就從印尼渡海遷移到了澳大利亞和新幾內亞，成為這兩個地方最早的人類。後來由於天氣變暖，地球進入現在的第四間冰期，海面上升，陸地縮小，澳大利亞、新幾內亞與印尼和亞洲大陸就更加隔絕了，因此澳大利亞和新幾內亞的現代智人在幾萬年的時間裏和其他地區的現代智人沒有交往。這導致澳大利亞、新幾內亞和歐亞大陸有很不同的發展軌跡。

大約 2 萬年前，人類用皮毛禦寒的能力逐漸提高，一部分現代智人就慢慢從亞洲東部遷移到西伯利亞居住，並在 1.5 萬年前，當冰川還沒消退的時候，渡過白令海峽進入阿拉斯加。這些人就是今天美洲居民的先祖。從考古學證據來看，人類從白令海峽進入美洲之後不到 1,000 年，就到達了南美洲的南端，平均每年向南移動大約 15 公里。從人類學角度看，美洲的原住民和今天亞洲東北部的居民十分相似，現在的 DNA 研究也證明了這一點。

　　既然現代智人來自同一祖先，那麼人和其他動物有甚麼分別，人的基本特徵是甚麼呢？這是哲學家要探討的問題，我說不清楚。作為一個研究科學的人，我只能羅列以下四點：1. 人有比其他動物更複雜和精細的喉部結構，有用聲音交流信息的能力，這就是語言；2. 人有懊悔、羨慕、思念等感情，這些感情的深度和廣度是其他動物所不能及的；3. 人能用自己的理性，根據一定的法則來理解事物，除了感性地看到一定的事物以外，還能理性地推斷一定的事物；4. 人會集羣而居，社會組織力量和複雜度要比其他動物高得多。另外由於進化，人的眼睛有白眼球，而猴子、猩猩就沒有。因為有白眼球和黑（藍、綠）眼珠的對照，人就可以“眉目傳情”，可以“怒目而視”，也可以“斜眼看人”——在想甚麼，有甚麼感情都會被別人知道。動物中只有人會拋媚眼，狗和猴子再聰明，再善解人意，也還是不會拋媚眼。

　　開始寫人類文明史或開始討論文明的都是農業社會出身的人，因此，文明的開始可以定義為人類開始有意識地種植植物作為食物。那麼，首先生產食物的地區應該就是文明的起源地。讓我們先看在地理上與歐亞非三洲互相隔絕的美洲。它自己形成了一個單獨的生態系統。在中美洲地區，最早有生產和儲存食物的證據，主要的作物是玉米和豆類。後來南美洲安第斯山區也出現了食物生產，主要是豆類和馬鈴薯。再看亞非歐三洲。這三大洲上有四個原始的食物生產區，各有自己的特別作物，而這些作物當然和當地原有的野生植物有關。非洲西部很早就有了農業，最早種植紅薯。亞洲西部是人類最早出現農業的地區，有種植業也有畜牧業。這裏首先種植的小麥和大麥後來逐漸傳到了歐洲、北非、南亞和東亞。印度恆河流域很早就有了獨立的農業，但我們現在不知道它的原始作物主要是甚麼。稻米的原產地是中國南部，東南亞（湄公河流域）也是稻米的較早產區和主產地，大約 8,000 年前就開始種植稻米了。中國黃河流域的農業是自生的，主要種植小米。小麥則是後來從中東傳過來的。

　　上面說的都是作物，但是農業不單是作物，一開始就包括了畜牧業。人類與最好的朋友狗的歷史有約 1.2 萬年了。在動物之中，狗是人類最早也是唯一不是為了食用而馴化的動物；綿羊和山羊是在西南亞首先被馴化，大約有一萬年的歷史；豬大約是一萬年前在中國被馴化的。豬對中國人來說真是太重要了！"家"這個字就是在屋頂下面有一頭豬。而"家"對古代中國來說是最主要的社會單位和力量來源。牛、水牛、馬、驢也該說一下。牛大概是 8,000 年前在印度被馴化的；水牛則於約 6,000 年前在中國被馴化；馬是約 6,000 年前在黑海北岸的草原被馴化的，一開始是為了吃牠的肉，後來被用來負重或是拉車，最後發現牠還能騎，並且脖頸很長，看得很遠，可以識途，十分聰明靈敏，所以就被人類作為運輸和作戰的工具了。馬被馴化後，才有了遊牧這種生活方式，也才有遊牧人口。至於驢，別看牠體型小，對人類還真有用。牠是約 6,000 年前在埃及首先被馴化的。公驢和母馬交配可以生騾子。駱駝有兩種：中亞的雙峰駱駝和阿拉伯的單峰駱駝，但兩者之間不能交配繁殖。

人和動物有了不解之緣後，當然有很多好處，但牠們也會給我們帶來致命的"禮物"。人其實本身是帶有病菌的，動物也是。所以，天花、麻疹、百日咳、流行性感冒這些病都是從動物身上傳來的，像 H7N9 病毒就是在家禽身上被發現的；最近為害全球人類的新型冠狀病毒也應該是從野生動物身上來的。

文明的發展

我們對人類早期文明的認識主要來自考古學。19 世紀以來，考古學和古文字學成為歐美各國學界非常重視的學科。學者們在世界各地進行大規模考古挖掘後，發現了許多珍貴的古物，例如陶器、銅器和古代文書等。從這些古物中，考古學家推測出不同地區和不同時代的生活方式，以及它們之間的關係（比如希伯來文明、地中海文明以及它們的關係）。後來歷史學家把考古學家的成果借鑑過來，將某些特定但範圍較大的地理區域裏較為固定的物質生活方式稱為"文明"（civilization），而把較為抽象的信仰和價值觀等稱為"文化"（culture）。其實，這兩個詞都是歐洲人在 18 世紀根據拉丁文詞根提出的新名詞（civilization 源自 civilis，意為城邦公民；culture 源自 cultura，意為耕耘）。它們經常被不同的學者賦予不同的意義，二者也時常被視作近似詞而被互相代用。

大約距今 1.2 萬年前，地球剛進入當今的間冰期，那時地球的不同地區已經居住着不同的人羣。天氣開始變暖，可供食用的物種和數量增加，人類可以向以前無法居住的寒帶移動，追捕一些習慣寒冷氣候的大型動物，如馴鹿。在那個時候，農業將興未興。也就是說，五大洲（如果包括大洋洲就該是六大洲）上的人類似乎都是在一條起跑線上。跑到 6,000 年前時，中東、南亞和東亞的農業社會領先發展，澳大利亞、美洲和非洲南部則落後了許多。但到了今天，卻是西歐各國人，以及他們在美洲、非洲和大洋洲的後裔所建立的工業社會和後工業社會經濟水平最高；東亞和東歐正在急追，但是仍然相對落後；撒哈拉沙漠以南的非洲、南美洲的內陸以及亞洲內陸和東南亞的山區似乎最為落後。

19 世紀中葉，正當歐洲殖民帝國統治世界各地，具有絕對優勢的時候，達爾文的生物進化論出現了。這給了那些本來就具有種族優越感的歐洲人一個藉口，認為白種人天生就優越，而黑、棕膚色的人則天生愚蠢。這些種族主義者一方面相信所有人都是上帝造的，滿口"愛你的鄰人"，另一方面卻又錯誤地演繹達爾文的進化論，把它轉成為社會達爾文主義，相信種族和民族的"優勝劣敗"和"存優汰劣"，進而在"勝即優，敗即劣"以及"優當存，劣當汰"的宣傳之下實施種族滅絕行為。

這些觀點被殖民主義、種族主義和納粹主義的擁護者到處宣傳，以致許多受害者都認為事情本來就該如此。在近代中國，也有不少人不自覺地信服這些謬論。簡單地說，他們相信，因為某些人種／民族的智力比較低下，比較懶惰，所以發展就落後。但他們無法解釋的是，中國漢族和西歐各民族的基因庫在近 1,000 年中都沒有大的改變（倒是在 4–6 世紀時，雙方各自有過大規模的民族融合，基因庫因此可能有不小的改變），為甚麼中國社會在 7–15 世紀明顯領先於西歐，而 18–20 世紀則是歐洲明顯領先於中國？且不論這個問題是否有恰當的答案，一個被種族主義和社會達爾文主義影響的人，就會在自己的言行中不自覺地對歐美人士禮貌十足，而面對貧窮落後國家的人民和本國的少數民族時，就不免要自我感覺良好。

針對上面的問題，我們需要了解進化論的科學演繹，以及地理環境對人類歷史的影響。

大家都知道，寒冷地區的人一般個子比較高，皮膚比較白；熱帶地區的人個子比較矮，皮膚顏色較深。從進化論基因異變的角度，這個很容易解釋。

我先說膚色的"物競天擇"。大家都知道，強烈的紫外線照射會使皮膚致癌。皮膚的色素能夠擋住紫外線，因此可以部分避免皮膚癌的發生。膚色白的人在熱帶會因為皮膚癌而降低存活的幾率，也就難以繁衍；通過基因的異變，膚色深的人就容易在熱帶繁衍。膚色還和維生素 D 的合成有關。紫外線的照射有利於身體內合成維生素 D，而維生素 D 對人體骨骼的強健來說很重要。在高緯度的寒帶，陽光照射少，紫外線不夠強，如果膚色太深就沒辦法合成所需的維生素 D，因此不利於骨骼健康。這樣，在寒帶的人如果皮膚顏色淺，骨骼就會比較健康，也有利於繁衍。因此，無論從防皮膚癌還是從骨骼健康的角度來看，近赤道的人皮膚會比較黑，近北極圈的人皮膚會比較白。進化論解釋了這個大家都會注意到的膚色分佈現象。

再談個子的高矮。任何動物，包括人，冬天會怕身體裏的熱散得太快，夏天會怕身體裏的熱散不出去。要想散熱慢，就應該減低體表面積與身體體積之間的比例；要想散熱快，就應該增加體表面積與身體體積之比。現在設想有兩個方塊，一個是每邊一釐米，另一個是每邊兩釐米。它們的表面積和體積之比分別是 6：1 和 24：8（也就是 3:1）。因此個子高大的人散熱比較慢，在寒帶比較容易存活，夏天他們散熱慢不要緊，因為寒帶的夏天不會太熱；而個子矮小的人則是在熱帶比較容易存活，冬天散熱快不要緊，因為熱帶的冬天也不會很冷。因此，從進化論可以很清楚地解釋，為甚麼有些人黑，有些人白，有些人高，有些人矮。還有，根據近年來的基因研究，人類現有的各種體型、膚色、頭髮、鼻子、眼睛的差異，都可以在 5 萬年的時間裏因為基因變異而產生，也就是說，今天所有的人類都有可能是源於 5 萬年或更早之前的某一個小羣體，儘管這不是必然的。

既然人類的基因和潛能都差不多，那麼種族要論優劣的說法就完全站不住腳。這樣的話，又如何解釋有的地區的人在幾千年之前就已經有了輝煌璀璨的文明，有的地區的人卻在不久之前都還沒有跨進農業生產階段，而停留在原始生活狀態呢？

先讓我們看一下世界各大洲的地圖。歐亞大陸是地球上最大的一塊土地，全部都在北半球，而且主要在溫帶。歐亞大陸很大一部分土地分佈在北緯 40−50 度，因此要從歐亞大陸的東部到西部，不用穿越很不同的氣溫帶，而且從多瑙河到大興安嶺還有連續不斷的大草原。再看地圖上的非洲，它最寬的地方在赤道附近，貫穿它的軸線主要是南北向，穿越了不同的溫度帶。南美洲亦是如此，南美洲形狀狹長，跨越赤道，而且還有一個南北向的安第斯山脈把它割裂成三大區，一個是太平洋區，另一個是大西洋區，再有一個就是以熱帶森林為主的亞馬遜河流域。因此，單從地形來看就可以知道，在亞洲和歐洲，人畜的往來和貨物的運輸比較容易，文明容易傳播，文化容易交流，而這些在非洲和南美洲則是相當困難的。

文明的首要條件是農業。它的開始需要有適當的本地物種，這些物種要能夠在人的培養之下生長，還要服從季節的變更，且成熟期不能太長。早期人類不可能等候若干年之後才會結果實的植物，因為他們需要儘快獲取餘糧來維持生命。小麥、大麥、小米和稻米都是一年一熟甚至一年兩熟，所以才會被人類選為農作物。當然，沒有野麥就沒有家麥，沒有野稻就不可能有供人種植的稻米種子。非洲和南美洲就沒有野麥，不能種植小麥；歐洲和東亞本來也沒有小麥，因為陸上可以交通，西亞的小麥就傳到了歐洲、南亞和東亞。所以，非洲和南美洲的文明發展是先天不足。

推動文明發展最為直接的條件是，可以被馴化的、能馱重和耕田的大型牲畜。前面已經說過，牛、馬、驢、駱駝這些大型的哺乳動物都是在亞洲被馴化的。一旦有了馴化的動物並且讓牠們快速繁殖，這些牲口就可以幫着種田，可以載人和運貨，當然還可以提供肉食給人類。這些條件在非洲都沒有：非洲有的斑馬和犀牛無法馴化，獅子、老虎更是不必談。北美洲、南美洲和澳大利亞也沒有可以馴化的大型動物。有人說，美洲和澳大利亞的土著為甚麼守着肥沃的土地卻不發展農業，而歐洲人去了才一兩百年，美國和澳大利亞就成了世界兩大穀倉和最重要的棉花、羊毛產地？答案很簡單，那是因為歐洲人是在工業革命之後，有了現代化的農業技術和機械設備之後才過去的。前面提到，澳大利亞和新幾內亞的原住民都是四萬年前從印尼渡海過去的，之後水平面就升高了，水道變寬了，直到 18 世紀歐洲人到達之前，他們都沒有與外界其他人類交往的機會，只有袋鼠與他們為伴。在澳大利亞和新幾內亞既有的地理條件（高山、沙漠、海濱）、生態環境和物種分佈的情況下，這些土著只能在這些限制下繁衍，沒有其他辦法，所以他們沒有農業。美國最大的農業州是加利福尼亞，可是加利福尼亞的原住民不但沒有適當的種子，就算有也沒有水去灌溉農田。因為加利福尼亞是個乾燥無雨的地方，現在的水是從 1,500 公里之外的落基山脈用運河引過去的。

總而言之：一萬年前幾大洲的人類都還沒有進入文明狀態，所以大家都在同一條起跑線上。但是隨着時間的推移，有的文明發展得很快很好，有的似乎還在原地踏步。這不能全怪後者文明落後，至少不能簡單地說他們的能力弱，畢竟大家腳下的路並不一樣，有的筆直而平坦，有的則是崎嶇難行，因此文明就有了不同的發展。

文明的板塊

因為不同地區的人們面對不同的自然環境，不同的文明板塊就出現了。

第一個是美索不達米亞（意為"河流之間"，大致包括今伊拉克和敍利亞東北部）文明。西亞的幼發拉底河和底格里斯河之間的"兩河流域"在很早的時候就已經有了令我們今天還會吃驚的成就，比如四千年前鑄造的銅像、數學上求立方根、天文上的黃宮十二道（因此發明了 12 進位制，反映在計時上是一年 12 個月，一天 24 小時）等等。其實任何地方的文化都不是全部由本地人口創造出來的，彼此的交流和借用十分重要。澳大利亞的原住民四萬多年都沒有機會和別的地區往來，結果那裏的人一直停留在打獵和採食階段。

美索不達米亞的早期居民蘇美爾（Sumer）人在大約 4,500 年前製作的一幅皇家旗幟，現在被英國大英博物館保存。大約 3,800 年前明文頒佈的《漢謨拉比法典》，內容相當詳細，其中一個基本原則是用者自付。比如說做買賣，不像我們現代人，還有售後服務，當時是只要你一旦買了東西，賣方就不管後面的事情了。還有就是"以眼還眼、

埃及首都開羅附近古老的獅身人面像和吉薩金字塔，是尼羅河流域文明的見證

以牙還牙"，後來的希伯來法典就承襲了這個原則。希伯來人和比他們早的古巴比倫人以及比他們遲出現的亞述人都說很近似的閃米特語言。他們最早出現的迦南地，就是今天敍利亞之南的巴勒斯坦，他們的祖先亞伯拉罕和宗教思想就是來自美索不達米亞。

　　第二個是尼羅河流域文明。埃及不是人類文明的原始地，其文明是從美索不達米亞傳過去的，但是埃及卻把這外來的文明發展得非常昌盛。這多虧了尼羅河。尼羅河三角洲每年被上游沖下來的泥土洗刷一次，所以土地非常肥沃。尼羅河上游有幾個瀑布，它們使尼羅河的上游和下游之間無法航行，因而分為兩個地理和文明區：上游人口稀少，下游富庶豐裕。埃及一向受尼羅河影響：今日埃及 95% 的人口住在尼羅河兩岸只佔國土 5% 的土地上，而另外 5% 的人住在佔全國總面積 95% 的沙漠裏。所以古埃及文明是高度集權的文明，而尼羅河就是它的生命線。尼羅河上游物產不豐厚，多數時間埃及都被下游的人所左右。

第三個是印度河流域文明。今天的印度人並不是印度河流域文明的直接繼承人，雖然在血統上可能有一部分關係，但文化上卻不是。印度河流域指的就是旁遮普（意為"五條河流"）地

印度河流域的祭司國王像，藏於巴基斯坦國家博物館

區。古代印度河文明的遺跡是英國人在一戰前後發現的。他們挖掘出來幾個古代城市遺跡：摩亨佐・達羅在約 4,600 年前就有浴室、下水道和暖水器，此地還出土了一個舞女的塑像和羣葬的遺址；哈拉帕有整齊的街道，出土過一個男性的上身塑像，他應該是黑膚色的印度土著居民，而不是今天印度河谷居民的祖先。不知甚麼緣故，這個文明後來就消失了。約 3,500 年前雅利安人入侵印度的時候，並沒有遇到擁有高度文明的本地人的抵抗。所以 3,000 多年來的印度人並不知道，印度河流域有過這樣的文明。美索不達米亞和古印度有很多相同的地方，比如，在兩地都出土了圓柱形的滾動印章，因此它們中間一定有來往和交流。

第四個是黃河與長江中下游的文明。現在已經知道，這個文明

裏有約 5,000 年前的良渚城牆、絲綢，約 3,500 年前的非常精緻的青銅器，以及約 3,000 年前的馬車。我想馬車應該不是中國獨立發明的，因為約 4,000 年前美索不達米亞就有安裝了輪子和輪輻的戰車。約 1,000 年之後，周武王也使用馬拉戰車，這應該不是巧合。馬大概是 6,000 年前在今日烏克蘭一帶被馴化的，周朝的輪輻也可能是從西方傳過來的。因此可以說，中國古代文明並非都是自己創造的。馬王堆古墓裏發現的 2,100 年前的絲質旗幟已經非常細緻和華麗了。其實，我覺得中國四大發明的次序很有意思，先發明了穿着和書寫用的絲，幾千年後才有較簡單但更重要的紙。

古印度文明很早就已經存在，但是後來卻離奇地消失了。約 3,500 年前從阿富汗進入印度的雅利安人和印度原住民融合後，創造了（西方人所謂的）印度教文明。從體質人類學的角度看，今天印度半島北部和西部的人，平均而言，膚色比較淺一點，個子高一點，鼻子尖一點；而南部人平均來說皮膚要黑一點，個子要矮一點，鼻子要扁一點。也就是說，雅利安人進入印度 3,000 多年之後，由於地理位置的緣故，印度南方人和雅利安人的混血程度依然比較低。今日印度的主要語言和歐洲各地以及伊朗的語言是同源的，屬於印歐語系。古印度文明的創造者說甚麼語言，現在仍然不清楚。今天的印度有 29 種官方語言和 14 種法定文字，因此今天的印度文明也是幾種文明的並存，但主要的是印度教文明和伊斯蘭文明。

美索不達米亞文明有幾個繼承者。第一個是希伯來人在巴勒斯坦地區所建的迦南文明，第二個繼承者在今天土耳其的東部和中部，叫赫梯（Hittite）文明。赫梯文明大概在公元前 1,900－前 1,500 年達到頗高的水平，但今天的土耳其人並不是赫梯人的後代；第三個是受到美索不達米亞文明的影響，但也受到埃及文明影響的由克里特島上發展出來的米諾斯文明。島上發現了許多很精緻的陶器，還有栩栩如生的岩畫，也有一種因為現存遺跡不多，還沒有被破解的古老文字。迦南文明和克里特文明融合後產生了地中海文明。希臘和羅馬的文明都屬於地中海文明（當然也還有從地中海東岸遷移到北非迦太基的腓尼基文明）。地中海文明和迦南文明有兩個共同繼承者，分別是西方基督教文明和伊斯蘭文明；此外，斯拉夫人 1000 年左右接受了希臘東正教之後，所創造的俄羅斯（以及烏克蘭、塞爾維亞等）東正教文明也是他們的繼承者。

文明的互動

中國多個世紀對外往來的主要通道是"絲綢之路"（見第 20-21 頁圖）。這個名字是 19 世紀德國一個地理學家起的，非常之恰當。總括來說，傳統絲綢之路有北路、中路、南路，主要是從黃河流域穿過河西走廊和新疆，經過中亞、伊朗、伊拉克和敘利亞，到地中海東岸。另外，在蒙古高原之北和西伯利亞針葉樹森林之南的中間地帶有一片從大興安嶺直達烏克蘭的亞歐大草原（或稱歐亞大草原），這就是草原絲綢之路。歷史上有月氏人（吐火羅人）、斯基泰人從歐洲經過這條通道來到東亞，而匈奴人、突厥人還有後來的蒙古人又經過這條通道從東亞到達西方。這些人口的移動是文明之間互動最為明顯的例子。在中國南方，從四川、雲南南下緬甸可以出海到印度洋，再轉往波斯灣或是也門，最後到地中海東岸。也可以從廣州出海，沿越南海岸繞過馬來半島進入印度洋，再轉去地中海。這是海上絲綢之路。考古發現證明，埃及的貨品在秦漢之交就已經從海上來到了廣州。提起

絲綢之路示意圖

威尼斯

羅馬

刻赤

伊斯坦堡
（君士坦丁堡）

阿斯特拉罕
（薩萊）

黑海

裏海

馬什哈德

地中海

拉塔基亞
（安塔基亞）

大馬士革

德黑蘭

亞歷山大
開羅

蘇彝士

巴格達

尼羅河

紅海

亞丁

亞丁灣

摩加迪沙

維多利亞湖

蒙巴薩

伊爾庫
茨克

貝加爾湖

烏蘭巴托

和林

	漢代絲綢之路
	唐代絲綢之路
	草原絲綢之路
	西南絲綢之路
	海上絲綢之路

烏魯木齊

伊寧

哈密

吐魯番

庫爾勒

呼和浩特

北京

喀什

若羌

敦煌

武威

蓬萊

莎車

蘭州

黃河

西安
（長安）

武漢

上海

寧波

長江

成都

大理

泉州

昆明

合浦

廣州

南

巴特那

吉大港

恆河

孟加拉灣

曼谷

馬尼拉

海

欽

雅加達

巨港

絲綢之路，大家最熟悉的當然是張騫、法顯、玄奘等人去中亞時所走過的，從長安出發，穿過河西走廊和沙漠，越過高山，由綠洲所串起來的綠洲絲綢之路。絲綢之路的開發其實早於絲綢貿易，它實質上促進了不同地區的交往，並展現了文明之間的互動。除了絲綢和其他物質的交換，信仰和生活方式的交流其實對後世的影響更長遠。別的不說，單是佛教傳入中國就已經是人類歷史上的一件大事。

2006 年春天，我在巴黎大學萬神殿－索邦校區作一個月的學術訪問，主要是研究歐洲中古史。有一天清早，我在校區附近散步，看見一個以前沒注意到的教堂。它門口的銅牌和告示說明是用法文和阿拉伯文寫的，這座教堂屬於敍利亞禮儀天主教會，做彌撒用古敍利亞語，輔以阿拉伯語。敍利亞禮儀天主教會與（獨立於羅馬教皇的）敍利亞東方正教不同，但也有別於由教皇直接任命主教的拉丁系的天主教會。它在 18 世紀和羅馬天主教教廷簽訂了合併協議，承認自己是天主教的一部分，也承認羅馬教皇的領袖地位，但可以選舉自己的宗主教和保持原有的獨特禮儀。這裏要特別介紹一下。基督教最早的教會當然不在羅馬，而是在巴勒斯坦、敍利亞、小亞細亞和埃及等地。這些地方的教會各有各的傳統、教儀與信眾，沒有誰從屬於誰的問題。後來羅馬帝國定基督教為國教，就有了誰是正統的問題。經過幾百年的政治和社會變遷，基督教出現兩大支派，一個是由羅馬教區的主教所統領的（奉行拉丁禮儀和規章的）拉丁教會（一般稱為"羅馬天主教"），另一個是由君士坦丁堡的大牧首統領的（奉行希臘禮儀與規章的）希臘正教。這兩大支之外，還有幾個較大的支派（埃及、亞美尼亞和埃塞俄比亞的教會）和許多小支派。五世紀，西羅馬帝國滅亡，在沒有皇帝的混亂中，拉丁教會成為西歐社會的穩定力量，與使用希臘語並且受制於東羅馬皇帝的希臘教會漸行漸遠。七世紀，東羅馬（拜占廷）帝國的埃及、巴勒斯坦和敍利亞幾省被穆斯林佔領，這些地方的基督教會雖然受到伊斯蘭法律的保護，但它們和東羅馬帝國的聯繫大為減弱。11世紀，拉丁教會和希臘正教正式決裂，互相判處對方要受"絕罰"，但一些小支派仍然保持獨立，未歸屬哪一派。十字軍佔領巴勒斯坦和敍利亞時，當地不少基督教派願意和拉丁教會合併，但因為語文、禮儀、法規等問題，沒有具體的結果。16世紀，奧斯曼（鄂圖曼）帝國滅了東羅馬（拜占廷）帝國，也控制了早已伊斯蘭化了的埃及、巴勒斯坦、敍利亞和伊拉克。奧斯曼帝國的統治者對不同的基督教會有所偏頗：與拉丁教會親近的受到打壓，與希臘正教親近的則較為好過些。但是一個多世紀後，拉丁教會的力量因為歐洲的興起而增強，希臘教會因為奧斯曼帝國轉弱勢，反而更加自主。18世紀，西歐在中東的力量越來越強。在這個背景下，敍利亞東正教一位剛上任的宗主教忽然宣佈他自己皈奉羅馬天主教，引起了敍利亞教會的分裂，他自己則帶領部分追隨者遷往黎巴嫩設立新的總部。他隨即與羅馬教廷簽訂協議，把他領導的教會與天主教合併，但保留了敍利亞語和原有的東方禮儀。

中亞的突厥裔穆斯林從11世紀起就經常南下到印度的德里搶掠，後來還建立了據點。12世紀末葉起，印度北方逐漸被穆斯林佔領和統治。這個時期，由中亞南下的穆斯林除了在德里建立了鞏固的政權之外，還有不少人在印度北部和中部的某些地區也建立了地方政權。12–15世紀，印度北部、中部由穆斯林統治的地區被稱為德里蘇丹國。德里蘇丹國統治的人口其實大半是印度教徒，而在印度北部和中部，同時還存在着許多信奉印度教的王公所統治的大大小小的公國。這些穆斯林政權和印度教政權的領土犬牙交錯，統治者也經常合縱連橫，相互兼併。政治與軍事的聯盟關係並不完全以宗教信仰劃線。跨宗教的聯盟以及軍官和文人先後效忠於印度教王公和穆斯林蘇丹的情況也屢見不鮮。今天印度（或者全世界）最優雅美觀的建築物之一是在新德里南部的庫特伯高塔（Qutb Minar），它是穆斯林統治者為了紀念消滅德里印度教政權，在12世紀末起建，13世紀完成的。該塔高73米，有五層陽台，塔身的橫斷面是圓形的蓮花瓣，下粗上細，用不同色彩的石料裝飾。我去參觀的時候，導遊是一個充滿宗教激情的印度教徒。他特別給我建議了幾個拍照的好角度，並且指出整個塔身的切面是蓮花形狀，而蓮花是印度教（和佛教）的標記。他認為當時替征服者設計和建築這座高塔的工匠，應該是和他一樣忠誠的印度教徒。在高塔的底部有一處說明：庫特伯高塔的塔基所用的石材是來自德里幾個被拆毀了的印度教廟宇。

就在差不多同一時代（12–15世紀），今天土耳其所在之處，也是分別由不同的穆斯林政權和希臘正教政權統治。前者以塞爾柱突厥人為主，稱為塞爾柱蘇丹國；後者主要是十字軍第四次東征佔領和劫掠君士坦丁堡之後，各地興起的希臘人政權，其中最大的是今天土耳其東北部的特拉布宗王國。我去過特拉布宗，還參觀了仍然矗立在那裏的晚期拜占廷建築精品聖智（原希臘語義為"神聖智慧"，又譯聖索菲亞）教堂 —— 和伊斯坦堡（Istanbul）即君士坦丁堡的早期拜占廷經典建築同名）。特拉布宗這座教堂建於14世紀，當時塞爾柱人已經包圍了特拉布宗王國並且正在蠶食它。教堂的部分石雕有明顯的塞爾柱突厥人的伊斯蘭風格，製作這些石雕的匠人有可能是受僱於希臘業主的塞爾柱突厥人。

從土耳其和印度這兩個例子可以看到，文明之間的借鑑是雙向的。整體強大的文明可以向正在式微的文明借鑑；正在衰落的文明一般都會向強盛的文明學習，也可以從強大文明地區聘請對自己有用的專才。

下圖是我在湄公河流域旅行時拍的照片，地點是吳哥窟廢墟中一面不太為人注意的牆上的浮雕。從圖中拿着武器的士兵頭上的髮髻和飾物，可以判斷他們應該是南宋（或是仍然未改制服的元朝初年的南方）士兵。吳哥窟是柬埔寨真臘王國時代用時三十多年建造的皇室陵墓，是世界上最大的宗教紀念館，先是印度教的，後來改為佛教的。中國史書上提到，元初時周達觀駐節真臘一年，回

吳哥窟廢墟中一面不大為人注意的牆上的浮雕，上面的士兵是中國南宋至元初時期的打扮

國後寫了《真臘風土記》，但當時他所帶的士兵是甚麼打扮現在很難說。無論如何，12–13世紀來自中國的士兵，出現在深受印度宗教影響的真臘國皇家祭祀建築羣的浮雕中，的確是文明互動的一個表現。

這段旅程接下來的文明互動就實在更多了，但是史書中沒有記載。我在老撾的首都萬象（永珍）的大街上溜達，見到一家餐館的名字叫"遼寧餃子館"。走進去嘮了幾句嗑，最後還從我的遼寧老鄉那裏"蹭"了一頓飯。

世界上早期的書寫方法都很麻煩，字母的發明和使用是一個重大的改進。大約3,400年前，腓尼基人發明了字母，一共20個輔音，沒有元音字母。這對於只有三個元音，而且變化有規則可循的閃米特語言來說，不是一個大問題，比如今天阿拉伯文的報刊也不標註元音。腓尼基字母傳播得很廣，它的繼承者是說阿拉姆語的巴比倫人所使用的阿拉姆字母。公元前六世紀，波斯人打敗了巴比倫人，成了中東的新霸主，但阿拉姆語仍舊是中東地區的通用語。巴比倫人曾經把大多數猶太精英遷移到巴比倫，這就是猶太（即希伯來）歷史上的"巴比倫之囚"。波斯滅了巴比倫之後又把猶太人放了回去。在這之後的好幾個世紀裏，猶太人繼續說阿拉姆（Aramaic）語 —— 這也是耶穌使用的語言。耶穌受難後，最早的基督徒在今天的敘利亞和土耳其。後來敘利亞的基督教徒又用敘利亞文翻譯了希臘文本的《聖經》，於是公元二世紀的敘利亞人通過宗教文書，就和猶太人、巴比倫人、腓尼基人聯繫起來了。敘利亞文流行後，中東地區的基督教、摩尼教和景教都用敘利亞文書寫他們的文書，彼此之間的寫法只有少許差別。由於景教（聶斯脫里派基督教；又稱"東方教會"）被正統基督教迫害，被迫離開敍利亞，它的信徒輾轉到了波斯和今天的烏茲別克斯坦，勸化了很多本來信仰祆教（俗稱拜火教）的粟特人。粟特人在 4-10 世紀是絲綢之路上最為活躍的商人。唐代所謂的胡人，最主要就是指粟特人，而中國歷史上最為人所知的粟特人乃是出生於遼西的安祿山。

20 世紀初，在敦煌附近的一個長城烽燧下發現了七封信札。據研究結論，這些信札是住在甘肅和新疆的粟特商人寫回家的，時間在四世紀初，卻不知甚麼緣故沒有投遞出去，而被遺留在烽燧下長達 1,700 年！它們是現存的最古老的粟特文書。這些信清楚地反映了當時粟特商人在中國做生意的情況。還有一封信是一個被丈夫遺棄的粟特婦女寫的個人淒慘故事。這批粟特信札以及許多現存的粟特文書是用粟特字母拼寫的粟特語，它是東伊朗語的一種。粟特字母是經過改造的敍利亞字母。由於粟特人在很多地區做生意，所以就把他們的宗教傳給了一些本地人，特別是屬於突厥語系統的回鶻人 —— 這個時期的回鶻人有的信佛教，有的信摩尼教，也有不少人信奉景教。回鶻人受到了中國人和粟特人的雙重影響，所以回鶻文把粟特字母加以改造，然後把每個字母旋轉九十度，豎着成行書寫。後來成吉思汗命令兩位回鶻（維吾爾）學者為蒙古造字，這兩位學者就把回鶻字母又改造成了豎着寫的蒙古文字，這就是至今仍然為中國蒙古族使用的蒙古文。

主要住在波斯的伊兒汗國的汗王阿魯渾曾於 1289 年用蒙古文給法國國王腓力四世寫了一封信，內容是說：我想打耶路撒冷和埃及，如果你們想要耶路撒冷，不如和我們一起出兵；拿下耶路撒冷後，戰利品我們平分，耶路撒冷歸你統治。這封信上還蓋着忽必烈汗所賜的伊兒汗國的國璽，上面用篆書刻有"輔國安民之寶"六個漢字。伊兒汗阿魯渾叫一個常駐波斯的熱那亞商人給他送信，但是當這封信送到巴黎的時候，法國人已經不想去打耶路撒冷了，就回信婉拒了這個建議。這個"受人之託，忠人之事"的熱那亞商人又用了很長的時間把法國人的回信帶到伊兒汗國，不巧阿魯渾已然去世。但他在世時寫的那封信卻成了歐亞外交文件中的珍品，現在被收藏在法國國家圖書館裏。

可以總結一下：腓尼基字母向西北傳到了希臘；希臘語屬於印歐語系，元音的用法很複雜，而腓尼基語裏只有三個固定的元音，字母只有輔音而沒有元音，希臘字母卻兼有元音和輔音。希臘字母的第一個是元音，叫 α（alpha），第二個是輔音，叫 β（beta），因此整套字母就叫 alphabet，是頭兩個字母的結合。希臘字母向西北傳，形成了拉丁字母；10 世紀向北傳到了剛接受基督教的斯拉夫民族的地區，形成了西里爾字母，所有信仰東正教的斯拉夫民族（如塞爾維亞）和後來受到俄羅斯文化影響的國家（如哈薩克斯坦和蒙古）都用西里爾字母拼寫自己的語言。腓尼基字母向南傳，形成了希伯來字母；再向南到了埃塞俄比亞，形成了今天仍然在使用的阿姆哈拉字母（阿姆哈拉語也屬於閃米特語族）。腓尼基字母向東傳到了巴比倫，就形成了阿拉姆字母；阿拉姆字母向西南傳到阿拉伯半島，先出現了那伯泰恩字母，後來經過改變成了今天的阿拉伯字母。阿拉姆字母往西北傳，就形成了剛才提到的敘利亞文（包括摩尼教的字母和景教的字母），接着就是粟特字母；把粟特字母稍加改變就成了回鶻字母，從橫寫變成豎寫就成了回鶻文；而後來在回鶻字母基礎上創造了蒙古字母，在蒙古字母基礎上又創造了滿文字母。順便加一句，南亞和

獨特的亞美尼亞文聖經，體現了人類文明的多樣性（301 年，亞美尼亞成為世界上第一個定基督教為國教的國家）

東南亞的多種文字大都源於印度的梵文，用彎曲的婆羅米字母書寫。婆羅米字母並不是直接從腓尼基字母的形狀變異而來的，但是由於雅利安人早期和中東的聯繫，字母這個概念應該是從腓尼基字母引入的，字母的形狀和發音則是印度的產物。

　　全世界各種文字的書寫系統十分龐雜，但仍然有脈絡可尋。要說明文明之間的互動性以及文明的之間的聯繫，沒有比這個更合適的事例了。

文明的困境

文明發展到今天，有很多問題出現。首先是水資源的分佈。中國以人口計算是非常缺水的國家，而加拿大和俄羅斯這兩個寒帶國家的水資源卻十分豐富。北美洲的五大湖區是全世界最大的淡水系統；貝加爾湖則是全世界最深、儲水量最大的淡水湖。各地的小學課本都會講到水的循環，即湖泊與河流裏的淡水一部分蒸發為雲，一部分經過河流進入大海，陽光的照射又使陸地與海面的水都蒸發成為雲，雲會再以雨或雪的形式回到地球表面；落到陸地上的雨雪逐漸聚集為河流與湖泊，形成水在地球表面與大氣層中的循環。然而，人類的活動已經改變了這個水循環過程。世界各國修建了無數的大壩與水庫，大量的農業、工業與生活用水把當地的淡水抽離了小學生學到的水循環過程。許多河流與湖泊變得乾涸，各地的水供應變得更加不平衡，也更加難以預測。因此，各國為了爭奪水資源很可能發生衝突。

其次是森林資源的逐漸喪失與碳排放的增加。自從農業出現和工業化高速發展以來，地表的大片森林被改為耕地、工業用地和生活用地。除了被耕地取代，一些原始森林也被樓房佔去，還有一些被改為成高爾夫球場和其他的娛樂及運動場地。巴西的亞馬遜河流域是目前世界上最大的熱帶森林，馬來西亞和印尼也有不少，但是面積都在減小。和森林資源不可分的是碳排放和化石能源的問題。除了早期的煤礦，最近一個多世紀以來，石油與天然氣的產量呈指數增長。大量利用煤炭、石油、天然氣或其他碳氫化合物作為燃料，就會產生大量二氧化碳；由於森林的減少，原本可以被樹木光合作用吸收的二氧化碳只能留在大氣層中。後者會形成溫室效應，導致地球逐漸暖化。這不只是某一個文明的困境，而是全人類的困境，甚至是全世界生物界的困境。中國現在是全世界最大的碳排放國，雖然人均排放量只是全球的第十幾位，但排放總量佔全世界的 30% 左右。如果由於溫室效應，氣溫升高四至六攝氏度，全球的冰山融化，海平面上升，許多地方就會被海淹沒，許多河流也會產生海水倒灌的現象，進而威脅良田耕種，毀滅現有的城市建設。就算食物和住房的問題可以解決，細菌和病毒也會大行其道，人類文明就會面臨前所未有的危機。現在國際上已有基本共識，就是要在幾十年內大幅度減低碳排放量。中國政府最近公開承諾，中國的碳排放力爭於 2030 年達到峰值，於 2060 年達到碳中和。全球碳中和的目標是人類和動物釋放的碳總量可以被樹木等從大氣層吸收，使排放量與吸收量相等；由於全球各國的工業種類與發展程度不同，森林的覆蓋面積也不同，所以將來需要建立碳排放權的交易制度。

溫室效應，氣候變化固然是人類文明的一大威脅，但是它的作用過程會相當長。而近年來發生的恐怖襲擊事件、國際販毒和人口販賣等犯罪行為，以及戰爭造成的大批難民逃亡遷移，則是在短期內就會破壞國際秩序與社會安寧的事件。人類文明如何面對這些問題，仍有待考驗。

從 2019 年底開始，新冠病毒（COVID-19）在全球迅速傳播，則是對人類文明的一個極為嚴重而快速的巨大威脅。這個病毒的大流行，也是對人類的科學能力和是否能夠面對來自自然界的威脅的一個大考驗。直到作者寫作時（2021 年 3 月），科學家普遍認為人類目前的科學知識應該可以應付這個新病毒帶來的危險，但是世界上的政治領袖們還遠遠沒有證明他 / 她們具有共同應對大流行病的智慧與能力。

不同的社會有不同的統治方法。古埃及的法老王，以及黃河、長江流域的農業文明的基本統治方法是當政者專權，甚麼事都是當政者"說了算"。工業革命以來，許多近現代政府扮演的角色有了一定的限制，比如在依法收稅和開支、處理外交和國防事務等方面。現代社會的公民意識增強了，人民之間的聯繫方法進步了，所以在社會生活中，除了政府部門外還有非政府組織，比如紅十字會以及紅新月會。有一些組織不止是非政府，而且還經常是反對政府的，比如說，綠色和平組織和國際特赦組織這兩者就經常對某些國家提出抗議。非政府組織和政府之間的關係如何處理好，是一個非常大的問題。作為政府，怎樣處理好稅收、徵地、建設公共設施、環保等涉及公共利益的問題，一直沒有一個令人真正滿意的制度或是辦法。人類的文明在認識和利用自然方面，已經比幾百年前高明了許多倍，但是儘管現在教育普及，交通十分便捷，人類對於處理人和人之間的矛盾，卻沒有任何一個現有的政治制度能夠勝任。這是非常值得我們思索的問題。

聯合國大會的一國一票制度，是從一戰後建立的國際聯盟那裏借鑑過來的，是標準的民族國家的世界構建模式，在古代是沒有的。民族國家明確規定了每個國家的法律行政邊境。無論如何，今天有海盜、難民、流行病、氣候等問題。這些問題不可能在民族國家的框架下得到解決，更不是單靠在聯合國的投票便能徹底改善的。這樣的問題在許多國家蔓延，難以處理但又不能迴避。所以民族國家的概念在今天受到衝擊，但卻又沒有別的、更好的組織形式可以取代。在這裏我提一件事情。一戰以後，奧斯曼帝國解體，美國總統威爾遜提出十四項原則，其中說到用民族自決來解決上述的難題。但是國家邊境劃好以後，每一個國家裏民族跨境的情況多得很，特別是非洲。所以靠民族自決來解決這個問題，好像是不太合理的事情。威爾遜不會想到的是，我這個不需要民族自決的人在他去世近 100 年後還在思考這些問題。

上文談文明的發展，似乎是假設人類文明有一個固定的方向和目標，朝着它走便是進步，否則就是落後。但是事實上並沒有這樣的前提或者共識。在每個人的心底，哪種生活更快樂呢？或者說進步到底是甚麼意思？這才是整個文明所要解決的問題。人類文明要向甚麼方向走，下面的三個問題是無法迴避的。

其一，每個人都要面對生老病死，人在世界上到底是為了甚麼？這不僅是宗教的起源，也是每一個能思考的人必然會想到的。人生的終極目的是甚麼，要怎樣才算是滿足和幸福？個體對於這個問題的思考會影響到整個社會的發展，而整個社會的意識形態又必然會影響到個人的思考，因此絕不能說宗教、哲學、倫理等是沒有意義的。

其二，假如人類社會目前的狀態是文明發展中的一站，社會應該做些甚麼改變才能夠使大多數人更加滿足，更覺幸福？在人的內心世界和外在行為的相互關係中，在一個人和其他人的交往關係中，在人類和自然界的互動關係中。也就是說，在錯綜複雜而又大致可以分為三個層次的上述互動關係中，個人如何才能使社會逐步趨向他 / 她心中的滿足感和幸福感，而不是與此背道而馳？

其三，社會應該由甚麼樣的人，用怎樣的方式管理，才能把個人心中的滿足感和幸福感最大化？

這些問題未必一定會將人類文明陷於困境，卻是全人類每一個分子都會有的困惑。

文明的展望

以上的問題我不敢回答，我也不認為現在的社會裏，有很多人真正關心這些比較抽象的問題。所以本章最後要用宏觀而又客觀的眼光，看看現實的世界。

首先，信息技術會給文明的發展帶來很大的衝擊。電腦給予人的信息量和速度，它所帶來的生活方式和價值觀的變化，大家都已經見到了，但還只是初見端倪。其實電腦的運作程序需要一種簡單而求實效的邏輯。為了適應電腦運作，越來越多的人會把電腦的思維方式應用到實際生活中，它所產生的社會效果可能會非常深遠。具體會產生甚麼變革性影響，今天還沒有辦法預見。其次，生物技術會對人類社會造成非常巨大的影響。有人說，人將來可以活到 200 歲！這裏有轉基因食品的問題，有幹細胞的問題，還有醫療資源分配的問題，這些自然會影響人的倫理觀。第三，空間技術可以使人類得到很多新信息、新材料和新的能源開採方法。新材料的合成可以在空間進行，無重力、無污染狀態下的分子結晶可以產生許多新材料。從地球之外還可能獲得新能源，比如，把太陽能在空間聚集之後，再用一種特別的微波定向發射回地球某處，經過轉化後就可以成為可用能源，這將會是一種幾乎用之不盡的能源。

科技的力量對於文明的衝擊絕對是巨大的，但是在工業化的進程中，特別在當今的新興經濟體中，環境污染問題卻十分嚴重，令人憂心。空氣、水質和土壤的污染都不是一朝一夕能夠治理得好的。大家對於空氣和水的污染比較有認識，其實土壤污染更可怕 —— 空氣和水還能流動和更新，土壤卻不能在短期內更換，也無法簡單地去除已經受到的污染。它的污染會嚴重損害人體健康，會對農業造成沉重的打擊。在這裏，我想講一個歷史故事。以前羅馬和北非的迦太基打仗，羅馬打勝了，就把鹽撒到了迦太基的土地裏，目的是讓那裏不產糧食，而迦太基人果真從那以後就無法再興兵威脅羅馬了。這樣的故事在現代工業社會仍在重複着，那些不遵守環保法律的工業生產者正在這麼做，不同的是，他們影響的土地面積比羅馬人要大得多。

語言、娛樂、傳媒對於未來世界的文化發展方向，以及對於各個文明系統的往來，都是非常重要的。今天以及可以預見的將來，英語都肯定會是世界上最重要的語言。由於最近三百年來，世界上先後兩個最強大的國家都說英語，所以今天世界上的外交、商業和科技等都以英語為通用語。在傳媒和娛樂界，英語也是最受歡迎的語言，這就更增加了英語的重要性。我在 1980 年，也就是蘇聯解體前大約 10 年，曾到匈牙利參加國際學術會議，聽見東德和波蘭的科學家彼此說英語，很有一葉知秋的感覺：俄語在蘇聯主導下的東歐都不是英語的對手，何況在全世界呢？我非常喜愛我的母語，特別是漢字，也十分高興地見到漢語逐漸在國際上受到重視。但是我不認為漢語在任何可預見的將來能夠成為與英語並列的世界通用語。

對人類文明發展很重要的一點，當然是地球上的人口。過去幾十年裏大家所注意的人口爆炸已經放緩。生活和醫療條件的改善使全球老年人的總數急劇上升，而生活方式和價值觀的改變，使較富裕社會的年輕人少生或是不生子女。未來國家間的競爭將不只是針對資源和市場 —— 能夠吸引大量受過良好教育的年輕人前往移民的國家，將會有一個 21 世紀的"人口紅利"。

與老齡化幾乎同時出現的，是高度的自動化以及最近特別受到注意的人工智能的發展與應用。這自然會引起社會的改變，也會帶出社會倫理觀以及人際關係的轉變。但是在本章中要談的，是人工智能大量使用之前就已出現的文明困境。

　　現在先從綜合國力的比較中，看看分屬不同文明體系的幾個重要國家和地區。從世界的全局看，19 世紀跨大西洋的貿易最為重要，20 世紀跨大西洋和跨太平洋的貿易差不多同等重要，在 21 世紀，跨太平洋的貿易將會遠超跨大西洋的貿易。世界經濟重心向太平洋兩岸逐漸轉移，已經不可阻擋。除了中美洲的巴拿馬，世界上只有北美洲的三個國家 —— 加拿大、美國和墨西哥，既面向大西洋又面向太平洋，所以世界經濟重心的轉移不影響它們。並且，由於國土兩邊都面對大洋，不易受到鄰近國家的威脅，所以這三個國家有額外的地理優勢。

　　美國地處溫帶，物產豐饒，人口逾三億，而且老齡化的速度較慢，除了兩岸沒有鄰國之外，南北的鄰國也對它沒有威脅，所以國土安全的系數最高。論科技實力，互聯網、衛星遙感技術、無線通訊、基因工程、幹細胞、納米技術、新能源等等，都是美國創造出來的，並且仍然遠超其他國家。美國社會非常鼓勵創新，一向重視吸納外國移民（特別是科研人才），社會上自我調適的能力很強。這些是美國的核心競爭力。真正能夠讓美國綜合國力下降的，不是別國的競爭，而是它內部滋生的不和諧與亞文化。這具體表現為貧富差距加大，種族問題還沒有得到解決，因此相當比例的人口（尤其是非裔、拉美裔）對社會不滿。此外，大量青年慣性吸毒，許多成人工作慵懶，等等，都影響美國社會的整體素質。當然，某些基督教基本教義派的主張，以及與此相關的狹隘"美國第一"式的"愛國主義"和"白人至上"思想也是負面因素。但總體而言，我認為美國在未來幾十年仍將領世界之風騷。

再看俄羅斯。由於蘇聯時期遺留的民族和領土問題很多，而蘇聯解體後俄羅斯和土耳其、伊朗之間的緩衝帶不復存在，這就使它在新國土的南部地區少了迴旋的餘地。中東的極端伊斯蘭主義蔓延到北高加索地區，導致俄羅斯南部地區出現許多安全問題。俄羅斯的人口漸現老齡化，人口總數也在下降；遠東地區的人口本就稀少，最近還逐漸向西遷移。歐盟和北約在波羅的海三國和烏克蘭不斷施壓，使俄羅斯很難集中精力改善經濟。但是，以俄羅斯遼闊的幅員、豐富的資源、強大的科技實力和不屈不撓的文化傳統來看，它在未來 50 年仍將會是一個既大且強的國家。

回頭看看中國。過去四十幾年，中國的現代化進程是全世界的頭等大事。中國未來 50 年的發展同樣會是能夠影響全球大勢的因素。今天的中國是大而不強，但是中國終將會變為強大，這應該不只是空談。中國有其他任何國家所不能比擬的豐沛的人力資源（雖然也在老齡化）；中國百姓想要國家現代化和社會進步的意願十分強烈；中國社會的文化凝聚力非常堅固；中國農村人口城鎮化的趨勢不可阻擋，這將會是經濟發展巨大而長期的推動力。中國在享受了 30 年人口增長放緩的"人口紅利 -A"之後，如果能夠有效地恢復自然的嬰兒出生率，就可以不需要"外援"而能享受到 21 世紀的"人口紅利 -B"，這對經濟和國防都將是一個很大的幫助。我認為，只要不爆發毀滅性的大規模戰爭，中國的振興將是可期的。

未來幾十年裏，中國和美國將會是世界上最富經濟活力的兩個國家。中美合作就能雙贏，對抗就成兩傷。各國的領導人都不糊塗，他們會以理性的態度，根據國際和國內的各種條件來定決策。未來三四十年，科技發展和人口變化將會導致生活方式、社會倫理與社會結構的巨大變化。全球不少地區都有可能出現動蕩，但是大規模和持久的戰爭應該可以避免。

文明研究

第 1 章
從活字版到萬維網

我擔任香港城市大學的校長共 11 年。接任不久之後，我就正式提議在香港城市大學設立"中國文化中心"。這個中心在 1998 年正式成立，特地從美國請了台灣大學畢業的鄭培凱教授當主任，開始了一系列的中國文化講座。因為我是這個中心的創辦人和推動者，所以就有幸做了第一場演講，時間是 1998 年 10 月，講題就叫"從活字版到萬維網"。本篇重用這個題目，不表示我沒有進步，而是我覺得這個題目許多年後再談一次會有特殊的意義。

時間長河裏的記憶

人類的文明當然是從物質文明開始的，也就是人類有意識地栽培植物和馴養動物作為人類的食物。人類精神文明的開始，可以從最早留在岩石上的繪畫算起。但我認為更容易區分的起始點是，人類有意識地用一種既定的符號把思想留在時間的長河裏，這就是文字。最早的文字應該是六千多年前出現在美索不達亞的象形文字。之後這裏又出現了更易於書寫的楔形文字，就是由刻在軟泥版上的楔形筆畫構成的文字。楔形文字有不少種，學者們已經破解了幾種說不同語言的人在不同時期留下的楔形文字。第二早出現的是埃及的象形文字，大約在 5,200 年前出現。埃及象形文字可能受到美索不達米亞文字的啟發，有以圖畫形成的字，也有一部分由表音字母形成的字。因為地理環境不同，古埃及人不是在泥版上刻字，而是寫在木頭或是莎草紙上。這些文字到了 19 世紀才被破譯：西方文明發展到一定程度，就有興趣，也有辦法找到一些古代的文字，通過科學排比等方法把它們破譯出來。

在美索不達米亞文明出現約 2,500 年，埃及文字出現近 2,000 年之後，現代漢字之所本 —— 甲骨文 —— 也出現了。甲骨文不需要現代學者太大的努力，就可以辨認出大部分來，因為從甲骨文開始，漢字實際上是一脈相承的。這與埃及文字的發展歷史與變化很不同：埃及最早發明的文字是象形文字摻雜少量形聲的符號，之後用由象形文字簡化而成的通俗字母；希臘人統治埃及（從亞歷山大公元前四世紀征服埃及開始）時期又多加了一種源自希臘字母的科普特字母，與之前的通俗字母並用過很長一段時間；七世紀以後，埃及人逐漸改說阿拉伯語和使用阿拉伯文，即使科普特基督教徒和猶太人日常也說阿拉伯語，還是有人用科普特字母或是希伯來字母拼寫阿拉伯語。

西亞一帶是人類文明最早出現的地方，無論是農作物的種植、動物的馴化還是文字的發明，都比世界上其他地方要早。中國在歐亞大陸的東端。太平洋及大西洋對於古人來說，根本無法跨越，所以人類思想與意識的交流直到 500 年前幾乎全部是在歐亞大陸（以及非洲的東部與北部）上展開的。歐亞大陸各地的一些器物、農作物、思想、概念可能都是從西亞散播開來的。關於文字的創造，究竟是西亞人發明了文字 2,000 多年之後，我們的祖先又獨立發明了文字，還是在得知別人有文字之後，根據自己的語言創造了一套新符號，現在沒有辦法考證。

河南安陽出土了很多寫在龜甲和牛骨上面的文字。大約在甲骨文出現的同時，地中海東岸，今天敍利亞、黎巴嫩一帶出現了另一種文字標記，就是腓尼基字母。這裏古代是腓尼基人的活動區域，腓尼基語屬於閃米特語族，跟阿拉伯語和希伯來語近似，容易使用字母拼寫。腓尼基字母出現後，書寫文字就變得簡單了，而學習文字的機會也就多了。但是中國位於東亞，和西亞有喜馬拉雅山和帕米爾高原的阻隔，而且漢語是單音，又有不同的音調，所以不容易使用字母。所以，儘管我們的祖先後來知道別人有字母，但仍然不便使用。

文字總要寫在某種材料上，比如泥塊或石頭。但是要書寫大量文字的話，必須要有可以大量書寫的材料，埃及人很早就用蘆葦造成莎草紙用來書寫。因為尼羅河兩岸是乾燥的沙漠，所以古代的草紙很容易保存下來，博物館裏現在也有不少。泥版也容易保存，石頭更容易保存。1799 年，拿破崙率軍進攻埃及。這是十字軍之後西方人再度攻入埃及。這次出兵的重要結果是發生在人類文明史上，而不是軍事史上，因為他回程時在地中海被英國納爾遜率領的艦隊擊敗，所以法國沒有取得對埃及的真正支配權。但是法國軍隊在尼羅河三角洲的一個小村莊裏發現了一塊石碑，上面刻着三種不同的文字，一是古希臘文，二是古埃及末期的通俗文字，另一種是沒有人認識的，但是埃及各地石碑上都有的古代象形文字。法國歷史和語言學家商博良花了20 多年的時間，把這塊石頭上的古埃及文字破譯了出來。我們今天能夠了解古埃及的歷史，尤其是斷代史，就是得益於商博良。

二戰之後，在今以色列的死海附近發現了許多手寫古卷，這是現存最早的猶太經文，大概寫於一世紀左右。而經文所用的希伯來文字大約 4,000 多年前就已經出現。

20 世紀初，有瑞典學者在內蒙古距甘肅很近的居延海（過去是一個湖）發現了許多枚漢簡，這些不用破譯，因為漢字基本沒有甚麼改變。從居延漢簡，我們可以了解到漢朝時這個地區的生活方式、生態環境以及商業貿易等情況。

絲綢是中國人發明的，古代中國就有人把文字寫在絲帛上，後人稱為帛簡。公元以後，西域人也用絲帛寫字。在新疆各地發現的許多摩尼教經文，就是以古敘利亞字母寫在絲帛上的。當然，一些景教的文書也是以絲帛的形式流傳至今。

我們祖先幾千年前先發明了一種製作工序很複雜的材料，叫作絲，後來把這套製絲的工藝加以簡化，用於製造別的纖維，便成了造紙術。從考古證據來看，五千年前就有絲，紙最早是兩千一百年前西漢時期才有。從漢字結構上其實也可以看出來，"紙"字是"絲"字邊，因此必然是先有絲，後來才有紙。否則，"絲"字應該是"紙"字邊。

紙上寫字很容易，成本也低，但是一次只能寫一張。如果可以只刻一次板，重複印出來許多張，這就是印刷術。雕版印刷術大概是唐朝初年誕生的：把要印的文字和圖像，倒過來刻，之後抹上墨，把紙放在上面印出來。這個方法使用很普遍，特別是用於印佛經和佛像，現存最早的雕版印刷品是武則天時期刊印的《無垢淨光大陀羅尼經》，為韓國所有。

唐朝將近三百年，在安史之亂以前的 150 年中，社會總體是繁榮安定的。盛唐時期的領土最西達到今天的烏茲別克斯坦，在今天新疆庫車派有駐軍並且有行政權。在政治上，唐代的科舉制度逐漸完善。

在思想上，儒、道、佛三家開始融合，成為主導中國人生死觀和社會發展的主要元素。

早熟的社會

宋朝已經是一個相當成熟的社會，有非常清楚的科舉考試制度，有相當多的人受到了教育。當然宋代也面臨國防問題，比如党項人所建的西夏、契丹人所建的遼，還有女真人所建的金都使宋朝朝廷受到威脅。無論如何，宋朝的文明和它的成熟程度在當時的世界上是領先的。唯一或許可以與之對應的是伊斯蘭文明（後面會講到）。

中華文化的一個特色是在文學和藝術的表現上講求意境。"意境"這兩個漢字，沒有適當的英語對應詞。追求意境最明顯也最容易見到的例子是山水畫。當然中國人也有仕女畫，宋朝時不少仕女畫也很好地反應了當時歌舞昇平的場面。琴是士大夫階層追求境界的另一種方式，這在宋代達到了非常高的水平，據說宋徽宗就畫過一幅聽琴圖。

科舉制度雖然選拔人才，很大程度上取代了世襲的貴族，但是它本身對家庭經濟狀況也有相當的要求。能夠中舉的人，除非是異常聰明或者有人幫助，否則一個青年人要十年苦讀，一般要出自頗為殷實的家庭。宋代的士大夫階層，不管他的行政能力和成績如何，似乎都還有一套自己的內心生活。比如范仲淹，他最清楚的政治哲學就是《岳陽樓記》裏所表白的"先天下之憂而憂，後天下之樂而樂"，但是他的詞裏又有"碧雲天，黃葉地……酒入愁腸化作相思淚"這樣的句子。因此，宋代的中國文人往往具備兩個境界，一個是公的境界，一個是私的境界。歐陽修、司馬光、蘇軾和王安石都是這樣。

宋朝的哲學也很發達，比如周敦頤、程顥、程頤所揭櫫的理學；張載的 "為天地立心，為生民立命，為往聖繼絕學，為萬世開太平"。除了漢族的文化，漢族的思想甚至連漢字的結構都對周圍的民族有非常大的影響。比如党項人的西夏，他們一方面學習漢字，推行漢化，另一方面也以方塊字的基本結構創造西夏文，用這種文字刊印儒家的典籍，如《論語》。

契丹文也是方塊的。滿族的祖先女真人也使用方塊字。高麗直接用漢字，日本則是兼用平假名和片假名兩種方塊字的形式。

11 世紀初，日本正處於由藤原氏家族攝政的平安時代，當時一位女性寫了一本書，是世界上第一部由女性寫出來的長篇寫實小說，甚至可說是第一部以長篇寫實小說形式出現的文學作品。這部作品叫作《源氏物語》，"物語" 就是 "故事" 的意思。由此看來，宋代中國對四周的文化輻射是很明顯的。

意境、詩詞、理學等等，實際上都要建基於經濟生活的富裕。在物質層面上，中國古代四大發明之中的三個出自北宋時期，其中包括 1041 年出現的火藥。有人曾經說中國人愛好和平，我們只用它來做爆竹、煙火，西方人卻拿它作為武器。這是一種誤解，實際上中國北宋時發明的火藥就是拿來打仗用的。《宋史·兵志》上明白記載，咸平三年，"神衞水軍隊長唐福獻所製火箭、火球、火蒺藜"。歐洲人知曉火藥，是因為蒙古人作戰時使用火藥。火藥由此傳到西方。

上文說到印刷術始於唐代，宋代出現了活字版印刷，這應該說是人類文明史上的一個新紀元。漢字不是拼音文字，有許許多多的方塊字，所以活字版印刷的好處雖然也很明顯，卻沒有對拼音文字那麼重要。對於使用字母的拼音文字來說，活字版印刷只需要若干種字母的模型就可以了，相比以往，其提高的效率和節約的成本十分巨大，因此對文化傳播的重要性就極為明顯。

北宋時期的中國，無論經濟能力、典章制度，還是物質創造，都已十分成熟並且先進。

補充一點，宋代的商船已經有多個桅杆，可以高達四層，航行到很遠的阿拉伯海和波斯灣從事貿易。物質文明和精神文明是共同發展的，一個社會不可能在物質不充裕的條件下創造出燦爛的精神文明。

印度文明也是古文明，它的文明圈輻射到孟加拉、緬甸、泰國、柬埔寨、馬來西亞、印尼等地區。

當代著名儒家研究者杜維明先生是我的老朋友，有一次，我們在吃飯時談到儒家文明圈的輻射。我不知怎地脫口而出說，儒家文明圈就是筷子文明圈，令這位正在用筷子夾菜的老友為之一怔。事實確實如此，使用筷子吃飯的國度都在儒家文明圈內，受儒家思想高度影響的民族都用筷子吃飯。中國、韓國、日本、越南就是如此。雖然只是餐飲時的閒談，但"筷子論"也說明了精神文明和物質文明是彼此聯繫又相互依存的。

異軍突起的阿拉伯文明

遭受了來自東北方的"蠻族"連續衝擊之後，五世紀末，羅馬陷落，以君士坦丁堡為首都、說希臘語的拜占廷（東羅馬）帝國繼承了說拉丁語的西羅馬帝國。中國北宋初年的時候，生活在今天俄羅斯土地上的斯拉夫人信奉了基督教，因此有了文字，從而進入文明狀態。意大利是西羅馬的大本部，很早就有了高度發展的文明，但是在相當於中國北宋的時代裏仍處於封建割據、支離破碎的狀態。那時天主教教皇算是歐洲的權力中心，但也管不了多少事情。今天的德國是日耳曼各民族的重心，羅馬教皇往往冊封一位日耳曼貴族為"神聖羅馬帝國"皇帝，作為安撫的手段。

中國北宋初，西班牙和葡萄牙仍被北非來的摩爾人（穆斯林）統治。500 年後，西班牙和葡萄牙的天主教徒才把穆斯林完全趕出伊比利亞半島。英國和法國在中國北宋時都還沒用成為單獨的國家；統治今天法國西北部的諾曼底大公於 1066 年渡海征服了英格蘭的東南部，成為今天英國王室的始祖。

七世紀以前，阿拉伯半島的主要居民是一些文化落後的遊牧部落，但是也有不少猶太人、基督教徒和阿拉伯商人定居在各個綠洲上。當波斯薩珊王朝跟拜占廷帝國長期對峙時，多數阿拉伯人還處於懵懂狀態。然而，鷸蚌相爭，漁翁得利。阿拉伯人在七世紀中葉突然勃興，打敗了東羅馬，征服了波斯。到了 10 世紀中期，阿拉伯－伊斯蘭文明已經蓬勃發展，在多個方面超過東亞、南亞和歐洲。

622 年，唐玄奘還沒有動身去印度的時候，穆罕默德率領穆斯林從麥加遷徙到麥地那，在那裏建立了初始的伊斯蘭政權。十年後他歸真時，玄奘正在印度那爛陀的佛寺裏精研佛法，伊斯蘭力量在阿拉伯半島已經頗為強大。穆罕默德的三個繼承人（"哈里發"）在 30 年時間裏不但統一了整個阿拉伯半島，還把當時拜占廷的重要領土敍利亞、巴勒斯坦、埃及、突尼斯（Tunisia）和利比亞攻了下來，也征服了從來沒有被羅馬帝國征服的波斯。穆罕默德歸真不及一百年，伊斯蘭力量已經擴展成為一個前所未有的大帝國：東到印度河，西達大西洋。750 年時，由於內戰和政變，本來以大馬士革為首都，統治這個大帝國的倭瑪亞家族被穆罕默德所屬的阿拔斯家族取代。在這場鬥爭之中，波斯人為阿拔斯家族盡了很大的力量，所以阿拔斯家族選擇距離波斯比較近的伊拉克南部為首都，並新建了巴格達城。

11 世紀，中國的文明已然發展到相當成熟的階段；當時的巴格達也非常發達和興旺，是一個具備宗教、政治、商貿、文化等要素的大城市。

751 年，中國正處於盛唐末期，唐朝軍隊和大食（阿拉伯）軍在楚河流域的怛邏斯（今天哈薩克斯坦和吉爾吉斯斯坦的邊境城市）發生過一次遭遇戰。唐軍大敗，兩萬人中死傷過半，幾千人被俘，其中有若干會造紙的工匠。正是這一個戰役把造紙術從中國人手裏傳到了阿拉伯人手上。阿拉伯人命令中國工匠在撒馬爾罕建立起一間造紙作坊。造紙術於是從此一路西傳，到 1250 年左右在法國出現了歐洲第一個造紙坊。紙傳到了伊斯蘭地區和歐洲以後，大大節省了書寫的成本，既有利於伊斯蘭教和基督教的傳播和教育的普及，也為日後歐洲的文藝復興打下了文化和物質基礎。

下面追憶一下我在大馬士革的倭瑪亞清真寺裏的思緒。七世紀末，大馬士革被阿拉伯穆斯林佔領，成為伊斯蘭政權的首都。倭瑪亞王朝的哈里發建立了這座深具拜占廷風格的清真寺，是世界上最早的清真寺之一。很多人誤以為伊斯蘭文明是遊牧民族建立的，但實際上它和中國的各朝政權相似，是由定居人口建立的。不同的是，中國的統治者重耕讀輕工商，而伊斯蘭政權則很重視工商業。

地理決定歷史。居於歐亞非三洲交界處的新興伊斯蘭政權很早就控制了歐亞非三洲之間的商道，因此既便於收稅，又容易吸收到新知識。由於這個地理位置，雖然阿拉伯人起初並沒有很高的文化水平，卻吸收了大量異族文化，引進了許多外族人才。比如，波斯人在被阿拉伯穆斯林征服之後，改信了伊斯蘭教，波斯人在創造新的伊斯蘭文明的過程中，做出了重大貢獻。阿拉伯帝國既沿用了拜占廷的稅收和管理制度，也借用了波斯薩珊帝國的許多人事和財政制度。公元九世紀初，巴格達已經建成，阿拉伯穆斯林開始了"百年翻譯運動"。他們請各地的學者把希臘、羅馬、波斯、印度的著作，不論是科學的、醫學的、哲學的，都翻譯成阿拉伯文。他們這樣做的根據是先知穆罕默德在世時說過的一句話："學問雖遠在中國亦當求之。"因此從 11 世紀起很長一段時間，世界上最重要的科學著作基本上都是阿拉伯文。

　　坐在大馬士革的清真寺裏，我不由得想到，阿拉伯人當初是如何熱切地學習外國文明，由此才能獲得他們自己的知識和創新能力。

　　他們對被征服民族進行了伊斯蘭化和阿拉伯化，只有文化悠久的波斯語各民族雖然伊斯蘭化，卻沒有被阿拉伯化。埃及是古老的民族，但是在被阿拉伯人征服之前，已經先後被希臘、（西）羅馬和拜占廷統治，因此底氣已經很弱。埃及人被阿拉伯穆斯林征服後，既接受了阿拉伯語文，又被大規模伊斯蘭化。由於伊斯蘭法律保障猶太教和基督教的宗教信仰，所以埃及的科普特基督教徒一直可以保存至今。開羅和科爾多巴、巴格達一樣，在 11-13 世紀時是猶太人集中的地方，因此也是重要的猶太律法中心。

　　遜尼派伊斯蘭世界的政治和宗教中心在巴格達。阿拔斯家族統治的帝國的壽命是公元 750 至 1258 年。為甚麼是 1258 年呢？因為這一年，忽必烈的弟弟旭烈兀攻下了巴格達，把拒絕獻城投降的哈里發處死，終結了伊斯蘭世界的中央政權。

　　簡述一下阿拉伯文明對人類文明的貢獻：近代數學、天文學、物理、化學和醫學都直接受益於阿拉伯科學。

根據歐美學者的一般說法，我們今天學的代數學是阿拉伯人發展出來的。其實，數學上的阿拉伯數字，包括"0"的概念和符號，是從印度傳到波斯，再傳到阿拉伯地區的；沒有"0"的符號，數學就很難運算。九世紀時，一位波斯裔的數學家用阿拉伯文寫了一本以印度－阿拉伯數字進行一次和二次方程式求解運算的代數書，他生活於當時的花剌子模國，故被稱為"花剌子模人"，即花拉子米（Al-Khwarizmi），拉丁文為"Algorismus"。現代數學中的"算法"（algorithm）一詞，就是以他的名字命名，這個詞現在也指計算機的"運算法則"。

穆斯林每天要祈禱五次，每年伊斯蘭曆九月要封齋，這都需要知道月球和地球的相對位置，所以中世紀阿拉伯帝國的天文學絕對是領先的。

近代西方的"化學（chemistry）"一詞是從歐洲中世紀的煉金術（alchemy）演變來的，而 Alchemy 則是阿拉伯文"Al-Kimia"的音譯。

醫學方面，10 世紀末出生於今日烏茲別克斯坦的波斯人伊本·西那（Ibn Sina）—— 歐洲人稱之為阿維森納（Avicenna）—— 用阿拉伯文寫的《醫典》，不只是阿拉伯文明圈的基本醫學典籍，它的拉丁文譯本在歐洲一直到 14 世紀始終是醫學院的基本教科書。

哲學方面，阿拔斯帝國的學者和西班牙的摩爾人學者都曾經以阿拉伯文寫作，創立了新柏拉圖主義和新亞里士多德主義，並試圖用這些理論來解釋真主的本質。此外，他們還用邏輯精研一些神學命題。比如，由人編纂的《古蘭經》究竟是受造物還是真主自己的語言？又比如，既然真主全知全能，一切都在他的安排下發生，那麼是否一切都是前定的呢？如果一切都有前定，那麼作為受造物的人為甚麼還會犯罪？於是有人認為真主讓人有自由意志，所以人要為自己的行為負責。接着就有人問，那麼真主的本意是甚麼？這些問題跟中世紀的天主教神學的探討差不多，不過穆斯林提出這些問題要早二百年。事實上，歐洲中世紀末期以托馬斯・阿奎那（Thomas Aquinas）為代表的經院哲學就借鑑了穆斯林統治下的西班牙的摩爾人伊本・魯施德（Ibn Rushd）——西方人稱他為阿威羅伊（Averroes）——的哲學著作。

伊斯蘭世界的擴張分為幾個階段。到了 11 世紀末期，伊斯蘭教就趨向保守，社會活力大大降低。但是從領土來說，穆罕默德去世一百年之內就進入阿拉伯伊斯蘭帝國的部分，是伊斯蘭文明圈的核心；一個地區的多數人一旦信奉了伊斯蘭，就沒有再轉入其他宗教勢力圈的。儘管伊斯蘭文明圈早已不再活力充沛，卻還是緩慢擴張，今天仍然如此。

印度尼西亞、馬來西亞、中亞地區（包括中國新疆）都不在伊斯蘭文明圈的核心地區，是阿拉伯和波斯商人把伊斯蘭帶到東南亞，遊走於草原上的蘇非勸化了中亞的遊牧民族。蘇非是甚麼人呢？他們是伊斯蘭教內的神秘主義者，不太強調教法和哲學問題，但是極為重視宗教體驗。他們用默思、冥想、音樂、舞蹈的方法獲取宗教體驗。一個人如果一旦感覺到他和真主有過直接交往，這種宗教體驗就會使他堅定自己的信仰，因為這種信仰來自活生生的感受而不是死板難懂的教條。本來，在中亞草原上的突厥遊牧民族信仰薩滿教，有神靈附體的宗教體驗。經過蘇非的詮釋和演繹，遊牧民族把他們熟悉的宗教儀式依附在伊斯蘭教的教義上，因而大批改宗伊斯蘭教。在東南亞和撒哈拉沙漠以南的非洲，伊斯蘭也都與本地宗教或是原有的部落傳統有了一定程度的融合，因而也使這些地區進入伊斯蘭文明圈。也就是說，新加入伊斯蘭文明圈的人口先是受到蘇非的影響，繼而反過來又影響到伊斯蘭的宗教儀軌，甚至是信仰的內涵。

舉個例子，1923 年建立共和國的土耳其（見本書第 34 章），在此之前是奧斯曼帝國的主體。奧斯曼帝國有約 500 年的時間是伊斯蘭世界的政治、經濟、文化中心，而奧斯曼人的祖先就是從中亞一路西遷的突厥遊牧民族。因此，土耳其和沙特阿拉伯的伊斯蘭教很不一樣。沙特阿拉伯的官方信仰強調遵守古典教義，堅持原教旨主義；而土耳其人的信仰和生活習慣則要寬鬆得多。在近代土耳其社會裏，蘇非教團雖然受過不少打擊甚至取締，今天仍然有相當多的信眾和影響。傳統上，蘇非教士常用詩來表達他們的宗教熱忱，而醇酒和美女經常出現在詩中。但是在沙特阿拉伯，酒是被嚴禁的，蘇非也是不被允許的。

阿拉伯帝國轉為保守之後，銳氣漸減。因此，12 世紀有十字軍進入伊斯蘭文明的心臟地帶，13 世紀蒙古人滅了阿拉伯帝國。14 世紀，十字軍和蒙古人的力量逐漸離開之後，瘟疫在阿拉伯世界又奪取了許多人的生命。有一個出生於北非的阿拉伯學者遊走過很多地方，最後定居在埃及。他就是伊本・赫勒敦（Ibn Khaldun）。他是社會學、統計學的鼻祖，因為他想要了解瘟疫對社會的改變，同時也因為他見證了王朝的更迭，所以他開始研究歷史的規律。在他以前的歷史研究者主要是記載人物和事件，沒有把歷史學作為一個主題來研究。中國的史官和學者一般只是記載和考據歷史事件，而不是研究歷史發展的規律。他的《歷史緒論》開拓了宏觀歷史研究領域。20 世紀的英國歷史學家湯因比對他極為稱讚，並且受到他相當大的影響，傾向於一種循環的、較為悲觀的歷史觀。

影響世界的文明

上文講了一個早熟的文明和一個異軍突起的文明。下面要講一下大家比較熟悉的歐洲基督教文明。

但丁出生於意大利佛羅倫薩的一個式微了但仍算富裕的封建家族，當時正是意大利封建主趨於沒落，對外經商獲取厚利的工商階層日益昌盛的新舊交接時代。但丁，由於他的教育和文化背景，他的社會體驗和觀察能力，再加上他的文學天分，寫出了不朽之作《神曲》，吹響了歐洲文藝復興的號角。《神曲》裏對地獄、煉獄和天堂以及某些人的遭遇的描述，實在是活靈活現，令人欽佩。一些讀者可能會以為書中的情節都是出自但丁的想像，但是熟悉《古蘭經》和伊斯蘭文化傳統的人很容易就能看出來，《神曲》裏很多情節明顯受到《古蘭經》和伊斯蘭文化的啟發。這並不奇怪，因為十二三世紀正是意大利和西班牙、北非以及中東各地的穆斯林大量交往的時代，許多阿拉伯文書籍也都是這時被翻譯成拉丁文的。但丁受到伊斯蘭文化的影響而有這樣的靈感來源，可謂十分正常。

達·芬奇（Leonardo da Vinci）是文藝復興高峰期的巨匠，他的《蒙娜麗莎》現在幾乎是所有中國人都能認出來的名畫。他也是第一個研究生物力學的人。看達·芬奇對人體的素描，就可以知道文藝復興給歐洲人帶來了新的自覺與信心。

這裏要稍微回顧一下。在中國北宋時期，新的冶鐵技術傳入歐洲，犁的硬度得到加強，可以實現深耕。11－12世紀，由於鐵犁的出現，歐洲很大一片新農地被開發了出來，農業產量大大提高，人口也因此增加。儘管13－14世紀的黑死病使人口減少，但不久人口就又恢復並且持續增加，同時，一般平民的生活也有所改善。這給了人們對自己的信心，開始孕育起了人本主義的思想。

文藝復興開始讓人們意識到自己的理性。歐洲人雖然仍然相信上帝，但已經認識到理性在人的生命中有重要的作用，因此人們對於教皇就不再一味盲從。一連好幾任天主教的教皇都要在梵蒂岡修建富麗堂皇的大教堂，他們為了籌集經費而在各地出售贖罪券，保證購買者可以上天堂。但是許多教徒不再相信這一套說辭，不把教皇有關這方面的"聖諭"（等於天主／上帝的訓示）當作宗教信仰的一部分。離教皇比較遠的教徒，像日耳曼的王公們以及和他們有聯繫的教士就公然議論贖罪券的是非。馬丁‧路德（Martin Luther）掀起了一場宗教革命，把天主教從一個崇拜許多偶像，儀式中有許多繁文縟節，但又以教皇為中心的羅馬天主教會（西歐基督教的"舊教"），加以淨化和改造，成為一個注重上帝權威、反對偶像崇拜、每個信徒都可以自由閱讀《聖經》、各地教會自治的"新教"（歐美人一般稱之為"Protestant Church"，即"抗議者的教會"；在中國一般人把基督教中的"新教"稱為"基督教"，而"舊教"，即天主教信徒則常把它稱為"誓反教"）。最早出來支持馬丁‧路德的是在萊茵河以北的王侯們。這從地理上看非常值得注意：古羅馬帝國的力量一直在萊茵河以南，為了防止日耳曼人入侵，羅馬帝國在萊茵河附近修建了長城，一部分今天還存在。古羅馬文明控制不到的地方，中世紀的羅馬天主教會也無法完全控制，所以到了 16 世紀，挪威、瑞典、丹麥和德國北部最早脫離天主教會，建立起新教的路德宗。從基督教、伊斯蘭教和佛教的歷史來看，宗教勢力的分界線和政治疆域的分界線是絕對有關係的。瑞士法語區的一名教士叫卡爾文，他的神學主張更加簡單。後來英國所謂的清教主義就是遵從他的宗教學說，其中一部分人去了北美洲，建立了美國的清教徒傳統。儘管他們堅信上帝，但是他們也相信自己的努力，並且主張勤勞、節儉。

在歐洲的宗教改革運動中，以及後來持續了 150 年左右的新舊教抗衡中，神聖羅馬帝國皇帝當然不贊成新教。在神聖羅馬帝國皇帝統轄下的奧地利、西班牙和意大利的王公們大都堅決反對宗教改革。因此，這三個地區今天仍然是天主教（"舊教"）的核心地區。

超穩定結構

甚麼是超穩定結構呢？我想很多人都會有一定感知，但是很難講清楚。其實我也說不清楚，但是我想在這裏舉三個例子。

第一個例子。明朝晚期，天主教教士利瑪竇奉派到中國來傳教。他起初認為中國是一個佛教盛行的國家，所以剃了光頭，掛着珠子，把自己裝扮成佛教僧人的樣子，想藉僧人的身份接近中國社會。後來他發現，中國社會一般人並不尊重僧人，只看重儒者，所以他又戴上他自己設計的儒冠，學習儒學經典，自稱西儒。這樣他果真受到了廣東和江蘇官紳的重視，最後還到達北京，勸化了不少士人信奉天主教。通過在中國二十多年的為學和傳教經驗，他做出了對中國天主教徒的"特別照顧"——他說，他所信仰的"天主"就是中國古籍中的"上帝"，所以中國人只要能重新認識古已有之的上帝就可以了；他還同意中國天主教徒可以祭拜祖先和孔子，認為這是對古人的崇敬而不是對異教神的崇拜。從利瑪竇的經驗來看，西方教會可以到中國自由傳教，但是要做出成績，就不能違背中國社會的傳統。

第二個例子。李贄和利瑪竇是同時代的人，有人認為他是穆斯林，至少他是一個反對禮教的士大夫。他覺得，人趨利避害，自己為自己是正常的事情，理學家們所說的"去人慾而存天理"不是虛偽就是陳義過高。但他終不被其他士大夫所容，也不見容於皇帝，最後被送進監獄，自殺身亡。

第三個例子。當穆斯林文明最初進入中國時，中國皇室沒有干預，但是在中國思維方式的影響下，穆斯林對伊斯蘭的闡述就不得不為遷就中華文化道統而有所變化（1528年），因為這樣才能在中國社會中扎根。就在李贄出生的第二年，山東濟南南大寺的掌教阿訇陳思（一位精研儒學的穆斯林學者，兼通漢文和阿拉伯文）為他主持的南大寺寫了一篇銘文，叫作《來復銘》。從銘文中可以看出，伊斯蘭教的教義已經和儒家文化相互滲透、相互融合了——"無極太極，兩儀五行；元於無聲，始於無形⋯⋯繇太虛，有天之名；繇氣化，有道之名；和虛與氣，有性之名；和性與知覺，有心之名。存心與性，以事其天；慎修厥身，以俟此命；主敬窮理，以養此性⋯⋯不爾，天顧畀之，人顧棄之，其將何以復帝者之命？"這些文字現在仍然留在濟南南大寺殿前。這篇銘文雖然沒有放棄"信主獨一"的伊斯蘭教基本教義，但是它所用的詞彙和說理方式卻來自宋明理學。

以上三個例子也許可以說明甚麼是超穩定結構。

還有一種說法是中國人口密度太高，可耕地很少，人與人之間的距離非常近，所以必須要考慮到人際關係，不可能逃離人際關係網。我坐飛機有過這樣的感悟——假如在美國的農業區上空，大概每兩公里才會見到一戶人家，每家都附有獨立的穀倉；假如在中國的農業區上空飛行，不到一公里就會見到一個村落，每個村落都有成羣的農舍。這點上，美國的確是得天獨厚，歐洲都達不到這樣的條件。但是歐洲在傳統上沒有土地買賣自由，因為土地屬於貴族，而貴族實行的是長子繼承制，所以莊園還是比較大的。按照中國的習俗，所有兄弟都可以分家產，所以田產越來越小，基本上沒有大地主。大家都是密集住在一起的小農，鄰居很多，不少還是親戚。這樣說來，中美兩國的人際網絡和親屬關係絕對是不一樣的。即使今天中國已經走上了工業化的道路，但是對於父母、長輩尊重和聽從的文化並沒有消失。讓我講一段我在香港聽到的對話。在電梯裏，兩個明顯從內地來的中年婦女正在談話。一個問："兒子多大了？"另一個答："二十六了。"又問："快抱孫子了吧？"再回答："我不許他成家！三十歲之前我不讓他結婚。"這樣的對話在美國是絕對聽不到的。可能現代中國子女的生活條件、經濟要素常常掌握在父母手裏，故而傳統的人倫關係必然仍在起作用，家人之間的相互依賴要比歐美各國強多了。

那麼這個超穩定結構到底源自哪裏呢？還可以講一個故事。我剛去美國的時候，學到一個遊戲，叫"Monopoly"，意為"壟斷"，現在中國人把它叫成"大富翁"。這個遊戲和我在台灣時知道的"陞官圖"遊戲有很相似的地方，都是靠骰子或陀螺來定勝負。"陞官圖"的起點是白丁，Monopoly 的起點是赤貧。但是"陞官圖"的獎勵是取得功名官職，一級一級地往上升，路線可以是德行、能力，也可以是賄賂。"壟斷（大富翁）"的獎勵是現金、股票、房地產，明顯體現了資本主義的運行。明朝、清朝、民國時代"陞官圖"一直很流行，聽說現在又有人把"陞官圖"改成了電腦遊戲。

依我看，宋代以來形成超穩定結構的主要原因是，科舉制度下的功名利祿使士大夫成為官僚階級，獨佔權力，掌握各種資源。一個士大夫不論在宦海裏是浮是沉，他的子弟一定還是讀書求功名。而不靠功名賺了大錢的商人，也要讓子弟做讀書人，以便考得功名後可以傲視鄉里，光耀門楣，保護家產。商人不把賺來的錢投資在工業上，而是去買田產，參加農業社會的再循環。在這種情況下，社會容易保持穩定，但是對於社會發展來說，就是另外一回事了。

西學東漸

利瑪竇出身歐洲貴族之家，受過 16 世紀時歐洲最好的教育，所以他既會修辭學，又會邏輯學，既熟悉歐幾里德的幾何學，又通曉亞里士多德的哲學，還會繪製地圖，是他首先把歐洲三百年間累積的知識介紹給中國士人。比如，他的摯友徐光啟就驚訝地發現，原來中國文化中，缺少細緻的分析，只是長於綜合概述原則性的東西。用我的話來說，幾何學不止是讓我們對於事物的形態有所了解，更是訓練我們對事物進行邏輯思考。物理學裏，除了對時和態的描述，空間也很重要。比如，研究霧霾的擴散與移動，如果沒有對時間、空間和濃度這三維的描述，只說今晚霧霾濃，或是天津霧霾大，這都是不夠的。有人說吃木耳可以降低膽固醇，現在連飯館的菜單上都這麼說，但是一天要吃多少才對降低膽固醇有效，吃多少會引起副作用？中國傳統文化裏不重視科學的方法論，缺少邏輯分析和量化的手段，徐光啟對這個情況可能有所感悟。再過兩百年，甚至連皇帝也知道了，如果不按照西方人的方法造船、造炮，船就不堅，炮就不利。

到了 19 世紀末，中國人對於生物學的了解又猛進了一步，包括了解達爾文的《進化論》。

赫胥黎比達爾文更加勇猛，達爾文還有一些鄉紳的味道，只是提出自己的想法，不願意和別人直接發生衝突，赫胥黎就不同。有一次他在英國皇家生物學會的年會上碰見一位英國國教的主教，主教當然是反對進化論的；當時英國國教從《聖經》中推測上帝造人是在四千多年前，根本不承認有進化這一說。於是主教就調侃赫胥黎：我聽說你和猿猴是親戚呀。赫胥黎當場就回嘴說：假如讓我選擇的話，我寧願猿猴是我的親戚，也不願選擇明明沒有知識還以紳士自居的主教。嚴復翻譯的《天演論》的作者就是赫胥黎。

《易經》與微電子

有中國人說《易經》是原子物理的祖先，因為《易經》裏有"天行健，君子以自強不息"這句話。也就是說，天下的物體都在運動。電子繞着原子核轉，行星繞着太陽轉，宇宙間的物質都在運動狀態，這就是"天行健"，而《易經》裏很早就已經指出了這一點。且不說這樣的詮釋有沒有意義，反正人們必須對於電子的運動軌跡和能量有所了解，才有可能發明和製造今天的各種微電子產品。

不必爭議的是，牛頓和萊布尼茨大致同時發明了微積分。他們之間曾經為了這個課題通過信，但是沒有見過面，各自發表的論文也沒有給對方先看過。究竟誰先發明了微積分已經不很重要了，因為近三百年來大部分的科學探討和工程計算都是在微積分這個數學基礎上進行的，能拿到其中一半的功勞已經是近代科學的巨人了。從實用角度看，萊布尼茨所創立的微積分符號非常簡單易用，因此也更為有效。就是說，一個函數（f），對其微分之後（df / dx）再進行積分（∫），就又回到了那個函數本身，即 $\int (df / dx)dx = f$。出於這一點，我認為萊布尼茨對於微積分的推廣比牛頓的貢獻要大。

為甚麼要提萊布尼茨呢？因為萊布尼茨曾經在巴黎住過幾年，接觸到一些到過中國的耶穌會士。有個耶穌會士告訴他，中國的《易經》以陰和陽為基礎，可以演繹出八卦，由此可以解釋許多自然現象。這可能啟發了他的思考。為甚麼數目一定要是十進位制？原始人用十個指頭來計數，很自然。但是假如不用手指頭計數，要怎麼辦？萊布尼茨認為可以以 0 和 1（或是陰和陽）為基數來計算。這就是他出於興趣而建立的二進制數學：0+1=1；1+1=10；10+1=11；11+1=100；100+1=101；100+10=110；110+1=111；111+1=1000……可以說，萊布尼茨的二進制數學和《易經》是有聯繫的。如果我們用二進制數學對事物做數字化描述並且進行計算的話，我們就會使用一大串的 0 和 1。

從量子物理學和固態物理學，我們知道自然界有一些元素，在某種狀態下能導電，其他狀態下不導電，這就是半導體。我們可以把導電的狀態用 1 代表，不導電的用 0 代表。那麼假如我們把一大串半導體組件用電路連接在一起，使它們按照二進制運算法則所要求的一大串 1 和 0 來導電或者不導電，從而利用這些半導體來做數字化信息的運算和儲存，這就是微電子工程的基本任務。這個創新是從美國的斯坦福大學開始的，所以矽谷就在斯坦福大學附近。

和萊布尼茨同時期的有兩位皇帝，他們執政的時期基本相同，雖然互相知悉但是沒有來往。一個是法國的路易十四，另一個是中國的康熙。路易十四的後人在 1793 年失去了王位後被處死，但是之後的法國成了一個殖民帝國，今天還有一些殖民地，並且仍然稱得上是富而強的國家。康熙的後人在 1911 年被迫遜位，但活了下來。我們接下來討論沒有了皇帝的中國的發展前途。

在討論這個話題之前，我想暫時換個話題。我在 1985 年一度想要學習新的電腦語言 "C"，因為早期的電腦語言（Fortran）我是會的，自認為還有些基礎；我的博士論文就是用 Fortran IV 寫的程序進行計算。當時我用的電腦是 CDC3600；"CDC" 是 "Control Data Corporation" 這家電腦公司的縮寫，"3600" 的意思就是說這部電腦的記憶儲存量是 3,600 bites, 就是說竟然有 3. 6K 這麼大！我想學 "C" 的時候，剛在南加利福尼亞大學（University of Southern California）擔任系主任，時間不夠，沒有學會。不久，大家發現這個 "C" 不怎麼好用，就有人把它改進了，稱為 "C++"。之後不久我到香港科技大學去擔任工學院院長，開辦工學院，最早成立的兩個系就是計算機系和電子工程系；萬事開頭難，雜事一大堆，所以始終沒有學到 "C++"，但是對它心向往之。

C++ 工程

我在 1998 年用本章題目所做的演講中，提出 "C++ 工程" 這個說法。"C" 代表 "Chinese Culture"，即中華文化；就像電腦語言一般，原始的 "C" 不行，必須要變成 "C++" 才管用；但是要創造新時代的中華文化，又必須也只能以固有的中華文化為基礎，所以 "C" 是基礎，很重要。第一個 "+" 的意思是，我們必須對中國的歷史與文化進行反思，以便有所增益；第二個 "+" 則是指我們要胸襟開闊，具備現代的國際視野，吸收新養分，促進新文化。

甚麼是固有的中華文化呢？研究中國文化的專家已經有很多，我現在討論這個大問題，覺得很忐忑，但是又不能不講。

我認為一個特點就是漢字。漢語是單音，漢字是方塊字，在世界上是獨一無二的。它的使用範圍很廣，是世界上仍在使用的文字中歷史最悠久的。王羲之書寫的《蘭亭集序》，今天的中國小學生都可以認出大半來。說漢語是世界上連續保存時間最長的文字和世界上使用人數最多的語言，應該毫無爭議。另外，我覺得中華文化的一個特質是內斂，個人的才華、感情、意圖不盡顯於外；另一個特質是中庸、包容，對別人不會太張狂，不把人逼到牆角，想法、做事儘量平衡，不走極端。這些是中國人的普遍特質。在這樣的情況下，就難以找出敢為天下先的人，很難找出非要證明我對才肯罷休的人。這種內斂和中庸在政治上和社會生活中很有好處。但是在以追求真理為基本目的的科學上，恐怕就少了些執着。在這樣的文化環境裏能不能夠培育出牛頓、萊布尼茨、達爾文、赫胥黎，就很難說了。

關於漢字，我就不再多講了。這是一副對聯："寄寓客家牢守寒窗空寂寞，遠避迷途退還蓮逕返逍遙。"上聯每個字都是寶蓋頭，說的是林黛玉；下聯每個字都是走之底，說的是賈寶玉。哪種文字可以做到這一點呢？可是在 20 世紀 20 年代，連魯迅都贊成漢字拉丁化。今天不會再有人主張廢除漢字了，為甚麼呢？我認為答案就在繞着原子核轉的電子。

相對於拼音文字，漢字很難記，而以前漢字的排版和印刷非常複雜，所以漢字的書籍難出版，能識文斷字的人也不多，以致知識傳播非常慢，影響到全民的文化水平。但是漢字也有好處。雖然用腦子去記漢字很費工夫，但是一旦記住，腦子當中圖像和聲音兩個功能就都開發了。所以漢字有利有弊，壞處是要花大量時間去記憶，好處是漢字會使人腦受到不同的刺激，因而更為發達。如果一個人在聽覺方面因中風失靈了，還能用圖像的記憶來識字；如果大腦圖像識別的部位受到了損傷，還可以用聽覺識別語言。

量子物理學使我們認識到微觀世界，因而得以利用半導體發明微型電子計算機（電腦）。現在人們用電腦打字，用電腦指揮激光排版和印刷。從速度和精準度來看，目前漢字的處理已經不輸於任何其他語言。所以，中華文化在 21 世紀要和其他文化比拼的，不是語言和文字本身，而是科學技術和其他方面的創新。

且看今日之域中

我在 2006 年《北京大學學報》上發表了一篇文章，意思是說中國只做世界工廠是不行的，一定要開發我們這麼多人的腦力和創造力，力爭做出更多、更有重要性的原始貢獻。

但是東亞文明有一個新挑戰，那就是東亞文明圈講究秩序，講究社會倫理，這在鼓勵科技創新上卻是消極的。我在文中提到，東亞文明一向強調要服從集體，服從長輩，服從上級。在這樣的情況下，不容易出現蘋果公司創始人喬布斯（Steve Jobs）這樣的人。我在香港城市大學校長任期內，向香港政府提議，並獲得政府的同意，設立一個全新的創意媒體學院；通過幾年的努力，經費有了，土地拿到了，大樓蓋起來了，人也已經搬進去了。我現在擔心的是，香港政府花了這麼多的土地和財政資源，三十年之後會不會像我當初設想的那樣，人才輩出，用新媒體振興中華文化？我想這還要看中華文化的 C++ 工程進行得怎麼樣。

我在美國西北大學（Northwestern University）讀博士的時候，常接觸到當時西北大學人類學系的系主任許烺光教授。他後來寫過一本書，比較中國和美國的社會文化。他書裏的一些內容我未必同意，但是現在我想把書中第十四章介紹給大家。這一章的題目是"中國人的弱點"，提到傳統對於中國人的束縛，使得中國人一般只有反抗而缺少更新的意識，所以往往是換天子不換制度；他又認為中國人缺乏科學和音樂。這裏我也想說一下音樂。漢族的人們常說某個民族的人天生就"能歌善舞"，意思是他們比較放得開，不那麼羞赧和拘束。在許多漢族人的心目中，這句話可以適用於中國大多數的少數民族，也可以適用於許許多多其他國家的人。其實，這反過來可以說明，世界上恐怕只有漢族不"能歌善舞"。大概是因為受禮教的束縛，尤其是近幾百年來一般良家婦女要裹小腳，她們怎麼可能善舞呢？一百多年前還是外國傳教士開始反對纏足，後來受西方影響的中國人也開始反對纏足；雖然很多女人都會覺得纏足非常痛苦，但是一開始好像沒有人願意觸碰這個問題，可能大家都太不想打破現狀了。

無論如何，我很想促進中華文化。但是我想要促進的中華文化是現代的、發展中的、包含不同發展元素的新文化，這樣的文化既不是孔孟文化的再現，也不僅僅是漢唐文化的復興；我們要尊敬先人的成就，但是更應該注重今人的處境；我們既以本民族的文化為榮，但是更願意借鑑其他民族的優秀文化；我們的立足點是今天，我們的着眼點是未來。

本章的題目是"從活字版到萬維網"。說的就是 World Wide Web（www），因為現在世界的萬維網上已經到處都能見到漢字了；漢字在萬維網上的重要性應該是僅次於英文的。萬維網就好似高速公路網絡，漢字的萬維網站可以說是專門給認識漢字者乘坐的車。這個公路網不是中國人發明的，也不是根據中國人的技術建造的，只有一些車是中國人造的，而且不少還是按照別人的圖紙仿造的。

現在互聯網的域名分類是美國人倡議的，主要由美國的服務器管理。有了新知識、新技能，中華民族已經具備了振興的必要條件，但要敢於和善於創新才算是具備了充分條件。甚麼時候中國人能創造出比萬維網更好的東西，像"四大發明"一樣，真正對全世界的文明產生重要影響，領時代的風騷，讓全世界的域名分類進入一個新的境界，這才是中華文化的復興。"且看今日之域中，竟是誰家天下？"30年、50年之後將見分曉。

第 2 章
且說美索不達米亞

2013 年春節過後，我去香港歷史博物館看了"探本溯源：美索不達米亞文明展"。一看看不夠，還去了第二次。這個展覽的內容既有概括性，又突出重點；實物和虛擬展示配合巧妙，文字與語音解說各顯功能。儘管兩次都是人潮洶湧，我還是多次向友人推薦。

同年四月，我在北京大學講授"文明的地圖：回顧與展望"，自然也觸及美索不達米亞文明。有學生問我：美索不達米亞文明如此早熟，何以這個輝煌文明的傳人 —— 今日的伊拉克人和敍利亞人 —— 卻生活在戰亂和苦難中？

對美索不達米亞文明感興趣的讀者，可能也會有同樣的疑問。

文明的搖籃

科學家普遍同意，經過幾億年的生物進化，能夠直立行走並能使用工具的"能人"於 200 多萬年前在非洲出現，後來散佈到中東、東南亞和東亞（"爪哇人"和"北京人"應該就是他們的子孫）。"現代人"（骨骼和腦容量與我們已經沒有區別）大約 30 萬年前也出現在非洲。大約 10 萬年前，現代智人走出非洲，先到中東，其後在世界各地繁衍。

約一萬年前，居住在底格里斯河與幼發拉底河中下游地區（即
"美索不達米亞"，意為"河流之間"，大致包括今天的伊拉克和敍利亞
東北部）的一些人開始畜養動物和種植，以代替狩獵和採集果實。這
是人類有意識地改造自己環境的開始，也是文明的起源。

從開始農業生產到今天，人類生活的改變依靠的是社會進化而非
生物進化。文明的發展很不均衡：生產方式、社會組織和意識形態相
差極大。一般而言，地理環境是決定性因素。

一萬年前（甚至是十萬年前）的人和今天的人應該沒有智能的區
別；今天生活在城市裏屬於後工業化社會的人，和生活在叢林裏屬於
氏族社會的人，更是沒有任何智能的分別。

美索不達米亞的蘇美爾人、阿卡德人和亞述人創造了令人讚歎
的物質和精神文明。蘇美爾人首先用手轉輪製造陶器，接着又發明車
輪。他們建立了全世界最早的一批城邦，首先從崇拜自然現象轉變到
尊奉具有人的行為方式的神祇。建立古巴比倫王國的阿卡德人長於天
文和數學，在 4,800 年前就會使用乘法表和除法表，並且會求平方根、
立方根；他們使用 60 進制，將一天分為兩個 12 小時，每小時 60 分
鐘。亞述人用戰車征服了巴比倫，建立了廣袤的帝國，修建了華麗的
王宮，創作了非凡的史詩，並且發展了醫學。

古代文明的傳人

這些古代文明的傳人絕對不只是今天的伊拉克人和敍利亞人，也
不限於中東地區和地中海地區，其實也應該包括中國人！中國的小麥
和戰車就是從美索不達米亞傳入的；古代中國的天文學明顯受到巴比

倫人的啟發和影響。

在這次展覽中，有幾個圓柱形滾動印章的圖案十分精緻生動。我在印度新德里的印度國家博物館，看到的印度河谷出土的圓柱形滾動印章，也很精緻。這樣相似的圓柱形滾動印章不太可能是獨立的發明，而應該是美索不達米亞和印度河流域早期往來的明證。許多事例都說明，即使在交通不發達的古代，古老文明之間還是有相當多的借鑑的。

美索不達米亞從公元前六世紀開始，先後被波斯人、希臘人和羅馬人統治。公元前二世紀到七世紀又先後被波斯帕提亞王朝（中國稱為安息）和薩珊王朝統治。公元七世紀，阿拉伯人佔領了這一地區。此後 500 年間，美索不達米亞成為昌盛的伊斯蘭文明的政治和文化中心 —— 伊斯蘭的阿拔斯王朝於八世紀末在距古巴比倫城不遠之處新建巴格達為首都。從 12 世紀到 15 世紀，源自蒙古高原的塞爾柱突厥王朝、蒙古人建立的伊兒汗國，以及由突厥化的蒙古人在中亞所建的帖木兒王朝，先後成為美索不達米亞的統治者。由 16 世紀前半期開始，敍利亞和伊拉克曾屬於（由塞爾柱突厥人的支系所建立的）奧斯曼帝國很長一段時間。

大英帝國的複雜角色

英國自從取得在印度的支配權之後，就開始覬覦奧斯曼帝國在中東的領土，包括美索不達米亞、波斯灣西部和巴勒斯坦。這時期英國人大量出現在中東地區，有外交官、軍人、商人和學者。前三種人是殖民主義者，目的是獲取利益；學者是為了獲取知識，但受到前三者的保護和支持，因而享有便利。

英國成為一個殖民帝國並非偶然。從 18 世紀開始，英國政府經常能夠洞悉並且影響世界各地的局勢，這當然得力於英國學者和官員對世界各地的精心研究。三百年來，英國人才輩出。牛頓、法拉第、達爾文這些科學巨人自不必說；亞當·斯密（Adam Smith）、約翰·斯圖亞特·密爾（John Stuart Mill）和約翰·梅納德·凱恩斯（John Mayard Keynes）的思想影響了全世界，而英國"東方學家"們的研究成果也對早期文明的認識和保存做出了卓越的貢獻。

英國考古學者對美索不達米亞的研究是非常重要的成就，尤其是對不同楔形文字的破譯和對亞述古城尼姆魯德的挖掘。當然，英國學者把挖掘到的珍品，包括巨大的雕像和城牆都運回了大英博物館。

19 世紀後半期，維多利亞女皇時代的大英帝國被稱為"日不落帝國"。說她是當時全世界地位最顯赫的人，一點也不為過。儘管維多利亞女王擁有從印度"沒收"來的世界最著名的山之光（Koh-i-noor）大鑽石，她也不禁要羨慕有次和她一起進餐的雷亞德爵士夫人（Lady Layard）所佩戴的首飾。這是用 11 顆古代美索不達米亞的圓柱形印章和 4 顆方印章串成的一條項鏈，配上用古圓柱形印章鑲成的一對耳環和一隻手鐲。雷亞德爵士夫人是主持挖掘亞述古城尼姆魯德的雷亞德爵士的妻子，此次展覽中有圖片介紹這一組首飾。

一戰時，英國和法國協議瓜分奧斯曼帝國在中東的領土。戰後英國按計劃託管伊拉克和巴勒斯坦，法國託管敘利亞和黎巴嫩。法國把敘利亞南部的幾個遜尼穆斯林地區劃歸黎巴嫩，並把擴大了的黎巴嫩改建成一個共和國，引起被託管的敘利亞王國的不滿。英國則把剛發現石油的科威特從伊拉克分出去，成為其保護國，又從巴勒斯坦分出來一個外約旦酋長國（即今約旦王國的前身）。此外，託管國還把受奧斯曼帝國委任管理伊斯蘭教聖地麥加的哈辛姆家族 —— 先知穆罕穆德的家族 —— 的兩兄弟，分別任命為伊拉克國王和外約旦的埃米爾（阿拉伯語音譯，意為"受命之人"、"統帥之人"）。

英、法兩國都使用分而治之的手段：提拔少數教派，使他們幫助統治多數教派。二戰後，英、法結束了在中東的統治。但是在這個地區裏，敍利亞與黎巴嫩的矛盾，伊拉克與科威特的矛盾，還有幾十年來黎巴嫩、敍利亞和伊拉克境內民族和教派的衝突都可以溯源到英、法兩國託管時期。

從保存人類文明記錄的角度看，英國託管時期也有其積極的一面。 1933–1934 年，英國考古學者開掘了美索不達米亞的許多古跡。英國政府和被託管的伊拉克王國協議，英國可以據有考古新發現的一半。由於雙方在學識和力量上的差距，精品自然去了英國。留在伊拉克的那一半考古實物也被英國學者用當時最好的技術複製了一份，對日後研究古代美索不達米亞起到了很重要的作用。

伊拉克和敍利亞的今日

2003 年 3 月，美國發動伊拉克戰爭。巴格達被攻陷後不久，有組織的外國人員進入伊拉克國家博物館，盜取了幾乎全部珍貴藏品；好在有一部分被盜的藏品有複製品在大英博物館。許多古跡在戰爭中被毀滅或嚴重破壞；遜尼派和什葉派的矛盾在戰後益加突顯；庫爾德人與阿拉伯人的摩擦也沒有改善。伊拉克目前正處於一個不穩定的政治和社會狀態。

2011 年 3 月，敍利亞開始有反政府的示威。兩年後，佔敍利亞人口多數的遜尼派武裝力量在外國支持下愈來愈強，只佔全國人口 12% 的阿拉維派（什葉派中的一個小流派）所主導的敍利亞政府對大片領土失去了控制權。不久，受西方各國和土耳其支持的幾個武裝組織瓜分了敍利亞。極端恐怖組織"伊斯蘭國"也從伊拉克進入敍利亞。接着，美國、俄羅斯、法國、土耳其、伊朗也各自派出了自己的軍事人員。

　　經過了十年複雜而艱辛的外交與軍事對抗，敍利亞政府目前處於勝利者的地位。但是多數城市已經是一片瓦礫，十年前大約有 2,000 萬人口的敍利亞至少有 40 萬人死亡，超過 600 萬人因為逃避戰火而遷居到國內其他地區，另外還有超過 600 萬難民逃到國外（主要是土耳其）。不論阿薩德（Bashar al-Assad）和他的支持者能否保持政權，等待敍利亞人民的仍將會是一段長期的痛苦歲月。

　　我在 2010 年 11 月參觀過大馬士革博物館裏非常豐富而精緻的展品。不知道等待它們的將會是怎樣的命運？

第 3 章
我看大中東

　　"大中東"是人類文明最早出現的地區，是世界歷史上不同文明衝突與交融最為顯著的地區，也是當今世界各種矛盾集中表現的地區。

　　即使不是多年來都關心世事的人，最近這十年來打開報紙、電視，也經常會看到以下新聞："阿拉伯之春"，埃及政權幾次更換，利比亞在"強人"卡扎菲（Gaddafi）被槍殺後陷於分裂狀態，敍利亞內戰令全國一半人口成為難民，"伊斯蘭國"先強大後潰敗，沙特阿拉伯轟炸分裂的也門（Yemen），伊拉克羣眾示威，索馬里（Somalia）爆炸等等。而近來則有非洲之角的埃塞俄比亞與厄立特里亞（Eritrea）建交，土耳其出兵干預利比亞內戰，美國暗殺伊朗高級軍官，伊朗擊落烏克蘭客機等。從 2011 年"阿拉伯之春"開始之後，大中東地區不少的國家修改了憲法，政府已經換了幾次，倒台、逃亡或是被處死的國家領袖不乏其人。各國的政局都不是很穩定，百姓的生活幾乎沒有改善。

何為大中東？

　　這些事件讓我們不免會把目光聚焦到一個地區，就是亞非歐交界或者臨近的地區，我稱之為"大中東"。中東這個詞是西歐人發明的，他們向東走去比較有興趣的地方，近一點的叫近東，稍遠一點的叫中東，再遠的就是遠東。地球是圓的，所以這是歐洲中心主義的表現。在西歐人的眼光中，中國、日本都在遠東。當然，古代華夏民族把自己的地方叫中國，新疆以及其西就是西域，日本是東瀛。其實"中東"這個詞的歷史並不久，是一些"東方學"的研究者開始用的，至今也不過 100 年左右。

在大家的印象裏，埃及、土耳其、以色列、伊拉克一直到伊朗這些國家叫作中東，因為他們地理位置相對集中，在歐亞非三個洲交界的地方。傳統中東地區包括埃及、以色列、巴勒斯坦、約旦、黎巴嫩、敘利亞、伊拉克、沙特阿拉伯、也門、阿曼、阿聯酋、卡塔爾（Qatar）、巴林、科威特、伊朗、土耳其，共 16 國。

但"大中東"的概念要更寬泛。比如說從北非一直到摩洛哥，這些地方的人都是說阿拉伯語，主要信仰伊斯蘭教，文化上是相近的，所以這些地方可以說是"文化中東"的一部分，我也把它們歸為"大中東"。這一部分從歐洲人的角度，比如說法國人的角度看，在他們的西南，再怎麼也不能說東了，所以我稱這一廣闊的地域為"大中東"。

當中東發生變動的時候，"大中東"是不可能置身事外的。比如，突尼斯或利比亞出事，地中海裏的島國馬耳他（Malta）一定受到波及，雖然他們是天主教徒。塞浦路斯（Cyprus）60% 的人口是說希臘語的東正教徒，我也把它放在裏面。還有希臘，希臘當然是歐洲文明和整個西方文明的發源地，但因為地理位置和歷史上的淵源，它跟土耳其以及埃及的命運是很難分割的。當土耳其統治它的時候，周邊是巴爾幹半島，有塞爾維亞、阿爾巴尼亞、保加利亞等地，所以不可能跟奧斯曼世界脫離。還有介於土耳其奧斯曼帝國和波斯帝國之間，歷史上歷來受它們影響的屬於東方世界的三個國家：亞美尼亞、格魯吉亞（Georgia）和阿塞拜疆（Azerbaijan）。此外，還有"非洲之角"的幾個國家——埃塞俄比亞、厄立特里亞、吉布提（Djibouti）、索馬里——也與傳統中東地區緊密相連。

因此中東外緣地區包括利比亞、突尼斯、阿爾及利亞、摩洛哥、埃塞俄比亞、厄立特里亞、吉布提、索馬里、蘇丹（南蘇丹已於2011年7月9日獨立，屬於中非洲，不能算是"大中東"）、希臘、塞浦路斯、馬耳他、亞美尼亞、格魯吉亞、阿塞拜疆，共15個國家。

"大中東"加起來一共是31個國家，其中23個國家人口的主要構成成分是穆斯林，有20個國家的語言主要是阿拉伯語，所以可以說，講阿拉伯語的國家差不多都在"大中東"。因此阿拉伯語、伊斯蘭教是"大中東"的主要特徵。

但是"大中東"之所以具有紛繁複雜的文化景象，就是因為有些國家又不僅是這樣的景象。比如最近70多年來，以色列建國，猶太人重新建立起國家，造成"大中東"在歷史政治上新的突破。還有幾個國家主要以信仰基督教為主。再以埃及為例，埃及目前還有大約10%的人口是基督教徒，而埃塞俄比亞和亞美尼亞的基督教會建立的時間都比羅馬教會要早。

大中東地區的特點就是，在其中幾乎每個國家內部，都有不同的宗教、民族、部落、階級、語言、地域以及國家認同感，所以幾乎每個中東人都有多重的身份。在一般中國人看來，這是非常不容易理解的。中國95%的人口是漢族，漢族之間只有方言的不同，並沒有宗教、民族、文字及文化背景的不同，所以中華民族（主要是漢族）裏面同質性非常高。法蘭西民族和德意志民族的同質性也很高，日本、韓國也是這樣的，所以我們往往很難理解這些“大中東”國家，每個人都有不同的身份認同，所以把它作為研究對象是非常困難的。

用歷史解讀硝煙

“大中東”是人類文明最早出現的地區，是歷史上不同文明衝突與交融最為顯著的地區，也是當今世界各種矛盾集中表現的地區。

從古代到近代，比較強的帝國都曾經在這裏建立商道，並且開始收稅。因此富有的波斯帝國，在 2,500 年前由大流士在今天的波斯灣東岸不太遠的地方建立了宮殿。公元前 330 年亞歷山大滅了波斯帝國，然後繼續征戰到今天的印度河邊上。統治埃及的希臘托勒密家族的最後一個傳人、埃及最後一任皇后克利奧帕特拉（Cleopatra），嫁給了羅馬大將安東尼，但是仍然沒有避免亡國的命運。此時在東方的是波斯的帕提亞帝國，領土一直延伸到伊位克、敍利亞。

而與波斯帕提亞帝國直接面對的是統治巴勒斯坦和和小亞細亞（近土耳其）的羅馬。四世紀，羅馬皇帝君士坦丁在帝國東部加設了一個新首都，君士坦丁堡，就是今天的伊斯坦堡 —— 它在古希臘時代是一個被叫作拜占廷的小村，所以羅馬帝國西部被北方蠻族滅亡後，羅馬帝國的東部就成為後來歷史學家所稱的拜占廷帝國。東方此時是波斯薩珊帝國，雙方爭鬥了兩三百年，結果兩敗俱傷。

相對來說，中東地區發展比較晚的民族，就是阿拉伯民族，他們借用伊斯蘭給他們新的力量，用伊斯蘭的統治和戰鬥方法，很快把波斯、埃及這些古老國家都給消滅了。後來從蒙古高原一帶興起的突厥人慢慢向西遷移到了波斯地區，建立了塞爾柱帝國，之後又佔領拜占廷帝國的地方。這引起了西歐的驚慌，從而使一部分基督徒開始了十字軍東征。

塞爾柱帝國被後來另外一批東方入侵的人打敗，那就是蒙古人。13 世紀到 14 世紀是亞洲大陸交通最為通暢的時代，從亞得里亞海東岸直到朝鮮半島都是相通的。在沒有世界性海運之前，當時陸上交通是極為發達的。

近代統治這一地區的，是奧斯曼帝國。他們統治埃及和阿拉伯半島是 16 世紀以後，但此前他們已經統治拜占廷帝國的領土長達 200 多年了。

還有波斯的薩法維王朝。奧斯曼人與波斯薩法維王朝有時候為了領土會進行鬥爭，比如說在今天伊朗北部有一個叫大不里士的地方，就被他們爭來爭去，幾度易手。

後來英國、俄羅斯也進來了。法國進入了北非，1830 年佔領了阿爾及利亞，以至於二戰後認為阿爾及利亞是自己的一個省，堅持不肯讓阿爾及利亞獨立。直到阿爾及利亞人用遊擊戰法牽制了大部分的法國軍隊後，戴高樂總統才下決心放棄這個地中海對岸的"省"。很晚才統一的意大利，到 19 世紀末 20 世紀初也對大中東的一些地方進行過殖民統治，如厄立特里亞和利比亞。今天的索馬里曾經是三個國家 —— 法國、英國、意大利 —— 的殖民地。

二戰以後美、蘇兩國都在這裏擴大自己的影響力，比如美國建立了巴格達條約組織。1948 年以色列建國之後，跟周邊的阿拉伯國家連續打了四次大規模的戰仗，阿拉伯國家四仗皆敗，引起了他們的挫敗感。"9·11"事件發生後，爆發了美國和北約對阿富汗和伊拉克的戰爭，直到今天還沒真正結束。

阿拉伯的民族主義是在歐洲帝國主義和殖民主義的刺激下成長起來的，很多阿拉伯人期望着把阿拉伯民族統一起來，恢復他們往日的光榮、實力和影響，所以無論是信基督教的還是信伊斯蘭教的阿拉伯人，都對阿拉伯民族主義予以支持。其實很多阿拉伯民族主義的先覺者都是信仰基督教的阿拉伯人。今天伊拉克和敍利亞都有復興黨，復興黨的早期領導人中有很多都是基督教徒；薩達姆在世時最後的一個外交部長就是基督教徒。但經過美國的入侵，反而讓日後的伊拉克無論誰掌權，都很難再有基督教徒出任外交部長了。

同時，由於伊斯蘭教在 8 世紀至 12 世紀的時候很強，許多人還憧憬着他們往日的光輝，所以當受到帝國主義和殖民主義侵凌的時候，許多穆斯林（包括各派的）想到的就是恢復中古時期的光輝。其中溫和者想恢復伊斯蘭社會的自尊和影響力，極端者（如薩拉菲派）則認為，凡是不符合《古蘭經》的習慣，比如女人不戴頭紗，都要根除。

近百年來，阿拉伯民族主義與帝國主義及猶太復國主義激烈交鋒；伊斯蘭復興運動、社會主義與民主思潮交相作用。最近的政治動蕩既反映出各國內部的社會矛盾，也有大國博弈的因素，更表現出各地人民冀求通過變革獲得美好生活的願望。

2011 年，在開羅勝利廣場持續聚集的那麼多人恐怕不是為了意識形態，而是出於對自己生活的不滿，痛恨當權者的霸道與權貴們非法聚財。人們面臨失業，失業就買不起房子，就不能結婚，而在伊斯蘭世界普遍而言，男女關係比較嚴謹，如果不結婚就很難有兩性生活。一個正常的人，到了一定年紀想要結婚或者有結婚生子的傾向而做不到的話，就會對統治他們多年的人存有反感。

伊斯蘭傳統

蘇丹在埃及的南部，19 世紀末期英國和埃及名義上共同管理蘇丹，當然其實是英國既統治埃及又管理蘇丹。蘇丹北部人雖然較黑，但說阿拉伯語，自認是阿拉伯人。蘇丹南部人的膚色則更黑，語言不同，許多人信仰基督教或是原始拜物教。2011 年夏，蘇丹就分成兩個國家，接着，南蘇丹又發生內戰。兩個蘇丹之間的關係也很緊張。南蘇丹在中非洲，應該不算是“大中東”的一員。

很多人可能對中東或者“大中東”地區有誤解，認為中東就是伊斯蘭地區，這是不正確的。大中東有 7 個基督教國家和 1 個猶太國家，如果不是這樣，中東的問題可能會簡單很多。同時這個猶太國家是全部大中東地區最為發達的國家。而以色列的位置又恰恰非常重要，怎麼樣也不能排除在中東之外。它境內雖然也有許多穆斯林，卻絕對是猶太人的國家，猶太教和希伯來文才是以色列的正式宗教和語言。

但是畢竟有 23 個大中東國家的主要人口是穆斯林。首先從歷史來說，伊斯蘭教後來不管怎麼變化，分了多少不同的政權，從起源上看，大家起初認為所有穆斯林都是屬於一個社區的，有一個首領。這個首領最早是穆罕默德，宗教、行政、教育、經濟、軍事一手抓。後來慢慢衍變，有了地區性的首領，中亞一帶出現了波斯人建立的政權，西班牙和葡萄牙也有獨立的政權，但這些政權多數還是不敢堂而皇之地說我是最高統治者，不敢用自己的名義出貨幣，只借用哈里發的名義。現在有些人希望恢復到當初在麥迪那，真主的使者穆罕默德直接統治的時代，他們希望建立一個全球性的“伊斯蘭酋長國”。這固然是妄想，但是也有其歷史原因，那就是在伊斯蘭傳統中，政權和教權從來沒有真正分離過。

中世紀的時候伊斯蘭世界的科學，特別是天文學和醫學，絕對是領先全世界的。因此今天的穆斯林，尤其是學者們知道，在人類歷史中有相當一段時間，穆斯林的貢獻非常大，比如代數，以及現在西方語言中的許多化學名詞，都源自阿拉伯文。

傳統上伊斯蘭統治者都是專權的，權力一把抓，但在伊斯蘭社會裏面，很多統治者又是勤政的，會定期邀請子民入宮，傾聽他們的要求，所以也有親民的一面，並不是一定高高在上，或是多年不上朝。依伊斯蘭規定，每週五的中午大家要儘量到公共的地方去一起祈禱，這時候清真寺裏都會有一個講經者，講經不光講《古蘭經》，而是把當時發生的事情結合在一起，因此許多統治者極力地籠絡或者控制這些在清真寺講經的人。儘管伊斯蘭教遜尼派裏沒有教階之分，但能講經的神職人員的影響很大。而在什葉派地區，如伊朗，有教階制度，每週五都由高層教士做重要的講經，對某某事進行教法宣佈，這是伊斯蘭社會中間很重要的一部分，今天仍然如此。我在開羅就遇到過把《古蘭經》的一段經文跟當時發生的事情結合起來講（其實基督教和天主教禮拜中的講經也與其相類似）。

伊斯蘭的宗教信仰和儀式是絕對的一神教，對真主選定的穆罕默德先知絕對崇尚。對大多數人來說，這樣的教理與儀式比較枯燥，難以使他們觸及靈魂而有深刻的宗教體驗。因此，在伊斯蘭社會裏自然而然出現了一批尋求自己直接的宗教體驗的人。他們想用祈禱、冥思等方法跟真主接近。由於許多近世強盛的穆斯林政權都是由 10 世紀才開始進入伊斯蘭世界的突厥語族裔建立的，所以很多中亞的穆斯林保留了突厥民族故有的薩滿教的痕跡。他們唸的是《古蘭經》,說的是真主的 99 個名字,但是卻借用了突厥語民族在草原上信仰的薩滿教儀式去高頌、低吟、舞蹈或冥思,就像出神一般,感覺自己跟真主結合了。儘管這些儀軌被某些嚴格的宗教學者譴責為異端,但這類宗教體驗難以禁絕。所以在任何地方的不同伊斯蘭教派裏都有蘇非教團。蘇非一般有一個能教導大家如何與真主合一的老師,這人就是所謂的 "謝赫" 或是 "老頭子"。蘇非教團在各個不同的伊斯蘭社會裏都有各自的力量,他們彼此之間是有聯繫的,在政治上往往看法一致,在社會生活裏互相照應。

最後一點,有人認為伊斯蘭是遊牧者的宗教,其實不是的,它產生於阿拉伯半島的商道上,早期的信奉者都是工商業者。所以伊斯蘭教的當政者一般都支持工商業,但是教法禁止高利貸。

發展的困局和民主之雙刃劍

現在回到當代。對當代世界的 "大中東" 國家,尤其是穆斯林國家來說,自從 "阿拉伯之春" 以來,明顯地可見中東地區的民主化對它們來說是把雙刃劍,對其外界 (包括以色列和西方國家) 來說也是如此。

基本上來講,中東伊斯蘭國家政治比較缺少人民的參與,經濟比較缺乏競爭力,它們過去十分光輝的文化傳統,受到了極大的挑戰;這就使整個中東地區的國際和國內環境都容易動盪。

政治缺少民主就會出現 "家天下",比如近年來中東伊斯蘭國家下台的領導人個個都是 "家天下",子女都飛黃騰達,還有 "子承父業"、"克紹箕裘"的傾向,而一般人的日子沒有改善,甚至越過越差。同時,老傳統中的部族觀念還在,國家政權的力量往往要靠各部族的首領來協調。卡扎菲在世時就是這樣。有些人誤以為多數的伊斯蘭國家都是把伊斯蘭教法當國法,其實並非如此。中東地區只有兩個國家把教法當國法,就是伊朗和沙特阿拉伯。據我的觀察和閱讀,他們雖然堅信這個教法,比如說男女在街上談戀愛,手牽手,警察要禁止並要處罰,但是往往"刑不上大夫",上層人物有出國的機會,如果到倫敦、紐約、巴黎,這樣談戀愛就沒問題,而這也造成了一般老百姓心中的反感。

"家天下"又是有來歷的。這不是說這幾個"強人"非要家天下,而是因為在伊斯蘭社會,普遍把神權和父權混雜起來,轉借過來。往往神權、父權是結合的,而軍權則是體現神權的手段。

中東國家經濟普遍缺乏競爭力,除了以色列,其他國家(甚至包括希臘)都是發展中國家。有能源的國家當然富有一些,但富有的國家到目前為止還沒有真正脫離"單一經濟",不能不靠石油和天然氣吃飯。有能源的國家真正做事的工人都是外國人。社會大致分成五等:頭等是皇族以及他們的親信;西方大公司的技術人員和經理是二等;本地人公務員是第三等;阿拉伯國家,特別是埃及、巴勒斯坦等地的專業人士如工程師、教授等為第四等;第五等就是從事底層體力工作的多數人,大都是孟加拉、印尼、菲律賓人等。到現在為止他們沒有充分培養自己的人才,需要人就從外面引進。而沒有能源的國家更糟糕,如也門和厄立特里亞,就相當貧窮。

歐、亞、美三大洲各國、北非與東非,包括幾乎所有的"大中東"國家,我都去過。這幾十年來世界各地的變化確實十分之大。而東亞各國的改變是最大的，中國的改變尤其突出。東南亞國家諸如馬來西亞、泰國、越南改變也很大。拉丁美洲的墨西哥、哥斯達黎加（Costa Rica）、巴西也都改變很多。可是在埃塞俄比亞、黎巴嫩、埃及這些地方改變就不那麼明顯。看到埃塞俄比亞今天的農村，說這是 50 年前的景象，也不會差得太多。還有吉布提，它於 1976 年獨立以後，還保留了幾千名法國駐軍，海港也由迪拜、美國和中國租用，但是當政者沒有把收入資源用來建設他們的社會：法國駐軍的花銷、海港的租金收入，還有埃塞俄比亞交付的鐵路費用，都不能讓這個只有不到 100 萬人口的小國家的多數人免於貧窮。

中東的傳統文化正在受到挑戰。我在埃及的開羅大學訪問過一個月，當時的助理是一個正在讀英國文學碩士課程的女孩。有天我問她，你有三種身份：埃及人、阿拉伯人和穆斯林，你覺得哪個身份最重要？她說當然是穆斯林最重要，相比穆斯林，埃及人的身份、阿拉伯人的身份都是次要的。這個女孩的選擇表明納賽爾（Gamal Abdel Nasser）時代所提倡的阿拉伯民族主義在今天的年輕人中已經不流行了。

中東女性的智力沒有得到良好的培育。女權在伊斯蘭社會，看起來是個文化的問題，其實對於經濟發展是很重要的：如果一個國家 50% 的智力資源都受到限制，那這個社會的總體力量怎麼能充分發揮出來呢？聽說近年在也門以及其他地方的反政府示威中，有女性也參加了，卻被男人們罵，說你應該待在家裏，跑來幹甚麼，這是男人的事。即使在西化的土耳其社會裏面，清真寺祈禱的時候，也還是依照傳統，女性在後面，人多的話，女性就得在外面。

沒有"阿垃伯之春"，不把一些"家天下"的總統拉下台的話，社會可能很難進展，政府改革也會很難進行。但是不是說把他們拉下來就能成功改變社會的不足？目前伊拉克、利比亞都還是有內戰或內部分裂。敘利亞的阿薩德當局雖然沒有如西方國家希望的那樣被"政權更迭"，但是整個國家已經減少了三分之一的人口，剩下來的城鎮裏到處看到的都是瓦礫。

敘利亞的反對派是很難達成協議的，因為他們每個派別都有不同的民族、宗教和階級意識，也都有一個以金錢和物資在後面支持它們的外國力量。這跟 100 年前的中國軍閥時代有類似的的地方，但情況卻比後者要複雜得多。

"阿拉伯之春"一開始，我就沒有抱持樂觀態度，但還是懷着善良的願望，希望經歷的國家能在"阿拉伯之春"的暖陽之下慢慢地取得成績。在 2011 年出版的拙作《大中東行紀》中，我寫道："希望這是一個嬰兒出生前的陣痛，而不是一個宿疾的痙攣。"以長時段的歷史眼光看，我今天仍然持這個態度。

第 4 章
從歷史看文化的衝突與融合

文化的融合：由遊牧社會到農耕社會

"三十功名塵與土，八千里路雲和月。"這兩句詞的作者岳飛生活在北宋末、南宋初，對於金人的入侵耿耿於懷。100多年後，岳飛已經去世很久，南宋也已不可能反攻，北部的金人採用了科舉制度，效仿漢族的統治方法。又過了不久，蒙古人從北部攻打金人，金人一路潰退。有個金朝的臣子就從金的都城一路退到今天的連雲港，他深有感歎，寫下了一首詩，其中兩句是："倚劍長歌一杯酒，浮雲西北是神州。"他從連雲港回看，整個中國西北的神州大地都是他的文化之所依，靈魂之所繫。這個人叫元好問，是北魏拓跋氏之後。他的祖先就是從北部南下的鮮卑人。北魏的孝文帝拓跋宏為了漢化而改姓元，所以他的後代都姓元。

這件事情說明了甚麼問題呢？它說明了遊牧社會和農耕社會的不同。從大興安嶺以西一直到烏拉爾（Ural）山，甚至到今匈牙利一帶，原來是片大草原。在這片大草原上生活着以遊牧、畜牧為生的人，他們和生活在農耕社會的人大約同時進入文明狀態，但這兩個羣體的生活方式有很大差別。農耕社會的人是固定生活在一個地方，而遊牧民族是到處跑。古代人修長城就是為了防止"胡馬南牧"，過去最早南下入侵的有匈奴人，後來有鮮卑人、契丹人、女真人、蒙古人，最後是滿族人。他們都是入主中原的北方民族。他們到了南方以後，自然就有適應農耕社會的傾向。無論是岳飛，還是近百年以後的元好問，都是這種文化融合和摩擦過程中的見證人。

宋代詩人雷震在一首詩裏寫道："牧童歸去橫牛背，短笛無腔信口吹。"笛子很短，隨便吹。我的名字裏有個"信"字，所以我的這章也是"短笛無腔信口吹"。

包容性：中華民族強大生命力的根基

上文中我們說到不同民族生活方式不同的問題。中華民族有很強的包容性，不只滲入了北方很多遊牧民族的特點，還從西邊引入了非常重要的、影響了我們很多個世紀的佛教思想。從我的理解來看，中國人其實並不排外。中華民族之所以具有非常強大的生命力，最主要的原因是它的包容性很強。

前面提到"胡馬南牧"，其實戰國時候的趙武靈王已經提倡"胡服騎射"，但並沒有人因為他穿胡服就說他不是華夏之人。孔子說："微管仲，吾其披髮左衽矣"，意思是：沒有管仲的話，我們今天頭髮都是披着的，衣服前襟都向左掩。這是"華夷之辨"的一種表達方式，但是從中國歷史的發展來看，當時的人們也承認趙武靈王的"胡服騎射"是明智之舉。100多年前中國的皇帝和大臣穿的衣服，與現在中國的主席、總理穿的衣服，是很不一樣的。但毫無疑問，他們都是中國人。從衣服說到食物，芝麻大餅其實也是從西域引進的。再說音樂，我們中國人都認為胡琴是民族樂器，其實胡琴正是"胡人"由西域進口到中原的，而在此之前，它是從波斯傳到新疆的。

佛教傳入中國後，與道家、儒家思想發生了融合，於是產生了禪宗等新的宗教流派。中華民族恰恰是由於具有包容性，不堅持"我是唯一的"、"我是不可改變的"，才會有這麼長的連續性。這並不是我信口胡說，中華民族的連續性是有具體存在的事實依據的。今天，有哪個國家的小學生還能認識 1,600 年前寫的文字？只有中國的小學生能做到這一點。

法國人認為自己的文化很悠久，可是一般的法國人根本看不懂 500 年前的法文，因為法文已經改變了。而中國的小學生絕對認得王羲之的字，還能讀懂他作品中的不少內容。

今天，我們哪怕去中國一個偏遠的、教育不是十分發達的地方，隨便找一所中學，裏面的學生應該都能隨口背幾句《詩經》的內容，比如"關關雎鳩，在河之洲。窈窕淑女，君子好逑"。《詩經》跟希臘的《荷馬史詩》差不多創作於同一時代。《荷馬史詩》雖然也傳下來了，但一般的希臘人都看不懂當時的文字。而在今天的中國，幾乎所有的中學生，都知道"楊柳依依"這樣的句子。我在上文中提到的岳飛、元好問等人，固然有那種不忍看到自己民族被侵佔的情懷，但到了今天，不會有人因為你的祖先是契丹人，就說你不是中國人。這就是包容性，正因為此，思想上和生活習慣上的民族融合都是可以接受的。

紙的西傳：八千里路"走"了近 1,200 年

王昌齡是唐代有名的邊塞詩人。我很喜歡他的一首詩："秦時明月漢時關，萬里長征人未還。但使龍城飛將在，不教胡馬度陰山。"其中，我最喜歡的是"秦時明月漢時關，萬里長征人未還"。王昌齡是唐代人，他從秦時的明月講到漢時的關隘，再講到唐代的萬里征人，時空錯置得厲害，表現了文學的張力，展開了想像力。

王昌齡逝於 757 年。在他生命中的最後幾年，世界上發生了兩件大事。755 年，安史之亂開始，幾乎顛覆了唐朝。再早幾年時，唐軍與阿拉伯軍在中亞爆發了怛邏斯戰役，給世界帶來很大的影響，但一般人對此並不清楚。

751 年，中國正值盛唐時期，西域處於唐朝的行政掌握之下，唐朝派了安西節度使駐紮在那裏。有個節度使名叫高仙芝，他知道西邊阿拉伯的軍隊早已到了中亞，而且可能要入侵西域，於是派了一支軍隊前去進剿，但他可能有點輕敵，沒有帶去足夠的軍隊。高仙芝的軍隊到達位於今烏茲別克斯坦塔什干附近的怛邏斯時，本來是盟軍的突厥葛邏祿部臨陣倒戈，結果唐軍與阿拉伯軍進行了一場遭遇戰，唐軍大敗。約 20,000 人的軍隊中有 10,000 多人被俘虜，只有不到 2,000 人回到位於新疆龜茲（今庫車）的基地。

碰巧的是，被俘虜的兵士裏有文書工匠、造紙工匠等。阿拉伯人發現後，就說：我們抄《古蘭經》費事得很，抄在羊皮上又貴又麻煩，你們有紙就容易得多。所以，西域的人在 751 年第一次知道了如何造紙。於是，阿拉伯人就在今撒馬爾罕建立了造紙作坊，開始造紙之後，紙不斷西傳，從撒馬爾罕傳到巴格達，再傳到大馬士革、開羅、

摩洛哥，傳過直布羅陀海峽，到達西班牙。西班牙在八世紀初已經由摩洛哥的穆斯林控制了。

因此，紙的西傳可以總結為：751 年傳入怛邏斯，1150 年傳到西班牙，到 1250 年開始出現在法國。現在有新的歷史資料顯示，中國在西漢時就有人發明了紙。所以，東漢蔡倫所造的紙並不是最早的，只不過他發明的造紙術改進了紙的質量，降低了造紙的成本，這大概發生於 100 年。如果從蔡倫改進造紙術算起，從 1 世紀到 13 世紀中葉，紙用了 1,200 年的時間，才完成了從中國到西歐的旅程。這個"八千里路"走得也算是相當漫長了。

開封和巴格達：同一時代的世界兩大文化中心

阿拉伯世界在 750 年後發生了一場變革。它最早的發源地在麥加，之後倭瑪亞王朝（中國稱之為"白衣大食"）以大馬士革為首都。750 年之後，阿拔斯王朝（中國稱之為"黑衣大食"）建新城巴格達為首都。巴格達吸收了希臘文化、波斯文化、印度文化、希伯來文化、拜占庭文化，同時保留了阿拉伯民族固有的文化。阿拉伯人用 100 多年的時間積極從事一項翻譯運動：他們把大量希臘文、波斯文、印度文作品翻譯成阿拉伯文。所以，在當時的巴格達，思想非常活躍，教義學、教法學、哲學、醫學、天文學都很發達。巴格達的人們把源自印度和波斯的民間傳說整理在一起，編成了十分有名的《一千零一夜》，中國也叫它《天方夜譚》。九世紀時，巴格達建了一座規模很大、藏書很全的圖書館，名為"智慧之宮"，據傳裏面有 40 萬冊藏書。

在同一時代，中國的首都開封也很先進。雖然不知道國子監裏有沒有 40 萬冊藏書，但中華民族到了北宋後，文化昌明，生命力更強。開封當時有 100 萬人，據統計，當時歐洲最大的都市 —— 東羅馬帝國的首都君士坦丁堡也不過只有 10 萬人。

我們不難想像，要完成 100 萬人口的日常供應、治安維持等，需要這個社會具備強大的能力。所以，當時世界就形成了兩個文化中心：一個是巴格達，一個是開封。

范仲淹的“先天下之憂而憂，後天下之樂而樂”、晏殊的“無可奈何花落去，似曾相識燕歸來”、歐陽修的“醉翁之意不在酒，在乎山水之間也”、蘇軾的“但願人長久，千里共嬋娟”、司馬光的《資治通鑑》等，都創作於那個時代，程顥、程頤也都是那個時代的人。這麼看來，那個時代真可謂人才濟濟！他們不但同時代，而且彼此都認識，有時候還會意見不合。而且，中國的四大發明中，印刷術、指南針、火藥都是在那個時候取得重大發展，這些都被記載在沈括的《夢溪筆談》裏。中華民族的創造力和文化在那個時代發展至鼎盛。我們常講物質的創造能力和精神的想像力，把禪宗的意境融入畫裏也是在那個時候興盛。當然，那個時代還出了不少書法名家。

我們往往追憶漢唐盛世。漢唐固盛世也，但北宋也不差。只不過北方遊牧民族有更強的戰鬥力，因而能夠在戰爭中征服農耕民族。但在征服以後不久，他們就會逐漸轉化和適應，採用農耕民族的制度和生活方式。這在我們中國是如此，在中亞一帶也是，再往西邊的波斯也是如此。

第 5 章
玄奘與伊本・白圖泰的足跡與影響

　　法國著名的歷史學家費爾南・布羅代爾曾提出一個出名的論點：地理決定歷史。當我們說到"絲綢之路"的時候，我們想到的既是歷史，也是地理。當然，這裏的地理不單是指一條狹長的道路。我們如果不認識昨天，就不可能了解今天；如果不了解今天，哪裏談得上建設新絲綢之路呢？從這個動機出發，我想回顧過去，看看兩位歷史人物以及與他們有關的地理。

　　絲綢之路有海路和陸路兩種。傳統陸上絲綢之路是從今西安（以前叫長安）直達地中海東岸。海路的起點在中國的廣東，經過東南亞和馬六甲海峽到印度南部，然後到達也門，再沿紅海一路北上，可以到古時亞洲和地中海交通必經之地，即今天約旦的佩特拉。

　　在這裏，我要講兩則小故事。第一則是關於埃及托勒密王朝（公元前 305–前 30 年）的最後一任統治者克利奧帕特拉。她很喜歡穿絲袍，那個時候，她要用一兩黃金才能買到一兩絲。她付出的價錢雖高，但大部分並不是被中國的養蠶人賺去，而是落入絲綢之路上中間商人的腰包 —— 主要是中亞的粟特商人和西亞的波斯商人。

第二則故事是說，在波斯的帕提亞王朝（公元前247−公元224年）時代，曾經有兩支軍隊打仗。從東邊來的軍隊，最前面飄揚着一面非常光耀奪目的軍旗。從西邊來的軍隊的士兵看到這樣燦爛奪目的軍旗，認為只有神才能造出這樣的旗幟。既然相信神是幫助對方的，他們心中就先敗下陣來，所以在戰爭中也被打敗了。那麼，東方來的軍隊掛出的是甚麼旗呢？其實就是絲製的軍旗。

往來於絲綢之路上的，不只有販賣絲綢的商人。下面我們要講的就是兩個在絲綢之路上長途跋涉，但沒有從事商業活動，也沒有盈利動機的人。

七世紀前期，正好是伊斯蘭教開始興起的時代。在同時期的中國已經有許多人皈依了佛教。雖然從西方來的安世高、鳩摩羅什，以及從中國出去的法顯等人已經抄寫並翻譯了不少佛經，但傳進來的佛經總量還是不多，無法令中國的佛教信徒得窺印度佛學的全貌。這時候，有一位叫玄奘的僧人，獨身一人遠赴印度取經，他所行走的路線（見第 92-93 頁圖）是：通過天山北麓到達撒馬爾罕（漢代的張騫和晉朝的法顯也到過撒馬爾罕），然後向南穿過興都庫什山到達北印度，再從北印度輾轉到達當時中印度摩揭陀國的佛教聖地那爛陀。當時的印度佛教已經開始式微，逐漸被更古老的婆羅門教（印度教）納入自己的系統。今天的印度已經完全不是一個佛教國家，但它不久前還在那爛陀建立了一所大學，名為那爛陀國際佛教大學，主要是教育外國的佛教徒。

在那爛陀時，玄奘絕不只是個普通的留學生：他是學而優則留，留而優則教，在佛教的聖地向本地人講解佛經。曾經有一段時間，他是印度北方論佛理的第一人：許多印度學者跟他辯論，往往都甘拜

君士坦丁堡

拜占庭帝國
（拂菻）

特拉布宗

亞歷山大里亞　　　安條克
　　　　　　　阿勒頗

　　　　大馬士革
　　耶路撒冷

裏海

鹹海

阿拉伯帝國
（大食）

縛達

拉伊

木鹿

麥地那

麥加

a
阿瞞覓
國美

b
茂羅三

阿點婆翅羅

毗羅摩

瞿折

蘇刺侘

薩那

摩訶刺侘

645年（玄奘歸國時）唐朝疆土
a　645年至669年唐朝新增疆土
a.　751年怛羅斯之戰後，阿拉伯帝國所佔據的唐朝疆土
吐蕃疆域
靺鞨、室韋等分佈區域
b　8世紀阿拉伯帝國所佔據的天竺區域

唐代主要中外交通線
玄奘取經路線
玄奘在天竺講經、佈施路線
玄奘歸國路線
造紙術外傳主要路線
日本遣隋使、遣唐使航線（飛鳥時期）
日本遣唐使航線（平安時期）
鑒真東渡日本航線

黠戛斯　　骨利幹

大室韋

都利苾部
覆羅靺鞨

回紇

西室韋　　落坦室韋
訥北支室韋
山北室韋　　嶺西室韋　　微利靺鞨
烏羅室韋
靺鞨

靺鞨
虞婁靺鞨

突厥

北道　　瓜州
高昌　　伊州
玉門關　　敦煌
陽關　　北方絲路

且末　　草原絲路

安東都護府

新羅
慶州　　日本
平城京

幽州
北道

涼州

青海絲路

吐蕃

京兆府　　河南府　汴州

利州

邏些

唐

益州

西南絲路

荊州

登州
萊州
大宰府

揚州

江州

東海絲路

明州

尋傳　彈弘
施浪詔
施摩邏苴
永昌

紹州

流求

驃國

突旻

廣州

文單

交州

文單

南海絲路

佛逝

下風。在一場辯經大會上，玄奘的老師因為年事已高，就派玄奘代表自己出席，結果玄奘論點精闢，雄辯滔滔，所向無敵。在印度求學、生活了十幾年之後，玄奘沿着絲綢之路的南路，穿過塔里木盆地，回到中國。他一去一回，恰好走遍了天山之北與天山之南兩條陸上絲綢之路。

　　印度雖然也有悠久的歷史，但和中國不同的是，它從來沒有正式的、官方的、詳細的歷史記載。即便曾經有過，也因多次政權更替而在戰火紛飛中被焚毀或遺失了。印度於 19 世紀中葉被英國直接統治，在那之前，印度一直是許多大邦小邦林立，從來不是一個完全統一的國家，所以它沒有一個全國性的歷史紀錄，跟中國完全不一樣。因此，當今許多研究印度史和中亞歷史的專家都要借助法顯《佛國記》和玄奘《大唐西域記》這兩本書。

　　玄奘在印度的時候，他所在之地的國王聽說中國有一個宗教叫道教，就請玄奘為他介紹。玄奘雖然是個佛教僧人，但也把老子的《道德經》從漢文翻譯成梵文並且加註，這恐怕是道家思想的首次外傳。他在印度期間，一直受到印度幾個仍然信奉佛教的國王和佛教高僧的支持和尊重。他在印度居住十幾年後，臨回國時，印度的一位國王送了他許多經書，還送了幾匹好馬為他駄運。玄奘回國後，通過自己研讀經書，創建了大乘佛教的法相宗。玄奘去西域之前，唐太宗就已經對他有所耳聞。但玄奘是偷渡出境的，因為當時唐朝跟突厥汗國正在進行戰爭，禁止百姓出境。可能是因為被玄奘的精神感動，邊界駐軍的一位將領跟他說：你若偷偷出去，我就當作不知道。玄奘回來的時候，唐太宗為他舉行了盛大的歡迎儀式，並且許以高官。玄奘婉拒官職，只向唐太宗請求一處地方來翻譯他帶回來的那些經文，這就是大家所知道的弘福寺。玄奘也遵照唐太宗的指示，著述了《大唐西域記》一書。

19 世紀的考古學家根據玄奘在《大唐西域記》裏的記載，發現了不少印度的遺跡。譬如說，印度孔雀王朝的阿育王（與秦始皇大約同時代）統治印度的時候，大力推行佛教，在很多地方豎立石柱，用梵文記載他的功績。英國考古學家根據玄奘的記述，在那爛陀附近發現了已被樹林和荒草埋沒的石柱，狀態十分良好。另外，根據玄奘的描述，考古學家在今巴基斯坦西部一座已經毀掉的佛塔底下，發現了貴霜帝國的迦膩色迦王於二世紀時留下的寶盒。

現在，讓我們將視線轉移至約七百年後，在非洲大陸西北角有一個叫丹吉爾的小城。它隔着直布羅陀海峽與西班牙相望。丹吉爾城裏有一個叫伊本・白圖泰（Ibn Battuta）的人，出生於當地一個富有的家庭，是一名虔誠的穆斯林，而且是蘇非主義的信徒。在中亞、南亞、東南亞與非洲，許多蘇非經常漫遊各地，傳播伊斯蘭教的蘇非教義。伊本・白圖泰在 20 歲出頭的時候帶着一筆錢，離開了家人，前往麥加朝聖。他自己萬萬沒想到，再次見到家人就是近 30 年後的事了。

伊本・白圖泰先後前往麥加朝聖四次。他首先沿着地中海南岸到達突尼斯，在那裏娶了妻子，生活了一段時間，但不久就離了婚，於是繼續前往麥加。朝聖之後，他轉往耶路撒冷一帶，之後再次南下麥加。後來，他去了巴格達，又到達蒙古人建立的伊兒汗國，還到過更東的撒馬爾罕和更北的欽察汗國。有一次，他因緣際會到達也門，從也門乘船到南印度，然後到了由中亞穆斯林建立的德里蘇丹國。在德里，他被蘇丹賞識，當了九年宗教法官，因為待遇不錯，還存了一筆錢。當時，德里蘇丹收到元朝皇帝送來的一批禮物，覺得"來而不往非禮也"，便想要派一個人送些禮物，以及舞女、雜要演員等給中國。德里蘇丹委任伊本・白圖泰出使中國。但是，航行至印度洋南部時，因為風浪的關係，一些名貴的禮物被沖走了，伊本・白圖泰自己則漂流到今馬爾代夫島上。馬爾代夫的蘇丹也很賞識他，邀請他留下做法官。伊本・白圖泰在那裏做了一任法官，但他心中仍然時時想着要去中國。於是，儘管沒帶禮物，他仍然來到中國。伊本・白圖泰到達的第一個中國城市就是泉州。在他的書裏，伊本・白圖泰對泉州推崇備至。每當他要強調某個地方的海港在某些方面可達到世界之最時，譬如提到亞歷山大港是世界上最大的海港時，他就會加一句：當然，中國的泉州要除外。

伊本・白圖泰到達開羅時，埃及正處於馬穆魯克（Mamluk）王朝時代。開羅最有名的清真寺——愛資哈爾清真寺是 10 世紀時由信奉伊斯蘭教什葉派的法蒂瑪王朝開始修建的，後來由馬穆魯克王朝擴建。除此之外，開羅還有一所歷史悠久的伊斯蘭經文學院，現在叫愛資哈爾大學。20 世紀初期，中國有不少著名的伊斯蘭學者都曾經在那裏留學。譬如，把《古蘭經》翻譯成漢語的北京大學已故阿拉伯語教授馬堅博士就曾在那裏學習。還有北京外國語大學已故的著名阿拉伯語學者納忠教授，也曾經在那裏留學，獲得該校最高傳統學位，叫作"學者證書"。

越過西奈半島來到耶路撒冷。從上空俯瞰這座城，可以看到一面著名的牆，被稱為"哭牆"，是耶路撒冷的猶太神廟被羅馬人毀掉之後殘存的一面牆。每天有許多人到牆邊祈禱並且放聲嚎哭，懺悔自己的罪過。耶路撒冷的阿克薩清真寺是伊斯蘭世界最早兩座清真寺之一（另一座在大馬士革），修建於 700 年左右，是希臘式建築。

耶路撒冷的哭牆，背後是圓頂清真寺

　　有一回，伊本・白圖泰從黎巴嫩去了一趟土耳其，在土耳其轉了一大圈後，沿黑海北岸，經裏海之北，到達今中亞幾國的境內，包括布哈拉、撒馬爾罕等。在布哈拉這一帶，伊本・白圖泰應可見到古波斯祆教的遺跡。伊斯蘭教還沒傳到中亞前，祆教是波斯語世界的主要宗教。10 世紀，中亞大片土地和今伊朗的東部曾經屬於由說波斯語的貴族建立的薩曼王朝。薩曼王朝時的一座紀念堂還保留至今，上面還有祆教的痕跡 —— 圓形的穹頂上有太陽光四射的表現。祆教崇拜光明，所以這座建築有伊斯蘭教和波斯伊斯蘭化之前的祆教兩種風格，是這兩種宗教在中亞互相滲透的一種表現。

　　中世紀時，在所有穆斯林統治的社會，都有特別給商旅開辦的旅館 —— 商旅客棧。人們可以在那裏吃飯、住宿、寄養牲口、補充給養，以及進行貨物買賣。伊本・白圖泰的旅行同伴往往就是商人，所以他住過許多這樣的客棧。最後，他回到自己國家的首都——今摩洛哥菲斯（Fes）。這座古城至今猶存。回到菲斯後，蘇丹對他很重視，要他把見聞寫出來。於是，伊本・白圖泰口述，由蘇丹的秘書為他記錄成書。這本書現在已經被翻譯成了 100 多種文字在全世界發行，中文名叫《伊本・白圖泰遊記》。

南高加索阿塞拜疆中部一個有幾百年歷史的商旅客棧 (Caravansary)

阿塞拜疆一個舊商旅客棧內部；牆上有新佈置的細密畫

伊本・白圖泰故國的首都，今為摩洛哥菲斯

玄奘跟伊本‧白圖泰在時間上相差約 700 年，一個位於歐、亞、非大陸的最東端，一個位於歐、亞、非大陸西北角。現在，我想對兩人做一些分析與比較。他們的空間距離是如此之遠，而且時間上又相距如此之久，他們之間有甚麼相似性呢？

　　第一，他們都曾經在絲綢之路上長途旅行，但他們都是出於對宗教的虔誠，不是為了金錢利益而長途跋涉。第二，雖然玄奘會一些梵文，伊本‧白圖泰會說阿拉伯語，但重要的一點是，他們都能和與自己不同的人共同生活，並且相互理解、相互信任。他們雖然始終秉持自己的信仰，但能夠尊重別人，能夠和不同文化、不同種族的人溝通往來。第三，他們在困難的時候碰到貴人，獲得了物質上或者行政上的支持。至少，他們兩人可說是生逢明時，遇到明主，回本國之後皆受到君王的鼓勵，才有傳世之作 ——《大唐西域記》和《伊本‧白圖泰遊記》。因為有君主的支持，這兩本書在當世已經被人們知曉。而他們兩人對後世的影響，特別是對促進不同地區、不同文化的人們之間的相互了解所起的作用更大。文化的交流推動了經濟的來往與發展，而經濟的發展又促進了文化的進一步交流。

　　最後，我想套用中國歷史上著名才子王勃的一句話，作為本章的結論，那就是：“文化與經濟齊飛，僧侶共商人一‘色’。”第一句無需多加解釋。第二句中的 “色” 字，引自佛家 “色即是空，空即是色”，指的是一個現實的、物質的世界。我自己把它譯成了英文：Economy and culture soar side-by-side, monks and merchants share a common world. 希望這兩句話在我們這一時代能在新絲綢之路上再度成為事實。

第 6 章
東方學、區域研究與絲路探索

自"一帶一路"倡議提出以來，絲綢之路在國內已成為顯學，在國際上也備受重視。幾年來，討論絲綢之路和"一帶一路"的文字與視頻隨處可見。從這些材料中我們可以察覺到，中國社會對絲綢之路的認識還很有限。學界對"一帶一路"地區的總體認知還很薄弱，難以滿足推動"一帶一路"倡議實施的需要。

在教育部和其他機構的鼓勵下，不少大學最近都成立了"絲綢之路研究院"之類的機構。作為長期對絲綢之路感興趣，並且到過絲綢之路沿線幾乎所有國家的人，我衷心希望中國能夠培養出大批通曉絲綢之路情況的人才，並做出大量關於"一帶一路"地區的新學問。為此，回顧一下歐洲早年在東方學方面的研究成果，以及美國於 20 世紀後期在"區域研究"方面的經驗，應該是頗有裨益的。

回顧東方學

"東方學"素來被西歐人視為對異己者的研究。它不是研究某個傳統學科（如法律）的學問，而是以“東方”這一有別於西方的地理區域為認知對象。一般而言，東方學的學者是指在地理、歷史、語言、民族、宗教、哲學、文學、藝術、天文、醫學等領域對中東或亞洲的某個地區或國家有深刻認識的人。僅僅對中東或亞洲某地區有一般知識的人，並不能被稱為東方學者。

七世紀，伊斯蘭教出現後，阿拉伯人迅速佔領了東羅馬帝國統治下的巴勒斯坦、敍利亞和埃及，接着征服了波斯。10世紀，大量突厥裔穆斯林進入波斯人的世界，11世紀末大舉入侵東羅馬帝國的腹地小亞細亞。從此，穆斯林阻斷了歐洲人與亞洲人的貿易，也威脅到了東羅馬帝國的統治。備感壓力的東羅馬帝國皇帝請求拉丁教會施以援手。於是，羅馬教宗烏爾班二世於1095年號召西歐基督徒組織十字軍，前往東方奪回失去了400多年的耶路撒冷。出於對宗教的狂熱以及對東方財富的覬覦，西歐各地大小貴族（主要是法蘭克人）、農民和小市民在11–13世紀組織了八次十字軍東征，佔領了耶路撒冷，並在地中海東岸建立了幾個拉丁王國，維持了100多年的統治。13世紀中葉，十字軍被穆斯林軍隊逐出地中海東岸地區。

在與穆斯林的交往過程中，西歐人發現穆斯林的醫學、天文學、數學以及航海術都更為先進。在耶路撒冷專事救治傷患的聖約翰騎士團開始採用阿拉伯醫術，西歐人從仇視穆斯林變為部分仿效穆斯林。西班牙和意大利的猶太人和基督徒從13世紀開始，將許多阿拉伯文著作譯為拉丁文，這對後來意大利文藝復興和葡萄牙、西班牙開拓海上新航路有很大的助益。

15–16世紀，奧斯曼人攻佔君士坦丁堡，東羅馬帝國滅亡。大批希臘人逃亡到西歐各地，以教授希臘文明為生，這使西歐學者產生了進一步研究東方的動力。東方學因此在西歐興起，吸引了大批有知識的人才。

19-20 世紀是歐洲殖民主義的高峰期，東方學也得到長足進展。一是因為殖民國家需要熟悉東方的行政人員和軍人，二是因為歐洲的基督教會需要能在殖民地傳教的教士，三是歐洲學術界出現了一批有興趣研究東方的人。利用歐洲人在亞洲與非洲殖民地的特權，這三類人共同完成了幾項重大的成就。

第一項成就是羅塞塔石碑的破解。1799 年，拿破崙率軍入侵埃及後，法國士兵在尼羅河三角洲發現了一塊雕於公元前 196 年的石碑，上面刻有三種文字。其中兩種沒有人認識，另一種是古典希臘文，當時有不少歐洲學者能讀懂。法國學者和英國學者經過幾十年的努力，終於破解了石碑上的前兩種文字。200 多年來，學者們已經讀遍了埃及境內各建築物上和莎草紙上的文字，因而能夠清楚地重構古埃及的歷史。

第二項成就是考古學的發展帶來美索不達米亞各地多種楔形文字的破解和六千年文明史的重構。西方學者總共挖掘到大約 30,000 塊刻有楔形文字的泥版，雖然目前已經翻譯出來的只有其中的 1/10，但這已經能使我們對人類早期文明的發展與傳播有一個頗為清晰的認知。

第三項成就是語言學家發現了世界上分佈最廣的印歐語系。1783 年，英國人瓊斯到達印度擔任法官。他到印度之前已精通阿拉伯語和波斯語。在印度學習梵語時，他發現梵語和希臘語、拉丁語以及德語有很多近似的詞彙與語法。他設想，這些語言可能都是早期某一種古代印歐語言的不同分支。經過學者們 200 多年來的努力，目前已經可以確定，當今世界，使用形形色色的印歐語系語言的人高達

20 億，他們絕大多數都是約 6,000 年前生活在南俄羅斯草原上，說一種 "原始印歐語" 的人羣的直接或間接繼承者。

第四項成就是英國考古學家於 20 世紀初在印度河流域開掘出兩個有 5,000 年歷史的城市遺址（都在今巴基斯坦境內），發現了許多文物。這個印度河流域古文明的消失，似乎和 3,000 多年前說印歐語言的雅利安人入侵印度沒有直接關係。目前還沒有令人信服的學說能夠指出這個古文明由甚麼人創造，為甚麼會消失？

第五項成就就是對絲綢之路的探索，包括對草原和綠洲絲綢之路的勘查，對許多遺址的挖掘，以及對大量典籍與藝術品的鑑定和解析。我們現在大致認識了幾千年來活躍於北亞和中亞草原上的各個族羣以及他們之間的交往，也更加清楚地認識了從河西走廊到地中海曾存在的民族、語言、文字、信仰、藝術，以及征戰、貿易和政權更迭等。對中國學者而言，最值得注意是佛教的傳播過程，包括犍陀羅藝術的東傳。歐洲的東方學者也對新疆的克孜爾石窟、尼雅遺址、樓蘭古國、吐魯番文書以及敦煌壁畫和經卷做了頗為詳盡的考察。當然，他們的考察對象還包括中國歷代的疆域以及在絲綢之路上的駐軍和烽燧等狀況。從 1930 年起，中國學者也積極參與了對絲綢之路的考察。

二戰後，殖民主義全面退卻，和殖民主義同時興盛的東方學就此衰落。歐洲殖民時代產生的一些對非歐洲人帶有偏見和輕蔑色彩的文學和藝術作品，以及一些怪誕荒謬的無稽之談開始受到批判。美國哥倫比亞大學的巴勒斯坦裔教授賽義德（Edward Said）寫了一本《東方主義》，舉了許多實例，撻伐多個帶有偏見的東方主義者。

誰都不能否認，這個時期的歐洲人對亞洲人和非洲人存在諸多欺凌、剝削，許多歐洲人普遍存在傲慢與偏見。但是，的確也有一些歐洲學者在田野調查時不畏艱辛，力求真實；不少人對某門學問終生鑽研，堅毅不輟；也有人博覽群籍，舉一反三，嚴謹考據，創出新知識、新理論。這些學者的成績有目共睹。"東方主義"固然不可取，"東方學"卻不是壞事。

檢視區域研究

區域研究始於冷戰時期的美國，可以被視為東方學的近代改良版。美國在 19 世紀沒有在亞洲和非洲爭奪殖民地，所以美國學界雖然熟悉歐洲和美洲，卻沒有東方學的傳統。1950 年之後，美、蘇兩大陣營尖銳對立，雙方都想了解對方，也都想爭取新近獨立和即將獨立的亞非國家進入自己的陣營。

這時的美國精英階層體認到，美國政府和商界急需大批通曉世界各國語言、文化、社會、經濟、政治的人才。1951 年，福特基金會和洛克菲勒基金會邀請 20 多所有實力的大學齊集會議，建議它們成立以不同區域為研究對象的跨學科專業，如東歐研究、中東研究、東亞研究等。這個建議與美國大學傳統上的學科分類不相符合 —— 美國大學一般以學科內容分院系，每個系的研究重心放在一種或兩種專業知識上，比如歷史學、語言學、考古和人類學、經濟學等。過去，美國學者對於東方的研究都是在某個具體專業下進行，例如研究中國政治的學者一般屬於政治系，研究日本經濟的學者則屬於經濟系。

一些學者起初抗拒把不同專業混雜起來培養學生的方式，認為這會使學生專業素養不足。但是，福特基金會認為，美國需要許多對各地區有一般性認識的人才，所以拿出巨額款項在這些大學設置了區域研究獎學金，鼓勵學生進入這些新領域。不久，美國政府也通過國防教育法案，撥專款資助學生學習某一種語言或是某一國的歷史文化。當時，有學者調侃般制訂出一條法則：科學的黃金法則是誰有黃金，誰就定法則。

1965 年以後，由歐洲人開始的東方學在北美洲蛻變為區域研究 —— 要培養的是對某一個地區（或國家）有一般性認知的人才。到 1975 年，北美洲的一流大學幾乎都建立了若干區域研究的專業。

1965-1975 年，我與北美洲三所大學的區域研究有過交集。之後的 20 多年裏，我又在四所大學裏認識了不少從事區域研究的學者。

我攻讀碩士學位所在的斯坦福大學和攻讀博士學位所在的西北大學是美國早期建立區域研究中心的大學。斯坦福大學位於太平洋東岸，因為第一屆畢業生胡佛總統曾在中國開灤煤礦任工程師，所以它很早就重視對東亞的研究。我經常去胡佛研究所的中文圖書館翻閱從中國特別訂購的書報。西北大學有一個學術力量很強的非洲研究中心，當時招收了不少蘇丹的交換學生，其中一位早我一年得到工程博士學位的同學，回蘇丹不久後就當了國防部部長。 1969-1975 年，我在紐約州立大學任教，目睹了反越戰的浪潮和大學對於東亞研究的重視。 1976 年，我轉到加拿大的麥吉爾大學（McGill University）醫學院任教。這所大學裏有一個頗具名聲的伊斯蘭教研究院，是 1952 年在福特基金會和洛克菲勒基金會的資助下建立的。 1981-1982 年，我在巴黎大學醫學院擔任訪問教授，有機會目睹法國在東方學方面的投入和成就：法國有關伊斯蘭教和東亞、南亞文明的博物館收藏及出版物確實令人目不暇給。

自 1984 年開始，我在南加利福尼亞大學任教授及系主任，有三年時間被選入全大學的長期聘任與升級委員會。在此期間，我參加過對區域研究教員的評審，因此對於區域研究的學術價值與評審標準有所了解。

當時學界的主流意見是，從事區域研究者必須在某個專業領域（如政治學）有優秀表現，不然在得到長期聘任後不太可能做出有分量的學問成果。我的專業是生物醫學工程，這個專業素來要求每名教員必須精通某種工程專業（如儀器設計），並兼通某部分生物醫學（如心血管系統）。我在大學委員會甄審個案時，不贊成讓"樣樣通，樣樣鬆"的人升級。

另一種意見則是，區域研究作為正式學科成立的時間不長，學界還不能為"某區域研究"制訂出學術標準，但學者們終歸會對這些最初由外界力量帶進校園的新專業賦予足夠的知識內涵。過於實用而缺少學術內涵的課題應該由政府、民間智庫、商業機構去做。對區域研究人員的評審不宜太嚴苛，以免把未來可能成為優秀學者的人過早淘汰出局。

冷戰結束後，以美國為首的西方國家強力推動經濟全球化和政治民主化，輿論界乃至學術界都瀰漫着天下即將一統的樂觀情緒。

正當此時，我應聘擔任建校已經 300 年的匹茲堡大學的工學院院長兼醫學院教授，受命以新興的生物醫學工程協助振興這個美國的老工業基地。除了醫學院之外，匹茲堡大學的另一個強項是區域研究。

我在匹茲堡，時常往來的有中國上古史專家許倬雲教授和通曉滿文的羅友枝教授（第四代日裔美國人）。1995 年夏，羅友枝教授夫婦在家裏請我吃烤肉，她向我透露了她即將震撼東亞史學界的"新清史"

觀點：清朝王室並沒有同化於漢文化，而是用不同身份統治一個多民族、多文化的大帝國；以漢族為主的中國僅是清帝國的一部分。我直覺上不贊同這個觀點，但沒有能力反駁她，因為她說她曾閱讀過大量以滿文書寫的軍機處檔案和清宮內廷的記錄。這說明，要想對中國歷史作出新論述，必須要有相當的功力與準備。但是，關於她提出的蒙古、新疆和西藏並不屬於中國的觀點，我當即就作了回應：辛亥革命後，列強要求中華民國政府承認清政府簽訂的所有國際條約，既然中華民國要承擔清帝國的條約義務（包括賠款、租界），為甚麼不能繼承清帝國的領土呢？這又說明，區域研究人員既需要專和精（比如通曉滿文），也要從不同角度（比如外交史角度）看問題。

當我和羅友枝教授辯論"新清史"觀點時，一場更大的辯論正在美國進行。那就是，區域研究是否應該繼續發展？有些學者在冷戰結束後把注意力轉移到人權、民主、難民、環保、發展模式等問題，認為區域研究有局限性。今天，區域研究在美國的確已不如 30 年前那樣受重視，但我認為，只要區域特徵對未來發展仍有影響，區域研究就不會過時。問題在於，區域研究的結果是否客觀可信。

寄望絲路探索

2013 年秋，習近平在哈薩克斯坦和印尼先後提出了建設"絲綢之路經濟帶"和"21 世紀海上絲綢之路"的倡議。這個被稱為"一帶一路"的倡議反映了當前世界的新格局，表達了中國對國際關係的設想。"一帶一路"倡議或許可以被視為毛澤東"三個世界"理論的現代版和具體化。兩者的共同點是把重心放在佔世界人口大多數的發展中國家;不同之處則是後者以合作共贏取代前者的鬥爭對抗。

"一帶一路"倡議着眼於英國學者麥金德所稱的"世界島"(World-Island)——亞、歐、非三洲,建議為促進亞洲各地區間,亞歐之間以及亞非之間的聯繫而強化陸上及海上的交通;為進一步發展沿線各地經濟和文化而興建各種基礎設施,更主張各國依平等原則,共商共建共享。為此,中國倡議的"亞洲基礎設施投資銀行"("亞投行")將對社會制度不同的國家同樣提供資助。從發展國際關係的角度看,"一帶一路"倡議或可被視為"三個世界"理論的修訂版和實質化。

四十年前,中國國民中到過外國者少之又少。經過三十多年的高速發展,2016 年出境的中國大陸旅遊者已達 1.22 億人次,常住外國者也有數百萬。但是如果盤點一下中國目前熟悉絲綢之路地區的人才和他們的知識總量,情況並不能令人滿意。

絲綢之路(Seidenstraße)這個名詞是德國地理學家李希霍芬於 1877 年首先提出來的,其動機是想要修建從德國到中國的鐵路。如今,連接中國和德國的鐵路已經成為現實。但這只是促進絲路沿線國家經濟文化聯繫的初步成績,要真正實現"一帶一路"倡議,除了需要大量資金和技術,中國還需要大批通曉絲路各地情況的人才,以有利於各國的合作。

依我看,首先需要大批對絲路某地區、某些國家的地理、歷史、語言、宗教、政治、經濟等具有一般認識,又長於其中至少一項的人才。這樣的水平應該可以在本科畢業時達到,關鍵是課程的設計和教學質量的保證。其次,需要數量頗大的,能在一個特定領域研究某個區域或國家的人才。這應該需要完成碩士學位;通過訪問、實習或在地任職,他們應該能夠具有與某一國家或地區的人民和政府順暢交往的能力。最難培養的是將來能在政府、智庫、工商企業和高等院校工作的,有專精知識,能提出新見解的人才。

目前中國高等院校關於西亞和非洲的人文課程主要是傳授 18–20 世紀歐美學者所積累的知識。但是近幾十年來中國的考古和歷史工作取得了很大的成績,在外語教研方面也有出色的表現。在這個基礎上,中國學界應該與各地學者合作,在絲路各國展開考古與歷史的深度研究。亞洲和非洲比歐洲的文明史要久遠,亞、非洲各地一定擁有大量未曾發現的考古資源和歷史資料。今後在絲路國家修建基礎設施和進行地下勘查時,一定會有考古遺址出現;中國學者應該積極參與考察和保護這類文化遺產。此外,絲路沿線各地區和國家的風俗習慣、宗教信仰、民間組織等也都有待進一步釐清。

在社會科學領域,目前並不存在適合各國情況的普遍理論和統一實踐。任何地區的經濟發展和社會現代化都會受到地理、歷史和文化因素的影響。中國學者若要認真地進行對絲綢之路國家的探索,就應該從"一帶一路"的具體建設中獲取啟發與資料,開闢新課題和作出新論述。這不單是做學問,也是獲得絲路各國精英階層讚許的不二法門。

絲綢之路

第 7 章
絲路上的文化交流

　　"絲綢之路"這個名詞是 19 世紀由歐洲人首先使用的，指的是公元前二世紀張騫通西域後開始形成的歐亞大陸之間的交通網道。其實，自距今 4,500 年前起，歐洲與東亞之間的交往就已存在，並且先後出現三條不同的路線。

　　沿着歐亞大陸北方草原的一條是草原絲綢之路，主要是騎馬或趕馬車的遊牧民族所開闢；公元前七世紀出現在草原上的斯基泰人是最為著名的草原民族。他們推動了歐亞大陸上的貿易，聚積了可觀的財富，修建了不少 20 世紀以來才被發現的陵墓。然而，草原上畢竟人口稀少，缺乏提供補給和進行貿易的城市，所以貿易的總規模不大。

　　另一方面，由中國東部各地出海，經過黃海和南海，繞過馬來半島進入印度洋，可以沿海岸線航行到波斯灣或是阿拉伯半島西南部的也門。這便是海上絲綢之路。公元前三世紀，有人發現可以利用印度洋的季風，不必沿海岸而直接從印度西南部航行到波斯灣或是也門。最遲開發的一條是公元前 115 年張騫出使西域歸來後形成的，由沙漠中的綠洲串起來的綠洲絲綢之路。

　　綠洲絲綢之路所聯繫的是東亞和歐洲，經過中亞和西亞，也兼及南亞，涵括了 15 世紀以前世界上主要的農耕文明區。這條路線上的主要交通工具是駱駝。絲綢之路上的駝鈴聲象徵着歐亞大陸上的貨物貿易，但也代表了人類大規模和長時段的文明互動與文化交流。

這條絲綢之路從東到西大致可以分為四段：第一段是從長安到敦煌，越過敦煌便是漢文化圈之外的西域。第二段是從敦煌通過新疆到今天烏茲別克斯坦的撒馬爾罕，路程遙遠而艱難。第三段是從撒馬爾罕越過裏海南端到地中海東岸，或是越過裏海北端到今天土耳其的伊斯坦堡。第四段是從地中海東岸或伊斯坦堡進入巴爾幹半島、意大利半島、多瑙河流域以及萊茵河流域。

絲綢之路五行者

在絲綢之路上留下足跡的人物何止十萬百萬？這裏只談歷史上影響最大的五個人。

張騫（約前 164-前 114） 陝西漢中人，是最早見識到戈壁灘、沙漠和帕米爾高原之西風光與文化的中原人士。

張騫出使西域的直接原因是漢帝國和匈奴帝國的對峙：漢武帝想要聯絡曾被匈奴欺凌和趕出河西走廊的大月氏人夾擊匈奴，"斷其右臂"，所以招募勇士。張騫應徵，被選中擔負這個危險而艱巨的任務。他出發不久後就被匈奴俘虜，軟禁在單于駐地附近，並娶妻生子。11 年後他趁匈奴內部有亂，帶着妻兒和僕役逃脫監控。但他沒回長安，繼續西行，到了大宛（在今天費爾干納盆地，位於吉爾吉斯斯坦南部和烏茲別克斯坦東部），發現大月氏人已經南遷大夏（在阿姆河之南，今阿富汗北部），於是又前往大夏，努力設法完成使命。但是大月氏人已安於新地，不願與匈奴為敵，張騫的使命未能達成。

然而他回國後向漢朝廷提供了有關西域的寶貴資料，對後來漢帝國在西域的經略起了很重要的作用。

張騫第二次出使西域是前往烏孫（大部分在今伊犁之西）。他隨帶大批人員和絲綢等中原貨品，並曾派副將到各地分訪，真正開通了絲綢之路上的貿易網絡。張騫的第二次使命也沒順利完成，因為匈奴在西域的力量很強，烏孫不願意選擇西漢或匈奴，只想兩邊應付。這一次張騫帶回來優良的馬種（汗血寶馬），並陸續引入許多我們今天習以為常的農作物（葡萄、石榴、胡桃、胡瓜、苜蓿等）和樂器（琵琶、胡琴等）。可以說，沒有張騫就沒有綠洲絲綢之路上的文化交流。

鳩摩羅什（344-413） 他的父親是流亡到龜茲國的印度貴族，母親是龜茲國的公主。因為母親篤信佛教，所以鳩摩羅什自幼就研讀佛典，曾前往印度從名師學習，兼通大乘和小乘佛學，修養很高，揚名西域。前秦統治者苻堅想邀他到長安講經，他不願就道，苻堅便命大將呂光攻龜茲，以武力強行把鳩摩羅什帶入中原，並令其娶妻。不久苻堅被殺，呂光自稱涼州王，於是鳩摩羅什滯留涼州（今甘肅武威）16 年，學習漢文。之後姚萇在長安建立後秦，呂光投降；姚萇之子姚興也仰慕鳩摩羅什，令其入長安，並逼他納十個妾，以便他的才華可以有人繼承。從俗後的鳩摩羅什在長安共 12 年，經常為姚興等人講經，把幾個重要的佛教學派（如中觀派）介紹到中國，他又帶領弟子共譯佛經 74 部 384 卷，包括《阿彌陀經》、《大品般若經》、《妙法蓮華經》，以及大乘佛教中極為重要的《心經》和《金剛經》。他的譯文質樸無誤，圓通流暢。"色即是空，空即是色"就出自他的手筆。佛教能在中國生根，鳩摩羅什的譯經工作功不可沒。

玄奘（602-664） 唐朝時對佛教的理解越來越深，各個教派也出現了彼此相左的見解。所以玄奘決定去印度學習，帶回佛經自己翻譯（西行路線見本書第 5 章）。到了印度佛教中心那爛陀後，他學習梵文和當地語言，精研佛法，造詣很高。那爛陀寺的住持有一次讓玄奘替他主持辯經大會，印度各地來的高僧連續詰問玄奘 18 天而不能把他辯倒。老住持想要玄奘繼承他的位子，但玄奘不就，執意回國。

他又花了五年時間遊歷印度，了解各地的風土人情。玄奘出身官宦家庭，熟知朝廷禮儀和官場運作。因為他當初是違背禁令私自出境，所以他回到于闐後便停下，先寫信給朝廷"投石問路"，結果獲唐太宗派人員馬匹迎接他回長安。太宗本要他任官，但玄奘謙辭不就，請求讓他安心譯經，於是太宗安排他居住在長安弘福寺，給他配置人員，組成規模宏大的佛經譯場，開始長達 19 年的譯經工作。

唐太宗又命玄奘把在國外 18 年的見聞寫下來，這就是流傳至今已被譯為多種外文的《大唐西域記》。法顯在玄奘之前 200 多年以 60 餘歲高齡前往印度，75 歲歸國，著有《佛國記》一書。他一心頌揚佛陀，沒有冀望國家力量的支援。而玄奘把"大唐"作為書名之首，又把西域說成是大唐的，是以深得帝王歡心。早期的佛教高僧就曾有言："國法不依，佛法難立。"善哉斯言。

《大唐西域記》的內容豐富翔實，為研究中世紀印度和中亞的學者提供了珍貴的資料。因為印度素來不曾統一，也沒有史官修史的傳統，所以今天要寫印度歷史必須借重玄奘的憶述。為此，今日印度國會裏懸着掛關於玄奘的壁畫，感謝他對印度歷史和文化的貢獻。事實上，19 世紀不少歐洲考古學家對印度的考古挖掘也都是以《大唐西域記》的記載為依據。那爛陀寺遺址和阿育王在佛祖誕生地所立石柱的再現，完全有賴玄奘提供的資料。玄奘在印度時，曾將《道德經》譯為梵文，並著文註釋，恐怕是道家思想的首次外傳。回國後，玄奘率領弟子譯出多部經典，文字典雅流暢，遠超前人，今天《心經》最通行的版本即是玄奘所譯。除了譯經，玄奘還有許多論述，並創立了法相宗。如果說鳩摩羅什譯經令佛教深入中國人心，開啟了中國的佛教化，玄奘則使佛教思想具有中國特色，開始了佛教的中國化。

成吉思汗（1162–1227）和他的子孫們 成吉思汗深入絲綢之路西段，純然是歷史的巧合。統一蒙古後，成吉思汗四度攻打西夏，並且征服了鄰近的哈密和吐魯番。當時絲綢之路西段最大的勢力是花剌子模。成吉思汗曾經派出一個主要由穆斯林商人組成的龐大貿易使團前往花剌子模。花剌子模在邊境城市訛答剌的首長貪圖財物，謊稱貿易使團裏有蒙古奸細，結果 500 人全部被殺，只有一個駝夫逃回報信。成吉思汗派出使臣到花剌子模首都去交涉，花剌子模汗卻羞辱蒙古使臣，割去耳朵後將他放回。這個事件令成吉思汗怒不可遏，決定終止對西夏的戰事，積極籌劃西征花剌子模。這不但改變了成吉思汗的戰略部署，也改變了整個歐亞大陸的歷史，甚至是全人類的歷史。

成吉思汗和他的子孫們在 40 年間三次西征。第一次由成吉思汗親自率領，征服了今天中亞的大部分地區，最西到裏海西岸的高加索一帶，向東南到達印度河而止。這次西征的路線和征服的範圍主要在綠洲絲綢之路上。成吉思汗去世後，他的次子察合台統治這片土地，包括今天的新疆、烏茲別克斯坦、塔吉克斯坦和阿富汗東部。第二次西征由成吉思汗之孫拔都率領，主要沿着草原絲綢之路向西推進，沿途擊敗了亡於金的遼之後代契丹人在中亞建立的西遼；又越過烏拉爾山脈，跨過伏爾加河（Volga River），佔領莫斯科和基輔，征服了俄羅斯人；繼而越出草原絲綢之路的範圍，攻入匈牙利，逼近威尼斯。拔都東返時在伏爾加河停下，建立了欽察汗國，統治多瑙河以東的歐洲和整個欽察草原。俄羅斯被蒙古統治 200 餘年之後才得到獨立，又用了 200 餘年積蓄力量才越過伏爾加河，征服韃靼人，開始向東擴張。第三次西征由成吉思汗四子托雷的兒子旭烈兀（忽必烈之弟）領軍，目標是伊朗和阿拉伯世界。蒙古軍先剿平了盤踞今天伊朗境內的（屬於什葉派伊斯瑪儀支派的）阿薩辛組織；穩定了伊朗全境之後，於 1258 年向西攻陷巴格達。旭烈兀下令處死哈里發，毀滅了遜尼伊斯蘭的精神和政治中樞。此時，蒙古軍逼近耶路撒冷，佔領全部伊拉克、大半個敘利亞和小半個土耳其。然而蒙古西征的勁道也至此為止。

旭烈兀在西亞建立的伊兒汗國，恰為草原絲綢之路、綠洲絲綢之路和海上絲綢之路的交會點。蒙古人在歐亞大陸建立了人類史上最廣大的帝國，使歐亞大陸的交通暢通無阻，人員、物資、思想、藝術交流便捷。今天的全球化可以說是由蒙古時代開端，絲綢之路經濟帶的概念似乎也與往日的景況相呼應。

帖木兒（1336－1405）和他的子孫們　帖木兒出生於今天烏茲別克斯坦撒馬爾罕之南的碣石，是說突厥語的巴魯剌思部蒙古人。他父親是碣石的封建城主，附庸於伊犁的察合台汗。出於洞察力、個人野心、冒險性格、權謀和機遇，帖木兒建立了蒙古帝國之後中亞和西亞最大的國家，也是當時世界上最強的伊斯蘭政權。他年輕時反抗蒙古統治（還為此受傷，終生瘸腿），後來又以蒙古貴冑自居，並高攀迎娶了西察合台汗王的公主，喜歡被人稱為駙馬。他宣稱以恢復昔日蒙古帝國為職志（因此時常進攻其他蒙古王公統治的地區），同時以伊斯蘭的傳播者自命（自稱真主之劍，卻經常殺害其他穆斯林）。他晚年南侵印度，西征奧斯曼帝國並俘虜其蘇丹，又打敗基督教的十字軍殘餘。他的最後一個目標是進攻明朝，重建元朝。1405 年，帖木兒病逝於遠征中國的路上，地點正是成吉思汗派出的商團被屠殺的訛答剌。帖木兒和朱元璋是同時代的人，年齡相差八歲。在與東察合台汗國鬥爭時，帖木兒幾次向明朝進貢並要求結盟，但後來反目。他一生戎馬 40 年，從未有過敗績，可謂軍事史上的殊才；所建的帝國幾乎包括了西察合台汗國和伊兒汗國的全部以及欽察汗國的南部。這個帝國像 200 年前的蒙古帝國一樣，是在幾十年的時間內以快速和殘忍的手段搶掠燒殺得來的；一如蒙古帝國，它的存在的確有利於長途貿易和三條絲綢之路的整合。

鄭和（1371-1433） 他第一次下西洋時正是帖木兒去世那年；我一直認為鄭和下西洋和明永樂帝想聯合帖木兒帝國對付北元有關。由於當時的一手資料已經被故意燒毀，而我也沒認真研究過其他史料，所以不敢貿然肯定這個猜想。但是，海上和綠洲絲綢之路的整合，以及明朝與帖木兒帝國的友好往來對龐大而又兼有海陸兩個疆界的明朝來說，絕非壞事。換句話說，帖木兒汗國和明朝雖然關山隔絕，卻不是沒有共同的關注點。六百年前如此，今日何其不然？

帖木兒雖然是文盲，卻熱心於教育和文化，並熱心推廣伊斯蘭教（主要應該是為了打造形象）。帖木兒帝國事實上是波斯文藝復興的重要基地：集波斯古詩之大成的賈米（Jami, 1414-1492）和波斯細密畫的宗師畢扎德（1450-1535）都成長於帖木兒帝國的第二個首都赫拉特（在今阿富汗西部）。帖木兒的孫子兀魯伯（Ulugh Beg, 1394-1449）統治撒馬爾罕時，建造了宏偉精緻的清真寺和伊斯蘭經學院，並且親自授課。兀魯伯也喜愛文學、哲學、數學，特別是天文學；他在撒馬爾罕建造了當時世界最先進的天文台，親自主持繪製 1,000 多顆行星的方位圖,是哥白尼之前世界上最有成就的天文學家。帖木兒的第六世孫巴布爾(1483–1530)繼位後,被欽察草原南下的蒙古貴族昔班尼取代(這就是烏茲別克"昔班尼王朝"政權的開端);在阿富汗南部遊走若干年之後,巴布爾進入印度西北部,建立了統治印度長達三百餘年的莫卧兒(Mughal)王朝。巴布爾與比他較早的詩人納沃伊(1441–1501)一樣,都是先用波斯文寫作,再以母語創作。他的自傳是以察合台地區的突厥語為基礎的,有不少阿拉伯與波斯詞彙,用阿拉伯字母拼寫成的,具有很高的文學價值。這種有時被稱為"察合台文"的文字是 20 世紀之前烏茲別克和新疆地區廣泛使用的書面語,也是近幾個世紀綠洲絲綢之路上的文化特色之一。

信仰與崇拜

任何部落都有自己的宇宙觀、生死觀和神靈崇拜。絲綢之路跨越許多不同部族和國度的邊境,自然包含許多不同的宗教信仰和儀軌,因此各種不同宗教之間的交往和互動就在所難免。中國本土宗教相信蒼天,崇拜不同神靈,也祭祀祖先。

通過經由絲綢之路來到中土的商人和僧侶的介紹,至少有五種宗教在漢族文化區得到傳播並且扎根。

最早的是佛教。上文已經提到佛教深入中國社會的一些過程。它是東漢時期進入中國的,與本土的道教大致同時在各地傳播,因此互相影響和借鑑。因為佛教傳入中國時已經有一套相當完整的思想體系和崇拜儀式,所以它對出自民間的道教(不是哲學上的道家)的信仰系統和崇拜儀式有頗大的影響。另一方面,佛家思想和儒家思想的互動則影響了 1,000 多年以來中國人的價值觀。在中國發展的佛教思想（特別是禪宗）是佛儒融合的結果，而宋明理學則是受到佛學影響後的新的儒家思想。

絲綢之路上傳來的佛教也包括了音樂、美術和建築。塔是因佛教而傳入中國的印度建築形式；"塔"便是從梵文借用的字。更值得一提的是佛像的繪畫和雕塑。早期恆河流域的佛教並沒有佛像，甚至不容許為佛祖造像。但一世紀大月氏人所建的貴霜帝國境內有許多亞歷山大東征時留下的希臘後裔，即所謂的希臘–大夏人。他們雖然信仰佛教，卻又懷念希臘人對神祇的崇拜方式，覺得神需要有一定的形象。於是從希臘–大夏人集中的犍陀羅地區——今阿富汗南部和巴基斯坦西部交界的地區，如白沙瓦（Peshawar）——開始，佛像開始流行，並以希臘–羅馬塑造神像的藝術手法為佛祖塑像。一如希臘的神像，佛祖的鼻樑高且直，頭髮是鬈曲的，袍子有褶。這種藝術

巴基斯坦國家博物館中的犍陀羅佛像，以希臘、羅馬塑造神像的藝術手法為佛祖塑像，詳見本書第 10 章

是希臘－羅馬和印度藝術的結合，被學者稱為犍陀羅藝術。犍陀羅藝術經過中亞傳入中國後，被普遍接受，但佛祖的鼻樑隨着時間的推移逐漸扁平，眼睛也越加似中國人；然而佛祖的頭髮則至今仍然保持鬈曲。

其次是瑣羅亞斯德教（祆教）。波斯人瑣羅亞斯德（約前 628－前 551）根據雅利安人的傳說創立了瑣羅亞斯德教，與印度的婆羅門教有相同的源頭。但瑣羅亞斯德所傳授的教義突出一個主掌光明與黑暗的大神——阿胡拉・馬茲達，所以與信仰多神的婆羅門教不同，前者具有鮮明的一神教傾向。它的創立早於佛教，正式的中文名稱是祆教，目前在印度和伊朗仍然有不少信徒。因為禮拜時用火壇，在中國又被稱為"拜火教"。波斯薩珊帝國時代（220－644）奉祆教為國教，傳遍波斯文明區。絲綢之路上最為活躍的商人是說東部伊朗語的粟特人，絕大部分都信仰祆教。（見第 22 章。）

粟特人有一個龐大的國際商業網；大量粟特人住在新疆、河西走廊、內蒙古鄂爾多斯草原南緣以及長安。唐時長安西城的主要居民是胡人，而胡人一般是指粟特人。李白的詩句"落花踏盡遊何處，笑入胡姬酒肆中"，"胡姬"就是指信奉祆教的粟特女子。粟特人與中國本地人通婚的很多，多數人取用漢姓，並逐漸漢化。中國史書上所稱的"昭武九姓"即是指粟特人按照他們祖上家鄉的漢譯名而取的漢姓。生於遼東的安祿山是一個著名的例子：他的祖先來自安國（即今烏茲別克斯坦的布哈拉），所以姓安。11 世紀時連續七代人統治敦煌地區的曹氏家族的祖先則是來自曹國（今烏茲別克斯坦東部）。粟特人在中國各地自成一個社區，有自己的宗教社團；祆教由這些社團維持，並因為與漢族通婚而得到了發展。

其後是摩尼教（明教）。波斯人摩尼（216-約276）自創摩尼教，是從祆教和基督教各吸收了部分元素後形成的二元信仰。該教認為宇宙間有光明與黑暗兩種力量，上紀是光明與黑暗共存並鬥爭，中紀是黑暗擊敗光明，下紀則是光明戰勝黑暗。摩尼教在薩珊王朝時期被認為是異端，但卻吸引許多信眾。粟特人中就有不少摩尼教徒，唐代的回紇人更以摩尼教為國教，摩尼教因而長期活躍於絲綢之路上。（見第22章。）

在中原漢族社會，摩尼教比祆教更有影響力，因為教義相信光明終會戰勝黑暗，故又被稱為明教。明教社團不向朝廷輸誠，自唐武宗以降屢屢遭禁（武宗滅佛時，將摩尼教士類比佛教僧尼一道殺害，祆教和景教則在稍晚之後才遭禁絕）。然而歷來受到朝廷禁止的民間組織都會設法化明為暗，因此摩尼教在中國境內禁而不止。北宋時，在南方起事造反的方臘就是以明教教義作為號召。朱元璋在反元戰爭時曾與明教有過接觸，他把自己建立的政權稱為"大明"，據說也與明教有關。

還有唐朝廷認可的聶斯脫里（Nestorius）派基督教（景教）。五世紀時，君士坦丁堡的主教聶斯脫里（386-451）不承認耶穌既是人又是上帝的兩性論教義；他認為耶穌是人，與上帝只在精神上相連接，而非肉體和精神都與上帝相結合。因此，瑪利亞不是上帝的母親，只是被選中作為耶穌母親的人。為此聶斯脫里和他的追隨者不見容於正統教會和皇帝，被判為異端而遭受迫害。他們於是逃到伊拉克和伊朗，加入並且發展了當地的東方教會（不是以希臘正教為代表的東方正教）。一部分聶斯脫里派基督教徒到絲綢之路的中段和東段傳教，吸引了大批粟特人和突厥人來皈依。唐初該派進入中國受到朝廷的歡迎，稱為景教。八世紀時朝廷允許撰立了《大秦景教流行中國碑》，碑文分別為敍利亞文和漢文。13世紀到14世紀，許多蒙古人信仰景教。元朝不少大臣與軍人都是景教徒。

元世祖忽必烈的母親，成吉思汗第四子托雷的正妻唆魯禾帖尼，就出身於信仰景教的克烈部，是克烈部首領王罕的姪女。她的四個兒子都做過皇帝，被稱為"四帝之母"：蒙哥繼承窩闊台為大汗；忽必烈繼承蒙哥的汗位並建立元朝，被稱為元世祖；旭烈兀在西亞建立伊兒汗國；阿里不哥也在與忽必烈鬥爭後在蒙古被推為大汗。

最近100年來，從新疆西部到內蒙古東部，一直向南到福建泉州，發現了幾十處刻有敍利亞文的景教墓碑和十字架飾物，這說明景教在中國的傳佈十分廣泛。

後來居上的伊斯蘭教建立於622年。不到公元700年，阿拉伯人已經在絲綢之路上出現，並且控制了波斯最東部的行省呼羅珊。公元751年，唐的西域節度使高仙芝從龜茲（今天新疆庫車）率兵前往撒馬爾罕平亂，與阿拉伯軍在怛邏斯遭遇，大敗而回。這是唐帝國在中亞式微的開端，也是伊斯蘭教成為絲綢之路上主要宗教的起始。先是說波斯語的蘇非漫遊於中亞草原上，勸化了許多信仰薩滿教的突厥遊牧部落；後來許多突厥人被賣為波斯貴族的家奴或是兵卒；再之後則是皈依伊斯蘭的突厥人發起聖戰，攻擊有其他宗教信仰的政權，於是塔里木盆地和印度河流域的佛教徒、摩尼教徒和印度教徒逐漸伊斯蘭化。

就中國而言，第一批入華的穆斯林應是唐永徽二年（651年）從海上絲綢之路到達廣州的阿拉伯商人。755年安史之亂爆發，李唐朝廷分別請回鶻人（回紇人）、吐蕃人（西藏人）和大食人（阿拉伯人）

往長安協助平亂。這些大食士兵戰後情願居留中國，這應該是穆斯林沿着絲綢之路進入中原定居的開始。蒙古三次遠征，每次都帶回許多兵丁和匠人，其中多數是穆斯林。整個元朝，穆斯林人口大量增加，他們分佈全國，但主要定居在西北和雲南。而東南沿海一帶自唐代開始就有阿拉伯和波斯裔穆斯林商人定居，有些還成為地方領袖，受命於朝廷（如宋元時期泉州和廣州的蒲氏家族）。總之，今天全中國的漢語穆斯林大多屬於回族，人口呈"小集中、大分散"的局面。

中亞和新疆的突厥語各民族已全部伊斯蘭化（唯一例外是信仰藏傳佛教、住在甘肅張掖附近、人口不足二萬人的裕固族），形成了中國西北部以伊斯蘭教為主要信仰的少數民族。其中最有特色的當屬維吾爾族和撒拉族。維吾爾族源自蒙古高原，原來稱回紇，後來向唐朝自請改稱回鶻，九世紀起由河西走廊進入新疆，與原住民大量通婚並逐漸將信仰由摩尼教、佛教或薩滿教改宗為伊斯蘭教。他們的文化傳統久遠，人口比中國境內的其他突厥語民族多得多，是新疆人口最多的民族。撒拉族的祖先於 13 世紀蒙古統治時期由於政治鬥爭而從今天的土庫曼斯坦向東遷徙。突厥語諸民族主要是由蒙古高原自東向西遷徙，其中烏古斯突厥部族於七世紀開始逐漸向西遷徙到今日的烏茲別克斯坦與土庫曼斯坦一帶，並且進入波斯人文明圈。而撒拉族則於多個世紀後回頭再向東遷徙。他們的遷徙之路艱苦卓絕，人數漸減，最後定居在距黃河源頭不遠的青海和甘肅交界之處。撒拉族現在人口大約 13 萬，和漢族、回族、藏族混居，通婚普遍，有語言而無文字，但是大部分人口仍保持伊斯蘭教的信仰和主要習俗。

第 8 章
絲綢之路的戰略思考

海權、陸權與地緣政治

在歐洲人"地理大發現"之前的幾千年裏，歐亞大陸的中部地帶一直是人類商業和文化交往的主要通道；由張騫通西域而開啟的"綠洲絲路"就在這個區域內。

16 世紀開始的海洋時代使傳統的絲綢之路逐漸失去了往日的光輝，雖然它在中央歐亞（Central Eurasia）所佔據的地緣優勢並沒有終止。17 世紀開始，強大的沙俄逐步蠶食和鯨吞這片曾經見證過輝煌歲月的土地。18 世紀以來，海運的日益昌盛使它相對於歐亞大陸其他部分更為閉塞而落後；多世紀以來"馬鳴風蕭蕭"的動感之地，似乎透出了"落日照大旗"的悲涼。

19 世紀中葉是歐洲列強爭奪世界霸權的時代。在歐亞大陸上，俄羅斯佔領了它的中心區 —— 中亞；英國控制南亞次大陸。俄國企圖南下阿富汗，從而進入南亞與英國一爭短長；英國則想控制阿富汗，從東面包抄波斯（即伊朗），同時阻止俄國南下。於是在中央歐亞地區，英國和俄國在 19 世紀進行了一場具有地緣政治示範作用的"大博弈"。結果雙方都沒能征服"帝國殺手"阿富汗，只好同意微調棋盤，讓阿富汗的版圖在東部增生一根狹長的"手指"，直接與中國接壤，從而把英國控制的南亞與俄國控制的中亞隔開。阿富汗既然成了英、俄之間的緩衝區，這兩個殖民帝國又都把注意力投射到新疆，各自在喀什派駐人員龐大的領事館 —— 既要在新疆尋找新利益，又要監視對方的動態。

19 世紀末，美國在歐亞大陸之外逐漸崛起，成為海上強國。1877 年，美國海軍學院的歷史教授馬漢（Mahan）寫了一本《海權對歷史的影響》來宣揚"海權論" —— 擁有海軍優勢的國家將會影響全世界歷史的進程。且不論海權強國是否真能影響歷史的進程，這本書倒確實影響了美、英、日等海軍強國的戰略思維。日本後來發動太平洋戰爭即是以馬漢的"海權論"為指導思想，而"海權論"至今仍是美國海軍的基本信條。

1904 年，英國倫敦經濟學院院長、早期地緣政治學者麥金德在皇家地理學會的年會上發表論文《歷史的地理樞紐》。作為海權強國的戰略思想家，麥金德提出一個有關陸權論的"心臟地區論" —— 誰能控制東歐平原，就能控制"世界島（主要是指歐亞大陸）"的"心臟地區"；誰能控制"心臟地區"，就能控制"世界島"；誰能控制"世界島"，就能控制全世界。這個理論對後來俄羅斯、德國和美國的戰略家產生了相當的影響。德國納粹黨人發動第二次世界大戰的動機之一就是要取得"心臟地區"的控制權。美國的一些戰略家也經常強調"中央歐亞"的重要性；而美國和歐盟近年來對烏克蘭的進取政策多少也反映出這種地緣政治思想。

前些年美國提出的"重返亞洲（Pivot to Asia）"政策就兼具馬漢的"海權論"思想和麥金德的地緣政治理論。最近幾年，美國又提出了印度−太平洋戰略（Indo-Pacific Strategy），把印度洋與太平洋視為一體，設法把素來不與太平洋國家結盟的印度引進美國−澳大利亞−日本的軍事聯盟。同時，美國認為自己具有海上的優勢，但準備加快整合作為船與岸的連接者（ship-to-shore connector）的海軍（Navy）與具有特殊職能的海岸警衛隊（Coast Gurad），以及能在西太平洋地區投射具持續殺傷力武器的海軍陸戰隊（Marine Corps）。

麥金德的理論既表現了 19 世紀典型的歐洲中心主義，又已不能概括今日的戰略空間。現代的地緣戰略固然不能無視二維地理的因素，但是第三維（空中）、第四維（外太空），甚至第五維（網絡）的作用絕不可忽略。值得在這裏一提的倒是，在麥金德的二維地理思考中，他說的"心臟地區"和"絲綢之路"關係密切。為了說明自己的理論，麥金德還以蒙古帝國和俄羅斯帝國的形成過程為案例。由此看來，"絲綢之路"的戰略位置確實非常重要。中國近年來提出的"一帶一路"倡議當然也包含了這樣的戰略意義。

新時代，新力量，新思維

1903 年，美國萊特兄弟發明飛機，使人類的活動增加了一個重要的新維度。一戰時，英國和德國都建立了空軍，把僅有十年歷史的飛機應用在戰爭中。當時德國的王牌戰鬥機駕駛員 Manfred von Richthofen（綽號"紅色男爵"）創下 80 次空戰勝利的記錄。這位戰鬥英雄的伯父正是那位在 19 世紀後期提出"絲綢之路"這個概念，並以此為從中國到中亞和印度的貿易通道命名的李希霍芬教授！

1971 年，現在已經無遠弗屆、迅如雷電的互聯網的雛形在美國出現，地球真的是進入了"全球化"的時代。自此，陸、海、空、太空和網絡這五個維度相互作用；陸權、海權、空權、外太空權和網絡力量成為任何戰略家都需要全面考慮的因素。

1991 年蘇聯解體後，幾乎被世人遺忘了的位於"中央歐亞"的"偏遠地區"再度受到重視。在這裏，五個新獨立的國家起初很不穩定，民族矛盾突顯，宗教極端分子鬧事，有的國家甚至發生內戰。

之後，俄羅斯力圖把這五國拉回自己的勢力圈內。美國、西歐、日本、韓國、印度、巴基斯坦和土耳其紛紛以經濟與文化實力填補這個"真空"。中國作為一個大國和這些國家的鄰國，自然也發揮了自己的能量。

2001 年"9•11"之後，美國派重兵進駐阿富汗，並且加強對附近地區的影響。這似乎是陸權論在 21 世紀的復活，但是十幾年的戰爭歷程迫使美國一再修訂戰略思維。2021 年，美國正式自阿富汗完全撤軍。

就在"9•11"前後，西部大開發戰略的實施以及新疆安全問題的浮現，也促使中國政府把西部地區的發展與國家安全掛鈎，並且將它們與中央歐亞的未來發展聯繫起來。

2006 年，美國推出一個"大中亞計劃"，建議以阿富汗為中心，北接中亞五國，南連巴基斯坦和印度，形成一個南北向的經濟合作區，以中亞五國的石油、天然氣和電力供應阿富汗、巴基斯坦和印度。借用中國戰國末期的術語，這個計劃可以稱為"合縱"。然而，由於阿富汗局勢遲遲未能改善，而印度和巴基斯坦之間的善意也難以建立，"合縱"的成功幾率不高。

經過幾年的觀察，我在 2013 年 9 月 2 日出版的《財經》雜誌上發表了《大中亞與新絲綢之路》一文，提出：“中國在海運路線上，尤其是具有戰略地位的海峽地區需要與海洋強國周旋，確保自由航行的權利。在‘大中亞’（中央歐亞）的陸地上，也需要與有關國家合作互助，讓‘新絲綢之路’穩定安寧。”

同時，中國政府於 2013 年秋季提出“絲綢之路新經濟帶”和“21世紀海上絲綢之路”（即後來的“一帶一路”）的構思，倡議以國際合作的方式推動歐亞大陸各國東西向的發展，振興歐亞大陸上歷史最長、範圍最廣的貿易網絡。這個提法近似於戰國時的“連橫”，它的實現將有助於目前相對落後的中央歐亞地區的經濟和文化發展。

這是一個國際合作發展的新模式。它的提出，是對 19 世紀“大博弈”裏“要你輸我才能贏”地緣政治理論和 20 世紀冷戰時期“敵我對壘、黑白分明”意識形態的否定。它體現了一種“大家有飯吃，有事可商量”的包容性思維。但是有鑑於國際政治的歷史慣性和當前各大國之間的力量對比，這個宏偉戰略在實施過程中的困難程度絕對不容低估。中國的外交、軍事、經濟決策者，需要切實了解這個地區的實際需要和社會民情，讓成績和參與國的滿意度來證明這個倡議的價值與意義。

“絲綢之路”上的行為準則

中國既是內陸國家又是海洋國家。中國也是一個除了煤之外短缺化石能源的國家，需要大量的進口能源。這就令中國的能源戰略必須兼顧海路運輸和陸路運輸的安全性和可靠性。

近年來中國的海上力量開始增強。但由於澳大利亞、日本、美國顧慮中國的崛起，加上菲律賓、越南、印尼以及印度等國乘機參與糾纏，中國要大規模開發東海和南海的海底資源將會十分困難，要維持對南海領海和經濟專屬區的主權和權益並不容易。釣魚島問題是當前諸多國際戰略方程式中最難解的一個；這個問題的解決，和南海問題的解決有着相當的關聯性，也因此使中國在海上的迴旋餘地並不寬闊。

1971-1975 年，我積極參與了北美洲華人的"保釣運動"。當時我認定的道理就是，中國領土不容他國私相授受。今天我還是相信這個道理。但是我更認清了，中國已經不再是任何人可以隨意宰割的東亞病夫，不必因為過去曾受人欺凌而讓悲憤情緒成為思考國際戰略問題的負擔，因而減小自己的靈活性。重要的思考出發點應該是：中國並不是，也不應該是威震四鄰的亞洲新霸權。作為全球人口最多和經濟力量第二的國家，中國必須以全人類的共同命運為重，有所為也有所不為。

美國目前控制波斯灣入口的霍爾木茲（Hormuz）海峽、紅海南端的曼德海峽和新加坡之北的馬六甲海峽，是印度洋的實際主宰者。印度不想也無法改變這個現狀，俄羅斯、日本和中國也都必須承認這個事實。

在陸地上的中央歐亞核心區，俄、印、美、中幾國各自有不同的條件和考慮。

俄羅斯過去是這一帶的統治者，實力仍很強，不會甘心讓自己的優勢由他人取代。多數俄國老百姓也會支持政府在這方面的作為。問題是，俄羅斯未來的總體經濟能力是否能夠支撐它在這個地區的企圖。

美國目前在阿富汗、吉爾吉斯斯坦、烏茲別克斯坦和巴基斯坦仍有很大的影響力。但它和這個尚未發展的地區既不接壤，也沒有歷史淵源，美國大眾並沒有認識到這個地區的重要性。在環球許多熱點中，美國任何政府大概都不會為了這個地區而無休止地花費大量人力、物力。

中國是中亞五國最大的商品來源地以及石油和天然氣的主要購買者。中國和哈薩克斯坦之間已有一條不經過俄羅斯的石油管道，又在修建幾條從土庫曼斯坦經烏茲別克斯坦到新疆的天然氣管道。俄羅斯也已和中國定下了長期供應石油的協議，並且要修建新的管道。這些新設施既是亮麗的成績，有又被人要挾和勒索的可能。而大多數中國人對於"中央歐亞"的認識都很模糊，僅限於"恐怖主義"、"宗教極端勢力"、"東突"這幾個概念。

提到新疆問題，我不能不同意，它有可能會令中國政府感到棘手。新疆的宗教極端分子與恐怖分子結合，前些年對社會安寧造成嚴重的破壞，而中國政府的一些應對措施被西方國家的政府與媒體說成是壓制人權和宗教自由。儘管這些指控和喧囂不絕於耳，但事實是新疆社會確實日趨安寧與繁榮。目前中國的發展戰略，是要使喀什成為21世紀再現輝煌的"絲路明珠"，讓它能對整個中亞地區的經濟與文化發展做出積極貢獻，這項政策的正確性不容置疑。而中國將和巴基斯坦共建瓜達爾港和喀什之間的中巴經濟走廊，將會把喀什這個內陸城市用大約 700 公里的高速鐵路和公路與印度洋聯接起來。這條走廊的得益者遠不止是巴基斯坦和中國新疆地區，它還將減低相當一部分中國進口能源的運輸成本，也會分散一部分現在必須通過馬六甲海峽的進口能源的風險。

可再生能源的開發以及油頁岩提取技術的成功,使美國在能源供應上對中東和中亞的依賴度大為降低。也就是說,"中央歐亞"的能源和貿易網絡對中國的重要性日增,而對美國的重要性卻在漸減。

然而,21世紀海、陸兩個"大棋盤"上玩的不會再是19世紀和20世紀的"零和"遊戲。中、俄應該在中央歐亞多方面合作,但無需聯手對抗美國;中、歐也應致力於創造大家都贏的局面,包括協調對伊朗的政策,而不應阻礙俄羅斯的發展。這個地區的經濟潛力亟待發展,而一如四十年前的中國,目前的發展瓶頸就是基礎設施。公路、鐵路、飛機場、港口設施和網絡建設都需要基金和技術的注入。這個地區是如此之大,有待建設的基礎設施是如此之多,誰也沒有足夠的財力一家獨攬,誰也沒有足夠的人力一手包辦。

相對於今日的幾個海上強國,中國的海上實力仍然薄弱,在對於海上絲綢之路至關重要的印度洋的力量就更是單薄。因此,目前媒體上見到的大量耀武揚威、誇誇其談的言論,越發令人覺得"一帶一路"這個長期構思的深厚思想,還沒有進入這些"言論愛國者"的腦中。

關心中國發展和世界和平的人千萬不要忘記:共建共有共享,互信互惠互重,應該是未來"絲綢之路"上的思想與行為準則。

第 9 章
乳香、石油、地緣政治

2015 年多哈論壇

1971 年才建國的波斯灣西岸小國卡塔爾在國際上十分活躍。它設立半島電視台，英語、阿拉伯語頻道都很有影響力；曾是世界貿易組織多哈回合談判的地主國；舉辦 2006 年亞運會；又填海建島，請貝聿銘設計了一座新穎典雅、藏有大量珍品的伊斯蘭藝術博物館。卡塔爾近年來在"伊斯蘭國"問題上的表現也頗為顯眼。

世人較少知道的是，卡塔爾外交部最近 15 年來每年主辦一個多哈論壇，邀請各國政要和學者討論中東的經濟發展前景。

2015 年的多哈論壇於 5 月 11 至 13 日舉行，由美國加州大學洛杉磯校區（UCLA）的中東發展中心協辦，共有 200 多人參加。除開幕式和閉幕式之外，論壇分為六節，在四個會場同時進行，因此總共 24 場，分別討論 24 個題目。就我所見，每場討論時台上台下的發言都很熱烈。

由於論壇開幕之前恰有幾件舉世矚目的事件，所以不論是哪一場，討論甚麼題目，都有人發言時觸及與這些事件有關的問題。據我統計，大家所關注的問題依次是：（1）限制伊朗核武器的談判；

（2）阿拉伯國家政局之不穩定（包括"伊斯蘭國"現象）；（3）中國的崛起和亞洲基礎設施投資銀行的創建；（4）石油價格低落與中東的經濟發展。

地緣政治衝突下的中東和平，是中東諸國念茲在茲的理想。

參加者可以分為：（1）中東各國人士；（2）移民歐、美、澳的中東裔人士；（3）與中東沒有血緣聯繫的歐美人士；（4）來自中東以外的亞洲各國人士。這四類人的觀察角度與側重有所不同。如果一定要做一個總括，我會說，中東本土人士大多（除了一位以色列人）認為英、法一次戰後瓜分並託管阿拉伯領土，以色列建國之後受到西方國家的偏袒，美國無端發動伊拉克戰爭，都是造成今日阿拉伯國家社會不穩定的原因。而一些移居西方的中東裔人士則指出，中東社會內部本就存在歧見與矛盾。歐美人士中，一部分人關注中東的人權發展與公民社會的建立，另一部分人則關注中國崛起對中東的影響（有兩位發言者關注得較為過分，遭到在場中國學者反駁）。亞洲學者來自中國、日本和印度等國，大家都同意亞洲與中東的關係將會更加緊密，而中國則會在中東地區扮演日益顯著的角色。

綜合論壇中發言者的看法，我認識到，"戰爭與和平"在中東將會有托爾斯泰寫作他的同名名著時不可能想像到的內涵：戰爭無論是長是短，有沒有美國地面部隊參與，都難以得到清楚的結果；和平無論是由於力量的平衡或是極端不平衡，都難以長期維持。

乳香與石油

我在 5 月 12 日上午以"乳香與石油"為題作預定發言。

阿拉伯半島（幼發拉底河以南）的氣候十分乾燥炎熱，多山，多沙漠，少河流，所以沒有像鄰近的美索不達米亞、波斯、埃及那樣，發展出農耕文明。因為它位於亞、非、歐三大洲的交匯之地，所以貿易成為很重要的經濟活動。阿拉伯半島出產的乳香、沒藥和珍珠很早就已傳遍亞、歐、非三洲。

由於印度洋裏的季候風便於海上航行，阿拉伯半島南部（阿曼、也門）與印度西岸和非洲東岸在 2,000 年前便已經交往頻繁，以至於印度的香料、寶石、高級棉紡品和非洲的象牙、犀牛角、黃金等通過也門和阿曼轉口，分銷到三大洲各地。但這些豐富斑斕的產品都不是生活必需品，所以貿易量有限，而且很受氣候和戰爭的影響。

殖民主義者的作為

19 世紀，英、法兩國成為工業化的殖民帝國，工業產品大量銷售到亞洲和非洲各地。這時歐洲工業國家對原料的需求大為增加，因此印度洋上的貿易急劇上升，遠遠超過亞歐交通十分通暢的蒙元時期（13–14 世紀），以及葡萄牙人與荷蘭人主宰印度洋貿易的時期（16–18 世紀）。

20 世紀以來，石油在全世界的使用大為增加，逐漸成為必需品和重要的戰略資源。

從一戰前到二戰後，裏海周圍和海灣地區（中國漢朝的甘英、唐朝的杜環、元朝的汪大淵、明朝的鄭和都曾經到訪過的這個海灣，被伊朗人稱為波斯灣，阿拉伯人則稱之為阿拉伯灣）陸續發現了大量石油和天然氣的豐富儲藏。

有人認為真主特別照顧穆斯林，因為這兩個地區的絕大多數居民都是穆斯林。但實際上當時控制這兩個地區的是俄羅斯和英國。

俄羅斯／蘇聯直接統治着裏海周圍的阿塞拜疆、哈薩克斯坦和土庫曼斯坦，不需要甚麼手段就可以開採地下的資源。英國則在海灣地區推行既挑撥又調解的策略，使本來受奧斯曼土耳其人統治的各個阿拉伯部落和酋長國爭戰不休，後來逐步組成了幾個依託於英國的政權。

20 世紀 30 年代阿拉伯半島海灣地區發現石油以來，英國、美國、法國、荷蘭等國的石油公司與海灣地區的國家簽訂了許多不同的協議，大致就是石油公司以出售石油所得的一小部分收益換取對某一片油田的開採權和銷售權。這些協議看起來很不平等，因為地主國一旦簽訂協議，自己地下的資源要不要開採、開採多少、價格如何決定、運往何處就完全由外國石油公司決定；唯有伊朗較早迫使外國公司讓步，拿回開採權。但是，阿拉伯各國的酋長們並不糊塗。他們知道自己根本沒有開採能源所必需的人才和技術，與其守着藏在地下的資源過窮日子，不如靠它賺錢，並用一部分賺來的錢培訓／招聘人才，購買設備，以準備將來自己開發。

中東石油生產國之間的關係

二戰後，以色列在巴勒斯坦地區建國，美國對它的強力支持，以及阿拉伯國家屢次戰敗的事實使各階層的阿拉伯人心理都受到極大的衝擊，一種無力感和被迫害感普遍存在於大多數阿拉伯人的心中。

1959 年，石油輸出國組織歐佩克（OPEC）成立，這是各個石油生產和輸出國初步嘗試通過協調爭取主動權。

20 世紀 60 年代，歐洲國家經濟起飛。對石油的需求大增，石油價格猛漲，因此石油出產國的財富量陡然上升。1973 年埃及和敘利亞對以色列發動突襲戰爭之後，產油的阿拉伯國家以石油作為武器，發揮了相當大的效用。其結果是原油價格由每桶 3.5 美元上升到 15 美元，這些國家乘機積蓄了大量的石油美元，並且調整了它們與西方石油公司的關係，得到了石油開採和生產的主動權。

在整個中東地區，伊朗、伊拉克、沙特阿拉伯是最大的三個石油輸出國，也是三個地區大國，但是它們之間的關係十分複雜。1979 年伊朗什葉派教士領導的革命掀起了持續至今的伊斯蘭復興運動，令海灣各國也順勢宣揚它們的遜尼派瓦哈比教條的信仰，但是什葉派的興起又令海灣國家的遜尼派統治者感到憂慮。所以，阿拉伯半島各國的統治者既反對以色列，又反對更加反對以色列的伊朗，同時還壓制阿拉伯半島西南部古國也門的什葉派人口。

1980–1988 年，伊拉克和伊朗打了一場雙方都遭受重大損傷，但勝負難分的戰爭。經過這場戰爭，由教士主導的伊朗政權得以鞏固，伊拉克總統薩達姆·侯賽因（Saddam Hussein）也更加專斷獨裁。儘管伊拉克的石油收入因為戰爭的破壞而大為降低，薩達姆仍然保持將近 100 萬人的軍隊。他一方面鎮壓他認為懷有分裂意圖的庫爾德族，又因為科威特不同意讓伊拉克自由進出海灣，而動兵"收復"1939 年被英國從伊拉克劃出來作為保護國的科威特（1961 年獨立）。

1991 年蘇聯解體後，美國成為世界上沒有對手的超級強國。它的第一個大動作就是動用高科技，以雷霆之勢摧毀了在兩伊戰爭中得到大量美國裝備的伊拉克軍隊。美國為了得到其他國家的認可和財政支持，也召集了幾個盟國組成聯軍；戰費超過 600 億美元，一半以上由科威特負擔，其餘部分則由參加聯軍的國家分攤。

伊拉克戰爭與石油價格

2003 年，經過幾年的禁運、制裁、實地檢查之後，美國帶領幾個盟國的聯軍進攻伊拉克，理由是要"找出並銷毀大規模殺傷性武器"。薩達姆被處死，他的追隨者多數被判刑，幾十萬軍隊被解散，許多人成為當時很活躍的基地組織和日後興起的"伊斯蘭國"的招募對象。

在一些伊拉克流亡政客的配合下，美國主導推出一部新憲法，把伊拉克政權交給曾受到薩達姆壓制的、佔伊拉克人口多數的什葉派，由這個親美的新政府處理石油生產與油田招標。此時，新憲法容許自治的庫爾德地區政府不經過巴格達的中央政府，自行決定對外招標，開發境內的油田。這導致大量財富北流。前幾年肆虐的"伊斯蘭國"，就是因為控制了一部分位於伊拉克北方的油田而獲得了穩固的收入。

恰在美軍準備撤出伊拉克之際，美國因為次貸危機引發了一場全球金融海嘯。此時石油價格猛漲，最高時曾達到每桶原油 145 美元（伊拉克戰爭之前每桶石油只是在 30–40 美元）。但幾年後烏克蘭危機爆發，油價又回落到"低價"—— 每桶 50 美元左右水平。由於新冠疫情導致的全球經濟放緩，2020 年的每桶石油大致在 40 美元左右。

就在油價高企的那幾年，美國油頁岩得到大規模開發，美國境內的油田和氣田也增加生產。現在美國的能源需要不但能自給自足，而且成為淨出口國。而低油價卻嚴重打擊了以石油為主要收入來源的國家，其中包括了幾個美國不喜歡的國家，如俄羅斯、伊朗、委內瑞拉，但也包括了美國一向支持的擁有大量主權基金的海灣國家。後者的政府開支受到影響，購買美國國債和其他投資的能力減弱，對自己的發展感到憂心忡忡。

地緣政治的轉移

這個話題下，討論四個方面。

海權與陸權　在人類歷史上，歐亞大陸素來是文明最為昌盛的區域；印度洋毫無疑問地是全球貿易最重要的海洋。

19 世紀末，美國在歐亞大陸之外崛起。 1877 年，美國海軍學院的歷史教授馬漢寫了一本《海權對歷史的影響》，宣揚"海權論"——擁有海軍優勢的國家將會影響全世界歷史的進程。這個"海權論"至今仍是美國海軍的基本信條。

1904 年，英國倫敦經濟學院院長麥金德發表了他的論文《歷史的地理樞紐》，提出"心臟地區論"——誰能控制東歐平原，就能控制"世界島"的"心臟地區"；誰能控制"心臟地區"，就能控制"世界島"。

前些年美國提出的"Pivot to Asia"（重返亞洲），"Rebalance to Asia"（亞太再平衡）就兼具馬漢的"海權論"思想和麥金德"地理樞紐"觀點，並且還借用了麥金德的"Pivot"一字。近兩年來美國帶領北約諸國和俄羅斯在烏克蘭的對抗，幾乎就是 100 年前"心臟地區"論的現代版演示。

Pax Americana（美利堅和平）　羅馬帝國在奧古斯都時代達到盛世，統治着歐洲西部、北非和西亞的大片領土，派軍隊駐紮各地，實行羅馬法律，使這片廣大地區持續 200 年沒有戰爭；歷史學家稱之為

Pax Romana（羅馬和平）。13–14 世紀，蒙古人統治歐亞大陸的大片面積，許多歷史學家也就以拉丁文 Pax Mongolica（蒙古和平）來形容蒙元帝國的統治。很自然地，當代不少人都把如今美國在全世界的霸權稱為 Pax Americana（美利堅和平）。

20 世紀中葉，美國的 GDP 佔全世界經濟總量的一半左右，而歐洲於 20 世紀 50 年代也開始復興，所以在 20 世紀下半葉，大西洋上的貿易遠超印度洋的貿易。20 世紀末期，亞洲各國先後快速發展；一如英國歷史學家湯恩比所預言，21 世紀將會是亞洲世紀。

到 21 世紀中葉時，估計全球各國 GDP 總量的前六名應該是：中國（2020 年第 2）、美國（2020 年第 1）、印度（2020 年第 5）、日本（2020 年第 3）、俄羅斯（2020 年第 11）、印尼（2020 年第 16）；其中四個半國家都在亞洲，印度洋上的貿易一定會再度興旺起來；而屆時南海將成為全世界最重要的商道。

然而，即使中國 GDP 總量居世界第一位，美國、日本及不少歐洲國家的人均 GDP 仍將遠超中國；中國估計自己到 21 世紀中葉時將會是一個中等發達國家，可謂恰如其分。

美國確實擁有得天獨厚的條件。它東臨大西洋，西瀕太平洋，南邊是比它弱得多的墨西哥，北面是兄弟之國加拿大，所以國土很安全。它的創新能力和經濟活力領先全世界 100 餘年而未見消退；它的軍事力量絕對全球無敵。

美國目前所擔心的，是反美的國際恐怖主義，以及中國崛起後可能要取代它的全球霸主地位。

恐怖主義對美國的威脅是實在的。除了"9·11"之外，美國本土 200 年來從未受過外部力量的襲擊；現在絕大多數恐怖分子確實想要攻擊美國在全球各地的設施與人口。

但美國對中國的擔心卻是多餘的；這種擔心主要是由於美國在世界上的相對優勢較 25 年前最盛時有所減退，因此引起不少美國人的不安。

其實，中國和印度這樣的人口大國和文明古國在過去兩三百年的大幅落後，是歷史的異常；18 世紀中葉以前，中國和印度這兩個大國的 GDP 之和佔到全世界的 70% 左右。如果沒有意外，中國和印度恢復大國和強國的地位是可以預期的。這才是歷史的常態，但這絕不意味着中國或是印度能夠取代美國的地位。

中國既沒有做全球霸主的意圖，也沒有這樣做的條件。中國有 14 個陸上鄰國，其中有 4 個擁有核武器，和印度還有未解決的邊境爭執；有 9 個海上鄰國，包括強國日本和幾個在南海與中國有領土爭端的國家。

為了應付這樣一個複雜而困難的地緣態勢，中國必須審視全局，堅毅沉着，既要與鄰為善，又要堅守底線。很明顯，只有和平的環境才能令中國發展和進步。今日看來，任何要消除"美利堅和平"的意念都是妄想，並且會自我傷害。反過來，任何美國遏制中國崛起的軍事行動都是缺乏遠見，也是不理解中國現實的表現。

2013 年 9 月 2 日，我在《財經》（總第 367 期）發表的《新絲綢之路》中寫道："中國既是內陸國家又是海洋國家"；"中國在海運路線上，尤其是具有戰略地位的海峽地區需要與海洋強國周旋，確保安全航行的權利"；"在中亞陸地，中國也需要與相關國家共贏合作，讓'新絲綢之路'穩定安寧"。海上安全航行、陸上穩定安寧是中國的真實需要，與美國的說法一致，且與美國的根本利益毫無衝突。

近來中國政府正式提出的"一帶一路"是符合中國本身條件，反映和平共處、共有共享、互利互惠思想的倡議。它也符合現代歷史發展的總趨勢，有利於區域經濟的互補互惠，有助於全球經濟活動的趨同化。

亞洲基礎設施投資銀行的創建是這個倡議的一步，也是歷史上第一次由中國牽頭成立大型國際機構。這個創舉已經初見成績，在此次的多哈論壇中被許多人提及。但這只是第一步，未來的挑戰和困難必然不會少，需要有關國家誠心合作才能見到成效。

下面集中討論兩點。

未來的能源需求　從世界能源需求的角度看，中國、印度將會是21世紀能源需求的主要國家。未來20年裏，這兩國的新增發電量將會佔全球增長的60%；東南亞和南亞國家也都將會進入快速發展的階段，需要更多的能源。所有這些亞洲國家的節能手段和替代能源的開發都落後於歐洲和美國，所以對中東石油和天然氣的依賴度將會增加而不是降低。到2025年，中國將會超過歐盟，成為世界最大的石油入口國／地區。

相反，美國在能源方面已經自給自足，成為淨輸出國；所以中東對美國的重要性正在減弱。歐盟的新能源還不足夠，所以會繼續需要俄羅斯的天然氣，但不必大量進口中東（除利比亞以外的）石油。

非洲有許多國家都有豐裕的能源儲存，但是非洲也即將進入人均能源消耗快速增加的階段。非洲大陸能否在能源上自給自足，是一個目前沒人能夠回答的問題。能夠確定的是，非洲的能源需求仍然會滯後於亞洲，不會成為中東石油的重要輸出地。

總體而言，到2035年，美國、俄羅斯和沙特阿拉伯這三個國家將會供應全球液態能源的 35%，而歐佩克國家總共會供應其中的大約 40%，和 2013 年的比例相同。

中東往何處去？ 由此看來，且不論各國如何面對碳排放的問題，中東的石油在未來幾十年不會缺少買家，只是多數買家將會是亞洲人。

2000 多年前，阿拉伯半島的乳香主要銷往亞洲的印度和伊朗。800 多年前，十字軍東征使中東與西歐近距離接觸。幾個西歐武士建立的拉丁帝國曾在敍利亞和巴勒斯坦統治 100 多年；法國國王路易九世 1270 年在東征途中病逝，被天主教會認為他乃是殉教，所以封為 "聖路易"。16–17 世紀時，奧斯曼帝國是歐洲最強大的國家，兩度包圍並且幾乎攻陷維也納。

18 世紀開始，歐洲與中東攻守易勢。18 世紀末，拿破崙率軍入侵埃及，自此歐洲國家和中東地區更是恩怨不斷。19 世紀開始，歐洲的學者研究中東的語言、文化和社會，建立了東方學，讓全人類更加了解中東的古老文明。而同一時期，奧斯曼土耳其、埃及和波斯開始學習西歐的科學技術和典章制度，開始為現代化努力。

自從石油成為中東不少國家的主要產品之後，歐美各國成了中東石油的開採者、購買者，中東國家的投資者、管理顧問和武器供應者。中東各國人士，一如他們在 2015 年多哈論壇上的表現，在心理上對歐美有愛也有恨；但是他們不會否認他們對歐美是熟悉的。而對於亞洲國家，特別是東亞國家，他們卻是陌生的。

根據以上而言，中東產油國不必擔心它們的石油未來沒有買家，卻不熟悉買家的歷史、文化與社會。

對亞洲各國來說，中東是它們最容易得到能源的地區。但是它們不能確定的是，中東多變的局勢和不穩定的生產量能否保證它們的能源供應。更重要的是，能源的運輸是否安全？化石能源的替代品是及時而成本更低廉的嗎？

　　毫無疑問，印度洋上航運暢通，特別是霍爾木茲海峽和馬六甲海峽以及南海的航行安全，對即將大幅增加的石油運輸極為重要。

　　兩伊戰爭時，石油運輸就受到軍事行動的影響：一艘香港東方海外公司的 50 萬噸超巨型油輪曾被伊拉克空軍炸沉。當未來的印度洋成為世界最重要的海上貿易地區時，海上安全的重要性將會大增；可以預期，利益不同的各大國在中東與印度洋地區的博弈可能會加劇。

　　對石油輸出國和使用國來說，印度洋上的和平，將是真主、上帝、大梵天、佛陀、玉皇大帝、老天爺等各路神祇的莫大恩賜！

第 10 章
中巴經濟走廊的歷史淵源

中國和巴基斯坦將會永遠是近鄰，因此我想借此紀念中巴建交 65 週年論壇（本章寫於 2016 年）之機，介紹一些曾為中巴兩個民族開路、引路的歷史"人物"。透過追溯他們的事跡，我們將打開記憶宮殿之門，領受殿內華燈帶來的啟迪。

先給大家講兩個小故事。 1992 年，我擔任香港科技大學工學院院長時，從美國招聘了一位計算機專業的巴基斯坦裔學者。這位年輕朋友向我推薦了努斯拉・法帖・阿里・汗的音樂，我立即被這位歌者的美妙嗓音折服。不僅如此，我還非常喜歡巴基斯坦的流行音樂，有些曲目似乎源自蘇非的音樂（蘇非是伊斯蘭教的神秘主義者，既不是遜尼派，也不屬於什葉派）。

大約 1994 年，這位朋友又從巴基斯坦帶回一本出版於巴基斯坦東北部城市拉瓦爾品第（Rawalpindi）的精裝中阿雙語《古蘭經》，譯者是北京大學的馬堅教授。這本書成了我的珍貴藏書， 2016 年，我將此書捐贈給北京大學的阿拉伯語系。

印度河谷的人頭像：我們是誰？

5,000 多年前，印度河流域先民開創了燦爛的文明，在諸多方面取得高度成就。他們是誰？從何處來？與誰為伴？先民們沒有留下絲毫線索，彷彿有意給後世的我們出了一個謎題。不僅如此，印度河流域出土的早期黏土像與歐亞大陸其他新石器時代塑像驚人的相似，似乎在昭示人類擁有共同的起源。

一種猜測是，印度河流域的先民至少曾與美索不達米亞平原的蘇美爾人和阿卡德人有過往來。我曾經注意到，這兩種文明都在四千五百多年前使用過圓柱形滾動印章，這個發現令我大為驚喜。

史料中對青銅時代早期美索不達米亞人後代的記載較為完備，但摩亨佐－達羅、哈拉帕及其他印度河谷遺址居民的身份至今仍然是謎。摩亨佐－達羅城規劃有序，磚房排列井井有條，還有社區浴池，已經具備了先進農業社會的典型標誌，而且全世界最早的棉花種植和織布技術就出現在這裏。而那些出土的文物 —— 畫着神秘小鳥的陶器，比例勻稱的青銅男像，究竟是誰在五千年前製造了它們？這些謎團連學者們也無從破解。是啊，這個消失的古代文明留給我們太多未解之謎。

摩亨佐－達羅遺址和文物現屬巴基斯坦，而印度河流域先民創造的燦爛文明則惠及全世界，他們是人類命運共同體的例證。

犍陀羅雕像：我們屬於全世界

希臘－巴克特里亞人追隨亞歷山大大帝的征程在塔克西拉建造了

一座希臘式城鎮，令後來統治這一區域的斯基泰人和帕提亞人都驚豔無比。

約公元前 200 年，月氏人從今天的中國遷至印度河流域附近，建立了貴霜帝國。隨後在迦膩色伽一世的統治下，貴霜帝國的版圖不斷擴張，東至恆河平原，北達天山山脈。後來，犍陀羅（今巴基斯坦白沙瓦）的希臘裔佛教徒以阿波羅和雅典娜的形象為藍本，依照希臘傳統製造了佛陀、菩薩等的塑像，又沒忘記將當地的色彩風格融匯其中。犍陀羅佛教藝術贏得了大乘佛教徒的欽慕，並遠播至中國、韓國、日本和越南。

五世紀初，中國的法顯和尚曾在白沙瓦附近親見數百座舍利塔和修道院。然而，當玄奘在七世紀再次經過這裏，卻只能為已遭破壞的佛寺哀歎。大約是嚈噠人（Hephthalites，又稱白匈奴，五至八世紀時活躍於中亞與印度河兩岸）將這些佛教建築摧為瓦礫。

儘管如此，犍陀羅宗教藝術至今仍在世界宗教藝術史上享有盛譽。犍陀羅藝術發源於犍陀羅，其影響範圍卻覆蓋中亞、東亞、東南亞甚至更遠。誰能說這不是各民族同享人類遺產、命運休戚與共的絕佳例證呢？

鄭和與陳誠：我們是來自遠方的友人

鄭和是眾所周知的傑出航海家、軍事家和外交家，但他的穆斯林身份卻鮮為人知。鄭和的族系可以追溯至中亞，不僅如此，他的好幾位副使都有波斯－阿拉伯血統，精通波斯語和阿拉伯語。鄭和在第七次下西洋途中病逝後，便是依循伊斯蘭的速葬風俗。

1405-1433 年，鄭和率領的船隊七下西洋，遠至印度南部、波斯灣、也門、索馬里和肯尼亞。雖然這七次航程都有完備的記載，但明代官史卻從未明確提及鄭和下西洋的真正使命。我猜想，當時蒙元勢力一直與剛建立的明朝纏鬥，而帖木兒帝國統領中亞、西亞，對蒙古頗有影響力，鄭和應是受命永樂皇帝，要與帖木兒帝國建立穩定可靠的通路。由於明朝與蒙古之間戰事不斷，中國內陸至中亞的陸路常受阻斷，並不可靠，因此鄭和便經海路前往帖木兒帝國建立聯繫。

同一時期，明朝使者郭驥和陳誠也曾數次由陸路從北京前往中亞。

1387 年帖木兒統治時期，郭驥一行人首次抵達撒馬爾罕，卻被關押近二十年，直至帖木兒過世。郭驥回到中國不久，於 1407 年再次被派往中亞，一為維護明朝在中亞的利益，二為確保絲綢之路不會因帖木兒後人的繼位之爭被阻斷。

陳誠的外交建樹則更多。他學過蒙語和藏語，並在瓦剌（即西部蒙古）、東察合台汗國附近任事多年。1413 年、1416 年和 1418 年，陳誠三次率明朝使團抵達中亞。陳誠的使命或許是向帖木兒的繼位者展示大明朝的富強，證明帖木兒逝世前試圖入侵中國乃無謂之舉，與明朝結盟才有利可圖。1414 年，陳誠抵達帖木兒帝國都城赫拉特（歷史名城，今阿富汗西部重要城市），並受到帖木兒之子沙哈魯（帖木兒 1405 年身故後繼任，開始自稱汗王，並且自撒馬爾罕遷都至赫拉特）的熱情款待。沙哈魯被陳誠的學識和觀點打動，決定派規模龐大的使團前往北京，並將帖木兒最心愛的戰馬贈獻給永樂皇帝，以示承認中國的宗主國地位。

16 世紀初，帖木兒帝國開始衰落，被成吉思汗的孫子拔都的後人 —— 來自哈薩克草原的遊牧部落蒙古烏茲別克人驅逐出中亞，帖木兒帝國的最後一位統治者扎希爾・丁・巴布爾（帖木兒的六世孫）被迫流亡於費爾干納（漢代稱為大宛）和阿富汗。巴布爾於 1526 年在印度河岸的拉合爾（Lahore）建立莫臥兒帝國，莫臥兒帝國後來統治印度次大陸的大部分，1857 年滅於英國。因而，帖木兒帝國與莫臥兒帝國與現在的巴基斯坦大有關聯。

巴布爾和阿克巴：我們授予秩序與和諧

巴布爾是 16 世紀中亞最富才幹和人格魅力的人物之一，創立了莫臥兒帝國。幾年前，我到過拉合爾，曾感歎巴布爾在一連串政治和軍事挫折之後竟有幸遷入這樣一座城市。我讀不懂巴布爾用"突厥文（Turki）"（又稱"察哈台文"）寫的自傳《巴布爾納瑪》，但扎因・克汗所著的巴布爾傳記的英譯版令我受益匪淺。

巴布爾被歐洲人稱為"文藝復興王子"。巴布爾並不知道，他從拉合爾出兵印度之前，歐洲人已經繞過好望角抵達了印度。巴布爾在印度擊敗多支敵軍，使用火藥槍是他取勝的原因之一。這段歷史頗值得玩味。首先，巴布爾的母親是成吉思汗的嫡系血親，但巴布爾講突厥語和波斯語，在文化上不算蒙古人；其次，巴布爾的遠房表兄弟們是蒙古人，自稱烏茲別克人，正是這些來自草原的親戚令巴布爾飽受磨難；再次，幫助巴布爾取得軍事勝利的火藥正是由蒙古人帶到中亞；此外，巴布爾在印度次大陸建立的莫臥兒帝國在波斯語中的意思即為"蒙古"。

巴布爾的孫子阿克巴大帝是莫臥兒帝國最偉大的君主，他把帝國擴大到也許連他的祖父也未曾預料的範圍。阿克巴統治下的印度有着龐大而多元的人口，阿克巴對此十分重視，經常邀請伊斯蘭教烏萊瑪（Ulema, 伊斯蘭教裏被公認的教法和教理學者）、蘇非派、印度教、基督教和瑣羅亞斯德教的學者們一起在禮拜堂討論宗教和哲學問題，嘗試使伊斯蘭教、印度教、基督教和瑣羅亞斯德教（在伊斯蘭教征服波斯帝國之前，波斯帝國的傳統宗教，薩珊帝國奉為國教，也是中亞等地的宗教；中國稱為"祆教"，俗稱"拜火教"）完美融合。儘管阿克巴的嘗試沒有充分付諸實踐，但是其開放的心態和對社會和諧的追求，一定會給人口構成多元化的國家帶來啟迪，而"人類命運共同體"這個說法想必也一定令阿克巴深感欣慰。

喀喇崑崙山脈：我不是你們的障礙

喜馬拉雅山西側的喀喇崑崙山脈（中國新疆與克什米爾之間的西北-東南走向的高山）讓人望而生畏，難以逾越，被稱為印度的天然"長城"。雖然喀喇崑崙山脈冰川星羅棋布，但只須看一眼令人歎為觀止的喀喇崑崙山高速公路，你就會明白，大自然並非決意把意志堅定的人們分隔在山脈兩側。

喀喇崑崙山高速公路的建成離不開中巴兩國政府的決心，工程師和建築工人們二十年如一日的英勇氣概和奉獻精神也將永遠被銘記。五百多位修路者為這條全長 1,200 公里、全世界海拔最高的跨境高速公路奉獻了生命。這些英雄，願他們的英靈安息，告訴我們中巴之間的紐帶多麼堅實牢固。

中巴經濟走廊：我們帶來繁榮

1987 年夏天我首次造訪喀什時，在酒店餐廳偶遇一羣剛剛沿着喀喇崑崙山高速公路的路線分段來到中國的巴基斯坦商人，當時公路還沒有落成。我問他們一路上花了多長時間，一位來自巴基斯坦卡拉奇（Karachi）的中年男子說："太長啦！"

如今，有了中國"一帶一路"倡議和中巴經濟走廊，再加上跨越中巴邊境的高鐵構想，我在喀什遇到的那羣巴基斯坦商人一定萬分欣慰，未來也會有數以萬計的商人、學者和遊客因此受益。

中巴經濟走廊不僅引來企業建設沿線新城，還具有重要的人文意義。生活在走廊沿線的孩子們將會看到外面的世界，將會擁有更多的教育機會和更廣的職業選擇。他們是中國和巴基斯坦兩國未來的公民，他們將會引領中巴關係進入新的紀元。

第 11 章
歐亞大陸風雲錄

　　近幾年來，烏克蘭政局以及相關的國際角力是最具全球戰略意義的新聞；2019 年開始，連美國的內政也和烏克蘭掛了鈎。

　　烏克蘭情勢由 2014 年 2 月起急轉直下：民選的總統逃亡俄羅斯，親西方的代理總統和臨時新政府上台。3 月中，原屬俄國的克里米亞舉行公投後被俄羅斯火速重新接納。4 月，東烏克蘭東部親俄人口建立武裝力量，要求獨立或加入俄羅斯。5 月底，烏克蘭選出親西方的新總統，之後東、西兩部分陷入了局部內戰。6 月中旬，俄羅斯停止對烏克蘭的天然氣出口，但又撤銷國家議會對出兵烏克蘭的授權，而烏克蘭政府和東部民兵也同意停火。6 月底，歐盟與烏克蘭、格魯吉亞和摩爾多瓦這三個曾經加盟蘇聯的共和國簽訂夥伴關係協議，使它們可以在歐盟享有零關稅的待遇。進入 7 月，烏克蘭親西方政府決定對東部武裝據點動兵，法、德、俄的調停無效，西方要求俄羅斯立即遏制東烏克蘭武裝力量，否則要加強制裁。

　　很明顯，俄羅斯在 2014 年 3 月的烏克蘭危機中後發制人，決策明確，執行果決。普京在他的快速反應戰中有一場電視演講，以激揚的語氣，細數歷史，縱論國勢，很能觸動俄羅斯人的民族感情。而這種感情的基礎就是俄羅斯人幾百年來漸次雄霸歐亞大陸北部的歷史。

然而，這種民族情感以及它所展現的對近代史的認知，並不被大多數烏克蘭人或是俄羅斯境內的其他民族所接受。

烏克蘭和格魯吉亞局勢的發展是近期大國全球戰略佈局的組成部分，而這個戰略佈局和歐亞大陸的歷史與現實分不開。美國想要以海上力量制約和統領陸上力量，歐盟要把歐洲勢力向東推到古代絲綢之路的必經之地 —— 南高加索地區；中國則正在推動"絲綢之路新經濟帶"，修建代替駱駝商隊的高速鐵路。

在最近幾年來的局勢變化中，西方國家堅決支持烏克蘭政府，對俄羅斯譴責並制裁；俄羅斯聲稱有保護任何地方俄羅斯人口的義務，反譏西方在國家主權問題上持雙重標準。在這個過程中，有一個類似於鬧劇的插曲。在格魯吉亞搞"玫瑰革命"成功而上台的總統薩卡什維利（Saakashvili）不久就失去本國民心，還被控告貪污瀆職。他出走烏克蘭，在烏克蘭總統的協助下取得烏克蘭國籍，並且被任命為烏克蘭很重要的敖德薩州的州長。不出兩年，他和烏克蘭總統又鬧翻了，再出走波蘭。2019 年，烏克蘭總統選舉前，薩卡什維利又闖入烏克蘭鬧了一陣子。這位言必稱民主法治的政客，究竟是小丑還是義士，其實不難令人捉摸。

歷史淵源

烏克蘭人和俄羅斯人本是同根同源。在俄羅斯帝國的擴張階段（1650–1900）許多烏克蘭人都積極參與其中，居功豐偉。這很像蘇格蘭人在大英帝國的擴張中所扮演的角色。而在種族、語言和歷史方面，俄羅斯人和烏克蘭人的差異要比英格蘭人和蘇格蘭人之間的差異小很多。

黑海北岸——橫跨歐亞大陸北方的歐亞大草原的西部，即今烏克蘭——是世界各種印歐語系語言的發源地。

大約 6,000 年前，這裏居住着說現已消失了的“原始印歐語”的部落羣。這些印歐語部落在距今 5,000-3,000 年前分三波向外遷徙，最終擴散到今天幾乎整個歐洲以及伊朗、阿富汗、巴基斯坦和大半個印度。最早在塔里木盆地定居的人口和遊牧於河西走廊的月氏人，就是距今大約 4,000 年前由烏克蘭通過歐亞大草原遷移過來的。他們所說的吐火羅語，和 4,000-3,500 年前統治今日土耳其的赫梯人的語言，以及今天在愛爾蘭、威爾士、蘇格蘭等地仍有人說的凱爾特語，有近似的語法和若干相同的詞彙。

也大約是 6,000 年前，烏克蘭草原上的“印歐人”最早馴服了馬，使騎兵成為坦克車誕生之前最為快速威猛的戰爭力量。馬匹促進了歐亞大陸上的交往，也使草原上的遊牧者在軍事上佔有優勢。13 世紀上半葉，蒙古人利用這個優勢征服了當時住在黑海北岸的斯拉夫人，並且對他們統治長達超過 250 年。

斯拉夫人雖然也說一種印歐語系的語言，卻不是古代“原始印歐語”部落的直接後裔。其實，黑海北岸在希臘城邦時代曾經是雅典的糧倉；地理位置突出的克里米亞半島長期由希臘人統治。

公元六世紀起，歐洲東部的森林裏和平原上有許多東斯拉夫人；他們和波羅的海地區的維京人時有往來。九世紀時，一批維京人沿着第聶伯河（Dnieper River）南下，統治了當地的東斯拉夫人並與他們逐漸融合，在今烏克蘭首都基輔建立了一個封建公國，稱為基輔羅斯。10 世紀末，基輔羅斯的統治者令子民信奉希臘正教，並且接受由希臘傳教士根據希臘字母為斯拉夫語言創製的西里爾字母（Cyrillic Alphabet）。建立公國、信奉基督教和使用文字，標誌着斯拉夫民族進入自己的歷史時期。這是今天俄羅斯人、烏克蘭人和白俄羅斯人的共同文明基礎和國家起源。

突厥人從六世紀末起大量從蒙古高原向西遷移。八世紀，其中的一部分突厥人散居在烏拉爾山脈、伏爾加河流域和裏海北岸。其中一個叫哈扎爾（Khazars）的部落聯盟曾經在 9–10 世紀時頗為強大，勢力遍及整個黑海北岸，即今日烏克蘭地區。與其他突厥部落不同，哈扎爾人沒有皈依伊斯蘭教或信奉基督教，而是選擇了猶太教，成為阿拉伯帝國和拜占廷帝國之間的緩衝。自波羅的海地區南下的維京人在這個時期進入黑海北岸地區。他們為了抗衡哈扎爾人的力量，便與斯拉夫人共建基輔羅斯公國，隨後融合為一。

哈扎爾人於 12 世紀衰落。另一批從東方來的蒙古騎兵卻在 13 世紀迅速征服了基輔羅斯和其他斯拉夫人的聯盟。這個大軍的統帥是成吉思汗之孫拔都。他沿着歐亞草原西進，征服並收編了說欽察突厥語的部落。1240 年前後，他的部隊劫掠了基輔、莫斯科和弗拉基米爾（Vladimir）等斯拉夫人的城市，滅亡基輔羅斯，由此使俄羅斯人、烏克蘭人和白俄羅斯人開始了各自不同的發展。

1241 年，拔都遠征到多瑙河流域，逼近亞得里亞海。蒙古大汗窩闊台恰於此時去世，他決定領兵東返，角逐大汗之位，但途中得悉汗位已被他的堂弟窩闊台之子貴由取得，便以伏爾加河下游的薩萊為首都，建立了欽察汗國（又稱金帳汗國），統治大部分東歐和今天的哈薩克斯坦。在其後的三個世紀裏，欽察汗國以及由它分裂出去的蒙古汗王們在東西方向增進了歐亞大陸北方草原上的交往，促進了北方絲綢之路的興旺；他們也在南北方向推動了北方草原與小亞細亞、高加索、波斯以及中亞各農耕地區的交往。這段時期，在黑海之北的蒙古人與伊斯蘭化了的不少突厥部族逐漸融合；其中許多部落被斯拉夫人稱為韃靼人。

15 世紀上半葉，一部分韃靼人以成吉思汗的一個十一世孫為汗王建立了克里米亞汗國；另一部分韃靼人則以成吉思汗的另一個十世孫為汗王，在伏爾加河中游建立了喀山汗國。這時俄羅斯人在基輔羅斯被滅亡後所建立的莫斯科大公國仍然臣屬於欽察汗國。 15–16 世紀，克里米亞汗國、喀山汗國和莫斯科大公國都受欽察汗國的冊封，向它進貢，也經常相互聯姻。後來莫斯科大公國逐漸強盛，改名為俄羅斯沙皇國，又反過來冊封一些蒙古–韃靼王公，並且時常把蒙古–韃靼貴族請到莫斯科的王宮裏任職。

15–18 世紀，克里米亞汗國是東歐的一個重要力量。他們對斯拉夫人居住的地區經常入侵和搶掠，特別是俘虜奴隸，轉賣給這時已經強盛的奧斯曼帝國。克里米亞此時是歐洲的奴隸販賣中心；《古蘭經》禁止以穆斯林為奴，因此中東各地的穆斯林對歐洲基督教徒奴隸的需求很大。

17–19 世紀，克里米亞汗國以及黑海四周的大部分領土，包括整個高加索地區都歸屬於奧斯曼帝國。同一時期，俄羅斯沙皇國也強大起來，征服了許多地區，並且持續向東和西兩個方向擴張。在它擴張期間，以烏克蘭人和波蘭人為主的哥薩克兵團為沙皇效力，開拓疆土，俄羅斯沙皇也允許哥薩克軍團在新征服的領土上建立地方政權，實行自治。

俄羅斯沙皇國（後來改稱帝國）的國徽是一只雙頭鷹，一個頭向東看，另一個頭向西看，表示俄羅斯是面向整個歐亞大陸。不止如此，"沙皇"（Czar）名號即是來自羅馬帝國皇帝愷撒（Caesar）這個稱號；也就是說，當東羅馬（拜占廷）帝國 1453 年被奧斯曼人所滅之後，俄羅斯便以第三羅馬帝國自居。可以看到，俄羅斯還沒有真正強大之前就有雄心壯志，並且以此激勵臣民。

自豪但孤立的格魯吉亞

近幾年被歐盟吸納為夥伴的還有格魯吉亞。它的面積只有不到七萬平方公里，人口不過 500 萬，但是他們的語言不屬於印歐語系，與前面提到的任何民族都不同源，是地道的高加索原住民，而且信仰基督教和創造文字的時間比斯拉夫人要早至少 500 年。這個事實使格魯吉亞人有很強的自豪感。

格魯吉亞的絕大部分領土在大高加索山脈南麓，山之北是俄羅斯聯邦，也包括近年來時常發生恐怖襲擊事件的印古什、車臣、達吉斯坦等自治共和國。

我曾經在格魯吉亞旅遊，是經陸路從亞美尼亞進入格魯吉亞西南部，之後再從格魯吉亞東部進入阿塞拜疆。格魯吉亞邊防人員儀容整齊，態度良好，按本子辦事。這是許多東歐和西亞國家的邊防人員比不上的。也許歐盟選中格魯吉亞為夥伴也與它的發展程度有關。

格魯吉亞的首都第比利斯坐落在姆特科瓦里河（即庫拉河，格魯吉亞語 Mtkvari）兩側的山谷裏。建城 1,500 年來，第比利斯城中的河水依然流淌，兩面的山峰仍然聳立，但它被戰火摧毀過 29 次！阿拉伯人、突厥人、蒙古人、波斯人、俄羅斯人都曾來這裏燒殺掠劫過，也都曾在這裏進行過重建。

我看到的第比利斯是一個歐洲風格的都市，幾乎所有建築物都是最近 200 年內重建或新建的。近幾年才修建的總統府、跨越姆特科瓦里河的新橋樑，以及喜來登酒店使第比利斯煥發出一股 21 世紀的蓬勃朝氣。

漫步於這個 18 世紀後重建的古城，我看到古董店裏陳列着不需要文字解說的歷史追憶：波斯筆盒、奧斯曼首飾、俄羅斯玩偶。這些很普通的物品向我訴說着這個城市不尋常的歷史，而這些歷史多半不是格魯吉亞人主動造就，而是第比利斯的地理位置所引發的。

然而也有例外。18 世紀末，格魯吉亞國王為了抗衡波斯與奧斯曼帝國的壓力，主動尋求俄羅斯的保護。結果可以說是引狼入室，格魯吉亞從此被併入了俄羅斯帝國的版圖，連歷史比俄羅斯教會要長出五百年的格魯吉亞教會都因此而進入了俄羅斯正教的懷抱。

格魯吉亞脫離蘇聯獨立 12 年之後，在美國受教育的薩卡什維利於 2003 年率領大批市民手持玫瑰花衝進政府大廈奪取政權。時任總統的謝瓦爾德那澤（Shevardnadze, 他曾在解體前擔任過蘇聯政治局委員兼外交部長）被迫離職，薩卡什維利繼任總統，完全倒向西方，這就是有名的 "玫瑰革命"。

薩卡什維利在 2008 年北京奧運會開幕的當天，下令軍隊進攻形同獨立的南奧塞梯自治區，引起俄羅斯的強烈反彈。俄軍輕易地擊敗格魯吉亞軍，西方國家沒有出手。如今俄羅斯和其他幾個國家已正式承認南奧塞梯及（格魯吉亞的另外一個自治區）阿布哈茲是主權國，格魯吉亞當初的貿然行動可謂 "偷雞不成蝕把米"。

歷史上最為出名的格魯吉亞人非斯大林（史達林）莫屬。我曾到斯大林的家鄉戈里參觀了斯大林博物館。

博物館是一座堂皇的三層大樓，就在斯大林出生的小屋邊上。館內展出許多照片和物品。其中最為出名的，是一張列寧居中、斯大林和托洛茨基一左一右的歷史性照片。列寧是俄羅斯裔，據傳有一部分韃靼血統；斯大林是格魯吉亞人，托洛茨基是猶太人。可見蘇維埃革命的確是在俄羅斯大帝國的基礎上興起的。

館前有一個站在頗高基座上的斯大林塑像。我在塑像前面拍了兩張照片，時間是 2010 年 6 月 22 日下午 5 時左右。據路透社報道，格魯吉亞當局於幾天後的 6 月 25 日凌晨 3 時左右將這座斯大林的巨型塑像拆除了！

斯大林，這個鞋匠的兒子、神學院學生出身的職業革命者，曾經統治蘇聯和領導國際共產主義運動近三十年。二戰時斯大林領導蘇聯進行衛國戰爭，至今仍然被許多俄羅斯人懷念；他拒絕希特勒的建議，不肯用被蘇聯紅軍俘虜的德國元帥交換他那被德軍俘虜的兒子，也令很多人感佩；他用極殘暴的手段整肅異己，則被歷史所唾棄。

此外他所做的一些不太為世人所熟知的決定，至今還影響着千萬人的生活。

斯大林是蘇聯的第一任民族事務委員會主任。生長於民族關係複雜的高加索地區，他對蘇聯境內的民族問題十分了解。他同意列寧關於少數民族聚居的地區應由本地區的民族實行自治的基本政策，但是為了"分而治之"，卻又刻意在劃分這些地區的疆域時，將另外一些民族囊括進來。如今中亞幾國的民族衝突部分可以溯源到斯大林的做法。即使烏克蘭和格魯吉亞的民族問題，也與這個做法有一定的關聯。

烏克蘭的命運

再回到烏克蘭。由於所處地理位置等緣故，15 世紀末，當莫斯科開始變強時，烏克蘭卻先後被立陶宛和波蘭等天主教國家統治，於是不少人改信羅馬天主教。這是烏克蘭分為東西兩部分的緣起，距今已經有 500 年的歷史。

1650 年之後，烏克蘭為了反抗波蘭和俄羅斯結盟。不久，烏克蘭卻被俄羅斯和波蘭瓜分，西部再度併入波蘭，東部併入沙皇統治的俄羅斯，開始了俄羅斯化的過程。隨着俄羅斯的不停擴張，烏克蘭幾乎全部都成為俄羅斯的領土（另一小部分屬於奧地利）。東部因為長期的俄羅斯化而逐漸同化於俄羅斯，而大部分西部人口則因為波蘭、奧地利和天主教會的影響而對俄羅斯的統治不滿。

十月革命之後，烏克蘭東再度被分割：西部併入波蘭，東部歸屬俄羅斯。蘇聯成立時，烏克蘭是第一批加盟的共和國，然而許多烏克蘭人不滿意這個安排。二戰時德國納粹軍隊入侵烏克蘭，不少西烏克蘭人，把納粹視為解放者。

二戰後，以美國和蘇聯為首的東西兩個陣營冷戰長達 45 年。美國對蘇聯採取圍堵政策，並且支持蘇聯內部的反對者。這是人類史上最常被使用的政策，也是反對自己國家政權者最容易得到的支援。整個冷戰時期都有不少反共的烏克蘭人在西方宣傳抗蘇，美國也一直養着一個烏克蘭流亡政府。

蘇聯解體後，俄羅斯陷入了難以解脫的困難。華沙公約解散了，好幾個成員國（東德、捷克、波蘭等）立即就想加入北約，而北約卻依然步步進逼。蘇聯 15 個加盟共和國中，波羅的海的三個國家原本就是西方國家；蘇聯第二強大的烏克蘭也爭取加入歐盟和北約。葉利欽當年完全無法應付這些問題，只會飲酒澆愁，烏克蘭因此獲得了一些自由活動的空間。普京上台以後，俄羅斯實力有所恢復，而他也的確善於應付和利用國際形勢。儘管如此，格魯吉亞的玫瑰革命和烏克蘭的橙色革命還是讓俄羅斯吃了兩次虧。

2014 年秋季開始的烏克蘭內戰反映了當前世界上很重要的一場戰略博弈。俄羅斯似乎決意不在烏克蘭問題上再度吃虧。所以烏克蘭注定要成為歐盟和俄羅斯拔河的場地，也可能成為全球幾種大戰略進行博弈的棋盤。

戰略博弈下的烏克蘭和格魯吉亞

美國是當今世界上最強大的國家。它的國徽是一隻美洲禿鷹（Bald Eagle），兩隻利爪分別抓着一根橄欖枝和一束箭。因此美國奉行的外交策略歷來都是硬實力與軟實力的組合，並儘量尋求利益與公義的一致化。

正是在"印歐語"的發源地烏克蘭和高加索人的故鄉格魯吉亞，俄羅斯的雙頭鷹和美國的禿鷹有着很不同的戰略思維與佈局。

俄羅斯當前的戰略目標是整合蘇聯時代的亞洲腹地與歐洲前沿，靠自己現代化的成績吸引歐洲資金與人才，並且以這個綜合力量應付來自美國、西歐或其他國家的挑戰。它絕對不願見到烏克蘭和格魯吉亞成為北約和歐盟的前沿陣地，更不願意見到從俄羅斯穿過烏克蘭運往西歐的能源管道網絡受制於人。所以，俄羅斯一是不能容忍在家門口失敗，二是不願意在家門口打仗。把烏克蘭變成聯邦制，讓東、西烏克蘭既分道揚鑣又互相牽制是俄羅斯的一個選項。繼續壓制格魯吉亞，使它無法與遙遠的西歐真正連接，這是俄羅斯對格魯吉亞的策略。

美國的全球戰略構思則不一樣。它想要利用自己能夠通過海洋兼通歐亞兩大洲的地緣優勢和現有的綜合國力，來主導未來大西洋兩岸與太平洋兩岸的貿易與經濟發展，防止歐亞大陸上出現任何足以挑戰美國"以海制陸"霸權地位的力量。如果俄羅斯的周邊經常有問題，這符合美國的戰略利益。中國倡導的"絲綢之路新經濟帶"構思則不符合美國的戰略構思。但是，中國和俄羅斯之間會因此而結盟，共同對付美國以及西歐嗎？我看不到這樣的情況，因為中俄之間沒有足夠的相互信任與利益重疊。

自由、民主、人權本就是美國長期鼓吹的價值觀，多數西部烏克蘭人既然願意為這些而與俄羅斯交惡，美國一定會盡力給以支持。只要有相當數量的烏克蘭人願意加入歐盟，歐盟和美國也一定歡迎。如果烏克蘭由於長期內耗而工廠停工，田園荒蕪，能源供應短缺，這可能使德國頭痛，卻不會是美國的憂慮。

如果烏克蘭的領導者不能把社會穩定下來，並且消弭東、西烏克蘭人之間的隔閡，那麼無論從哪個角度看，東、西兩部分的烏克蘭人民都不會是這一場博弈的贏家。再看黑海之東的高加索地區，如果格魯吉亞的領導者不能改變地理給他們民族的宿命，格魯吉亞人儘管仍會保持對自身悠久輝煌歷史的自豪，但仍將難免於孤立的現實。

硬漢的軟肋

蘇聯有很多弱點，其中最主要的是無法消化二百年內吞併的大量領土和融合被征服的眾多民族；其次就是官員的專權與低效。 1985年，正當戈爾巴喬夫開始改革時，我到蘇聯開會，見證了官員們的顢頇與低效。不久，我讀到一個美國學者的文章，預言蘇聯會因為波羅的海和中亞的幾個共和國的不滿而解體。當時我認為這只是一廂情願的說法。真沒想到，不出幾年歷史就給出了答案。

蘇聯解體後，民族問題固然減弱了很多，但是聯邦制下的俄羅斯仍然有很多民族問題，北高加索就是一個明顯的例子。普京主政以來，民族問題並沒有得到良好解決，而官員的專權和低效也沒有真正改善。此外，由於社會的開放與信息的自由流通，俄羅斯有相當一部分公民真心向往西方的生活方式與社會制度，願意見到俄羅斯"歐洲化"。這個思潮其實從 18 世紀初彼得大帝時代就已經開始在俄羅斯社會蔓延散發，可謂歷時已久。

這就使俄羅斯在反對西方國家步步進逼時少了底氣。普京政府2014 年在烏克蘭問題上即使得到幾乎一致的擁護，但這不等於可以長期得到國內多數人的贊同。最近 20 年我七次訪問俄羅斯，眼見俄國社會的巨大改變，因此我不認為普京在烏克蘭和克里米亞問題上的勝利是俄羅斯重大的轉機。

俄羅斯目前主要是靠能源出口來支撐經濟，而美國已經成為石油輸出國，並且完成了油頁岩的開發；西歐各國的節能技術也已漸趨成熟，從地中海路線得到的能源又明顯增加，這樣，俄羅斯以能源作為武器的成效會逐漸降低。

至於支持烏克蘭和格魯吉亞與俄羅斯鬧翻的西方國家，自己對未來的局勢恐怕也很難準確判斷。

歐盟雖有戰略設計，但是執行的意志很不統一。英國脫歐便是一次令人難以置信的分裂。歐元本身的問題會令歐盟的領袖們三思而行,因此不會真正出大氣力來幫助烏克蘭渡過它已經頗為嚴重的經濟困難,更加不會真正幫助自己鞭長莫及的格魯吉亞。

1961 年古巴危機時,美國的肯尼迪(Kennedy)總統向蘇聯的赫魯曉夫(Khrushchev)大聲喝停,結果得到了全勝。肯尼迪還親自飛到柏林去喊話;不出 30 年,柏林圍牆就倒下了。今天的美國的 GDP 已由當年佔全世界的 1/3 降到 1/4,而它的債務負擔卻增加了許多倍。

經過幾十年的巨額財政赤字,加上這十幾年的阿富汗和伊拉克戰爭,美國的財政力量已經大不如前。 2008-2010 年金融海嘯所暴露出來的經濟資源分配的不公,以及選舉費用的大幅增長,使當今許多美國人對美國的社會公義和選舉制度產生了過去幾代美國人不曾有過的嚴重懷疑。此外,長期富裕給美國各個階層所帶來的浪費和安逸的生活方式也難以改變;政治上極為保守的基督教基本教義派所提倡的國內和國際議程令任何當政者都很難討好他們。因此,支撐美國全球主導地位的經濟與社會力量正在逐漸改變中。

兩個壯漢打架,各人都有幾根軟肋。誰能打贏,真還看不清楚。

2011 年我去烏克蘭講學,那時前任女總理季莫申科(Tymoshenko)已經在監獄中,引起許多社會爭論。我與不少烏克蘭青年談過這個問題。不論是來自東部還是西部的,家中說烏克蘭語還是說俄羅斯語的青年,都希望見到官員們廉潔奉公,烏克蘭成為一個獨立自主、和平發達的國家。假如美國、歐盟和俄羅斯不能就再次分割烏克蘭達成共識,那麼對烏克蘭前途最有發言權的,只有它的下一代公民。

烏克蘭,這片歐亞大陸上最早馴化馬匹、四通八達的地方,為甚麼不能再度成為歐亞大陸上東西貿易的交通要道呢?

大中亞的點與面

第 12 章
大中亞與新絲綢之路

在"大中亞"的"大棋盤"上，俄、美、中三國各自有不同的條件和考慮。

我對"大中亞"的興趣，始於小學教科書裏《班超投筆從戎》和《做一個邊疆屯墾員》這兩篇課文。同一時期，聽父親說，辛亥革命之後不久，任小學教員的祖父在遼寧被徵入伍，為的是要遠征被沙俄策動獨立的（外）蒙古，但部隊還沒有開拔就因為糧餉不足而解散了。

20 世紀 60 年代，我在美國讀博士時，從舊書店裏買到一本歐文‧拉鐵摩爾 1940 年版的《中國的亞洲內陸邊疆》。這本書正式開啟了我對中國北部與西部邊疆的認識。這些年來我多次到亞洲內陸各地旅行，也積累了不少直觀的認識。

本章以歷史為線索，根據個人體驗，簡要剖析位於歐亞大陸中央地帶的"大中亞"的今日和未來，並對近年來常被提及的"新絲綢之路"提出一些看法。

在歐洲人"地理大發現"之前的幾千年裏，歐亞大陸的中央地帶一直是人類商業和文化交往的主要通道；由張騫通西域開始的"絲綢之路"是一個非常形象的名稱。16 世紀開始的海洋時代使"大中亞"和"絲綢之路"失去了往日的光輝。17 世紀開始，強大的沙俄逐步蠶食和鯨吞這片曾經見證過輝煌歲月的土地。海運的昌盛更使它變得閉塞並且落後；"馬鳴風蕭蕭"的動感之地，只剩下了"落日照大旗"的景況。

1991年蘇聯解體後，這一個幾乎被世人遺忘了的"偏遠地區"再度受到重視。我寫本章固然是因為多年來對這個地區的情有獨鍾，此外也是由於當前的時代背景。

何謂"大中亞"

"中亞"、"大中亞"和"內陸亞洲"既是泛指亞洲中央地區的地理概念，又具有難以用經緯度或是山脈河流加以界定的歷史和文化含義。專家們給它們的定義頗不一致，《大英百科全書》和《蘇聯百科詞典》對此就有不相同的定義。近年來，一些歐美學者用"Central Eurasia"，即"中部歐亞大陸"或"中央歐亞"代表"大中亞"，旨在表示它與歐洲的地理和歷史淵源。

聯合國教科文組織為出版《中亞文明史》而擬定的編寫大綱中，認為"廣義的中亞"應該包括："蒙古高原、河西走廊、青海、新疆、阿姆河流域、錫爾河流域、哈薩克斯坦草原南部、伊朗東北部、阿富汗北部以及巴基斯坦西北部。"這個大綱擬定於蘇聯1979年入侵阿富汗之前，又是由多國專家共同商定，較少受到政治方面的影響。

我參考了《中亞文明史》的編寫大綱，依照各國目前的版圖，把"大中亞"分為"中心區"與"邊緣區"這兩個大部分。"中心區"是指哈薩克斯坦、烏茲別克斯坦、土庫曼斯坦、吉爾吉斯斯坦和塔吉克斯坦這五國。它們都在1991年按照蘇聯時代的疆界宣告獨立，是國際公認的中亞五國。他們的領土大致覆蓋"阿姆河流域、錫爾河流域、哈薩克斯坦草原"。

"邊緣區"包括蒙古國，俄羅斯聯邦的布里亞特共和國、圖瓦共和國和阿爾泰共和國，中國的內蒙古、寧夏、甘肅、青海、新疆，（目前由巴基斯坦和印度分別管轄的）克什米爾地區，印度西北部，巴基斯坦西北部，阿富汗北部以及伊朗東北部，共七國。

大中亞示意圖

莫斯科

韃靼斯坦共和國
喀山
巴什科爾托斯坦共和國
烏法
埃利斯塔
卡爾梅克共和國
裏
海
努爾蘇丹
鹹海
哈薩克斯坦
烏茲別克斯坦
土庫曼斯坦
阿什哈巴德
塔什干
伊朗
比什凱克
杜尚別
塔吉克斯坦
吉爾吉斯斯坦
烏魯木齊
阿富汗
巴基斯坦
克什米爾
西藏
雅庫特共和國
雅
西 伯 利 亞
戈爾諾—阿爾泰斯克
阿爾泰共和國
克孜勒
圖瓦共和國
布里亞特共和國
烏蘭烏德
蒙古
烏蘭巴托
內蒙

三種環境與三樣文化

就地理特徵而言，"大中亞"可以分為三種環境和三個相對應的生活方式：

第一是北部的亞洲大草原。這個區域地勢大致平坦，東起蒙古高原，西至裏海之北，北與西伯利亞的常綠針葉林區相接。這裏的廣袤草原適於遊牧，現代之前的居民大都是自由的遊牧者；他們的社會主要是以橫向聯繫而非垂直指揮的單元組成，部落聯盟聚散無常。

第二是南部的沙漠和綠洲。這個區域氣候十分乾旱，但有不少內陸河流可以灌溉綠洲。傳統上綠洲人口稠密，主要從事農業生產，也有人以商貿為生。

這個區域東起河西走廊，西達裏海。它南邊的界限是由祁連山脈及其西面的幾個山脈形成，最西是伊朗高原。由於綠洲居民需要複雜的灌溉系統，有必要集中調度人力與物力，因而傾向於垂直的等級制社會。直到最近，遊牧社會和農耕社會之間的互動是貫穿"大中亞"歷史的永恆主題。

第三是高山區。這個區域包括天山西部和帕米爾高原，在沙漠之南的克什米爾、喀喇崑崙山區，巴基斯坦西北部的邊疆省和部落地區，以及阿富汗北部。高山區的環境很艱苦，因此居民性格強悍，經常結夥聚團共同對外。

與大中亞密切相關的，是引人遐思的絲綢之路。

絲綢之路風雲

德國地理學家李希霍芬在 19 世紀末首先提出"絲綢之路"的概念，用來表述歐亞大陸中央地帶的商業道路。絲綢之路不是一條道路，而是一張由東亞到東歐的道路網絡；這個網絡在亞洲中央的部分與大中亞大致吻合（見第 20-21 及 168 頁圖）。

我初次踏上絲綢之路是 1978 年由西安去寶雞，即絲綢之路最東端的一小段。真正進入西域，體驗絲綢之路風情是 1987 年夏天：我和妻子從蘭州穿過河西走廊到敦煌，再經吐魯番、烏魯木齊到達"絲路明珠"喀什。

不久，蘇聯解體，大中亞的中心區驟然劇變。五個新獨立的國家起初很不穩定，民族矛盾凸顯，宗教極端分子鬧事，有的國家甚至發生內戰。之後，俄羅斯力圖把這五國拉回自己的勢力圈內；美國、西歐、日本、韓國、印度、巴基斯坦和土耳其紛紛以經濟與文化實力填補這個"真空"。作為鄰國，中國當然也發揮了自己的能量。

2001 年 6 月，中國、俄羅斯、哈薩克斯坦、吉爾吉斯斯坦、塔吉克斯坦和烏茲別克斯坦六國宣佈成立"上海合作組織"。這是一個不結盟、不對抗、不針對任何其他國家的組織。目前共有八個成員國和四個觀察員國，秘書處設在北京。成員國除上述的六個創始會員國之外，還有最近加入的印度與巴基斯坦。該組織還有四個觀察員國，分別是是阿富汗、伊朗、白俄羅斯與蒙古。

2001 年"9·11"恐怖襲擊事件之後，美國立即出兵阿富汗，決心鏟除曾接受美國援助的塔利班政權，在大中亞多處都建立了軍事基地。

2002–2006 年，我四度暢遊新疆，五次訪問印度和巴基斯坦。2007 年，又和妻子乘汽車遍遊烏茲別克斯坦，深入中部亞洲的心臟地區。那年 11 月，在西安舉行的"新絲綢之路與和諧社會：中亞的安全、合作與發展"研討會上，我做了關於玄奘與絲綢之路的主題演講（見本書第 5 章）。

玄奘時代的絲綢之路是連接拜占廷帝國、阿拉伯半島、薩珊波斯帝國、印度、吐蕃和大唐帝國的通道。在 21 世紀，大中亞可以依靠鐵路、公路、航空、油氣管道、電訊和互聯網等，更好地融入全球經濟體系。

2008–2017 年，我又七次深度遊覽大中亞，感到這個區域將會是吸引實力大國進行另一輪合作與競爭的廣闊新天地，它的經濟、文化和政治發展都將受到廣泛關注。這就是大家期待的"新絲綢之路"。

戰略資源與資源戰略

中國既是內陸國家又是海洋國家。中國也是一個除了煤之外能源短缺的國家，需要大量進口能源。這就令中國的能源戰略必須兼顧海路運輸和陸路運輸的安全性和可靠性。

近年來中國的海上力量開始增強。但由於美國、日本、越南等因素，中國要大規模開發東海、南海的海底資源將會十分困難。

美國目前控制着波斯灣入口的霍爾木茲海峽、紅海南端的曼德海峽和新加坡之北的馬六甲海峽，是印度洋的實際主宰者。印度無法也不想改變這個現狀，俄羅斯、中國以及日本都必須承認這個事實。

在大中亞的陸地"大棋盤"上，俄、美、中三國又各自有不同的條件和考慮。

俄國過去是這裏的統治者，實力仍很強，不會甘心讓自己的優勢由他人取代；俄國老百姓會支持政府在這方面的作為。美國目前在阿富汗仍有駐軍與政治影響力，在吉爾吉斯斯坦曾長期租用空軍基地，並有相當的力量，但和這個地區既不接壤，也無歷史淵源。因此一般美國人可能還沒有認識到大中亞在未來國際戰略博弈中的重要性。

中國是上海合作組織的操盤手，中亞五國最大的商品來源地，以及中亞能源的主要購買者。中國和哈薩克斯坦以及俄羅斯都有已有石油管道，此外還在修建數條新的直通中國境內的天然氣管道。這些設施既是亮麗的成績，又有被人要挾和勒索的可能。而大多數中國人對於大中亞的認識都也很模糊，僅限於"恐怖主義"、"疆獨"、"東突"這幾個概念。

大中亞"中心區"不涉及俄羅斯和美國的經濟命脈或社會穩定，對中國卻是至關重要。

美國對於石油和天然氣的依賴性近年來變得越來越低。1973 年，阿以戰爭後全球出現能源危機時（當時美國各地加油站經常出現長龍，為節省汽油，國會立法將高速公路時速限制在每小時 55 英里），美國對中東石油的依賴非常高，所以中東局勢對美國的重要性非常之大。

今天美國每一單位 GDP 的耗能量已經減到 40 年前的 60%，而能源的來源也已經多元化：可再生能源的開發，油頁岩注水提取技術的成功以及水平鑽探石油的技術，使美國對中東與中亞的依賴度已經大為降低。

因此它目前最主要的戰略目標不是穩定中東，而是重返亞洲（奧巴馬時代的正式名詞是 "Pivot to Asia"）。從這個意義上講，中亞和中東對中國的重要性日增，而對美國的重要性卻在漸減（除非以色列受到真正的威脅或打擊）。

然而，21 世紀的海陸兩路 "大棋盤" 上玩的不再是 19 世紀英、俄之間的 "零和遊戲"。中、俄應該在大中亞和其他地區多方面合作，但無須聯手對抗美國；中、美也應致力於創造雙贏局面，而不是互相牽制或是共同對付歐洲或俄羅斯。

然而，中、美兩國都會在海洋、內陸兩個棋盤上，放眼全局，平衡得失，避免兩敗俱傷。

中國在海運路線上，尤其是在具有戰略地位的海峽地區需要與海洋強國周旋，確保通航的權利與安全。在大中亞的陸地上，中國也需要和有關國家合作互助，讓 "新絲綢之路" 穩定發展。

第 13 章
大中亞的人口遷移

　　大中亞包括哈薩克斯坦、烏茲別克斯坦、土庫曼斯坦、吉爾吉斯斯坦、塔吉克斯坦（以上一般被稱為"中亞五國"）和蒙古國的全部，以及俄羅斯、中國、阿富汗、伊朗、巴基斯坦和印度的一部分，情況非常複雜。要想了解這個地區的今日，必須對它那紛繁的歷史有一個認識。

認識大中亞的線索

　　我讀了不少這方面的書，還做了許多筆記，有一天"頓悟"出一條"線索"來。這條線索可以說是大中亞歷史的"綱"，綱舉則目張；一旦找到它的"經"與"緯"，大中亞歷史之"網"就清晰可辨。

　　大中亞地區的歷史和"絲綢之路"無法分割，而華夏民族和鄰近民族的關係也因為絲綢而"糾纏"在一起。中國曾享有絲綢這項"知識產權"長達 3,000 餘年。根據唐玄奘的敍述，一位嫁到和田的中國公主偷帶蠶繭出境，被粟特商人秘密運到了今天的烏茲別克斯坦。否則中國對中亞、西亞和歐洲的巨額絲綢出口可能還要繼續多個世紀。

　　在以上三段文字中，經緯、線索、紛繁、網、綱、絲綢、糾纏、關係、繼續這 16 個字（的繁體字）都屬於"糸"部，可見絲綢對中國文化的影響。今天人們憧憬"新絲綢之路"，希望借此開發西部的經濟和保障能源的供應。我認為，除了要加速修建 21 世紀的"路"，還要拿得出 21 世紀的"絲綢"才行。

言歸正傳，我對人類歷史的基本認識是："地理環境決定歷史發展。"

在大中亞的北部，大約在北緯 45-50 度（烏魯木齊在 44 度），橫亙着一片西起多瑙河東至大興安嶺的歐亞大草原，包括烏克蘭草原、南俄羅斯草原、哈薩克草原、準噶爾草原和蒙古草原。這一片廣闊無垠的空間自五千年前起就是遊牧和半遊牧民族生活的地方，也是歐亞大陸東西部之間的一個通道。由於遊牧民族經這個草原通道將中國的絲綢傳到西亞，所以也有人稱它為"草原絲綢之路"。公元前二世紀張騫通西域，開啟了穿過沙漠與綠洲的"絲綢之路"，其主幹大約在北緯 35-40 度（喀什在 39.5 度）。綠洲上的各民族主要是定居的農業人口，少數人從事長途貿易。

這兩條平行的東西向通道使大中亞成為歐亞大陸各種文明相互交往的軸線和樞紐；歐洲、中東、印度和中國的文明在中亞匯集並得到發展，再向不同方向擴散。了解大中亞地區的民族形成、語言變化、宗教思想、政治制度、經濟活動的線索，是不同時間段的人口遷移。

人口遷移的"經"與"緯"

現代智人在幾萬年前就成羣四處遊走。本章所說的"人口遷移"是指數目較多而距離較遠的人口移動，始於距今大約 5,000 年前。那時馬已被用於運輸，而中東一帶也已有了車輛。

　　烏克蘭和南俄羅斯草原上有一批說印歐語系語言的遊牧部落；在蒙古北部的草原上有一批說阿爾泰語系語言的遊牧部落。這些草原部落自距今 4,500 年起，一批又一批地，或自西向東，或由東往西移動。這就是人口遷移的 "緯"。北部草原遊牧者和南部定居農業人口素來都有交往。但是有目的且大規模的人口遷移始於 4,000 年前，多數是北方部落南下，有時也有南部居民北上。這些移動構成人口遷移的 "經"。大中亞地區的歷史地圖就是由不同時期的 "經" 和 "緯" 織成的。

　　下面把這個廣大地區裏多次人口遷移的 "緯" 與 "經" 分三個時段簡述.

　　第一個時段：距今 4,500–2,300 年，印歐語系部落以前後四個波次自西向東遷移。

　　第一波是吐火羅人。一批說西部原始印歐語的族羣在大約 4,500 年前東移到阿爾泰山北麓；另一批原始印歐語族羣落大約同時進入天山北麓（在阿爾泰山之南），之後又自此進入河西走廊，他們被近代歐洲學者稱為吐火羅人，在漢文史籍中則被稱作月氏人。這些印歐語系族羣帶來了家馬和青銅器。部分吐火羅人大約在 4,000 年前到達新疆東部的吐魯番和樓蘭，之後又進入此前可能沒有人類居住過的塔里木盆地，建立了焉耆、龜茲等綠洲國，並轉為定居農民。這些吐火羅人還把西亞的小麥帶到了東亞。馬、青銅器和小麥由吐火羅人帶來就足以說明華夏文明有多個源頭。另外，說印歐語的白膚色人口（包括吐火羅人）分佈最東的地方就在樓蘭和敦煌之間，再往東就是北亞阿爾泰語系人口居住的地區。樓蘭素來以出美女著稱，這些美女極可能是這兩種人的混血。

第二波是雅利安人。操東部原始印歐語系語言（後來演化為印度－伊朗語）的部落於大約 3,800 年前駕着牛車馬車進入中亞草原、伊朗高原和阿富汗；他們被稱為雅利安人（本意為農民，後引申為"高貴者"）。約 3,200 年前，一批雅利安人從阿富汗穿過興都庫什山脈的隘口，南下到印度河流域和恆河流域，逐漸征服了黑膚色的原住民達羅毗荼人，並與他們逐漸融合而形成了我們今天所知道的印度教文明。早期雅利安人有口傳的長篇史詩，是祆教（拜火教）和婆羅門教（印度教的前身）古典經文的來源，因此古典波斯文明和印度文明的同質性頗高。

　　第三波是斯基泰人。這是古希臘史學家使用的名詞，指的是說東部伊朗語的一個分佈非常廣的人羣。他們從距今約 2,700－2,100 年由黑海和裏海的北部向東並向南移動。他們之中的一部分曾經把持草原之路的貿易，並因而聚集了大量的財富，建立了人類史上第一個草原帝國。考古發現證明，斯基泰人在草原上許多地點都修建過王陵，收集了大量精緻的黃金飾品；斯基泰部落戴高而尖的頭盔，很容易辨認。約 2,500 年前，說西部伊朗語的波斯阿契美尼德王朝建立後，斯基泰人曾向波斯稱臣；波斯人的銘文中把斯基泰人稱為薩卡（Sakas）人，而後來中國的《漢書・西域記》則稱他們為塞人。張騫通西域之後，漢帝國和幾個斯基泰人統治的王國都有往來，包括烏孫（今伊犁河流域）、康居（錫爾河流域，今哈薩克斯坦東南部）等；東漢時的疏勒（今喀什）以及于闐（今和田）也是斯基泰人建立的綠洲王國。隋唐時代活躍在絲綢之路上的粟特人與斯基泰人的血緣（都是源自黑海北岸的印歐語人口）和語言關係很近，但是由於居住地區不同，生活方式就很不同。粟特人主要務農，斯基泰人則從事遊牧或半遊牧。

第四波是希臘人。亞歷山大東進到今天的塔吉克斯坦時，於公元前 327 年娶了年僅 16 歲的粟特公主羅珊娜為第一任妻子。亞歷山大歸去時，除了率領主力回到巴比倫，娶波斯公主之外，一路還留下不少部屬，建立了許多以他為名的城市。一部分希臘人在今天阿富汗南部建立了大夏王國。這時正值印度的阿育王以武力推行佛教，中亞的希臘 —— 大夏人也轉奉佛教。但他們對神祇的看法與沒有佛像造型的早期佛教徒不同，他們根據希臘神像的造型和雕塑工藝為佛陀塑像，創造了犍陀羅藝術。該藝術傳到中國、韓國、日本和越南等地，影響深遠。這部分希臘人因為後繼無人，不久就消失在大中亞地區的多次移民浪潮中。

　　第二個時段：公元前二世紀至公元八世紀：阿爾泰語系部落分三期由東往西遷移。

　　第一期是匈奴人。匈奴人起源於蒙古高原的杭愛山，是一個遊牧民族。他們的語言很可能屬於阿爾泰語系的蒙古語族。在匈奴人之東是東胡，之西是屬於印歐語系的吐火羅人與斯基泰人，都是遊牧者。蒙古高原之南是漢族組成的農耕人口；農耕文明與遊牧文明的互補性很高，因此漢地對匈奴人的吸引力很大。戰國時期，匈奴利用中國的相互征戰，漸次向南推移，度過陰山，直逼河套地區。秦亡後，匈奴又進一步發展，並且將力量伸展到河西走廊與天山北麓。漢武帝時，國力充足，將士用命，將匈奴勢力擊敗並使之分裂 —— 南匈奴降漢，北匈奴退回北方。東漢時，北匈奴再度被驅趕，於是逐漸向西移動。他們的西移促發了許多部族波浪式的大遷徙，以至於歐洲受到來自烏拉山區的 "蠻族" 入侵。在今日中亞五國，匈奴的出現迫使一部分原來的居民向南遷徙，對今日的阿富汗、巴基斯坦和印度西北部造成了衝擊，可以說是大中亞歷史中的“經”。

第二期是嚈噠人。中國史籍中的嚈噠人屬於蒙古語族，後來移居中亞。他們在公元二世紀至六世紀在大中亞地區極為活躍，擊敗由月氏（吐火羅）人所建的貴霜帝國，佔領今天阿富汗和烏茲別克斯坦的大部分地區，還曾經深入印度西部建立王國。公元五世紀時，中國南梁曾遣使與其聯繫。這時嚈噠人所統治的地區東起葱嶺（帕米爾高原），西至裏海。突厥人興起後，西突厥進入嚈噠人的地區，雙方衝突不斷；後來西突厥人聯合嚈噠人之西的波斯人夾擊嚈噠人，令其潰敗。自此，嚈噠人把在大中亞地區的舞台讓給了突厥人。關於嚈噠人的族屬和語言，各國學者仍有爭議。有人認為他們是說印歐語的波斯人的一支，而中國學者大多認為他們是說阿爾泰語系的民族。事實是，嚈噠人在幾個世紀裏活動在人口組成非常複雜的歐亞中部地區，不可避免地與許多不同的部落和民族聯合並且通婚。因此，在嚈噠部落聯盟（或國家）中，可能有一些是說印歐語的部落，但整個部落集團的首領們應該是說阿爾泰語，否則歷代漢文史料不會沒有記載。

第三期是突厥人。突厥人起源於蒙古高原北部葉尼塞河上游，起初是阿爾泰語系突厥語族的柔然人所建的部落聯盟之一員，因為善於鍛鐵被柔然人稱為“鍛奴”。他們於六世紀至七世紀時建立了自己的汗國，分為東西兩部。東突厥在與隋和唐的交往中，先強勢，後被征服成為附庸。西突厥則在擊敗嚈噠後向西北和西南方向繼續移動，成為影響大中亞地區歷史進程的主要力量。一部分人進入了伏爾加河流域以及烏拉爾山地區，另一部分則南渡錫爾河進入了波斯人的世界。最西的一部分突厥部落於 11 世紀末進入小亞細亞，逐漸征服並且同化了原來的希臘人、亞美尼亞人等，最終建立了 15－19 世紀雄視東歐、北非與西亞的奧斯曼帝國。從 10 世紀開始，散佈各地的突厥族裔逐漸放棄薩滿教信仰而皈依伊斯蘭教，大中亞地區人口也逐漸突厥化和伊斯蘭化。今天，中亞五國中有四國的主要人口都是突厥語民族，只有塔吉克斯坦的主要人口是伊朗語民族。在中國的新疆，原來的吐火羅人、斯基泰人、漢人、羌人在公元 10 世紀後逐漸被從蒙古高原進入天山南北麓的回鶻人所征服，並且與回鶻人通婚融合，形成了一個新的民族，即畏兀兒或維吾爾民族。這個新民族說突厥語族中的回鶻語，血緣複雜，先後信仰過薩滿教、佛教和摩尼教。從 11 世紀到 15 世紀，維吾爾族經過了一個頗為漫長的過程才全部伊斯蘭化。

就突厥化和伊斯蘭化的經歷而言，新疆和土耳其這兩個相隔甚遠的地區具有頗為類似的過程，時間也大致相同。然而這兩個地理區域的兩個新民族（維吾爾民族和土耳其民族）的血統來源頗為不同；他們的語言既有歷史淵源，也有地域差異。維吾爾族（不包括哈薩克等民族）和土耳其族（不包括庫爾德等民族）內部的差異就很大，各自都可以成為一個人種民俗博物館。總體而言，地理和歷史留下的痕跡不會錯。在維吾爾人之中，臉形、鼻眼、頭髮近似蒙古人種的比例較土耳其人要高，而這個比例又以新疆東部的哈密地區最高。土耳其人整體外觀上都比維吾爾人更為接近伊朗和希臘人。我兩次遊歷俄羅斯歐洲部分的韃靼斯坦共和國（韃靼是另一個主要的突厥語民族）；由於突厥－蒙古人與斯拉夫人有過八九個世紀的混血，並經歷過俄羅斯 450 年的統治，要想從外形或是語言來分辨俄羅斯人和韃靼族人實在很不容易。

第三個時段：8–20 世紀：阿拉伯人、蒙古人、俄羅斯人分別入侵。

阿拉伯人　阿拉伯人在征服波斯之後，於八世紀初進入大中亞地區。其人口主要分佈在軍隊和宗教上層，在總人口上屬於少數。但由於伊斯蘭教的緣故，阿拉伯人在文化上影響深遠。因為伊朗語各民族素來有自己的行政體制，阿拉伯人的政治力量自九世紀起便逐漸削弱。751年，中亞的石國（今塔什干）有亂，唐朝駐龜茲（今新疆庫車）的安西節度使高仙芝（高句麗人）率軍前往平息，與阿拉伯軍遭遇；在怛邏斯之役中，唐軍大敗。被俘的唐朝軍人中有造紙工匠——這是中國造紙工藝的最早外傳，也是阿拉伯-伊斯蘭文明後來得以燦爛發展的物質原因之一。另一方面，安史之亂時，唐朝廷於755年請中亞的大食（阿拉伯）軍人東來協助平亂，這應該是阿拉伯人羣體首次穿過河西走廊進入中原地區。

蒙古人　13世紀蒙古人三次西進，建立了世界歷史上幅員最為遼闊的帝國。兩個世紀後，成吉思汗為蒙古民族所訂的法統仍然存在，但是蒙古人本身卻已逐漸突厥化和伊斯蘭化。以今日烏茲別克斯坦的撒馬爾罕為首都，於14世紀、15世紀之交雄霸中亞與西亞的帖木兒自稱是蒙古貴族，實際上卻出身於突厥化的蒙古別部，不是成吉思汗苗裔，因此他終生只自稱"埃米爾"而不敢稱"汗"。他的第六世孫巴布爾的母系確實是成吉思汗的後裔。16世紀初，巴布爾亡國被逐，南下阿富汗並順利地進入北印度，創建了莫臥兒（Mughal, 意為蒙古）帝國。這是大中亞地區人口遷移的一個"經"。帖木兒帝國滅亡後，它的核心地區（今烏茲別克斯坦）出現了三個汗國，建國者是從欽察草原南下的拔都（成吉思汗之孫）的後裔。這是大中亞歷史中的又一個"經"。新疆、吉爾吉斯斯坦和哈薩克斯坦東南部在幾個世紀裏持續被察合台（成吉思汗次子）的後裔統治。從13世紀直到20

世紀，成吉思汗後裔（"黃金家族"）的政治力量在大中亞一直很強；最後的兩個蒙古汗王是 1920 年被蘇維埃政權逼迫遜位的布哈拉國的埃米爾和 1930 年被民國政府軍人逼退的第九世哈密王。

俄羅斯人 俄羅斯人 10 世紀末接受基督教，逐漸開化；13 世紀被蒙古人征服。15 世紀，伊凡大帝領導俄羅斯人擺脫蒙古人的控制，開始向東擴張。16 世紀征服了位於伏爾加河中游，這裏原屬欽察汗國的韃靼汗國；17 世紀東進到外興安嶺；18 世紀征服大部分哈薩克斯坦；19 世紀征服新疆以西和阿富汗以北的全部大中亞地區。中亞五國被納入蘇聯之後，斯大林 1924 年開始為這個地區進行了民族界定和疆界重劃。今天中亞五國的疆域和人口就以此為根據。蘇聯解體後剛獨立的中亞五國境內都有相當高比例的俄羅斯族人口，雖然許多俄羅斯人陸續遷離，但各國的工作語言至今仍然以俄語為主。

1991 年之後，俄羅斯在西邊失去了面對歐洲的縱深；在南高加索地區，俄羅斯失去了與伊朗和土耳其之間的傳統緩衝，突顯了國內北高加索地區的動亂不安；面對中南部邊境，俄羅斯失去了能源和礦藏豐富的中亞五國。在普京的推動下，俄羅斯近年來銳意求強，其中一個表現就是趁美國深陷阿富汗之際，設法降低美國在大中亞的影響力，並重建俄羅斯在中亞五國的優勢。然而中亞五國人民對俄羅斯並不親善，沒有"簞食壺漿，以迎王師"的跡象。

在大中亞的近代史上，俄羅斯人的影響可謂深遠。大中亞的未來也會因為俄羅斯與美國、中國以及印度等國的互動而有所不同。

第 14 章
大中亞的文化馬賽克

　　大中亞的地域廣闊，歷史久遠，民族眾多，語言紛繁、宗教各殊，所以很難掌握它的文化全貌。然而，不了解它的文化脈絡，就不可能真正認識它的社會、經濟和政治現狀。本章根據我自身經歷，嘗試用大中亞地區的東北部（貝加爾湖）、東南部（河西走廊）、西部（鹹海）、西南部（拉合爾）和中部（塔吉克斯坦）這五塊地區為劃分，以馬賽克的形式鑲嵌出大中亞的文化輪廓。

蘇武牧羊北海邊

　　我小時候常唱一首歌："蘇武牧羊北海邊，雪地又冰天，羈留十九年。渴飲雪，飢吞氈，……"

　　2012 年夏天，我從蒙古的烏蘭巴托坐了 15 小時的長途汽車，到達俄羅斯布里亞特自治共和國的首府烏蘭烏德。這是一座既有俄羅斯正教教堂又有藏傳佛教寺廟的迷人城市，居民約 40 萬，65% 是俄羅斯人。布里亞特人總數約 50 萬，大半住在烏蘭烏德之東的小鎮和鄉下。

　　我當然要去蘇武牧羊的北海 —— 貝加爾湖，全世界最深、容水量最大的淡水湖。在歷史博物館任職的業餘導遊帶着他的妻子和兩個小男孩與我一起遊貝加爾湖。導遊的妻子是藥劑師，兩個人都可謂是俄羅斯化了的布里亞特人。他們彼此以俄語交談，但也能說布里亞特語，兩人都來自沒有宗教信仰的家庭，但是仍保存某些薩滿教的習俗。10 年前這對夫婦在一位美國傳教士的勸導下，領洗成為美國南方浸信會的基督教徒。

貝加爾湖畔的歷史

貝加爾湖之東是匈奴、鮮卑、柔然、突厥、契丹和蒙古在未興盛之前曾遊牧過的地方。這片大湖對這些民族起到過孕育作用，也對世界史發生過重要作用。既然這些民族以及其他幾個後來的民族或國家，對大中亞的發展起過很重要的作用，就必須對某些涉及他們的歷史大事做一個簡述。

公元前三世紀，匈奴崛起，前二世紀後被漢帝國遏制。公元一世紀，漢朝勢力進入塔里木盆地，絲綢之路開始興旺。四世紀，鮮卑崛起，統治華北，推行佛教，並主動漢化。六世紀，突厥脫離柔然而興起於蒙古高原，繼而分裂為東、西兩部：東突厥南下陰山，被唐降服，西突厥則越過帕米爾山脈，繼續西進。

八世紀初，阿拉伯–伊斯蘭力量進入波斯人世界，直抵錫爾河與帕米爾高原；八世紀中，唐朝退出西域，吐蕃乘勢進入河西走廊及塔里木盆地。10 世紀，突厥人開始伊斯蘭化，並先後建立幾個政權，在統治地區內實行突厥化和伊斯蘭化政策。13 世紀初，蒙古崛起，40年間三次西征，所向披靡。14 世紀，統治伊斯蘭地區的蒙古人伊斯蘭化，統治突厥地區者則自我突厥化；但蒙古上層仍繼續維持政治力量長達 500 餘年。 16 世紀初，歐洲人經海路到達亞洲，絲綢之路衰落。 17 世紀至 18 世紀，俄羅斯征服伏爾加河地區的韃靼人及西伯利亞草原的哈薩克人；清朝控制蒙古高原、內蒙古與天山南北路。 19-20 世紀，俄羅斯統治大中亞的大部分。 20 世紀末，蘇聯解體，大中亞進入新形勢。

從甘南與河西走廊看大中亞

1987 年夏天，我從美國到蘭州開會。會後主辦方組織與會者參觀了位於劉家峽水庫的炳靈寺石窟（起建於西晉）、臨夏回族自治州的東鄉族自治縣和位於甘南藏族自治州夏河縣的拉卜楞寺。這一片青藏高原和黃土高原相連接的土地恰又是漢文化和藏文化的邊緣區，應該不是偶合。

接着我們又去了敦煌。敦煌在河西走廊之西，位處沙漠與高山之間。這裏在漢代以前是漢文化的外延區，也是高加索人種和蒙古人種的分界線。唐代吐蕃興盛後，敦煌成為漢文明、西域文明和吐蕃文明的交匯處。

2009 年，我乘汽車分五日穿越整個河西走廊，並在敦煌停留三日。這次旅行使我真正領悟到"大中亞"的意義。它不只是地理概念，也不限於國際政治，而更加是整體文化發展的概念。蒙古、內蒙古、寧夏、河西走廊、甘南、青海東部在文化上和經濟上確實是"大中亞"的有機組成部分。

13 世紀，有一批信奉伊斯蘭教、說突厥語族烏古斯語支的部落從土庫曼斯坦地區向東遷移。經過長途跋涉，他們定居在離黃河源頭不遠的青海東部，據說是因為這裏的水味甘美，和他們在中亞家鄉的水相似。自 10 世紀，這一帶就是漢族和藏族混居之地，元朝時又有許多穆斯林士兵被安置到此地。今天，住在甘肅臨夏附近，說東鄉語（近似於蒙古語）的穆斯林稱為東鄉族；說保安蒙古方言，也信仰伊斯蘭教的稱為保安族。而這一批說烏古斯突厥語方言的人則稱為撒拉族，目前約有 12 萬人。

代數之父與科學家

2007 年我和妻子到烏茲別克斯坦旅遊，去了聯合國教科文組織首批世界物質文化遺產之一，希瓦古城以及附近的烏爾根奇。希瓦古

烏茲別克斯坦西部希瓦古城的 16 世紀古建築

城裏除了有 16 世紀所建的保存完整的建築之外，還有一個不屬於物質文化遺產的紀念物：本地最有名的人的塑像。

"Algorithm"（計算程序）是計算機所不可缺少的，這個詞語是被稱為"代數之父"的波斯數學家花拉子米（783－840）名字的轉音。我們見到的塑像，就是被人們用出生地名稱呼的他。他成名後遷往巴格達，用阿拉伯文發表數學和天文學專著，把印度的十進制數學介紹到阿拉伯世界。他的著作於 12 世紀被譯為拉丁文，歐洲人因而學到當時最先進的數學和天文學。

花剌子模地區位處在錫爾河下游的突厥遊牧者與阿姆河下游的波斯農耕者之間，11 世紀中葉開始強大，國君是奴隸兵出身的突厥裔軍人。12 世紀初，花剌子模成為統治全部波斯人世界的帝國。1218 年因為侮辱蒙古使節，令成吉思汗震怒，決定暫停攻打西夏而發兵西征；1221 年，花剌子模被蒙古軍所滅。花剌子模國君死後，他的長子轉戰各地，企圖重建故國，但 1231 年被蒙古軍殲滅。早期的花剌子模，今天是烏茲別克斯坦屬下的卡拉卡爾帕克自治共和國，大部分居民說一種有別於烏茲別克語，而與哈薩克斯坦語、吉爾吉斯語更接近的卡拉卡爾帕克突厥語。

2007 年秋天在烏茲別克各地旅遊時，我就僱用了一位在中學教英語的卡拉卡爾帕克人擔任司機兼導遊，和他朝夕共處八天。他的語言能力讓我印象深刻。他和我們夫妻說英語，和生人說烏茲別克語，和旅行社經理說俄語，跟自己家人通電話則說一種卡拉卡爾帕克語和烏茲別克語的雜混語。

除了花拉子米，大中亞地區還出過兩位世界級的科學家。一位是 11 世紀的醫學家和哲學家伊本·西納。他是波斯人，生於今天的阿富汗，後來移居巴格達。伊本・西納寫作的《醫典》，是阿拉伯醫學的基本教科書。這本書 12 世紀被譯為拉丁文，成為 17 世紀之前歐洲各地醫學院的基本教科書。

另一位科學家是帖木兒之孫，統治撒馬爾罕的兀魯伯。他在撒馬爾罕建立了當時世界最先進的天文台，並且親自動手，帶領團隊測繪了 1,000 多顆行星的方位，是哥白尼之前世界上最有貢獻的天文學家。伊本・西納和兀魯伯也都是伊斯蘭教義的學者和哲學家，各有這方面傳世的著作。

拉合爾所見所思

2005 年秋天，我應邀訪問巴基斯坦最有學術地位的旁遮普大學。當時巴基斯坦正由軍人管治，校長是一位陸軍中將。當他知道我對文化和宗教感興趣之後，當即就要下屬更改我的行程，把校內的幾個參觀合併為一個座談會，增加校外參觀的時間，還派了一位青年教師和一輛汽車陪我。

旁遮普省是巴基斯坦人口最多的省份，拉合爾是旁遮普的省會和巴基斯坦的文化中心。從 11 世紀開始，拉合爾就是不同突厥裔穆斯林政權在印度的前沿基地，所以市內有不少宏偉的清真寺和廣場。

帖木兒的第六世孫巴布爾失去故土之後，在烏茲別克斯坦東部和阿富汗北部遊走多年。1526 年，他在拉合爾站住了腳跟。這位能文能武的王子不但是莫臥兒帝國開國之君，還開創了以"察合台"（即用阿拉伯字母拼寫的中亞地區突厥語文）寫作的傳統。今日的維吾爾文字就是以察合台文為基礎的。

我在拉合爾的遊走有兩個收獲。一是在博物館裏看到不少犍陀羅藝術的珍品，再就是私下乘出租車到巴基斯坦和印度的邊境去看降旗時的“愛國大秀”。我幸運地擠到看台上，看到巴基斯坦這邊的軍人表演得很不錯。每當巴基斯坦（經過特別訓練的）士兵踢正步踢到軍靴比人頭還高時，巴基斯坦的觀眾就大聲叫喝，還夾雜着“真主至大”的呼聲，力圖用聲波戰勝在關卡另一邊表演的印度儀仗隊。

印度和巴基斯坦在 1947 年原印度獨立時分為兩個國家，這是一個政治決定。巴基斯坦固然全都是穆斯林，但印度的穆斯林人口比巴基斯坦總人口還要多。巴基斯坦的官方語言是烏爾都語，但只有 7% 的人口以烏爾都語為母語；印度以烏爾都語為母語的人數比巴基斯坦要多出好幾倍。如果避免使用烏爾都語中的阿拉伯語和波斯語借詞，烏爾都語和印地語（印度的官方語言）是一樣的。

其實，大多數的巴基斯坦人說的是旁遮普語，而印巴邊界的另一邊是印度的旁遮普省，語言和巴基斯坦這邊幾乎完全一樣。邊界口岸上演“愛國大秀”的雙方演員，是同文、同種、不同宗教的兩家人。

中亞、南亞唇齒相依

在歐洲人佔領印度之前，印度的入侵者歷來都是從阿富汗的興都庫什山脈南下。二世紀時，貴霜王朝的月氏統治者就建立了包括塔里木盆地、帕米爾山脈、阿姆河流域、興都庫什山脈和恆河流域的帝國，把南亞和中亞聯結在一起。

16 世紀，巴布爾由興都庫什南下建立了莫臥兒帝國，從此中亞和南亞的關係更加密切，人員、物資、信息的交換非常頻繁。18 世紀，莫卧兒帝國開始衰落，波斯的納迪爾國王發兵入侵印度，洗劫德里，把莫卧兒皇帝鑲滿了珠寶的孔雀王座當作戰利品給帶走了。

19 世紀，擁有南亞的英國想北上中亞，而統治中亞的俄國則力圖阻止，雙方於是以阿富汗為棋盤，開展了國際外交史上著名的"大博弈（The Great Game）"。

2001 年 "9•11" 恐怖襲擊事件之後，美國立即出兵阿富汗，圍剿阿富汗塔利班政權。巴基斯坦是美國在這方面的盟友，但是巴基斯坦國內也有塔利班分子，而且還有許多同情塔利班的人。過去蘇聯出兵阿富汗時，巴基斯坦人感到唇亡齒寒，於是在美國支持下協助阿富汗對抗蘇聯。到了美國在阿富汗用兵時，又有巴基斯坦人在邊境地區暗助阿富汗塔利班。印度有鑑於此，也特別對阿富汗政府給予援手，並且積極籌謀，以圖長久。

粟特人的故鄉

2011 年夏天，我們夫婦到塔吉克斯坦一遊。記憶最深刻的是乘越野車從西部邊境的片吉肯特（Panjikent）到坐落於錫爾河上的苦盞。片吉肯特在塔吉克斯坦的西部邊境，曾是絲綢之路上的重鎮，也是古代粟特人最東部的據點，現在還保留了一部分當初城堡的殘垣。波斯的居魯士國王建立了波斯帝國之後，農耕的粟特人和遊牧的斯基泰人都向他臣服。在澤拉夫尚河谷的布哈拉、撒馬爾罕和片吉肯特成為絲綢之路上的重鎮，是粟特商人的大本營。

公元四世紀，粟特人開始在絲綢之路上活躍起來。有個從這裏到甘肅武威做生意的粟特商人於公元 313 年寫了一封家書，這封信沒有投遞到他家人手中，而是被遺留在玉門關之西一個長城烽燧的底下。直到 20 世紀初期，才被英國考古學家發現，送到大英博物館。經過幾十年的努力，這封信和其他幾封遭到同樣命運的書信終於被破譯，讓世人對當時絲綢之路上外國商人的情況多了些了解，也知道了這位先生對他自己錢財的安排。

我們行車途中到處是崇山峻嶺，大半時間是面對空寂，偶見幾戶人家。經過了一條伊朗政府援建的隧道，完工才不過幾年，路面就已經凹凸不平，並且嚴重漏水。還經過了兩條中國援建的隧道，情況都很好，所以附近居民對我們很友善，即使婦女也願意和我合影留念。當我們在一座荒涼的大山中盤旋時，見到一隊四川來的修路工人。和他們僅僅幾句交談，就感到很溫馨。他們在異國荒山中辛勤勞作，雖然供養了老家的親人，可親人們可能無法想像他們的寂寞。但願他們能受到本地人的感激。

傳統與現代 —— 哈薩克斯坦的新舊首都

哈薩克斯坦是大中亞地區地域最為廣袤的國家，石油、天然氣、鈾、鉻、鈦等的存量和年產量都在世界上佔很重要的地位。它也是這些國家中歷史最短的國家。

哈薩克民族是在 15 世紀之後才形成的。雖然它是一個突厥語民族，但是它的起始，是由於蒙古人在南俄草原和中亞草原上建立的欽察汗國出現了分裂。

15 世紀中葉時，哈薩克人還只是由尤赤後裔領導的、剛形成不久的"烏茲別克"（漢文又稱"月即別"）部落聯盟的一部分。此後在草

從阿拉木圖市區的南部看天山

原上的鬥爭中，有一個蒙古貴族巴蘭都黑脫離了原來的部落聯盟，自己稱汗。從這時起，所謂"哈薩克"就是指那些"脫離"了原來的部落聯盟的人。

哈薩克汗國先後遭到準噶爾和俄羅斯的長期進攻。哈薩克人抵擋住了前者，但是卻節節敗於後者。19世紀初汗王被廢，全部國土為俄羅斯所佔。在大中亞的各國中，哈薩克斯坦被俄羅斯統治最久，受俄羅斯影響最深。

它的前首都阿拉木圖是俄羅斯於19世紀中葉在絲綢之路舊址上建立的新城市，作為俄羅斯在伊犁河流域和楚河流域的行政中心。1991年哈薩克斯坦獨立；1994年宣佈要把首都遷到國土中央的一個普通省城。其目的不言而喻：第一，不希望自己的首都離中國太近；第二，想要以新建首都來帶動經濟以及國民建國的熱情。1997年哈薩克斯坦遷都，把原來的省城改名為"阿斯塔納"（意為"首都"）。這是全世界除了蒙古的烏蘭巴托之外最為寒冷的首都，但是我在這裏見到的建設熱情，可要比正被擁擠不堪的城市交通鬧得一肚子氣的蒙古人要高得多。為了紀念遷都於此並且主動辭任的首任總統努爾蘇丹‧納扎爾巴耶夫（Nursultan Nazarbayev），阿斯塔納在2019年改名為努爾蘇丹（Nur-Sultan）。

我於2011年獨自初次遊歷阿斯塔納，2012年又和妻子再度到此，見證了納扎爾巴耶夫總統的大手筆，也深覺這座新首都是一個值得觀察的實驗對象。首都的舊區是文化區，新區是行政和商業區。舊區裏的文化並不怎麼樣，但是新區則給人以很大的希望。

一座六層樓高的大商場的外形是一個大帳篷，表現出哈薩克人並沒有完全拋棄他們的遊牧傳統。以總統為名的納扎爾巴耶夫大學有一個頗為完備的生物技術研究所，所長是我的校友，美國西北大學的博士。

我曾到阿拉木圖的舊國會大廈拜會這座大廈的新負責人 —— 英國籍的國際商學院院長。他告訴我，在哈薩克斯坦的四年多時間裏，沒有一天不為這個國家的新氣象感到驚訝。他又含蓄地說，他在這個國度住得越久，就越覺得傳統和現代的結合不是一件簡單的事。出於我的禮貌，也出於我對哈薩克斯坦的美好祝福，我沒有告訴這位英國人，傳統與現代的結合在中國已經被四五代人討論過了。我只希望，有500年歷史的哈薩克民族不會再把下一個100年用來討論傳統與現代、傳承與創新的關係。

第 15 章
我到新疆去：從夢想到現實

唸小學時，我從課本裏讀到張騫通西域和班超投筆從戎；從收音機裏學會唱《達坂城的姑娘》；在家裏聽長輩們談到盛世才和包爾漢，所以我很早就有到新疆去的夢想。

1987 年夏天從美國回國講學，講課結束後，邀請單位依例請我在國內旅行兩週。前兩次我要求去新疆，都被婉拒了。這一次我又說想去，邀請單位爽快地同意了。八月中，我和妻子乘飛機到烏魯木齊，停留了三天，又飛到喀什待了四天。童年的夢想居然成為現實！

三十多年前的新疆和今天完全不可相比，當年我們在喀什機場的經歷就能說明。

離開喀什前，發現飛機的一隻輪子有問題，幾名技工修了兩個多鐘頭都沒成功。天已經黑了，機場沒有照明設備，夜間不能起飛，於是乘客被送進大汽車去賓館過夜。已經裝進飛機的行李並不還給乘客，已經一身的汗卻也無法換衣服。第二天一早，一架載着乘客的民航班機繞道來喀什，放下一隻輪子，立即重新起飛。新輪子很順利地換上了，換上新輪子的飛機沒有測試，就讓我們登機前往烏魯木齊。

三十多年來我多次到新疆，只因為我對她有一種痴迷。正是這種痴迷使我逐漸認識了新疆，並見證了她的變化。

哈密的小麥和"哈密瓜"

四千多年前，一些說印歐語系語言，深眼眶、高鼻樑的部落利用被他們馴服的馬，從黑海北岸沿着歐亞草原向東遷徙到阿爾泰山脈北麓。其中一支翻過阿爾泰山，南下到新疆北部的草原；他們被考古學者稱為吐火羅人。繼而，一部分吐火羅人向東南遷徙到河西走廊 —— 漢文史書稱他們為月氏人。

在哈密附近的巴里坤草原上有一座 3,200 年前的石結構，裏面發現不少陶器，還有已經碳化的麥粒。學者認為這裏可能是吐火羅人（月氏人）的王庭。吐火羅人把西亞的小麥帶到河西走廊，因此中原

新疆巴里坤草原的吐火羅人（月氏）遺址

地區才有了小麥。這是人類文明史中的大事！

哈密素來是絲綢之路上的要地。今天無論是乘火車或是走公路，哈密仍是從內地進出新疆的必經之地。

公元 14–15 世紀，哈密屬於東察合台汗國，由成吉思汗的後代統治。明永樂帝建都北京後，需要同時面對瓦剌（西蒙古）和退回蒙古高原的北元政權。他於 1404 年封哈密的蒙古統治者為忠順王；明代中葉，哈密的蒙古統治者改信了伊斯蘭教。清初，西蒙古準噶爾部崛起，先在南疆消滅了東察合台汗國貴族所建的葉爾羌汗國，繼而在蒙古挑戰清朝的權威。當時處於兩大勢力之間的哈密王決心依附清朝，派專使朝見康熙，並呈獻甜美的瓜果。康熙把這個新疆特產命名為"哈密瓜"，並封獻瓜者為"世襲王公"。

雖然哈密的情勢一向複雜，哈密的王統卻持續了 233 年；第九代哈密王 1930 年病逝，之後王統被廢除。今天，重修過的哈密王府是重要的旅遊景點。

比哈密王府更廣為人知的是"哈密瓜"。對這個來自全國的美譽，哈密之西大約二百公里的鄯善的瓜農們心裏並不甜美 —— 因為我在鄯善參觀瓜田的時候，有瓜農告訴我，"哈密瓜"的主要產地是鄯善！

吐魯番的人口來源和古代文書

早期吐火羅人到達新疆東北部的草原後，有一部分人又到了吐魯番、鄯善、焉耆、庫車等地，成為南疆沙漠邊緣最早的居民。

吐魯番地區是天山東部山間盆地，氣候炎熱但物產豐饒，幾千年來一直是人口聚集的農業和商業地區。西漢時，這裏是吐火羅人所建的車師國，都城交河距今天吐魯番市區大約十公里。我曾經兩次去交河故城遺址，兩千年後還能看到它的輪廓，據此估計當時人口可能接近一萬。魏晉南北朝時期，大批漢人為逃避戰亂而進入吐魯番地區；不少北方遊牧民族的人口也來到這裏。公元 450 年，車師國為柔然所滅；吐魯番先後由四個漢人家族統治，統稱高昌國。640 年，唐滅高昌國，在吐魯番設安西都護府。但來自南方的吐蕃人後來也曾統治過吐魯番。

古代從敦煌到波斯的絲綢之路有北、中、南三路；吐魯番是北路與中路的重要樞紐。公元四到九世紀，絲綢之路上最活躍的粟特人大量聚集在吐魯番；他們把祆教、摩尼教和景教帶到吐魯番，然後再由這裏傳到蒙古高原與河西走廊。

公元八世紀，遊牧在蒙古高原的回紇（八世紀末期改稱回鶻）人通過與粟特人的接觸，放棄了薩滿教而轉信摩尼教，並且根據粟特字母創造了回鶻字母。由於回鶻人素來與唐親善，頗為熟悉漢文化，所以在創造回鶻文時，他們沒有採用粟特文自右向左橫寫的方式，而是模仿漢字自上而下直寫。

九世紀中，回鶻人受到來自蒙古高原之北的黠戛斯人的攻擊而逃逸。一部分南遷到河西走廊；另一部分西遷到吐魯番地區，取代尊奉佛教而漢化的高昌國，建立了信奉摩尼教的高昌回鶻王國。之後，高昌回鶻又逐漸由摩尼教轉信在這一地區根基深厚的佛教。此外，九世紀中葉，另有一批回鶻人遠遷葱嶺（帕米爾高原）之西，與早前來到的突厥葛邏祿部結合，並開始和操波斯語、信奉伊斯蘭教的薩曼王朝交往。

10 世紀後半葉，中亞地區的回鶻人大多放棄了遊牧，改為定居

吉爾吉斯斯坦境內一座 10 世紀的伊斯蘭建築，為喀喇汗國所建

農耕，並且建立起尊奉伊斯蘭教法的喀喇汗王朝。此後，他們以喀什噶爾（即喀什）為中心，逐漸向東擴展。大約同一時期，尊奉佛教的高昌回鶻王國也逐漸西擴，轄有今日烏魯木齊、焉耆、庫車、阿克蘇等地，並一度佔領和田及喀什。

喀喇汗國先是向佛教地區葉爾羌（今莎車）與于闐（今和田）發動聖戰，於 11 世紀初獲得勝利，繼而又進攻高昌回鶻王國。12 世紀初，新疆說東伊朗語、漢語和吐蕃語的人口都被回鶻人統治，逐漸改說回鶻（元時寫作 "畏兀兒"；清末稱為 "維吾爾"）語。12–14 世紀，契丹人耶律大石所建的西遼、成吉思汗統御的蒙古先後統治新疆，高昌汗國也先後成為它們的屬國。經過幾個世紀的征戰與交融，新疆大部分人口於 16 世紀伊斯蘭化。

今天，吐魯番地區有古代絲綢之路上多種文字（吐火羅文、漢文、粟特文、摩尼文、吐蕃文、回鶻文）的寫本。不同的民族、語言、宗教和生活方式在這裏交匯過；今天吐魯番的人口和文化反映的正是這一歷史過程。

烏魯木齊的二道橋與老學者

烏魯木齊是蒙古語"美麗的草原"的意思；它在唐朝時稱作"輪台"，清朝末年和民國時期叫"迪化"。烏魯木齊之北適於遊牧而不宜於農耕，因此它的居民時有變更。唐代以烏魯木齊為北庭都護府，控制唐代西域的北方疆土。

過去的三十多年間我到過烏魯木齊九次。1987 年之後，每次都能看到烏魯木齊的變化。烏魯木齊的進步不只表現在新飛機場、高樓大廈和五星酒店，它發展的一個重要指標是在維吾爾族人口集中的二道橋附近。第一次去的時候，二道橋附近有很多賣羊肉串的攤販，大巴扎（波斯語，意為集市；維吾爾語中借用）裏賣的多是尼龍襯衫、膠鞋之類的生活用品。後來二道橋附近有了大劇院和歌舞廳；大巴扎改建成了"新疆國際大巴扎"。2011 年夏天，我在二道橋大劇院的餐廳吃了一頓豐盛的晚飯，在解放南路還見到一家很現代的土耳其產品專賣店和一家很時髦的努爾蘇丹品牌服裝店。

從這些變化，我深切體會到，一方面，經濟開放和社會寬容是建設新疆的最佳方針；另一方面，我也知道，新疆自 1884 年建省之後，在整體發展的潮流中，也頗有過一些風浪。

在風浪中，有一位堅守崗位，潛心學問的學者——2018年初剛離世的突厥語文專家陳宗振教授。陳教授是我的好朋友。上世紀50年代他在北京學習維吾爾語文，後來到烏魯木齊從事維吾爾語文及其他突厥語語文的研究。他和其他學者們化了多年心血，推出一套以拉丁字母標寫現代維吾爾語的文字，類似於近一百年來的土耳其文和當代的阿塞拜疆文、土庫曼文和烏茲別克文。文字改革的工作因為"文革"而出現過反覆：這套拉丁標音的新文字曾被新疆維吾爾自治區認可，並在小學裏使用了好幾年，但後來政府又放棄它而恢復以阿拉伯字母標音的維吾爾文。

因為"文革"的變動，陳宗振有幾年在南疆一個縣裏擔任漢語及維吾爾語翻譯。由於他有這段歷練，維族知識分子莫不稱讚他的維吾爾語說得流暢、精準、地道。但他的學術成就並不在翻譯學，而是突厥語族裏各種不同語文的歷史演變和橫向比較。他曾經發表很多著作，並且在80多歲的年紀，出版了一部七十餘萬字、厚達六百頁的《維吾爾語史研究》。陳老先生全家在新疆生活多年，為新疆做出了貢獻；他的品德與學問將流芳千古！

庫爾勒的香港人

庫爾勒是漢代焉耆國之所在，是遊牧生活方式和農耕生活方式的交集點。

從烏魯木齊向南，沿山地國道走，只需幾小時車程就能到庫爾勒。但是今天的庫爾勒既不以遊牧為主，也不以農耕為主。它目前有許多石油公司和銀行，是現代實體經濟化工業和虛體經濟金融業交集的城市，可謂繼承了歷史上的雙棲性格。

我對當代庫爾勒還有一個深刻的印象：它有一家並不豪華但能令旅客感到溫暖舒適的四星酒店。住在這家酒店時，我有機會和總經理聊起天來。他是香港人，在新疆已經生活了十幾年，孩子都在新疆出生。言談中得知，他還懷念香港，但是，他清楚地告訴我，他已決定在新疆落戶。他還直言，每次回香港，且不說他的孩子，連他自己都覺得香港太潮濕了。作為香港人，我願意相信，庫爾勒這家酒店之所以令旅客舒暢，是因為這位從香港到新疆的總經理把他的經驗和視野帶到了他的新家鄉。

庫車的壁畫與琵琶曲

庫車（古稱龜茲）在塔里木盆地北緣，是唐代安西大都護府之所在；唐與吐蕃、大食在新疆和中亞各地的競爭就是以龜茲為根據地與指揮部。

公元前三世紀，匈奴進入河西走廊。大部分月氏人被迫西遷，越過蔥嶺，到達伊犁河流域。後來因為受到另一批被匈奴人驅趕的烏孫人的排擠，月氏人又南渡阿姆河，定居在今天阿富汗。這些月氏人取代了隨亞歷山大東侵的希臘人所建的大夏國，創立貴霜王朝，並且與漢帝國、波斯安息帝國和羅馬帝國都有外交往來，成為當時歐亞大陸上四大帝國之一。貴霜帝國包括今天的阿富汗、巴基斯坦、印度西北部以及部分中亞土地；它的勢力範圍的東北極限就是今天的庫車。

貴霜王朝承襲了印度孔雀王朝的佛教，並且使佛教東傳。庫車有建於三世紀的蘇巴什佛寺，香火最旺盛時，僧人達一萬名。鳩摩羅什曾在這裏出家；玄奘去印度路上也曾在這裏盤桓兩個月。雖然蘇巴什佛寺已廢棄將近一千年，它的雄偉輪廓依然可見。

庫車還是世界聞名的佛教藝術勝地，當地的克孜爾石窟裏至今仍保留了大量精美的壁畫。

在庫車有兩件事讓我記憶深刻。

我們一行到克孜爾石窟時已經接近下班時間；博物館人員建議我們第二天早上再去。我們說，此行特地找了北京大學考古系林梅村教授同行，第二天還有別的參觀。有兩位館員是蘭州大學考古系畢業，讀過林教授的書，一聽他也在我們的人羣裏，立即應允帶我們上山。這時兩位館員衝着我走來，認為灰白頭髮的人必然是他們聞名已久的林教授。我雖然教書多年，經歷也不少，但那一次卻只能腼腆地說：「我是教授，但不姓林。」

在庫車當然要去看鳩摩羅什的雕像。鳩摩羅什是佛經漢譯的最重要人物。他的譯文已臻於完美（對他的介紹詳見第 7 章）。

中央音樂學院章紅豔教授在克孜爾石窟、鳩摩羅什雕像前彈琵琶

唐代長安最流行的音樂是龜茲樂。雖然今天大家都認為琵琶是中國的傳統樂器，但琵琶其實是從西域傳到中國的；克孜爾石窟裏就有彈琵琶的畫。我們一行人中有一位琵琶演奏家——中央音樂學院的章紅豔教授。她在鳩摩羅什的雕像下彈奏了三首琵琶曲。沒有音樂廳，不需門票，卻是我聽過的最有意義的琵琶演奏，也是絲綢之路上文化交流的良好例證。

和田的缸子肉和驢車

和田在塔里木盆地西南部，地處沙漠的邊緣，在中國古代長期被稱作于闐，以產美玉著稱。于闐最早的居民是操東伊朗語（塞語）的斯基泰人，但也有印度人和羌人。于闐很早就成為佛教國，使用自己的文字（先是一種佉盧文；五世紀後是用印度婆羅米字母拼寫的塞語）。在古代西域諸國中，于闐與中原最為親密，也最早學會中原的養蠶製絲。

唐代時，于闐是安西四鎮之一。于闐統治者以尉遲為姓，國王按例派王子到唐朝廷任侍從。不少于闐王族在長安定居，因此唐代有許多姓尉遲的將軍和官員。

我們在和田看了一些文物古跡，也和當地老百姓有不少接觸。一天晚上我們去一個歌舞廳，見到不少穿着頗為入時的青年男女跳社交舞。在這個據稱伊斯蘭教氛圍很重的地方，看到這樣的歌舞場面，讓我體認到和田的多元化：這裏既有向往現代的新潮派，也有衣着和行為保守的復古派，而最多的則是兩者之間的生活派。

在和田的幾天，還有兩件事讓我印象深刻。一是祭我的"五臟廟"，地點在城中心，距離毛澤東和庫爾班大叔握手的銅像不遠處。那裏的攤子上有一種叫缸子肉的傳統烹飪，是在一個搪瓷杯中加小火慢煮着咕嘟咕嘟冒泡的肥羊肉，一般用饢蘸着食用。我們同行十幾人大都不太能消受這種美食，但是我天性好奇，大膽吃了一缸。賣缸子肉的老板和附近的食客都給我以讚賞。

另一件是一位樸實農民的故事。我們夫妻託本地人幫我們訂了一輛驢車，去沙漠深處的熱瓦克佛寺遺址。那裏雖是縣級文物保護單位，但是路不熟的人很難進得去並出得來。我們路上來回、參觀留影一切順利。回到市裏，車方停穩，我們就見到去別處參觀的朋友，於是大家聊起了各自的見聞。這時候我一回頭，發現給我們趕驢車的那位農民不見了。三個鐘頭的勞頓，沒有報酬怎麼行？打聽了半天，有人知道他的住處。於是我們找到他家去，敲門一看，果然是他。原來他太樸實，見到我們幾個朋友們談得熱烈，不好意思打攪，就靜悄悄地走了。我把錢給了他，然後兩人握手道別。兩個素昧平生的人，一個有善意，一個有誠意，雖然語言不通，以後也不會有機會再見面，但是我相信，我們彼此都珍惜這次握手。

喀什的文化和宗教地位

喀什（喀什噶爾）在漢代是疏勒國，張騫和班超都到過這裏；唐時疏勒為安西四鎮之一，是絲綢之路南、中、北三道的總匯，名副其實的絲路明珠。

喀什的早期居民是斯基泰人，它的文化則兼有波斯、印度和中國風格。從喀喇汗王朝開始，喀什一千年來都是新疆的伊斯蘭文化中心。

11 世紀，喀什出了兩位著名的作家：一位是用回鶻文著作《福樂智慧》的哈吉甫；另一位是用阿拉伯文撰寫《突厥語大詞典》的喀什噶里。

14 世紀，察合台汗國分裂為東西兩部分。新疆屬於東察合台汗國；天山以西屬於西察合台汗國。之後，西察合台汗國的大權被突厥化的蒙古巴魯剌思部軍人帖木兒篡奪；他以埃米爾（大將軍）的名義東征西討，建立了據有整個中亞和大半西亞的帝國。帖木兒的兒子沙哈魯自己稱汗，之後傳過九個汗王。帖木兒帝國人才輩出，文化鼎盛。15–16 世紀之交，他們一面以波斯文為宮廷文字，一面開始使用"察合台文"，即是以阿拉伯字母書寫含有阿拉伯語和波斯語借詞，以及某些語法的中亞突厥語。後來"察合台文"成為 17–19 世紀烏茲別克人的文字。

喀什距帖木兒帝國（以及替代它的烏茲別克–昔班尼王朝）的費爾干納地區只一山之隔，因此在文字上和宗教上受到它們的影響。很自然地，"察合台文"成為葉爾羌汗國的文字以及近代維吾爾文的濫觴。起於帖木兒時代的納格什班迪耶則成為新疆最重要的蘇非教團。

血緣上融合了吐火羅、斯基泰、羌、漢、粟特、吐蕃、葛邏祿突厥、回鶻、蒙古等族裔，使用回鶻（維吾爾）語文，信奉伊斯蘭教的維吾爾民族在葉爾羌汗國時期（15–17 世紀）正式形成。文化上，在喀什出現了以維吾爾語創作的文學和表演藝術 —— 十二木卡姆。宗教上，各個蘇非教團成為維吾爾羣眾信仰的焦點。蘇非教長（和卓／霍加）集團與地方貴族（別克）集團形成了維吾爾社會的上層網絡。地方派系的利益分歧又導致和卓集團分為以葉爾羌（莎車）為大本營的黑山派和以喀什噶爾（喀什）為大本營的白山派。兩派都能上達王侯，下通信眾，擁有雄厚的人力、物力資源。此外，與歷史上許多社會一樣，上層集團的利害關係經常以宗教的差異表現或掩蓋起來。

近代以來（18–20世紀），喀什一方面是中國在南疆最重要的城市；另一方面它又受到在中亞激烈角逐的英國和俄羅斯的覬覦。19世紀中葉，費爾干納的浩罕汗國對喀什和南疆其他地方有很大的影響。出生於費爾干納的軍人及教士阿古柏入侵新疆後自己稱汗，以伊斯蘭教法統治南疆十多年，也佔領過吐魯番等地。他親英遠俄，還曾對奧斯曼帝國的蘇丹表示效忠並受其冊封。最終，效忠清朝的左宗棠出兵新疆，阿古柏在吐魯番戰敗，猝死於焉耆。新疆局勢由此改觀。

新疆1884年建省後，政治中心移到烏魯木齊。此後，一個相對寧靜的，與外界幾乎隔絕，但又因此落後的喀什，延續到1987年我第一次去旅遊的時候。

十餘年後，喀什變成了一個具有現代街道、現代建築和許多衣着入時的市民的新都市。喀什老城區、艾提尕爾清真寺、阿帕克霍加家族的陵墓（香妃墓）都成了旅遊熱點，給這顆帶有中世紀風味的絲路明珠平添幾分璀璨。

在賣樂器的地攤上，我以不高明的議價能力買了一把都塔爾（長頸二弦的彈撥樂器）。後來有維吾爾族琴師告訴我，這把都塔爾的賣相和音色都很好，當初我付的價錢很值。

在喀什附近的英吉沙，我們在餐館裏看到兩位穿黑長袍的蒙面女士吃飯。她們的黑面罩只在眼睛部位留下一條縫，吃東西的時候要掀開面罩的底部，從面罩後面用羹匙把食物從下往上送到嘴裏。這樣的服裝和吃飯方法雖然表現了對宗教的虔誠，但是對生活實在太不方便了。

三十多年來，喀什的城市現代化了，但是戴頭巾和蒙面罩的婦女卻一度增加。在喀什和中國以外的世界，這樣的裝束最近三十多年也增多了不少。依我看，許多穆斯林的保守和復古傾向與外教人對穆斯林的歧視是相互助長的。我誠心希望，作為南疆宗教和文化中心，喀什能夠免於這兩種傾向。

伊寧的牧民和邊境口岸

伊寧（舊稱伊犁）是伊犁哈薩克族自治州的首府。它是清朝廷治理新疆南北兩路的伊犁將軍的駐地。曾稱雄全疆的準噶爾汗國也以伊寧為首都。伊犁屬於漢代的烏孫國，被漢武

北疆西部的草原石人，體現了北疆的遊牧文化

帝嫁到烏孫的細君公主應該就住在今天的伊寧。

歷史上，新疆大體以天山為界，分為以遊牧為主的北疆和以農耕為主的南疆。今天北疆草原上的牧民主要是哈薩克族。15 世紀，欽察汗國東部的白帳汗國分裂，一部分血緣相近的部落集體出走，被稱為"哈薩克"（這是哈薩克民族最為可信的起源）。哈薩克族的語言與維吾爾語同屬突厥語族，但是生活方式卻與蒙古人更為相似。18–19

世紀，俄國逐步佔領了全部中亞。1864 年，它又從清朝手中又奪走伊犁河流域的大片領土，許多哈薩克族牧民不願意在俄國的統治下生活，於是來到伊犁、塔城和阿勒泰地區，受到清政府的接納。

南疆的氣候較溫暖，沙漠綠洲以及外緣的土地都可以耕種；降雨量雖少，但有地下河流和坎兒井可以灌溉。北疆一向以放牧為主，農林業沒有發展。林則徐在甲午戰爭之後被貶到伊犁，專注於興建水利。灌溉水渠修成不久，大批南疆的維吾爾族農民就來到伊犁附近。今天伊寧許多維吾爾人的先輩便是那時北遷而來的。

伊寧的西邊有一個察布查爾錫伯族自治縣。這裏生活着只有幾萬人的錫伯族。錫伯族和滿族語言相近；他們的先人被乾隆派遣，從東北跋涉萬里到伊犁戍邊。如今滿族人口幾乎都不會說滿語，遑論讀寫滿文了，但是遠在新疆的錫伯族還有不少人保持了他們的語文。據說在北京故宮整理滿文檔案的人員大多是錫伯族。

我在 2005 年有機會兩度到伊寧，第一次向西南方去了察布查爾和昭蘇草原，第二次朝西北方向，去了賽里木湖邊上的霍城縣和境內正在增建的霍爾果斯口岸。霍爾果斯自古以來便是交通要道；我在 312 國道的終點碑牌拍照留念之際，想到這條公路的交通將會很繁忙。哪知不到十年時間，隨着 "一帶一路" 倡議的提出，霍爾果斯口岸升級成了霍爾果斯市。我認為，這個全國最西北的口岸的吞吐量，未來必然會超過東北的幾個陸地口岸！

阿勒泰的圖瓦人和八歲小姑娘

阿勒泰是新疆最北部的重要城市，飛機可以直達，人口中哈薩克族佔頗高的比例，但一般阿勒泰的哈薩克人都能說流利的漢語。

我們去阿勒泰是為了看喀納斯湖。但我重要的收獲之一，不是看到了美麗多彩的湖水，而是在去看湖的路上和導遊的小女兒聊天。這位導遊是新疆生產建設兵團的子弟，自己開一輛越野車做散客的生意。我們出發的前一刻，他問能否讓他的女兒也跟去，並說她很乖，不會打擾我們。反正車上有空位，我們就同意了。上車一看，是個聰明秀麗的小姑娘。幾個小時的路途中，我們發現這小姑娘知識挺豐富。說着說着，我們兩個長者和這個八歲小姑娘居然背起唐詩來了。三個人輪流，你一句我一句地背，這小姑娘居然大都背了下來。

從我們在阿勒泰的經驗看，擔心中華傳統文化將會被侵蝕弱化的人，恐怕太悲觀了！

在喀納斯湖的幾天還有另一個收獲：我接觸到了中國境內的圖瓦人。

喀納斯湖位於中國、哈薩克斯坦、俄羅斯和蒙古四國的交界地區。那一帶的圖瓦人生活習慣受到蒙古人的影響很深，卻仍然說突厥語言。大多數圖瓦人住在俄羅斯的圖瓦自治共和國（即歷史上的唐努烏梁海），也有一些住在蒙古國西部。我過去從沒有見過圖瓦人，也不知道新疆有圖瓦人。我們參觀了他們的幾個帳篷，聽了一次神奇的樂器演奏。一位圖瓦樂師能夠把一片蘆葦似的微小樂器放在嘴裏，吹出兩種不同但又和諧的曲調，像是演奏巴哈的賦格（fugue）。巴哈的賦格要用十個指頭彈琴鍵，而圖瓦人的小簧片卻只要含在嘴裏，用舌頭和口唇來控制，就能吹出不急不緩的悠揚樂聲。

結語

　　"我到新疆去了九次"的故事其實還沒講完。只要有機會，我會繼續童年的舊夢想，再去看幾次新疆的新現實。

印度素描

第 16 章
體驗崛起中的印度

　　2014 年 3 月底，我去維也納參加了一場小型會議，主題為"不同信仰間的對話：政治決策中的全球倫理觀"。參與者共約 30 人，一半是退任的各國政府首腦，一半是來自不同宗教和文化背景的高層專家。會議中有印度人和中國人各一名。這位印度人是位"大師級"人物，在印度很有聲望；他的發言引起不少回應。我不是宗教人物，也不是儒學專家，但我在發言時用漢語背誦並派發了中、英文版的《禮記・禮運・大同篇》，簡單解釋了孔子以降的中國政治理念，也頗受大家注意。

　　會議的正式宴會是維也納市長在市政廳為剛過 95 歲壽辰的德國前總理施密特賀壽。法國前總統德斯坦在席間以英語致頌詞，高度讚揚施密特的遠見與品德，引用孔子的"仁者先難而後獲"作為結語。

訪印緣起

　　同年 9 月，我收到印度基金會的邀請函，請我 12 月 19 日－21 日參加在果阿舉行的印度建言閉門會議；接待委員會的主席是古儒吉（Guruji, 即"大師"；本名 Sri Sri Ravi Shankar），就是半年前我在維也納認識的那位印度大師（在印度名姓之前冠以"Sri"是尊稱，"Sri

Sri"是更高的尊稱，意為"備受尊敬的大人"）。此外，古儒吉還請我與其他一些參會者先到位於印度南部的班加羅爾，在他創辦的"生活的藝術（The Art of Living）"靜修院小住三天。

收到邀請函後，我立即改變了原有的計劃，決定第七次去印度。我的迅速決定有幾個原因：

第一，中國和印度都是文明古國。全世界穿棉衣、用蔗糖、吃雞肉、下西洋棋、擲骰子、用十進位數字的人都要感激古代印度人；而凡是穿戴絲綢、吃豬肉、用煤生火、使用紙張、用水牛耕田的人就得感激古代中國人。

第二，從 16 世紀開始，中、印兩國分別遭到歐洲殖民勢力的侵略和掠奪，20 世紀中葉又分別走上自主和復興的道路。展望 21 世紀中期，半年前在維也納開會的退休政治人物和專家學者都認為，中國和印度將要振興，世界格局將會改變。

第三，中、印兩國近年來都在嘗試改革與創新。兩國都面對不少困難，其中包括如何對待自己的文化傳統 —— 既要克服某些有礙社會發展的舊風俗、舊習慣，又不能與傳統完全決裂。

第四，中、印兩國都是人口大國，雖然仍在發展中，卻已經都是經濟大國。許多人預測，不要 20 年，全世界第一、第二、第三大的經濟體將會是中國、美國和印度。美國總統和印度總理頻頻互訪和會談，就說明了中、印兩國在美國決策者心中的分量。

第五，中、印兩國是永遠的鄰居。但是中國人一般對印度的認識非常模糊，而一般印度人對中國的認識也很有限，而且可能出於競爭心理，彼此之間的印象比較傾向於負面。這對發展中、印關係、造福兩國人民是不利的。

本章就是由以上幾個理由驅動的。和對中亞、中東以及歐洲不同，我對印度的認識沒有經歷過長期和系統性的閱讀，所以這些文字對於印度這頭"大象"很可能只是摸到一部分，還希望讀者中的方家不吝賜教。

班加羅爾和軟實力

　　班加羅爾（Bengalore）是印度南部卡納塔克邦（Karnataka）的首府，也是印度第三大城市，人口大約 850 萬。我第一次到班加羅爾是2003 年初，因為它是印度的工業中心和科技中心。我參觀了印度科學學院、塔塔（Tata）基礎研究院，以及新建的科技園裏的幾家生物科技和信息科技公司。這些年來，全世界不少人才和資金都流入了班加羅爾的新區，使它成為一個重要的軟件中心；班加羅爾也以亞洲的"矽谷"自況。

　　班加羅爾的經濟發展在最近十年又有了長足的進步。但是，將班加羅爾科技園以及它附近住宅區的環境和市內的一般居民區相比，只能說明，印度科技精英分子獲得了優厚的報酬。與其他印度都市比較，班加羅爾市民的文盲率要低很多，貧民窟的確比孟買、加爾各答、金奈（Chennai）要少得多。

　　如果說，孟買因為在英國殖民時代享有資金和技術優勢而成為印地語電影業的中心，以至於今天的"Bollywood"（Bombay、Hollywood 兩字的合稱）是印度軟實力的一個表現。班加羅爾的宜人氣候則使它成為修心養性的好地方，因而表現出印度軟實力的另一方面：瑜伽、默想和靈修。

我 2014 年 12 月 16 日凌晨入住的“生活的藝術”靜修院就是這樣一個地方。

　　它的創始人古儒吉出身於印度南方的一個上層家庭，四歲就能背誦不少梵語的吠陀經文，後來受教於曾與甘地一起組織非暴力運動的導師；大學畢業時他得到的是物理學和吠陀文學雙學位。25 歲那年（1981 年），他創立了“生活的藝術”這個具有印度教根源但又不是宗教性質的非牟利、非政府組織。經過 30 多年的發展，“生活的藝術”已經是印度最大的非政府組織。

　　這次和他相處三日，感受到他的隨和作風與個人魅力。除了是精神領袖，他也是個有雄心的企業策劃者和管理者。白天他要會見川流不息的訪客，晚上在精修院的廣場上，又與成千上萬的羣眾用多種印度方言和英語對話。他的這些活動，加上他的推特（Twitter）內容

2014 年和古儒吉及其他嘉賓在班加羅爾的靜修院

都迅速在互聯網上傳播；印度許多城市的公共場所也有顯示他肖像的"生活的藝術"廣告牌。說他在印度家喻戶曉，應該沒有過分。

古儒吉在瑜伽中創造了自己的吐納法和默想法，他以此為基本課程建立起"生活的藝術"精修院。思想上，他宣揚無壓力、無暴力，充滿宗教寬容和人道精神的世界；行動上，他經常奔走於有暴力衝突的地區（如伊拉克的庫爾德地區）。在印度，由於他有千百萬的追隨者，也與當前執政的印度人民黨上層頗為熟絡，所以他享有很大的影響力，被認為是印度的和平大使。又由於他的"生活的藝術"基金會已經是一個很大的國際組織，在150多個國家和地區有分支機構，因此他在國際上也享有很高的聲譽，被認為是一個大師和聖者；一些西方人甚至用對天主教皇的稱謂"Your Holiness"來稱呼他。

12月18日晚，"生活的藝術"舉辦了一場別開生面的聖誕晚會。我們這些從外地請來的嘉賓以及附近伊斯蘭教的幾位領袖，還有天主教班加羅爾教區的助理主教等人，都被請到一個精心佈置的大舞台上就座，兩位很有經驗的司儀主持這場至少有5,000人參加的晚會。"生活的藝術"創辦的免費小學的合唱團用英文唱西方人都很熟悉的聖誕歌曲。台上的嘉賓，如荷蘭、斯洛文尼亞（Slovenija）、約旦和立陶宛的前總理，任職於歐洲議會的一位德籍重要議員，比利時的前任副議長，都輪流被請到舞台中心講述他們的感受；挪威奧斯陸的前任路德宗主教（現任諾貝爾和平獎推選委員會委員）也做了簡短而又很恰當的講話。正當我慶幸自己不屬於任何宗教，因而不必講話時，司儀讀出了我的名字，把我請到舞台中心的擴音器前面！我被迫發表感言；還好我素來敢言，故也侃侃而談了五分鐘。後來從視頻中看到回放，可以算是一次得體的即興演講。

班加羅爾的人口中,大約 79% 是印度教徒,13% 是穆斯林,6% 是基督教徒,1% 是耆那教(Jainism, 比佛教更早從婆羅門教蛻變出來的,主張不殺生、堅持素食的宗教)。班加羅爾的人口中,印度教徒和穆斯林人口的比例,大致與印度全國人口中的比例一致,班加羅爾基督教徒的人口比例則比全國水平要高。那天晚上,伊斯蘭教和基督教的代表們無一例外地盛讚主人的德行和智慧,並且大談"四海之內皆兄弟"的道理。古儒吉講話時,提到前一天在巴基斯坦恐怖襲擊中喪生的 200 多名學童,向他們的家人表示沉痛的哀悼。

印度和巴基斯坦有過多次軍事衝突,國內也有宗教裂痕,而且曾經屢次出現暴力衝突,但是就整體而言,一個多語言、多宗教、多地域、多種姓、多膚色的人口大國能夠在 68 年間維持整體的社會穩定和經濟進步,這不能不說是印度的奇跡。許多人認為印度終將崛起於南亞次大陸,正是因為印度有其他國家無法模仿的宗教和社會傳統。這就是它的軟實力!

果阿和建言閉門會議

果阿(Goa)在 1961 年被印度強行接管之前,曾作為葡萄牙的殖民地長達約 450 年。葡萄牙人佔領果阿和成吉思汗的後裔巴布爾從中亞南下印度幾乎發生在同時。巴布爾的兒孫後來建立了統治印度約 320 年的"莫臥兒"("蒙古"的訛音)帝國。

16 世紀時,天主教在西班牙和葡萄牙用宗教法庭迫害在那裏居住了八百年的穆斯林和猶太人。在果阿,也設立了一個宗教法庭,審判對天主教不忠誠的教徒。

2006 年秋天，我在德里大學做了一個月的學術訪問。某個週五我特地飛去果阿，飛機一落地，就可以看出它的發展水平遠超它鄰近的幾個邦。在那裏三天，感到非常舒暢安逸。

這次去是從較為新式而風光旖旎的班加羅爾起飛，所以感覺不是特別強烈。然而，果阿這八年來也有進步。我們開會和住宿的酒店是最近修建的，由一棟棟小樓房組成，樓房羣落之間有樹木、池塘和草坪，的確是度假的好地方。

但是我們的會議安排得十分緊湊，完全不給人享受度假的機會。總共大約有 250 人參加，主要是印度人，但也有不少外國人。會議的目的是給印度的未來發展建言獻策。為了鼓勵大家相互詰問和暢所欲言，會議不對媒體開放。這個會議正好在印度人民黨（BJP）以壓倒性優勢取得政權的幾個月之後舉行，所以參與者大都是印度人民黨的支持者，甚至是骨幹。

會議的開幕儀式由古儒吉擔任主席並且做主題發言；印度國防部長和果阿邦的首席部長是榮譽嘉賓（原來預定的嘉賓莫迪總理因事未到）。閉幕儀式由印度外交部長演講，題目是"印度發展之咒"。由此可見，這個會議與當今的執政黨關係密切。

會上不少人都對當前印度的狀況做出針砭。有人認為迅速城市化只能令農村更加貧窮，應該改善農業技術，增加產量，嘉惠農民；有人認為印度全國不論城市還是農村都太髒，廁所大家都要用，但是沒有人願意打掃；有人提及男女不平等，女性的生產力因此平白被浪費了許多；也有人建議應該讓"最後一個人"都能享受到社會福利。

兩整天的會議中，我比較注意和有機會與人討論的有三點。

第一，印度是否需要發展製造業？當時一位作者剛出版一本書

Make in India，受到新政府的大力支持。這是對 "Made in China" 這個大家都熟悉的英文詞彙的巧妙回應。"Made in China" 是敘事語態，意為 "中國製造"，表示是已完成的工作，而 "Make in India" 是祈使語態，意思是 "印度，製造吧"！這個建議關乎印度的進口政策、人力資源、能源供應和生態環境。以印度製造業的現有水平和相對齊全的工業種類，加上低廉的工資，印度沒有理由不能大力發展製造業，滿足國內的需求；它也可以為跨國企業代工，甚至取代中國而成為 "世界工廠"。印度之所以沒有這樣做，應該是因為它的經濟決策者選擇了另外一條發展道路。

第二，印度是一個以印度教為主的 "世俗化" 國家。國大黨執政時期對各種宗教儘量一視同仁，而印度人民黨（BJP）則有明顯的印度教色彩。莫迪總理就曾經有過關於此的極具爭議性的記錄，為此還曾被美國禁止入境。印度人民黨今後除了發展經濟、打擊貪污，會不會更強調印度教的傳統，破壞印度教徒和穆斯林之間的和平共處？在果阿的會上有一個歐洲人發言，詆毀伊斯蘭教的信仰甚至穆罕默德本人的品德，固然有人發言抨擊他，但台下也有不少人給他鼓掌。這是一個小插曲，卻足以令人警惕。

第三，印度和巴基斯坦、中國以及美國的關係。我在大會安排的正式發言中，強調中印的歷史淵源以及中印友好合作的益處。我提到在歷史上，中國是印度文化的進口者：印度傳來的佛教改變了中國人的宇宙觀和生死觀，而中國的建築、雕刻、繪畫、舞蹈無不受到印度藝術的影響。

我發言之後，有不少人提問和評論。其中一位問得很有趣，說既然你們中國那麼善於模仿，過去大量模仿我們，將來會不會轉而模仿美國的文化？我告訴他，中國也是文化輸出大國，紙張、印刷術、火藥和指南針就是例子。我沒說的是，他的無知和醋勁只能靠未來增加對中國的認識來消解了。還有一位專欄作家在會後和我說，中印應該友好合作，但條件是中國必須停止支持巴基斯坦。看來，不論是中國還是印度，在考慮自己的大國外交和周邊外交時，都需要易位思維，認清對方既是世界大國，又是自己的鄰國。

加爾各答和英國文化餘韻

從 17 世紀末到 20 世紀初的 200 多年間，英國統治印度的總部是加爾各答。

英國人 1690 年從莫臥兒王朝派駐孟加拉省的督軍手中拿到貿易許可證，從此加爾各答成為英國以東印度公司的名義逐步蠶食印度的基地。1858 年，英國人把莫臥兒王朝那個還痴想號召臣民驅逐英國殖民者的老皇帝放逐到緬甸，正式接管了印度，由維多利亞女王親任印度國王。此後，英國派出副國王（Viceroy）統治印度，長住加爾各答。20 世紀初，英國決定把首都遷移到莫臥兒王朝的舊都德里，並在德里之南另建新城，稱為新德里，1931 年落成啟用。

從果阿回香港的路上，我特意在加爾各答停留兩天，想見識一下這個曾經是英國殖民統治中心的印度大都會，也體味一下它的英國文化餘韻。

如果只從地貌來判斷，今日加爾各答的主要建築物大部是英國殖民時代留下來的，其中最主要的是用白色大理石建築的維多利亞紀念堂。1858 年，在英國平定印度人的第一次大規模起義後，部分英國士兵破壞了泰姬陵的外表，把上面鑲嵌的寶石挖出來當作"戰利品"。有印度人說，既然英國人破壞了莫卧兒時代最高雅精緻的建築瑰寶，應該要賠上一個可以與泰姬陵相媲美的建築物。在進佔加爾各答200多年之後，英國真的修建了維多利亞紀念堂。漫步於它周圍的園林和

印度最著名的建築物 —— 泰姬陵

加爾各答的維多利亞紀念堂

街道上，我很能感受新舊兩個時代的交錯。

加爾各答市中心的大酒店和餐廳仍然很有氣派。我到最高檔的 Oberoi Grand Hotel 吃了一頓晚餐。對着室內的雅致裝飾，享受着侍者訓練有素的服務，我一面想到了印度從英國殖民統治得到的遺產，也部分地看到了印度的未來。

英國留給印度最大的遺產是英文。印度約有 4 億人可以在不同程度上用英文閱讀、書寫和交談，是世界上最大的使用英文的國家。對有幾百種方言和約 30 種法定語言的印度來說，英文既是全國唯一被普遍接受的通用語言（英語和印地語同是印度的全國性法定語言，但有人不接受印地語為國語），又是印度人與外國人交往中不必費力氣的有力工具。

第二項遺產是議會政治（雖然賄選、貪污非常普遍）。像印度這樣龐大而複雜的國家，幾乎不可能實行中央集權制。因此議會政治是暴力衝突之外的唯一選擇。

第三項遺產是獨立於行政部門的司法系統（雖然這個系統效率很低，也不是很廉潔，但它仍然是對弱勢者的一種保障）。

第四項遺產是公務員系統（雖然這個系統龐大臃腫，效率很低）。聯邦、各邦、各地區的公務員為經常出現的政黨輪替提供了連貫性和政策咨詢，否則印度將會更加難以管治。

第五項遺產是教育體系（尤其是高等教育體系）。如果一個地區的教育體系不健全，整個社會就無法應對現代化帶來的挑戰，精英們也不可能具有足夠的見識、技能和創意來解決問題和規劃未來。

從英國人接收的遺產，使印度獨立 70 餘年來不但沒有成為 "失敗的國家"（failed state），還能夠從事相當可觀的建設和創新，以至於有了今天的成績。

印度在未來幾十年裏很可能更加蓬勃發展，這是許多專家的預期，也是我的預感。這個預感是基於以下幾點：

第一，印度是一個地道的多元社會，印度教的傳統又是多彩多姿，不要求服從和一致，所以印度的文化裏沒有阻礙創新意念的因子──而創新恰恰是當今國際競爭中最為重要的因素。

第二，任何一個社會都不可能完全平等，印度的種姓制度使它的不平等特別突出。社會的不平等使印度忽略了大約一半人口的教育機會和衛生醫療保障，這是印度社會很大的弱點，和《禮運．大同篇》所揭櫫的理念恰巧相反；如果不改善，印度將無法真正強大。但是這個弱點並不至於致命──70餘年來印度的進步就是最有力的說明。印度素來有一個人數頗多的精英階層，他們在充分發揮能量之後，可以帶動整個社會前進。印度能獨立發展出核子力量、送衛星上天和利用現代生物技術生產傳統阿育吠陀藥物，就是精英階層的優異表現。

第三，印度國內有一個頗具實力的工業體系、科研體系和金融體系；它們完全有可能在未來從量變轉為質變，成為印度發展的強大引擎。

印度近些年來的總體走勢是向上的，上層精英對未來是看好的。我在加爾各答買了幾本財經方面的雜誌，看到不少財經評論員都對未來幾年的經濟發展抱持樂觀態度。這種樂觀也許來自他們親身體驗，也許源自他們的宗教信仰。

我既沒有他們的親身體驗，也沒有宗教信仰，所以我只能說，我對印度未來的發展持審慎樂觀的態度。

第 17 章
認識印度 "巨象"

印度是一個有五千年文明的古國，是印度教和佛教的發源地。中國人的信仰以及建築、雕塑、音樂、舞蹈、武術等都受到印度很大的影響。印度的戰略位置優越，北依喜馬拉雅山脈，三面向海，是印度洋地區最大的國家。目前它的人口已經有 13.5 億，2013 年國內生產總值居世界第 10 位，2018 年升到第 5 位。而中國是它最大的貿易夥伴。

對這樣一個和中國關係密切的國家，大多數國人卻感到很陌生，甚至覺得有些神秘。

種族與語言

印度是一個非常多姿多彩的地方，可以稱得上是人類多元文化的博物館。

從外形看，印度有黑皮膚、扁鼻樑的達羅毗荼人，主要住在南方。他們是南亞次大陸的早期居民，5,000 多年前印度河谷文明的創造者極可能就是他們的祖先。印度也有有白皮膚、高鼻樑的雅利安人種，大多在北部和西北部。他們的祖先主要是 3,500−3,000 年前由西北方入侵的遊牧部落，一部分則是近 1,000 年來從波斯和中亞進入印度的穆斯林。還有黃皮膚、中等鼻樑的藏緬族裔，主要在東部和北部的邊境地區。他們幾千年來一直都在這個地區繁衍生息。

其實，通過 3,000 多年的融合，今天大多數印度人是前兩種類型不同比例的混合。在同一個地區，同一個城鎮，甚至同一個鄉村裏，都可以見到膚色和臉形很不一樣的人。

印度有約 30 種 100 萬以上人口使用的語言，有超過 1,500 種方言。由聯邦和各邦立法定出的官方語言共有 22 種，其中 15 種屬於印歐語系中的印度雅利安語族，4 種屬於達羅毗荼語系，2 種屬於漢藏語系中的藏緬語族，還有 1 種屬於南亞語系中的蒙達語族。

據估計，大約 75% 的印度人的母語屬於印度雅利安語族，他們主要生活在北部、中部和西部；20% 左右的人口說達羅毗荼語言，主要生活在東南部。由於印度語言繁雜，很多人都會說幾種不同的語言。

印度憲法規定的全國通用語文是北部和中部人口的印地語和用天城體字母拼寫的印地文。大約有 3.5 億人以印地語為母語，受過教育的印度人差不多也都能說能寫印地語。但是在不少地方，特別是印度南部，人們不承認印地語是印度的 "國語"。

其結果就是，英語仍然是印度最廣泛使用的工作語言，等於是非正式的國語。其實，印度人口中只有大約 20% 能夠說寫流暢的英語；其他 80% 的人口沒有必要也沒有機會使用英語。能說流利英語的人口比例大致上反映了當前印度社會受過良好教育的人口比例。有些精英家庭已經連續幾代使用英語，出口流暢文雅，而那些第一代受教育的人，無論多聰明都不可能趕上這些人的英語程度，因此不免有些自卑感。隨着接受良好教育的人數大幅增加，能說流利英語的印度人也會同時增加。

在英語逐漸普及的同時，近 30 年來"地方主義"也在冒起。這種現象和本地大眾傳媒的發達有關，也和政客特意說方言以討好中下層選民有關。有一些國會議員堅持在國會裏說本邦的語言，這就難為了被質詢的聯邦官員們。因此聯邦部長們到國會應答時經常要帶幾名能說不同語言的助理。這個現象除了說明印度多元文化的本質，也反映了一些人對失去自我的焦慮。

暴亂與建國制憲

1947 年獨立之前，英屬印度（除了今天的印度，還包括今天的巴基斯坦、孟加拉和緬甸）人民從事了將近 100 年的反抗運動，早期主要由以印度教徒為主的印度國民議會領導，後來又有穆斯林聯盟參加。二戰後，英國已無力阻止印度獨立，於是決定退出。此時，大半個世紀以來聯合爭取獨立的兩大組織發生了根本性的矛盾：印度國民議會力主在全部英屬印度領土上建立一個統一的、多宗教的世俗國家；穆斯林聯盟則堅持要在穆斯林人口佔絕大多數的地區另建一個伊斯蘭國家。1946–1947 年，印度各地發生了多次不同宗教社羣之間的流血衝突，因此英國決定讓印度提前獨立。

在英國女王丈夫菲利普的舅舅蒙巴頓勛爵的斡旋下，印度國民議會與穆斯林聯盟達成分治協議，並授權英國劃定疆界，分別成立印度和巴基斯坦兩個國家。這時在英屬印度境內各地有超過 550 個自治邦。依照協議，每個邦的王公可以自選加入哪一國。最北部的克什米爾邦大多數人口是穆斯林，王公卻是印度教徒。他一直猶豫不決，但在宗教衝突已然發生之後，卻選擇參加印度，這就引發了印度與巴基斯坦在尚未獨立之前的戰爭。70 年多來，克什米爾仍然是印巴兩國領土爭端之地，成為兩國長期敵對的主要原因。

印巴獨立初期，因為宗教衝突而喪生的人口超過 100 萬，逃離家園遷往新成立的印度或是巴基斯坦的人口則超過 1,000 萬。1971 年印巴再戰之後才形成現今印度、巴基斯坦和孟加拉三國相對穩定的局面。

從暴力衝突與動蕩不安的起點，到印度建國後能夠堅持宗教平等，維持社會安寧，確實很不容易。其中一個重要因素是開國總理尼赫魯對宗教保持中立的政策，而更為深層次的原因則是印度教本身具有很強的包容性。

與中國很不相同，印度幾乎每個人都信奉宗教。佔絕大多數的是印度教徒（人口中佔比約 81.5%），其次是穆斯林（約 14%），然後分別

金奈的一個印度教廟裏，人羣中有一條牛

是基督教徒（約 2%）、錫克教徒（約 2%）以及佛教、耆那教、瑣羅亞斯德教、猶太教等的信徒（總共約 0.5%）。

在制定憲法時，印度教的上層精英顯示了寬容和遠見。1950 年實施的憲法強調保障人權；廢除了在印度教社會素來被視為賤民的"不可接觸者"種姓，改名為"表列種姓"，並給他們在學校和政府中提供保障名額。

2002 年我應邀訪問印度，會見了文化部的代理部長——一位有藏緬人臉形的女性。她送給我一大本 1950 年憲法的複製件，指出印度的憲法無論在 1950 年或是 2002 年都是一部先進的憲法。

科欽（Cochin）的清真寺

科欽的猶太教廟

科欽的基督教堂

拉賈斯坦邦的耆那教廟宇

宗教社會與世俗國家

宗教信仰對印度人來說是頭等大事。印度制憲委員會經過多次辯論，決定在憲法前言裏提及"神"，但沒有使用任何名稱；憲法本文明確保障所有公民都有信仰、實踐和傳播宗教的自由。也就是說，印度的政府對宗教保持中立性。

然而在保護宗教實踐這一點上，憲法的制定者面對一個非常棘手的問題。印度教古代的吠陀經文就強調牛（尤其是母牛）的神聖性；中世紀後，印度教徒不宰牛，也不吃牛肉。多個世紀以來，無主之牛在印度城鎮大街小巷裏隨意走動。另一方面，12–19世紀，大半個印度由穆斯林統治，印度的穆斯林人口成倍增加。穆斯林不但吃牛肉，每年還有一個"宰牲節"，有錢人應該屠宰牛羊，把肉分給窮人吃。

如何同等保護印度教徒和穆斯林的宗教實踐呢？

印度制憲委員會多次討論的結果是：憲法正文裏不提宰牛的問題；在憲法附件《邦之政策的指引原則》裏，溫和地提到邦可以立法保護畜牧業以及限制屠宰乳牛和耕牛等動物。之後，不少邦根據這個指引立法禁止或是限制宰牛。

屠宰牛這件事在印度一直是個大問題。不只印度共和國要用憲法附件條文的方式授權各邦限制屠牛，在莫卧兒王朝統治印度的時候，好幾位穆斯林君主也曾經為了社會和諧而下詔令禁止宰牛。英國人是強勢的殖民地主人，又喜歡吃牛肉，所以在英國統治時期，凡有英國人聚居的地方都有屠宰場，每天屠牛數以萬計。這個和印度教徒習慣背道而馳的做法引發了多次反屠牛暴動，在一定程度上助長了印度獨立運動。

穆斯林不許吃豬肉，這是鐵律。雖然在印度可以買賣豬肉，但大部分印度教徒都已經習慣了不吃豬肉。我七次到印度全國各地旅遊，餐館菜單上所見都是羊、雞、魚、蝦和素菜，沒有牛肉或豬肉。我覺得這是多宗教的印度社會從長期社會實踐中得到的智慧。

根據這個智慧，印度的建國者找到了一個平衡：在宗教的社會裏建設世俗的國家，讓政府和宗教分開。這就是為甚麼一位錫克教徒曾經長期擔任總理，好幾位穆斯林都擔任過國家元首，其中一位還曾經是印度核子研究的領軍人物。這些都是印度對全人類做出的表率。然而，在印度教徒佔絕對多數的社會裏，要長期保持國家世俗化很不容易。

強調印度教傳統的印度人民黨在最近兩次大選中連續獲勝，於是中央政府和有好幾個邦都加強了對印度教偏向。就運牛和宰牛而言，印度加強了對越過邦界販賣牛和宰牛的管制（這是因為無論過去還是現在，開設私宰場和越過邦界販運牛羣的商人一直存在。有很多農民養牛是為了把牛賣給屠宰場）。追溯歷史，宰牛在早期的婆羅門教（印度教的前身）並沒有受到禁止；當時不但允許吃牛肉，還用牛來祭祀神祇。可是在多數人本來就既不吃牛肉也不吃豬肉的印度社會裏，要在 21 世紀特別嚴格執行禁止屠牛的法例，其意義恐怕就不限於杜絕違法私宰，而是要強調印度人心中的印度教傳統。

我認為，印度在宗教社會和世俗國家之間的平衡正在受到考驗，甚至可以說，印度執政黨所持的印度教民族主義（Hindu Nationalism）和反伊斯蘭（Anti-Islam）心態正在破壞印度憲法對印度社會的設計。

民主法治和賄選貪污

今天的印度在英國統治之前，沒有過統一的中央政權。獨立後，在宗教暴亂隨時可能再起的陰影下，印度採用了聯邦制和議會民主制。

由於印度素來沒有過大一統的政權，各邦的語言、宗教和地理環境差別又很大，聯邦制是印度最自然的選擇。

至於議會民主制，印度並沒有這個傳統；當時印度的文盲率超過 85%（今天仍有 25% 左右），這就和歐美議會民主所需要的選民素養大相徑庭。

然而，這是印度的最佳選擇：不可能實行軍事獨裁，因為當時沒有一支訓練有素、號令統一的軍隊，也沒有能夠控制全局的軍事強人。如果不實行民主選舉，就只能陷入暴亂不斷的混亂局面。

70 多年下來，印度的民主取得了值得肯定的成績，但是它的進步和人們當初的期望還有相當的距離。議會民主制度的成功實施需要兩個基本條件：看得見的，是獨立而有公信力的司法系統和廉潔有效、政治中立的公務員隊伍；看不見卻更加重要的，是選民的公民意識和法治觀念。幸好印度在 1947 年從英國人手上接收了一個司法系統和公務員隊伍。既然沒有更好的選擇，明知條件欠成熟也只能勉強上路。

作為甘地的指定繼承人，尼赫魯憑借他在獨立前多年奮鬥的威望和個人的堅強信念，領導國大黨連續執政 17 年，直到 1964 年逝世。這段時期奠定了印度民主憲政的基礎。

尼赫魯去世兩年後，他的獨生女英迪拉‧甘地（與印度國父甘地沒有關係）夫人，開始了她個人總共 17 年的執政，其中有過兩次因敗選而間斷。她總攬大權，作風強悍。1984 年，甘地下令軍隊攻入被錫克分離分子佔據的錫克教聖地金色神廟，因此給神廟造成嚴重破壞，激怒了許多虔誠的錫克教徒。幾個月後，她在自己的寓所被兩名信奉錫克教的衛士射殺。她的死訊使首都新德里和不少地方發生反錫克教徒的暴動，約有 3,000 人遇害。

甘地夫人的大兒子拉吉夫‧甘地繼母親任總理大約五年；1989 年選舉失利，但繼續擔任國大黨主席。1991 年，他被一名女性泰米爾極端分子引爆藏在衣服裏的炸彈炸死。甘地夫人母子相繼被暗殺的命運顯示，民主選舉制度無法解決宗教感情和國家認同之間的問題。

在印度，另一個全世界各國都有的問題是權錢交易。

在尼赫魯家族三代執政的約 40 年間，雖然貪污賄選的醜聞也不時出現，但印度選民對這個家族所領導的國大黨是滿意的。

但是在尼赫魯家族失去政權之後，印度的黑金政治就被逐漸暴露。甘地夫人為了便於籌募政黨經費而改變了金融政策，給官商勾結開了大門。她的小兒子桑賈伊‧甘地很年輕時便參與政治，他的受賄腐敗行為廣為人知。他哥哥繼母親出任總理後，曾和國防部長接受瑞士軍火商的賄賂，並因此被起訴。後來他的家族和支持者力求為他洗脫罪名，經過 13 年的審判過程，拉吉夫‧甘地終於在死後被宣判無罪。

1991–1996 年擔任總理的拉奧離職後，因為受賄而入獄。他擔任總理時，他的內閣部長幾乎全部都要到一個金融巨富那裏去接受“祝福”。黑金政治和議員受賄是印度政壇的長期困擾，挫傷人們對選舉制度的信心。

實際上，印度一般平民的公民意識和法治觀念仍很薄弱。窮人為了一點小錢，或是受到宗親的指使就隨便投票給自己不了解的候選人；議員為了要有錢競選或是增加收入而甘願犯法。

印度的司法體系雖然獨立，人手和預算卻嚴重不足，無法應付眾多的貪污案件和相關的訴訟；而有貪腐行為的官員和議員們當然不會為司法機關和反貪部門增撥預算，增加人手。

如同其他欠發達國家一樣，印度的民主法治不能遏制貪污腐敗。

豪富、赤貧與遲來的公義

2018 年，在國際貨幣基金組織、世界銀行和聯合國的不同排名中，印度人均國內生產總值大概位居世界 160 位（中國大陸大概是 65 位；中國澳門數第 3，中國香港第 15 左右，中國台灣約排第 35）。聯合國最近訂的貧困線是每人每天收入不足 1.90 美元。據估計，2019 年印度有超過 8 億人在這條貧窮線下，而中國大陸則只有大約 1,700 萬人在這條貧困線以下。

然而印度的超級富豪非常之多，有些富豪還特別喜歡炫耀財富。例如女兒出嫁時要開十幾天的流水宴席，還要花錢請一些毫無關係的外國政要和影星、歌星、球星參加。

我探訪過距離一些孟買巨富的豪宅不太遠的貧民窟，也去過金奈、加爾各答和勒克瑙的貧民窟。它們的外貌各自不同，但相同之處是一戶幾個人擠在很小很破稱不上是房間的"家"裏 —— 自來水、下水道固然不用談，連茅坑都沒有，電都是從附近一根電線桿上接過來的。

在印度生活最苦的還不是大城市貧民窟裏的人，而是在鄉下靠天吃飯的貧農。而許多城市裏的貧民都是失去土地的農民。

我在美國時帶過一個自耕農家庭出身的博士後。他是印度理工學院馬德拉斯（即金奈）校區的畢業生，在紐約州立大學唸的博士，根底很好，聰明好學。跟我工作的第二年復活節前，他突然提出為了家裏的事要請假一個月。雖然我覺得時間不對，理由也沒說清楚，還是答應了。結果他兩個月後才回來，頭髮剃光了，神情很沮喪。經過幾次談話我才明白，他父親欠了一筆高利貸還不出來，受到債主威脅。一年前拿自己的土地當抵押，向一個親戚借了一筆錢，以債還債。一年後，親戚們帶了幾個人硬把他家的地給佔了，還逼着他們搬家，老頭急得要自殺。這就是為甚麼博士兒子要匆忙趕回去。找人出面干預和談判的結果是把土地、牲口給了親戚。為了保住爸爸不再受滋擾，博士兒子簽了協議。接着他剃光了頭，到一座毗濕奴廟宇裏朝聖許願，再回美國賺錢養活爸爸和沒有唸過甚麼書的弟妹。

這個故事我講給幾個印度朋友聽過。他們都說自耕農被迫失去土地成為赤貧的事在印度鄉下很普遍。我也問過這位博士後，既然你爸爸有地，為甚麼不去銀行借錢還債，而要賤價把地抵押給那個親戚？他說向銀行借錢要有熟人，還要付給經手人一大筆酬謝費，拿到手的錢不夠滿足當時追債的債主。我問他，你爸爸抵押的土地既然比他拿到的貸款更值錢，為甚麼後來不入稟法院，阻止親戚強奪土地，然後把地賣了還錢？他說這個親戚很有勢力，法院肯不肯受理是個大問題；即使受理，何年何月才能夠開庭又是個問題。法院沒有用，只能靠神保佑。

今天印度的銀行和法院一定比當年進步了許多。但據我所知，窮苦農民還是不容易借到種子錢,而引薦費和手續費的陋規仍然存在。有冤情法院不受理,或是受理而排不到開庭時間的情況仍然存在。

在任何社會,有法律總好過只有叢林法則;有法院總好過沒有法院。然而,這使我想起一句英語名言:Justice delayed is justice denied。

西化與傳統齊飛

印度社會的上層普遍英語純熟,十分了解西方文化和社會禮儀。因此印度人和歐美各國人打交道要比中國人方便許多。今天在歐美的大公司(比如《財富》評選的世界 500 強)裏擔任高層管理職務的印度人比中國人多得多,這就反映出印度人對西方社會的適應程度。然而,這只是印度人西化的一個方面。

另一方面,即使是十分西化的印度人,也都仍然保持印度文化的許多傳統。

在印度,女性多數仍穿傳統服裝,男性穿西式服裝的雖然比較多,但仍有頗高比例的人穿傳統服裝。

其次是名字。有不少中國人喜歡取個洋名,說是為了方便外國人稱呼和容易記。這固然不假,但是許多印度人的名字都讓西方人既難發音又難記住。幾十年來,我還沒有遇到過甚麼印度人轉用歐美式的名字。

比較容易看到的是,印度年輕人普遍接受父母替他們安排的婚姻。

20 世紀 80 年代,我在麥吉爾大學任教時,有一個很優秀的印度博士生。他自小功課好，有機會進入孟買的印度理工學院讀本科和碩士，然後到加拿大跟我讀博士。他的興趣很廣，對西方文學和音樂都很熟悉。在麥吉爾大學，他認識了一位印度裔女生，兩人產生了情愫，但是還沒怎麼交往，就因為女方家長不同意而告吹了。第二年暑假，他回家探親。開學回來時，手上戴着戒指，說是結婚了。妻子也是學工程的，是他母親先看中了才讓他暑假回去完婚。這樣的故事我知道的多到不勝枚舉。

我在北美洲和印度都參加過印度式的婚禮。幾乎毫無例外，新郎、新娘以及家人、來賓都穿華麗多彩的印度傳統服裝，沒有西方的白婚紗和成串的伴郎伴娘這些中國人已經用"拿來主義"據為己有的西方禮儀。他們一般是按印度教、本地習俗誦唸經文、家長祝福、在新

在印度南方參加一個婚禮

娘新郎頭上塗抹香灰和交換戒指。然後就是吃喝跳舞，一般播放的是印度音樂而不是西方樂曲。

在印度有兩種極為受歡迎的運動。一個是英國人帶去的板球（Cricket）；另一個是幾千年前源於印度的瑜伽。板球在過去大英帝國的範圍內仍然被重視，而印度的板球隊經常拿冠軍。瑜伽已經被全世界公認為是健身養性的好活動。如果說印度是"西化與傳統齊飛"，板球和瑜伽便是好例子。

印度人對外國習俗的借用頗有選擇。印度似乎沒有一些"時尚"人物，把和自己歷史文化毫無關係，而在西方也不很普及的幾個節日（如情人節、萬聖節、感恩節等）和禮儀（如男子單膝跪地求婚）搬到印度，讓不明就裏的普通人跟着慶祝。

另一方面，19世紀末，印度上層精英進行宗教改革和文學革新蔚然成風，這反而增強了印度人的民族主義。中國知識界大都熟悉的詩人泰戈爾就極力主張吸取其他民族的文化作為印度文化的養分。他認為印度文化有自己的韌性與活力，不會因為與其他文化接觸，便要被衝擊到承受不住。這種信念來自他的判斷：印度文化自身有一個拒絕斷裂的傾向。從100多年後的今天來看，印度絕沒有因為接受西方而失去自我。

第 18 章
印度的 "特別行政區"：
本地治里 (Pondicherry)

從 2002 年到 2012 年，我總共去過印度五次，總共停留兩個多月，遊歷了不少地方。2012 年 12 月中看了《少年 Pi 的奇幻漂流》後，心中有個強烈的衝動，想要到少年 Pi 的家鄉去看看。12 月底，心中的衝動化作飛機票，第六次飛往印度。

泰米爾納德邦的古老語言

從香港經過新加坡到南印度的第一站，是泰米爾納德邦的首府金奈，英國人稱之為馬德拉斯。其人口超過 500 萬，是印度第五大都會。泰米爾納德邦在印度的最東南部，隔海與斯里蘭卡相望。泰米爾納德邦和斯里蘭卡北部的居民都是泰米爾人，膚色很深，說古老的泰米爾語。

泰米爾人的姓氏一般很長，很難記。1972–1974 年，我帶的第一個博士後是泰米爾人，畢業於印度理工學院馬德拉斯分校。有一次我和他談到印度理工學院在新德里、孟買和馬德拉斯這幾個地方分校，他說這三個地方的語言並不是地區方言，而是完全不同的語言。

講到不同的印度語言，就得從印度河谷的古文明說起。考古學者已經查明，印度河谷在 4,500 年前就有相當發達的農業文明，當時的居民據推斷是黑膚色的達羅毗荼人。大約 3,500 年前（源自南俄羅斯草原的）白膚色的雅利安人持續從西北部的興都庫什山脈隘口進入印度河流域和恆河流域，繼而又向印度南部擴張。他們用梵語口傳下來的"吠陀經"，是早期婆羅門教的古典經文，也是今日形形色色的印度教信仰的源頭。

雅利安人和印度原住民經過 3,000 多年的通婚融合，再加上近 2,000 年來分批由中亞進入印度的斯基泰人 —— 又稱為薩卡人或塞

印度南部隨處可見的印度教小廟

人、月氏人、嚈噠人（又稱為白匈奴）、波斯人以及不同時期南下的各突厥語部族都和印度原有居民大量通婚，以致今天的印度不啻是一個有 13.5 億人口的人類博物館。大體而言，印度西北部人口膚色較淺，身材較高大，語言與梵語的關係較近；南部人口的膚色較深，身材較矮小，語言與梵語迥異，屬於達羅毗荼語族（包括泰米爾語和其他三個南方邦的官方語言）。

印度在 1947 年獨立之前，從沒有過全國統一的政權。統治印度南部超過 1,000 年的朱羅王朝是泰米爾人所建，中世紀時，他們排斥曾在印度盛行的佛教，大力復興婆羅門教（印度教的前身），在印度南部修建了大量廟宇（今天仍有三萬座），留下了極為珍貴的文化遺產。

金奈掠影

近 30 年來，泰米爾納德邦由兩個互相對立但又一致強調泰米爾文化的政黨輪流執政，把英國統治時代的名稱一律改為泰米爾名稱，所以過去的"馬德拉斯"如今稱為"金奈"。

我與妻子在金奈遊覽了兩天。濱海的金奈是英國在印度的早期根據地，因而直到今天仍然是商業發達、名勝古跡頗多的名城。英國治理時代的聖喬治堡壘（Fort St George），政府機構和商業中心所在的喬治城和馬德拉斯大學的建築都很有特色。它們的建築佈局很能說明英國殖民時代以軍事力量、行政力量和文化力量共同維護商業利益的基本政策。而金奈城內的聖安德魯大教堂、聖喬治大教堂和馬德拉斯俱樂部則體現了英國人不與本地人混雜，因而需要自己的教堂和俱樂部。英格蘭、蘇格蘭人在海外擴張，締造了大英帝國。從金奈的聖安德魯大教堂和聖喬治大教堂分別以蘇格蘭和英格蘭的守護神來命名，就應該可以看出來，蘇格蘭人和英格蘭人之間還是有區分的。

我們在金奈旅遊的另外一個重點，是參觀代表印度傳統文化的眾神博物館羣落。藏有宇宙舞者濕婆青銅塑像的國家藝術館裏有不少精美的南印度藝術品，但是倫敦大英博物館、巴黎盧浮宮（Louvre）和紐約大都會藝術博物館的印度藏品不但比這裏要精美，數量也更多。藝術館的建築是華麗而莊嚴的莫卧兒風格，也說明了印度文化的多元性。

由於印度教有嚴格的種姓制度，而伊斯蘭教的組織原則是穆斯林彼此平等，莫卧兒統治時期許多下層的印度教徒都皈依了伊斯蘭教。今天印度大城市裏許多穆斯林住在窮街陋巷裏，所以人們見到的是兩極化的穆斯林社區：一方面是供遊客參觀的高雅清真寺和王宮豪宅，另一方面則是貧窮髒亂的穆斯林居民區和破舊小商店。

我們包了一輛小轎車去本地治里。一路上見到幾座朱羅時代精緻輝煌的廟宇和簡陋破舊的民房，小鎮裏人與牛一同漫步街頭，公路上汽車與牛車並駕而不齊驅。

不列顛與法蘭西之爭

從泰米爾納德邦進入本地治里要過關卡，停車繳費，但不需要檢查身份證件。一進入本地治里，就見到不少泰米爾文與法文並列的路標與招牌，因為本地治里在 1954 年成為印度的"特別行政區"之前曾被法國統治過 200 多年。

葡萄牙人於 1498 年繞過非洲南部的好望角到達印度西南端的古里（鄭和 1433 年在這裏逝世），開通了歐洲與亞洲直接貿易的航線，打破了阿拉伯人在印度洋多個世紀的壟斷。

公元 16-17 世紀，葡萄牙人、荷蘭人、英國人和法國人先後在印度沿海各地建立據點。當時統治印度北方大部分地區的是 16 世紀自中亞南下的莫卧兒人（意為蒙古人，是 14 世紀末期曾經一度洗劫德里的帖木兒的後裔；他們雖然有一點成吉思汗的血統，卻早已突厥化和伊斯蘭化）。在南印度還有一些不受莫卧兒王朝控制的地方政權，包括一個盤踞在西南部各地，由屬於武士種姓的馬拉他人所建立的王國。他們一方面與歐洲人合作以打擊莫卧兒勢力，一方面又時常襲擊歐洲人的據點。

英國與法國各有一個由皇家特許的東印度公司；英國公司起步較早，貿易範圍大，法國力量起初差得很遠，雙方也就相安無事。後來英國人發現法國的貿易量和軍事力量快速增加，很有"大國崛起"的架勢，就開始想辦法對付法國，引起不少摩擦。

他們之間最激烈的衝突是在印度的東海岸：英國獲得地方政權的同意，於 1639 年在一個叫馬德拉斯的農民的濱海香蕉林裏建立了要塞，命名為馬德拉斯，並設置總督；法國也於 1673 年把總部設在位於馬德拉斯之南約 130 公里的良港本地治里。

18 世紀的印度歷史有兩個主旋律：莫卧兒帝國由於內部分裂而逐漸瓦解；英、法兩國在分崩離析的帝國邊遠地區相互角逐。

儘管當時印度內部有各種勢力相互殺伐，以求繼承莫卧兒帝國的部分領土，在今天看來，英法兩國才真正有能力接替莫卧兒王朝。法國軍隊於 1746 年打了一次漂亮的勝仗，搶奪了英國在東南部的主要據點馬德拉斯。由於沒有依約把馬德拉斯交還在英法作戰時保持中立的莫臥兒人，法軍遭到莫臥兒的地方總督率軍進攻。結果 200 名法國軍人和 700 名由他們訓練的印籍士兵擊潰了 10,000 人的莫臥兒總督率領的印度部隊。這次戰役是一個徵兆：印度將淪入歐洲人的手中。

18 世紀中葉，英法兩國勢力旗鼓相當。印度會成為哪一國皇冠上的寶石，確實很難預料，但英國似乎真是有"天佑吾皇"的國祚。一個粗獷暴躁，曾在與人爭吵中衝動自殺而未遂的年輕軍官克萊武（Robert Clive, 1725－1774）在 1751 年對法國作戰時大展神勇，激勵了英軍的士氣，迫使戰勢較為優越的法軍投降。克萊武在對印軍作戰中也屢建奇功，被任命為馬德拉斯總督。他採用了被他擊敗的法國對手的規劃，為大英帝國在印度的發展奠下厚實的基礎。回國後，他成為英國三大富豪之一，但因貪污罪名受審，於是再度舉槍自殺，卒年 49 歲。（但是現在倫敦市中心有一座紀念他的大型銅像，說明英國政府對建立殖民地的功臣十分尊重。）

法國駐本地治里的總督杜普雷克斯（Joseph François Dupleix, 1697－1764）侯爵智勇雙全，才略出眾，但是時運不濟。在 1746 年對英國的海戰後，以善戰知名的法國艦隊司令馬埃（Bertrand-Francois Mahé, 1699－1753）因為和杜普雷克斯有瑜亮情結，不肯把軍艦駛入本地治里的港內受他節制，故意帶領艦隊到遠在南半球的毛里求斯（Mauritius）。經過這次戰敗，杜普雷克斯侯爵企圖力挽狂瀾，一面斥資興建堡壘工事，一面用交涉和賄賂來擴張法國勢力。但是法國東印度公司的投資者因為利潤太低而對他激烈批評。他 1754 年奉召回國後，窮困潦倒，晚景十分淒涼。

這時期，歐洲列強之間發生了"七年戰爭"，參戰國（主要是英國與法國）在全世界範圍的殖民地歸屬發生了重要的變化。1761 年，英軍攻佔本地治里，法國軍事設施盡遭摧毀，在印度的勢力大為削弱。進入 19 世紀，法屬印度只剩下了東西海岸的幾小塊地方。

印度的聯邦直轄區

印度社會於 1857 年掀起了一次全國性的大起義（uprising），也有史家稱之為反叛（rebellion），許多英國人遇害。英國稱這個歷時將近一年的事件為叛變（mutiny），當代印度人卻把它稱作"第一次獨立戰爭"。反叛平息後，英國於 1858 年廢除莫卧兒皇帝，由維多利亞女王正式擔任印度女王，並由女王派出副國王（Viceroy）住在加爾各答，直接統治印度。在英國直接管轄的領土之外，當時印度還有性質不同、大小不一的 500 多個王公國以及分屬葡萄牙和法國的殖民地。

印度於 1947 年自英國手中獨立時，法國和葡萄牙保留了它們的殖民地。葡屬果阿位於西南部，1956 年被印度軍隊強行接收，現在是印度的一個邦。法屬印度在東西海岸有四小塊土地，總面積不到中國香港特別行政區的一半。

1954 年，法國在越南戰敗，被迫退出印度支那半島。印度乘機和法國談判，接管了這四小塊領土，將它們組成本地治里聯邦直轄區，首府設在（少年 Pi 的故鄉）本地治里市（泰米爾文意為"新村莊"）。

其他三塊領土分別在東西海岸：面對阿拉伯海，被喀拉拉邦包圍的一塊叫馬埃（紀念那位 18 世紀的法國艦隊司令）；面對孟加拉灣，被安得拉邦包圍的一塊叫亞南；在本地治里市之南，也被泰米爾納德邦包圍的一塊叫加里加爾（Kharkhari）。這四小塊領土上共有四個官方語言。第一是泰米爾語，第二是安得拉邦的泰盧固語，第三是喀拉拉邦的馬拉雅拉姆語，第四是法語。英語和印地才是最通用的語言。

本地治里聯邦直轄區由內閣直接管轄。它在聯邦議會中沒有代表；但有自己的議會，可以通過"特別行政區"的法律，但須經新德里政府批准後才能生效。直轄區成立即將 60 年，它目前的總人口約 130 萬，居民教育程度和人均收入仍然在全國名列前茅。

本地治里的風情

本地治里市是一個小城，過去分為歐洲人居住的"白城"和印度人居住的"黑城"。"白城"是今日印度的旅遊勝地之一，街道呈棋盤形，綠蔭夾道，歐式大宅點綴其間；海濱有頗多白色別墅，宛如法國地中海岸的小鎮。

法國撤退時，應允給予當地居民法國國籍，許多印度裔居民都選擇了法國籍。近 60 年下來，持法國護照的人大為減少，能說流利法語的本地人已經不多。但是當地仍有一個頗為龐大的法國總領事館和幾個法國文化機構，包括以考古和歷史研究著名的法國遠東學院、法國文化協會和法國教育部認可的法國中學。

我們住在一間叫作東方酒店（Hôtel de L'Orient）的小旅舍，坐落在以法國小說家羅曼・羅蘭命名的一條小街上，距孟加拉灣只有三條街。傍晚的海濱長堤上有各色人等散步休憩；婦女們鮮豔的莎麗和頭巾與許多男士的單調衣着和絡腮胡子，在落日映照下顯得有些不協調。

海濱大道上有新建的"直轄區"行政大樓。城中還有一座 19 世紀的天主教堂，裏面掛着拿破崙三世頒賜的"聖母升天"油畫，裏面的信眾以中年婦女為主。我們也遊覽了一座色彩繽紛的印度教廟宇。早期鼓吹印度獨立的學者室利·阿羅頻多（Sri Aurobindo）為避英國當局迫害，曾在這個法國殖民地定居，並在這裏參悟和闡述了瑜伽的精義。以他為名的靈修中心經常接待世界各地不同背景的人在那裏學習和交流，是南印度的一道文化風景線。

在一個住宅小區前面的平地上，一羣印度男子在玩法國南部常見的擲鐵球遊戲。他們拿甚麼護照我不清楚，但是我猜想，時至今日，他們應該以印度人自居了吧！

在海濱長堤盡頭有一個告示牌，上面以英文寫着："如果你亂扔東西，本地治里就會變得不同。"而一大堆雜物正好在告示牌前面！從這個垃圾堆往裏走一小段路，就到了一個嘈雜熙攘的小市場，市場旁邊是一座裝飾頗為別致的小印度教神廟。廟門口有一隻大象供遊客拍照，牠的右後腿拴着一條粗鐵鏈。

有人把印度比作大象。十多年來，我見證了大象的智慧與力量，但還沒看到它真正奔跑時的速度。本地治里市的這隻大象明顯受到桎梏，難以行動。喜歡比喻的人也許會問：這種桎梏是印度社會的舊傳統，是前殖民地主人的影響，還是當今政客和官僚的腐敗無能？

第 19 章
中印關係牽動亞洲未來

　　中國和印度是世界上人口最多的兩個國家，也都是有 5,000 年歷史的古國。中國和印度都不是近代意義上的"民族國家"，而是當今僅有的兩個足以稱為"文明體系"的國家。

　　幾千年來，儘管隔着喜馬拉雅山，中國和印度的交往不斷。在物質文化上，中國給了印度絲與茶，印度給了中國棉與糖。

　　在精神文化層面，中國是入超國。印度傳來的佛教影響了兩千年來中國人的宇宙觀和生死觀；各種佛教藝術豐富了中國的建築、雕塑、繪畫、音樂和舞蹈；印度的各派哲學思想和瑜伽術也滲入了中國的哲學和養生之道。

　　半個世紀前，英國歷史學家湯因比預見"亞洲世紀"的到來。早於湯因比的預言，印度獨立前夕，賈瓦哈拉爾・尼赫魯在一次獨家訪問中曾對中央社駐新德里的記者說："印度與中國攜手，未來的亞洲就有了保障。"

　　當年參與決定印度和中國人民命運的甘地、尼赫魯、蔣介石、毛澤東，周恩來等人早已作古；今天分別領導 14.2 億與 13.8 億人口的中印兩國政府會如何處理彼此的關係呢？

　　多年來關心中印關係，曾經七次訪問印度的我，於 2015 年 12 月

21 日在北京拜會了即將離任的印度駐華大使康特（Ashok K. Kantha）先生，談了將近兩小時。康特大使十多年前擔任印度駐香港總領事時和我屢有過從，所以這次談話頗為輕鬆開放，觸及許多話題。他同意由我整理並發表我們的談話內容；本章是未經康特大使過目的文章。

中印同時崛起

康特大使和我一開始便同意，要討論中國和印度的關係，必須要有尼赫魯那樣的長遠眼光，認識到中印兩國的關係不只對彼此極為重要，還要看到中印兩國的關係會為整個亞洲的未來定型。

我說，中國和印度是兩個很複雜的龐大國家，因此關係必然是複雜的。一般國家都會把自己的外交政策和行為區分成對大國的關係和對鄰國的關係，而中國和印度之間的關係則既屬於大國關係又屬於鄰國關係。

進入 21 世紀，中國和印度各自在經濟上和文化上快速發展，成為全世界兩個最重要的發展中國家。因此，兩國各自面對的是一個正在崛起的大國與鄰國。

今後中印之間的關係可能有三種模式：其一，平行發展 —— 20 世紀 60 年代和 70 年代西方傳媒就經常討論不相同而又不互相借鑑的中印模式的"競賽"；其二，惡性競爭 —— 因為都是崛起中的大國，就有可能除了想贏，還要為了防止對方贏而做損人利己甚至是損人不利己的事；其三，合作互利 —— 應該是對兩個亟待進一步發展的人口大國和文化古國最有利的交往模式，在合作中彼此學習，必會出現"1+1>2"的情況。

兩國的當政者、知識精英和媒體的取向將會決定未來幾十年的中印關係。

康特大使回應說，"彼此隔絕的發展已經不可能"，"只有多接觸，多聯繫才符合今天全世界供應鏈和市場彼此相連的現實"。他提出要"檢視我們的生產和市場的聯繫是否堅實，是否可以更好地整合並連接雙方的經濟"。

他認為，印度和中國加強關係的支柱是"發展"；兩國將為此建立較過去更為緊密的共同發展夥伴關係。

他還說，"在貿易、吸引投資和尋找國外資源方面有時是會出現競爭的"；"我們兩國的同時崛起必須是在合作的方式下進行"，"但我們也必須注意對方的利益、關切點和意向"；"這一點很重要，如果我們不這樣做，就很難避免負面態度的出現，因而使我們無法充分發揮彼此合作的潛力"。

康特大使特別指出，"我們有將近 2,000 公里的邊境"，但是"我們對邊界並沒有一致的看法，這是我們之間不容忽視的分歧"。

在世界歷史上，同時崛起的兩個相鄰的大國有 16 世紀的西班牙和葡萄牙、16-17 世紀的奧斯曼帝國和波斯薩法維帝國，以及 18-19 世紀的英國和法國。西班牙和葡萄牙競爭的是海外殖民範圍，後來由羅馬天主教教皇為它們做了調解；奧斯曼帝國和波斯薩法維帝國是為了爭奪兩國之間的領土和對伊斯蘭教的主導權，經過幾次戰爭，各有勝負，結果雙方都因受到了歐洲人的侵略而終止彼此對抗；英國和法國的衝突主要也是爭奪海外殖民地，經過幾次海上戰爭後，英國在全球的勢力略勝，法國也沒有大敗；後來還是美國的崛起削弱了英國，德國的崛起制衡了法國。

無法想像，中國和印度這兩個擁有核子力量、人造衛星以及航空母艦的人口大國如果不合作而起衝突，誰願意並有能力進行仲裁和制衡？

　　作為一位老練的外交官，康特大使特別提到了他對未來的正面看法：中國會在亞洲以至全球繼續擴大影響；印度在許多國家聚焦下也有抱負扮演更大的角色；雙方如果合作，就可以同時繁榮強大。

　　2005年溫家寶總理訪問印度的前後，康特大使正擔任印度外交部負責東亞事務的司長。他回顧說，當時中方提出來要建立"戰略合作夥伴關係"，印方人員為此展開了辯論。"有些人說，我們和中國還存在邊界問題，在國防安全方面也有很大的疑慮，怎麼可以把我們的關係形容為'戰略合作夥伴關係'呢？""我們其他一些人則認為，這正是我們用長遠眼光採取戰略觀點的好時刻。注視雙邊關係固然必要，從全球大局看雙邊關係也十分重要。所以我們最後同意在溫家寶總理2005年訪問時建立這樣一個關係。"

　　"這個決定後來證明是正確的；我們可以看到最近這七八年來印度和中國的關係是怎麼發展的"，"總的趨勢十分正面，儘管有時還是有些困難"。

　　康特大使在任時，中國已經是印度最大的貿易夥伴。

　　習近平主席2014年9月訪問了印度；莫迪總理在2015年5月也訪問了中國。康特大使兩次都是直接參與其事的印方官員。他說，兩國關係發展得如此迅速和良好的一個重要原因是印度下了決心，"把發展作為兩國關係中超越一切的優先考慮"。"我們國家的領導人認識到，在當今的世界格局裏，我們有機會塑造自己的未來。大趨勢是世界的中心向亞太地區轉移，而中國和印度這兩個曾經在人類歷史中扮演過重要角色的國家同時崛起，標誌着新的全球發展趨勢。中國正在扮演一個較印度更大的角色，而這個角色還會更加重要。而在這個情況下，兩國可以共同示範甚麼叫作發展，並且因而帶出 21 世紀的特色。"

加強民間交流

中印兩國之間的交流，既有精神文化交流又有物質文化交流，中國古人從印度學到了印度的哲學、文學、藝術等，豐富了中國的文化內容，促進了中國文化的發展。與此同時，商貿也豐富了兩國的物質文化，從中國傳入印度的除了絲織品以外，還有鋼、茶、糖、花生、瓷器、桃、梨、石榴等等，從印度傳入中國的則有珠寶、菩提樹、胡椒、茉莉花等。

中印關係雖然如此重要，兩國民眾中關心這個重要關係的人卻很少。兩國人民之間的認識也極為有限，甚至還包括許多謬誤和偏見。

我認為，以中國目前的經濟和文化活力，以及對印度關係的重要性和廣泛性來說，中國的印度專家實在太少。以研究印度的歷史、文化、語言、宗教和社會發展為專業的人數恐怕只是日本通或是俄國通人數的一個零頭。另一方面，在印度的龐大人口中，對中國有深度認識並且通中文的人也是鳳毛麟角。

康特大使也對這個現象感到十分遺憾，然而，他並不悲觀。他的根據也很務實。

首先是雙方人員的往來（包括遊客）正在快速增加。其次，他認為過去阻礙大家往來的一些因素正在消失。再者，印度有許多吸引中國人的特質，包括各地風貌、宗教、藝術、瑜伽等。他說，印度和中國之間的文化交流已經進行得不錯，而且數量正在增加。據他所知，中國的許多城市裏都有瑜伽中心，參加瑜伽班的人數相當多。"單是去年，我們就在 27 個中國城市舉辦了瑜伽活動的慶典；通過這一類的活動，彼此可以改變過去某些看法。"

他同時提到，印度政府為了方便中國公民前往印度旅行，已經從 2015 年 7 月起接受和發放電子簽證。申請人不必親身到大使館或是領事館，可以在網上辦理申請。

相信這個方便中國旅客的新做法是對較早前中國釋出的善意的回應。2015 年 6 月，儘管邊境問題尚未解決，中國宣佈開放西藏邊境，便利印度公民前往西藏南境內幾個印度教的聖湖朝聖。國家交往和個人交往很相似，互相釋出善意就會積蓄正能量。

為了積蓄更多的正能量，我建議，除了政府之間的對話，兩國的學者、傳媒、藝術家和其他專業人員也可以逐漸建立對話與合作機制，雙方應創造更多機會，使這些民間人士能夠互相認識，互相理解，互相欣賞。康特大使十分贊同這個建議。

促進經濟合作

任何兩個國家之間的穩定關係都需要幾根支柱，而其中必不可缺的一根支柱是經貿關係。從中國的角度看，當前中國和印度的經貿關係發展得頗為理想，中國已是印度最大的貿易夥伴，這是 20 世紀 60 年代和 70 年代從事中印關係工作的人難以想像的大發展。

然而就在這個良好的勢頭裏，也存在着一些極為棘手的問題。康特大使強調：“印度對中國的貿易逆差大於印度對其他任何國家的貿易逆差，而且在逐年增加，這是完全不可持續的。”我想，這種情況應該不是中方刻意造成的，而是由許多主客觀因素形成。儘管如此，對印度來說，這種不平衡的貿易關係的確難以持續，心理上也很難接受。

就人口、資源和經濟發展層次而言，中國和印度是兩個同質性比較高的國家，互補性並不十分強。另外，中國和印度的人均收入都還不高，所以大部分人口的消費能力偏低。要找到一個縮減中印貿易逆差的方法並不容易。

然而，印度已經在努力發展製造業，希望發揮印度人口的勤勞與能力，可以生產出更多更好的產品。“Make in India”（“由印度造”；不是“Made in India”，即“在印度造的”）是印度本屆政府建立的目標，希望能夠善用印度的人口紅利，讓大量勞動人口學習到適當的技能，大力發展印度的製造業。中國已經是不爭的“世界工廠”，可是中國的勞動力成本和生態環境使許多傳統製造業逐漸失去競爭優勢。既然印度正在吸引外資，某些中國的製造業似乎可以轉到印度去。康特大使提到：“印度歡迎中國公司到印度開設工廠。”

印度的信息產業相當發達，尤其是軟件的開發。2015年印度政府提出來“Digital India”的計劃，希望印度能多製造信息產業的硬件。這方面又是中國的強項，因此中印兩國在信息產業上的合作是完全可能的。

過去30年，中國的高速發展中，最明顯的成就之一是基礎設施的增加與改善。從公路、鐵路、海港、飛機場到發電廠，中國已經積蓄了可貴的人才與經驗。相對於中國，印度的基礎設施要落後許多，因此兩國合作增加與改善印度的基礎設施絕對是一件互利互惠的好事。

此外，我知道，印度 13 億人服用的藥物主要是在印度製造的，而中國病患最大的負擔往往就是進口藥品的費用，所以這可能是印度一個有潛力的對華外銷行業。另一方面，印度有不少設備一流，醫生和護士水平也很高的醫院，這些醫院構成印度頗受歡迎的"醫療旅遊業"。世界各國有不少病人都專門去印度治病，特別是做大手術和進行癌症治療，因為印度這些高檔次醫院的費用比歐美國家便宜許多。

基於我在醫療方面的工作經驗，我提出，印度與中國似乎可以在提供醫療和保健服務方面加強合作，在藥品研發和醫療器械的研製方面互相交流，同時也可以為對方的從業人員就己方的專長項目提供培訓。

對此，康特大使回應表示，中國和印度的確應該在這個對兩國都很重要的問題上加強合作。印度的製藥業相當齊全，有的公司自己研發新藥（包括許多從傳統的阿育吠陀醫學藥品中提煉出來的藥物），有的公司得到跨國公司授權，生產在印度銷售的藥品，有的從事非專利藥物的生產。這些藥品（包括證明有效而安全的抗癌藥物）都已符合美國 FDA（食品藥品管理局）和歐盟的標準，並且得到了注冊，應該可以很容易就進入中國市場。它們將有利於降低中國目前高昂的醫療成本。

然而他惋惜地表示，"但情形並不是這樣"，"中國藥品注冊的手續太過繁複和冗長"。

更有甚者，康特大使再度強調："要想減少目前已經無法維持下去的逐年增加的貿易逆差，儘管兩國的某些行業有競爭，中國廣大的市場應該對印度的產品和服務更加開放。"

管控邊界的問題

中印之間有大約 2,000 公里的共同邊界，分為西、中、東三段；三段都有爭議。西段在新疆和西藏交界的阿克賽欽地區，邊界彼方是印佔克什米爾，爭議涉及的領土約 3.3 萬平方公里（相當於海南省），目前幾乎全部由中國控制；中段在西藏的阿里地區，涉及領土約 2,000 平方公里（約兩個香港），目前由印度控制；東段在不丹之東的西藏南部，涉及領土 9 萬平方公里（約等於兩個半台灣），目前由印度實際控制，而且印度已經在這裏建立了所謂的 "阿魯納恰爾邦"。

中國主張的邊界是根據清代新疆和西藏的轄區界限；印度的根據是英國統治後期英屬印度的界限（即西段的 "約翰遜線" 和東段的 "麥克馬洪線"；這兩條邊界線是由英國殖民官員單方面決定，沒有獲得清政府或民國政府的同意，也從來沒有知會中方）。印度獨立後宣佈接收英屬印度的領土，以約翰遜線和麥克馬洪線為界，中國拒絕承認。

1962 年，中印之間爆發了一場持續將近一個月的邊境戰爭，中方在全線獲勝。之後中國迅速歸還了印度俘虜和俘獲的武器裝備，並且主動在東段從戰前的邊境後撤 20 公里，作為軍事緩衝。

半個多世紀以來，中印邊界問題始終沒有解決。中印之間的領土糾紛不但是世界上兩個大國的主權之爭，涉及的領土面積也是全世界領土糾紛中最大的。

我和康特大使討論中印關係，自然會觸及這個敏感話題。

我表示，這個問題半個世紀以來都沒能解決，而且當今中印兩國都有許多亟待處理的內政問題，邊界問題如此複雜和困難，似乎不可能在短期內解決。何況，最終方案一定要雙方都做出某些"退讓"，而在兩國都由強勢領袖當政的今天，哪一方會願意做出"退讓"？

就此，康特大使做了宏觀、具體、正面、坦率的表述。為了節省篇幅，我把他的陳述歸結為以下幾個要點。

其一，邊境問題的解決需要互信。至今仍未解決，顯示出互信不足，所以需要雙方多做實質對話，多做戰略溝通。

其二，雙方都做了許多努力，一方面已經同意了達致最終邊境協議的步驟和方法，另一方面也有協議，對目前邊界狀態做具體管控。這包括已有的 18 次談判，同意了有關解決邊境問題"三步走"的過程和五項具體協議。

其三，對於維護邊境和平與寧靜，已經取得了共同遵守的遭遇準則；這幾年來沒有發生暴力衝突或是不愉快事件，是令人欣慰的成就。

其四，邊境的和平與寧靜有着深刻的意義，印中兩國如果要發展，就必須建立合作友好的雙邊關係，也就不能讓邊界事故為雙邊關係帶來負面衝擊。

邊界問題的解決最好快些，不要留給下一代人；一定要努力，即使不成功，無論如何也要保持邊境的和平與寧靜。

康特大使告訴我，上面說到的雙方同意的"三步走"過程已經走了一步半。第一步是雙方同意了解決邊界問題的政治限定和指導原則；第二步是就各自需要做出的調整領土的框架要達成共識；第三步才是達成劃定邊界的協議。第一步已經取得成功，第二步還沒完成；

這項工作當時是由中方的國務委員楊潔篪和印方的國家安全顧問 Ajit Dorval 領導，由包括文官、軍人以及其他專家的工作小組進行具體談判協商。

此外，康特大使透露，雙方都意識到需要節制前線駐軍的行為。因為雙方士兵都經常會在己方認定的領土邊境（也就是在對方宣稱的領土之內）巡邏，所以必須為雙方軍人面對面遭遇時的應對制定一套"接觸機制"。康特大使當時說到，近年來沒有出現過暴力衝突，說明現有的"接觸機制"是有效的，但是這個機制要不停地改善。以便可以真正地管控已經有 70 年歷史的邊界爭議。

最後，他樂觀地回應我關於強勢領導人不會願意做出退讓的看法。他說，既然當今兩國的領導人都很強勢，也許這是解決邊境問題的好機會，因為他們比較有能力做出果斷的決定，"不把這個難題留給下一代"。

理解"一帶一路"

中國最近年來提出的"一帶一路"倡議是綜合了中國的地理、歷史、國際關係、地緣考慮、經濟發展等因素的戰略構想，是中國在國際舞台上用濃墨重彩展現的大手筆！

我曾在《大中亞與新絲綢之路》一章中提及中國在未來發展中需要陸上和海上交通並重。寫完那章不到兩個月，"一帶一路"倡議就問世了，"一帶一路"成為近年來中國國內和國際上被頻繁使用的新詞彙。

無論是過去或未來，印度的地理位置和文化聯繫都令它是陸上絲綢之路和海上絲綢之路的中間段。因此，印度對"一帶一路"怎麼看和怎麼想，對這個大戰略的有效展開極為重要（見第 20 章）。

和康特大使對談時，我特別請他談了對"一帶一路"的觀感。

他說："我們知道這是一個由習近平親自領導的重要倡議；自從兩年前宣佈以來，它已經成為中國一個主要而優先的外交政策。但是我們的第一個反應是，我們需要有關這個題目的深入對話。"

基本上，康特大使表示他並不清楚這個倡議的意義是甚麼，包括些甚麼？他提問道："中國期待印度和其他鄰國以甚麼角色，做些甚麼？"並說："至今為止，我們兩國的政府還沒有關於這個問題舉行過深入的對話。所以我要說，'一帶一路'是中國的倡議，是你們接通外部的議事表。印度也有自己接通外部的議事表。"

但是他認為，"我們應該尋求各自不同的倡議之間的合作，以達到增效作用"；"我們應該設法尋求可以共同致力的領域，而不只是找背書"。

他還有以下論述：

"我們採取務實的做法，已經出成績了。比如說，亞洲基礎設施投資銀行，我們是它的第二大持股人，但是我們並不需要把它視為'一帶一路'下的分支項目。它是有 57 個國家參與的獨立的機構。"

"另外，我們已經同意要共同建設一個孟加拉國－中國－印度－緬甸經濟走廊；這個計劃比'一帶一路'倡議更早。四國的聯合論證已經接近完成，那就讓我們把這個經濟走廊的建設分成幾個特定的合作項目，開始建設。""再說一次，這個項目也不需要成為'一帶一路'的一個分項目，因為它是四個國家的聯合倡議和共同努力；讓所有權屬於這四個國家。"

康特大使把他和我對談中最重的話留在最後。

"當我們檢視'一帶一路'時,其中有些元素引起我們的關注。中國－巴基斯坦經濟走廊被宣傳為'一帶一路'的重點方向,我們對這條走廊難以接受,因為它觸及我們的主權關注 —— 它會經過印度認為是印度的領土。所以我認為我們需要充分討論這個倡議,看我們在哪些具體領域可以合作。我們會採取務實的態度,但是我們也需要注意到彼此的敏感性。"

期待亞洲世紀

從 19 世紀開始,就有一些歐洲學者預言西方終會沒落,一如中世紀之後的中國、印度和阿拉伯各國逐漸被歐洲超越。1950 年,美國一國的 GDP 就佔全世界 GDP 的 50%;當時中國和印度還沒有人口和生產額的可靠統計。

另一方面,直到工業革命前夕,中國和印度一直是全世界最大的兩個經濟體。有學者估算,18 世紀以前中印兩國的 GDP 合佔世界 GDP 總值的 60% 左右。今天中印兩國的 GDP 總和只佔世界 GDP 總值還不到 20%,而兩國的人口合佔世界人口的 35%。

這些數字表明,歐美雖然已經不再鶴立雞羣,獨領風騷,但湯因比預言的"亞洲世紀"也還沒有真正誕生。亞洲何時以及是否能夠在科學、技術和社會組織上超過美歐,目前還難下定論。可以確定的是,亞洲各國和歐美各國的差距正在縮小而不是擴大。

更加可以確定的是,如果中國和印度因為領土糾紛或是任何其他原因相互為敵,這兩個亞洲最大和最強的國家以及和它們鄰近的其他亞洲國家的人民，都將失去在安定中發展、在繁榮中生活的機會。

"印度與中國攜手，未來的亞洲就有了保障"，這句尼赫魯在 1946 年說的話，確實值得所有印度人和中國人深思，不要讓自己和子孫失去幾百年才到來的機會。

作者按：本章完成後，康特大使退休返回印度，參加民間對華研究機構。2017 年，印度與中國軍隊在不丹邊境洞朗地區對峙 72 天，引起全世界關注。2020 年 5-6 月，雙方在錫金北部的爭議區幾度發生大規模械鬥，各有不少死傷。此一事件引起印度全國嘩然，並轟動國際。2021 年初，雙方通過多次軍長級會談，協議雙方自衝突區後撤。2020 年，全球新冠疫情嚴重，印度宣佈境內不可使用 59 種中國 APP，並禁止進口中國製造的電力設備。同年，中國是印度最大的貿易夥伴。以上這些發展對今後兩國關係必然有負面影響，卻都是 2015 年底作者與康特大使對話時無法預見的。

第 20 章
印度怎樣看"一帶一路"

自從中國 2013 年秋季正式提出"絲綢之路經濟帶"和"21 世紀海上絲綢之路"（簡稱"一帶一路"）的戰略構想後，與陸上和海上絲綢之路關係都極為密切，並且也正在迅速發展的印度，則還沒有清楚表明它對於"一帶一路"倡議的態度。

本章想從印度歷史的視角，來探討今天印度學術精英和政府決策者對"一帶一路"倡議構想可能會做出的一些考慮和應對方案。

古老龐大的印度

大多數中國人都知道，印度是一個文明古國。印度河谷在約 5,000 年前已經有相當發達的城市建設，包括下水道。這個後來突然消失了的文明被稱為古印度文明（Indic civilization）。約 3,500 年前，陸續從中亞進入印度的雅利安人帶去了吠陀經，建立了種姓制度，將印度分成許多王國，可以稱為吠陀文明（Vedic civilization）。約 1,000 年前，從中亞又分批去了許多信奉伊斯蘭教的突厥人，建立了以德里為政治中心的大小不一的蘇丹國；約 500 年前，另一批信奉伊斯蘭教的突厥人（他們是成吉思汗和帖木兒的後人）由中亞南下，建立了莫卧兒王朝，統治印度長達約 330 年。總之在最近 1,000 年中，印度形成了以印度教和伊斯蘭教為主的二元社會，它表現為一個能夠包容不同成分的近代和當代的印度文明（Indian civilization）。

印度目前人口約 13.8 億，居世界第二位，與中國幾乎不相上下。印度近年來經濟發展頗為迅速，其 GDP 總量 2020 年居世界第五位，而預計未來十年的年增長率會超過 7%。據估計，2030 年之前，按 GDP 的總量計算，中國將是世界第一，美國名列第二，印度第三。

中國人較少注意的是，印度是地理位置極為優越的國家。在亞洲、歐洲、非洲所構成的大陸上，印度居於中心地位。

印度北面是喜馬拉雅山脈，西北通達中亞地區和新疆、西藏，東北連接孟加拉國、緬甸和西藏東南部。這些接觸使印度自古代起就與亞洲其他地區保持通暢的商業與文化交流，而這些陸上的聯繫紐帶，恰好就在橫貫歐亞大陸溫帶的“綠洲絲綢之路”上和接通亞洲溫帶與熱帶的“南方絲綢之路”上。

值得注意的是，在印度洋邊緣的眾多國家中，目前唯一與印度敵對的國家是與印度“本是同根生”的巴基斯坦。而把印度在陸地上的近鄰和遠鄰加起來，唯一讓印度感覺不安的國家是中國。

印度早期的海上交通

正當中國生產的絲綢風靡羅馬帝國上層，以致有人擔心羅馬會把財富過分消耗於昂貴的中國絲綢時，掌握羅馬之胃的則是印度 —— 羅馬人的食品中大都添加印度香料以佐味。一位叫阿皮修斯的作者所寫的食譜中列有 468 個菜譜，其中 349 個需要用胡椒。當然，從羅馬帝國運往印度和中國的有精緻的玻璃（廣州南越王宮裏就有）和美酒，還有時常被用作壓艙貨的銅和錫。

一世紀開始，印度的棉花開始大量外銷，先是銷往阿拉伯半島和東南亞，其次是印度洋的邊緣地區（如東非）。

公元前 150 年左右，希臘海員發現印度洋裏有一種季候風，夏天自南向北吹，冬天自北向南吹。印度東西兩方的海洋都有季候風，自此印度洋中的航行便不必沿海岸線行駛，而且可以預測所需時日。由於季候風的緣故，印度洋進一步成為亞洲、歐洲和非洲大陸的商貿海域，而印度南部則成為歐洲、西亞、東非和中國之間貿易的中轉站。

中國最著名的幾位僧人去印度取經，是因為陸上絲路和海上絲路給他們提供了方便。晉朝的法顯公元 399 年從陸路經過新疆塔里木盆地和中亞的犍陀羅到印度北部；在恆河中游居住了七八年，然後繼續向東，從距恆河出海口不遠的海港搭乘可容 200 多人的大船，幾經風險到達斯里蘭卡，兩年後再乘商船到蘇門答臘東部，休整之後預備繼續北上廣州，但是遇到大風，船在海中漂流三個多月，最後改乘另一艘船返抵山東膠州灣。唐玄奘在法顯旅居印度 200 年後，完全憑借陸上絲綢之路完成了他 18 年間一去一返的路程。此後還有唐代釋義淨再去印度，走的是海上去海上回的路線；唐代的釋慧超也去過印度，走的是海上去陸上回的路線。

佛教傳入中國，中國從印度得到經文和藝術之外，梵文和印度的語音學也被中國僧人和學者掌握。中國僧人為了幫助記憶而把梵文字母注上漢字，由此啟發了中國漢字的反切標音法；而漢字的音韻學中採用的三十六個代表輔音的 "紐"（或是 "三十六字母"），就源於梵文字母。

公元 751 年，唐朝軍隊與阿拉伯軍隊在怛羅斯的遭遇戰中大敗，使唐朝不得不退出中亞。而緊隨其後的安史之亂又使陸上絲綢之路上的交通繼續消退。與此同時，新興的阿拉伯阿拔斯王朝在巴比倫舊都附近建設新都巴格達，並努力使巴格達不僅保持陸上交通重鎮的地位，而且還大量開通巴格達與海外各國的交通。

在這期間，印度的數字（包括 0 與其他 9 個數字）傳到阿拉伯世界，又由阿拉伯人推廣到歐洲，因而被歐洲人稱為阿拉伯數字，成為全世界數學的標準符號，一直沿用至今。印度與波斯的一些傳奇故事也被編纂成《天方夜譚》（或稱《一千零一夜》）。

印度洋成為阿拉伯人的內海

公元九世紀起，東亞的中國和西亞的阿拉伯帝國，一消一長。而在中國，南方的經濟成長也逐漸超過北方，因此廣州、泉州等地逐漸取代了長安、洛陽成為國際貿易中心。由此，歐亞大陸之間的陸上交往漸被海上交往超越。

《天方夜譚》裏水手辛巴達的故事固然是虛構的，而且是荒誕不經的，但是它卻反映了當時阿拉伯人對於航海的向往。

印度雖然仍舊處於印度洋貿易的中心地區，從 10 世紀之後主宰印度洋貿易的就不再是印度人，而是阿拉伯人和波斯人。他們在印度洋邊緣各地聚居，包括蘇門答臘、東非沿岸各地，以及中國的廣州。唐末黃巢農民起義波及廣州，"藩坊"裏被殺的阿拉伯和波斯商人數以萬計，說明了當時海上貿易的重要，以及主要參與者是誰。

在這個時期裏，印度洋實質上是阿拉伯人的內海。

蒙古人三次西征之後，逐漸建立了歷史上最大的帝國。這個蒙古帝國具有四個關係複雜的政治實體：在東歐和北亞的斯拉夫人和克普恰克（欽察）突厥人領土上建立的欽察汗國；主要位於波斯人地區的同時擁有陸上貿易通道和海上貿易通道的伊兒汗國；主要在中亞，部分在新疆的以突厥語族裔居民為主的察合台汗國；繼承了南宋的大元。這四個蒙古人建立的國度，與公元二世紀時的羅馬帝國、波斯安息帝國、印度和中亞的貴霜帝國以及漢帝國一樣，彼此相連，橫貫歐亞大陸。

蒙古人為了鼓勵商業，增加稅收，在許多地方修建道路橋樑，疏浚大運河，設立驛站和商旅客棧。

各蒙古汗國的政治與商業決定，以及它們之間的往來使十三四世紀的海上交通與陸上交通同樣重要。這不只是一個歷史的偶然，而是忽必烈在全面統治中國之後的重要戰略決策：如何讓基本上獨立於他這個蒙古大汗的三個汗國與大汗保持聯繫，並且因此受到大汗的影響或節制。

他通過二三十年的努力才建成聯通海上和陸上交通的網絡。因此這一時期，有許多歐洲人或是通過陸上，或是通過海上到達中國，見證了蒙古人統治下的中國的繁榮和富庶。

蒙元時期歐亞大陸上的貿易和文化交流可以說是當代全球化的雛形。用流行的語言說，蒙古人開創的全球化是當代全球化的 1.0 版。

印度人看"一帶一路"

無論在甚麼時代，地理環境，物資供應，人口的素質、內部凝聚力和戰略思想都是實現長期目標的決定性因素。中國最近提出來的"一帶一路"倡議的成功與否，當然也要取決於這幾個因素。

從地理環境這一點看，印度具有非常重要的地位。印度對"一帶一路"的認識和決策，將會在很大程度上影響"一帶一路"倡議的實施成果。

那麼，印度如何看待"一帶一路"呢？

憑我對印度的認識以及從媒體看到的一些信息，我認為印度多數精英對中國提出的"一帶一路"並不很認同和讚賞，許多人還可能有些抵觸情緒。假如中國的學術精英和決策者能夠易位思維，至少是試圖了解印度人的反應，那麼中國對未來可能出現的挑戰，可能會有較為有意義的準備和回應。

印度洋的確長期是歐、亞、非經濟與文化交流的重要區域。印度能在 1947 年取得獨立，多數印度精英認為是近一個世紀反殖民主義鬥爭所取得的勝利，因此他們認為印度是殖民主義者被迫放棄的利益的自然繼承者。由此推理，印度理應是印度洋的主宰者；正是因為有印度，才會有印度洋這個名詞。印度作為一個大國，在冷戰期間沒有參加任何一個陣營，而是堅持不結盟政策。尼赫魯和他的戰友們有這樣的志氣和大國心態，他們認為獨立的印度必然可以成為世界的大國和強國。

中亞內陸國家從 12 世紀，特別是 16 世紀以來，就和印度聯繫緊密，雙方人員和信息往來一向頻繁，所以印度人對中亞國家有特別的情感。很明顯，印度對陸上絲綢之路有許多貢獻，自覺應該有發言權。

從現實利益看，印度有愈來愈大的能源需求，希望能靠中亞國家提供一部分能源。美國在 2008 金融危機之前曾提出"大中亞"和"新絲綢之路"方案，建議把中亞國家生產的石油和天然氣向南運入阿富汗，再轉往巴基斯坦和印度，建立一個能源通道。而中國和中亞國家以及和俄羅斯所建立的協議，是把中亞和俄羅斯生產的能源運往中國。這個東西向的能源處置方案和美國所建議的中亞能源向南運，恰巧就是中國戰國末期"連橫"與"合縱"的現代版。因此，中國在中亞幾國修建通往中國的油氣管道和印度的利益有潛在衝突。

在北、東、南等方向，印度和尼泊爾、孟加拉國、緬甸、斯里蘭卡、馬爾代夫等國都有無可否認的歷史淵源；印度不可能對這些國家所參與的協議不聞不問。

中國有"振興中華"的決心和"中國夢"；印度也有自己的"印度夢"和"強國夢"。這兩個夢沒有必然衝突的理由，甚至可以結合起來共同圓夢。但是在最近半個世紀的國際關係發展中，特別是 1962 年中印發生武裝衝突之後，西方的媒體、學界和政界持續用中印兩國做比較，使今日的印度精英普遍對中國有一些異樣的感覺。中印兩國近年來在邊境地區發生肢體衝突，雙方各有死傷，就是這種民族主義的反映。

然而印度的有識之士也很多，他們即使對中國所提出的、他們觀念裏並沒有清晰藍圖的"一帶一路"倡議並不滿意，在外交場合中也不會讓不滿輕易表現出來。

從媒體上看到，印度國內對於"一帶一路"的反應大致有三種：

第一種是認為應該參與"一帶一路"的有關建設。比如說，印度已經在和中國探討，建立一條從西北部的新德里到東南部的金奈的高速鐵路，這是個積極的反應。持這種主張的人認為參與到"一帶一路"的某些項目反而能夠得到發言權和影響力。

第二種是認為中國根本就是想入侵印度洋，在馬爾代夫、斯里蘭卡、緬甸，尤其是巴基斯坦，都想尋求港口，並從這些港口修建鐵路通往中國；中國勢力在中亞的存在也是在分散俄羅斯和印度在這個地區的利益。這部分人認為"一帶一路"倡議不利於印度，因此印度應該杯葛（集體抵制）它，使中國沒有辦法順利地實施這個戰略。從這個角度出發，印度和日本、美國有時表現得特別熱絡，目的是希望靠美日的牽制，使中國的海上力量無法在印度洋充分發揮。最近美國一再提出亞太和印度洋的戰略構思，印度表現積極，但是並非熱烈。在印度與俄羅斯、伊朗甚至土耳其的交往中，也有類似希望中國在中亞的影響力不要太大的動機。這並不是說印度喜歡讓美、日擁有對印度洋更多的發言權，或者是讓俄羅斯、伊朗、土耳其在中亞更有勢力，而只是"遠交近攻"的一種謀略運用。

第三種是認為印度作為大國，不應該輕易表態。應該先看中國走哪幾步棋，如果中國的棋走得不好，印度就不必反對了；如果中國的棋走得很好或者很合乎印度的利益和理想，印度也可以考慮更積極地應對。總之印度現在不宜過早表態。

中印關係的基調

這三種取態究竟哪一種會被當今的印度政府接受或者採用呢？目前還看不清楚。但是我們可以從近50年來中印關係的基本走向中找到部分答案。

首先，中印的領土邊界紛爭幾十年間都沒有取得過真正實質性的進展。當前無論是中國還是印度，都在強勢政府的領導之下，沒有一方會做出足以令對方滿意的讓步。所以中印在領土爭端的問題上，不可能在短期內取得重大突破。擱置領土爭端，尋求文化和經濟上的交流與合作是雙方都已同意，並且切實可行的方向。

其次，印度最大的敵對力量來自巴基斯坦。中國對巴基斯坦的支持是印度和中國關係無法大幅提升的原因之一。此外，印度對阿富汗的局勢非常關心，總希望發揮影響力。這個關心的程度未必低於巴基斯坦對阿富汗的關心，只因為印度和阿富汗之間隔着巴基斯坦，所以沒有辦法完全表現出自己的力量。但是無論如何，印度和巴基斯坦都是上海合作組織的會員國。巴基斯坦和印度關係的任何改善，一定會有利於中國和印度的關係。

前幾年，印度主動提出一個包括印度洋邊緣區在內的"棉花之路"計劃。棉花曾經長期是印度的主要出口產品，一如絲綢之於中國。絲綢固然銷往許多地方，但是屬於奢侈品，而棉花則是必需品，銷售的地方更多。所以印度現在提出的"棉花之路"可以和"絲綢之路"互相媲美，甚至互相競爭。

然而，絲綢並不是中國唯一的外銷產品。從唐朝開始直到清末，瓷器也是中國外銷產品中很重要的一部分，茶葉同樣是如此。所以對中國來講，"絲綢之路"這個名詞只是一個簡單易明的符號。

既然中國有絲綢、瓷器、茶葉，而印度有棉花、黃麻和香料，那麼中國和印度何不設法"美人之美"，在以後的來往時互用對方熟悉的名詞？假如一時還不願意"美人之美"，至少也可以"各美其美"，各人用自己喜歡的名詞吧！

從這個層次上講，"一帶一路"的英語翻譯"One Belt and One Road"或"the Belt and Road Initiative（BRI）"倒是提出了一個模糊處

理的模式。說的是"One Belt"和"One Road"，並沒有說是哪一條經濟帶，是甚麼路。假如中國和印度在這幾個名詞上能夠達成某一種共識，那麼心理上可能就更加輕鬆，而"一帶一路"這個戰略的實施，對中國和印度就可能都大有好處。

在中國和印度各自現代化的過程中，可以合作和相互借鑑的地方很多。對碳排放的管控和治理空氣污染就是一個明顯的項目。以我自己在北京和新德里的親身體驗，兩國首都的空氣都讓人很不舒服和看不清楚前方。但願雙方的精英都能夠撇開污濁空氣造成的惱人氛圍，創造一些沁人心脾的課題。更希望兩國的領導人都不要被灰蒙蒙的空氣阻礙了自己的視線，看不見就在喜馬拉雅山那邊的合作夥伴。

波斯文明圈

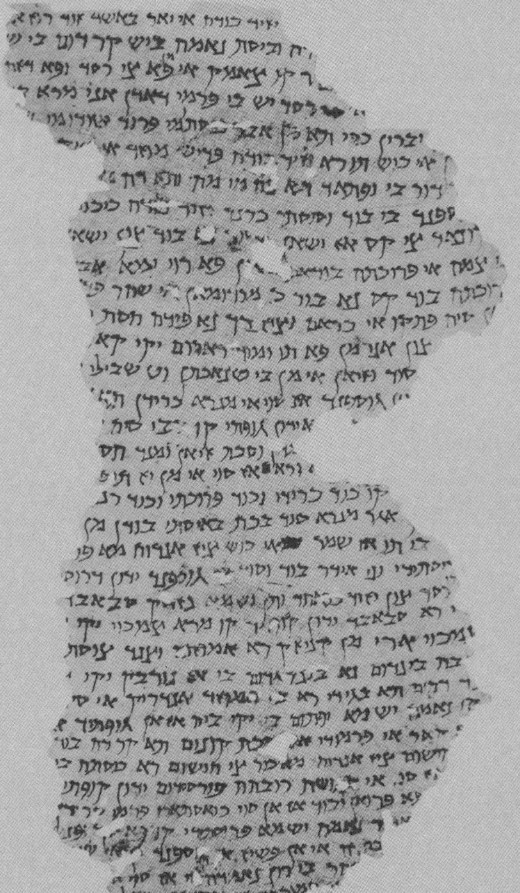

第 21 章
伊朗高原的早期文明

地理和人文環境

波斯文明是世界上最古老的文明之一，在西亞和南亞都有非常重要的影響。波斯文明的核心地區是伊朗高原，但是波斯文明圈的範圍遠超過伊朗高原。大致而言，它東至帕米爾高原和印度河，西至敘利亞沙漠，東北到鹹海與錫爾河，西北達高加索山脈，南部的邊緣分別是波斯灣、阿曼灣和阿拉伯海。

伊朗高原在美索不達米亞和波斯灣的東北，其西部界限是綿延2,000 公里長的扎格羅斯山脈，西北端接近高加索山脈，東南部分則延伸到波斯灣東邊；再向東、向南去就是今天分別屬於伊朗、巴基斯坦和阿富汗的俾路支斯坦（Balochistan）地區。雖然被冠以高原之稱，但實際上這個地理單元內也有一些低地。整個高原的水系特徵明顯，河流都比較短小，流量也不大。因此從發展農業的角度看，伊朗高原不算是肥沃豐腴的地區。

考古學的證據顯示，伊朗高原是全世界最早一批發展農業的地區，距現在有將近一萬年的歷史了。這基本意味着，人類在石器時代進入農業革命的時候，伊朗高原就是發源地。但可能由於地理環境的關係，高原的西鄰美索不達米亞平原後來居上，反而比伊朗高原要更早進入有文字，有制度的文明時代。

從整個歐亞大陸的交通情況來看，伊朗高原包含了許多歐亞交通的要道。而早在新石器時代，人類已經開發出貿易通道。比如說生產在小亞細亞（今天土耳其）的黑曜石，就是通過美索不達米亞平原和伊朗高原的商路運到今天的阿富汗和印度。反過來，阿富汗的青金石又沿着同樣的道路輸入伊朗，通過伊朗高原到美索不達米亞和小亞細亞。所以在人類還沒進入農業文明之前，伊朗高原已經是西亞、兩河流域以及小亞細亞之間重要的貿易通道，有着"黑曜石之路"和"青金石之路"的盛名。伊朗高原這些商路沿線的一些貿易站遺址已經為現代考古者所發掘。

三個早期文明區：
美索不達米亞、尼羅河谷、伊朗高原

同所有早期人類社會一樣，伊朗高原的文明一開始也經歷了城邦和列國時代。伊朗高原最早出現的城邦位於西南部的埃蘭地區。之後扎格羅斯山區也逐漸形成了早期的國家。最晚形成的是位於伊朗的西部，由雅利安人所建立的米底王國和波斯帝國。

下面，先講一下雅利安人到來之前存在於伊朗高原埃蘭地區的早期文明。

埃蘭在伊朗高原西部，美索不達米亞地區的東部，自然條件相對說來比較優越，有適合發展牧業的牧場，也有可以灌溉的肥沃平原，還有較為豐富的木材和礦產資源可以發展各種手工業。因此，埃蘭地區成為伊朗高原最早出現文明的地方並不足為奇。

通過研究，我們現在知道，埃蘭地區的早期人口說一種閃米特語言，已經進入了城邦時代。這些城邦雖然有男性領袖，卻還保持着母系社會的形式，一般的繼承順序是兄傳弟，後來才過渡到從父傳子。期間為了保持母系社會的特性，也常常有兄妹結婚以使權力保留在共同母系的情況。

埃蘭地區的人口對外既有過戰爭，也有貿易交往。位於美索不達米亞（兩河流域）的蘇美爾人就曾經入侵埃蘭，而統一了兩河流域南部的阿卡德王國也曾經征服過埃蘭地區。

因此，埃蘭地區的早期文明受美索不達米亞的影響非常大。其中對埃蘭影響最大的是阿卡德文明和喀西特文明。埃蘭人在大概距今6,000年前左右，就已經開始學習美索不達米亞地區的象形文字，後來又逐漸演變成線性文字。在埃蘭的首都蘇薩，以及另一個重要貿易城市 —— 埃善，都曾經發現過這種楔形文字和經過改良的線性文字。

再後來，埃蘭人借用了美索不達米亞地區的楔形文字，進一步把埃蘭人的線形文字改為他們自己的楔形文字。這時在他們的首都蘇薩，阿卡德語（也是閃米特語族的一種）是很通用的語言，許多法律文件和宗教文件都是用阿卡德語書寫的。

埃蘭文明的中心蘇薩遺址所出土的考古證據顯示，除了有埃蘭本地的特色之外，蘇薩文明受到兩河流域神廟城市的重大影響。

但是總體而言，早期的埃蘭文明應該是屬於兩河流域的喀西特文明的一個支脈。在很長的時間裏面，說一種印歐語言的喀西特人是美索不達米亞的主導者。它一方面接通西方的埃及王國，另一方面又影響到東邊的伊朗。喀西特人還一直維持着從中亞經過伊朗，再到美索不達米亞，並向西至埃及的商路系統。

這個商路系統可以說是絲綢之路出現之前的"絲綢之路"。絲綢之路初期主要是從東亞到中亞，後來才進一步延伸到地中海。而這條喀西特時代的古商路則是從中亞到埃及，其中伊朗高原的埃蘭在這段時間裏扮演了一個中轉站的角色。

雅利安人成為伊朗的主人

大約 6,000 年前，在黑海之北，西起多瑙河地區，東到今天中亞的大片草原上，生活着一批操印歐語系語言的部落，他們大多數以遊牧為生，少部分從事定居農耕。大概因為氣候變遷的緣故，大約 5,000 年前，這批人在進入青銅時代的同時，開始向各個方向遷徙。其中進入中亞、西亞和南亞的廣大地區的一部分人被學者稱為雅利安人。雅利安本意是"農夫"，後來引申為"高貴"的意思。今天伊朗國名就是由"雅利安"而來。

大約 1,000 年之後，雅利安人從他們的第二故鄉中亞出發，趕着牛車和馬匹再一次向不同的地方遷徙。一部分人向南、向東到了印度，這就是操吠陀語、梵語的印度−雅利安人。還有一部分人向西、向南而行，成為操雅利安語（或伊朗語）的西伊朗人。另有一部分向東邊的草原遷徙的就是斯基泰人，可稱為東伊朗人。向中亞的河中區遷徙並定居、從事農業的雅利安人就是後來的粟特人、花剌子模人，也被稱為南伊朗人。總而言之，到了距今 3,000 年前的時候，雅利安人已經大致上佔據了上面說到的波斯文明圈，形成了創造後來的波斯文明的主要人羣。

米底王國與波斯王國

雅利安人在遷入伊朗高原和印度之前，已經進入了青銅時代，並且有了明顯的社會分工。他們有一個久遠的口傳歷史，後來被編纂成為《阿維斯塔》。在這部雅利安人的口述史書裏，社會成員分成三個種姓，分別是祭司、武士和農民（或牧民）。這也是印度種姓制度的濫觴。

在伊朗高原西部和西北部形成了以遊牧生活為主的，分為祭司，武士和遊牧者三個種姓的部落集團，後來統一成為米底王朝。

在伊朗高原西南部的波斯地區，逐漸出現了一些以農業定居為生活方式的部落集團或城邦。他們就是後來建立最早的波斯帝國的人羣，實行統一的王國制，但是又容許某些城邦和遠方地區自治。

此處有必要表述一下在全球各地歷史的不同階段都曾經發生過的一種現象。這就是，當某一地區互相類似的人羣分成不少部落或者城邦，各自為政的時候，往往會因為外部的壓力而團結起來，進而建立統一的王國。這個統一的王國一旦能夠集中相當規模的人口和資源，就很可能向外再擴張而變成帝國。

這個一再出現的現象可能最早發生在伊朗高原。當說着印歐語系西伊朗語的波斯人在伊朗高原建立起自己的力量和城邦之後，在西邊不得不面對比他們更發達、更強大的幾個國家。米底面對的是在伊朗高原西部和美索布達米亞東部的幾個操閃米特語的國家，其中最直接的是鄰近的埃蘭，還有美索不達米亞南部的新巴比倫與北部的亞述。這些國家一方面對新興的米底人和波斯人發揮了引導者的作用，一方面也對他們的發展形成了強大的外部壓力。米底先是取代了埃蘭，後來聯合新巴比倫對抗並且擊敗了亞述。波斯則是從蘇薩和埃善這兩個地方起家，在內部把埃蘭給消融掉了。米底人崛起得比較早，力量比較大，他們還維持着以遊牧為主的生活方式。而波斯的主要生活方式則是農耕。

　　大概在公元前八世紀末到七世紀初的時候，米底人和波斯人終於在西亞獲得了比以前美索不達米亞各個國家更為強大的力量，成為在西亞爭霸的列國中的新一輪強者。

　　經過幾百年的融合、鬥爭和較量，操印歐語的雅利安人的後代 —— 米底人和波斯人，最終由米底的貴族阿契美尼斯統一了波斯和米底的新王國。這就是世界上最早的，也是當時所見到的領土最廣大的波斯阿契美尼德帝國。

阿契美尼德帝國

　　阿契美尼斯的後代如何繼承波斯王權的詳細過程我們並不知曉。但他們確實以波斯為基地反向統一了過去軍事力量更為強大的米底。所以，雖然是波斯統一了米底，但實現統一的波斯國王卻是從米底南下繼承了波斯王位的米底貴族。因此，與以農業立國的北非的埃及和東亞的華夏不同，波斯帝國在形成時就具有農耕－遊牧二元性。

　　從波斯起家統一了米底的波斯王，是一位叫作居魯士的米底貴族的後代。他的武功非常輝煌：向西打敗了美索不達米亞的幾個重要國家，向東則使波斯的勢力進入了今日的阿富汗和巴基斯坦。這般武力擴張的物質條件，是此時的波斯人已經全面進入了鐵器時代，武器十分先進。

居魯士向西鞏固了米底已經在美索不達米亞存在的一些力量，重新攻入了巴比倫城。但他保留了巴比倫的建築，禁止士兵搶劫，又把被巴比倫人俘虜來的幾萬名猶太人釋放，讓他們回到耶路撒冷，並重建猶太聖殿。

居魯士去世後的繼承人是他的一位名叫大流士的遠房姪子。不論居魯士，還是大流士，歷史對他們的身世都沒有清楚的記載。但從後來波斯帝國的發展來看，無疑大流士是當時最合適鞏固和擴大波斯帝國的人物。

大流士首先平定了仍在反抗的埃蘭、米底和巴比倫的若干力量，包括波斯宗教領袖掀起的反叛。之後，他把自居魯士以來，包括自己統治時期所佔領的廣大土地分成 20 多個行省。在全面勝利之後，大流士在伊朗西部的一個山崖上用三種文字（大流士時代開始使用的古波斯文、埃蘭文和古巴比倫文）銘刻了他獲得王位和鎮壓叛亂的經過，這就是著名的《貝希斯敦銘文》。

大流士在他建立的波斯帝國首先創立了制衡的概念：他在每一個行省都派一位總督，管理稅收、財務和民政工作；同時他又把全國分成五個大軍區，每個軍區下設若干分軍區，軍區的首長和地方的總督互不從屬，以便互相監督牽制。這也是波斯帝國的皇帝能夠坐鎮蘇薩而遙控這麼大的領土的原因之一。

波斯帝國的有效統治還有幾個政策性的原因。第一，波斯帝國以懷柔治國，雖然帝國有強大的軍事力量並且向各省派駐行政首長，帝國主要是依靠各地的豪強來代管本地事物，包括徵收稅賦，並非事無巨細皆令出都城；第二，波斯帝國早期就致力於修建許多驛站和公路，其中路況最好、直通蘇薩供皇帝專用的路被稱為“御道”。比如說，從蘇薩到愛琴海邊雖有漫長的大約 2,400 公里，但也只要幾天就能到達；第三，大流士向各地派駐一些情報人員，他們被形象地稱為"皇帝的眼睛"。情報人員打探、暗訪所得的情報會匯集到首都，供皇帝和大臣們作為施政舉措的依據。

阿契美尼德波斯帝國在軍事上的成就非常大，其行政上的成就也很卓著。但是這個帝國對人類文明的最主要貢獻卻是在宗教方面。他們把波斯帝國建國之前約 100 年左右誕生的一位先知 —— 瑣羅亞斯德所創的宗教奉為國教，並且依靠國家的力量宣揚了這一套相對原始，但非常具有創造性的宇宙觀、生死觀和社會觀。在波斯帝國統一的狀況下，瑣羅亞斯德的思想在伊朗語世界裏傳播得很廣，對後世的影響極為深遠，這是波斯人對世界文明做出的巨大貢獻。

"波斯文明圈"部分或可另有一個題目 —— 伊朗：一個心智的帝國。波斯文明最早的心智力量的表現就是瑣羅亞斯德教（Zoroastrianism，又稱祆教）。後面也會講到波斯人在伊斯蘭文明發展中影響和貢獻，以及後來波斯人在史學、文學、哲學、數學、醫學、建築、繪畫等方面對世界文明的貢獻。

希臘人的影響

波斯帝國建立以後統治了西亞、東北非和歐洲的廣闊地區，當時唯一有力量和波斯相抗衡的就是希臘的各個城邦。假如希臘的各個城邦能夠像較早波斯與米底一樣結合在一起的話，阿契美尼德王朝未必能夠長時間順利地統治幅員遼闊的國土和許多不同信仰的人民。

但是，希臘人的分裂使波斯人能夠在公元前五世紀時跨過博斯普魯斯海峽，佔領了色雷斯的一部分以及馬其頓。後來還是因為希臘各城邦的不團結，讓他們之北的馬其頓統一了希臘，並且由馬其頓的王子亞歷山大率兵攻陷了波斯帝國的首都，佔領了波斯帝國的大部分領土。

　　亞歷山大大帝東征的歷史早已人所共知。他在公元前 336 年，以 20 歲的年齡，統帥軍隊，利用他自己改進的由士兵手持長槍列成矩陣的作戰方式，摧枯拉朽般地攻陷黎凡特，南下摧毀了波斯在埃及的統治，再回師攻入巴比倫和波斯本土，進而向東攻入今天的阿富汗，甚至越過印度河，兵鋒直達巴基斯坦。此時東征已經進行了 10 年之久，與他一同出征的希臘－馬其頓士兵因思念家鄉而躁動，亞歷山大不得不班師西返。在班師途中經過波斯帝國時，他在距離波斯首都蘇薩不遠的巴比倫娶了一位波斯公主。在婚宴上，亞歷山大身着波斯皇袍，接受臣屬的跪拜，展現他是波斯人的皇帝以及願意跟東方民族融合的意願。他也鼓勵麾下一萬名希臘將士迎娶當地的波斯女郎，並在婚宴上穿上波斯服飾。但婚宴不久後，亞歷山大猝死，英年早逝。

　　亞歷山大大帝去世之後，他所征服的大片領土被他的三個部將瓜分。托勒密佔領埃及，建立了托勒密王朝。跟他一同攻打波斯和中亞的塞琉古則佔據了西亞和中亞地區，自建塞琉古王朝，首都先是在東部的巴比倫，後來為了兼顧西方的希臘本土而遷都至地中海東岸的安條克，即今天敍利亞的主要海港拉塔基亞。公元前 322 年後，塞琉古王國轄有黎凡特、美索不達米亞、波斯、阿富汗和部分中亞。這時的巴爾幹半島、小亞細亞、埃及（托勒密王國）、西亞以及部分中亞（塞琉古王國）都受到希臘文明的巨大影響，史學家稱之為“希臘化時代”的開端。

第 22 章
波斯文化的復興

希臘化與波斯化

亞歷山大征服波斯之後不久便去世了。他的部將塞琉古在亞歷山大帝國的範圍內建立了塞琉古王國，其規模大致相當於過去波斯王國的面積和人口。其疆域最西是今天的敘利亞和黎巴嫩，最東到今天的巴基斯坦。在亞歷山大東征以及塞琉古王朝統治時期，希臘人在各地建立了不少城邦，佔了塞琉古王國相當比例的人口。在長達將近300年的希臘化時代中，一方面是東方的波斯受到希臘文化的影響，另一方面是生活在東方的希臘人受到波斯文化的影響。其實亞歷山大已經預見到東西方文明不可避免的交流與融合。在東征過程中，他就招募了很多波斯士兵——所以所謂亞歷山大東征，本身就有不少東方的波斯人參加。

塞琉古王國屬下的城市有東西兩種制度並存的現象，有希臘化城邦的民主制，也有波斯地區的王權專制。雖然塞琉古王朝統治的區域主要在東方，但是王朝的統治集團來自西方，所以把首都從初期的巴比倫遷到最西邊的安條克。除了心理上重視西方之外，遷都還有利益考量。安條克是歐亞之間貿易路線（絲綢之路）的西部終點，

約旦西部商路要道佩特拉的峽谷

而貿易路線的另一個重要樞紐在今天約旦西南部的佩特拉。該城位於由希臘人托勒密家族統治的埃及和塞琉古王國的領土之間。正由於塞琉古王朝在心理上和實質利益上都需要把力量用在這兩個西部重鎮，他們就將東部的地區主要交給波斯人自行管理。但是希臘人在波斯各地，尤其是在今天的阿富汗和巴基斯坦一帶，還是留下了很重要的影響，比如經過希臘和印度文化的交流而產生的犍陀羅文化，就成為今日亞洲佛教藝術的起源。

希臘化時代歷時將近 300 年，但是塞琉古王朝的壽命卻沒有那麼長。當他們把大部分精力放在與托勒密王朝鬥爭時，在東方的省份裏有一個遊牧者的力量悄然崛起，這就是帕提亞王朝。

在敍述帕提亞家族如何建國以及他們的文明狀態之前，需要講一下瑣羅亞斯德教和瑣羅亞斯德其人。

笑着降世的先知

公元前 630 年左右，出生於今日阿富汗一個祭司家庭的瑣羅亞斯德提出了他對宇宙和人生的看法，被後人世代口傳。關於他的生平並沒有確證，也有人認為他是公元前 700 年左右出生於今天的阿塞拜疆。無論如何，他去世多個世紀後，由信徒編纂的名為《阿維斯塔》的書裏記載了他的思想。因為《阿維斯塔》裏沒有提及任何有關波斯與米底的人物與事件，所以瑣羅亞斯德在世的時間應該早於波斯與米底時期，但也絕不會遲於阿契美尼德王朝的建立 —— 因為阿契美尼德帝國把瑣羅亞斯德教（亦稱"祆教"）視為最重要的宗教。

傳說中，這位先知是含着笑降世的。瑣羅亞斯德的思想應該反映了遊牧的雅利安人在遷徙的過程中遇到了更複雜的生活環境 —— 和不同的人羣發生交往之後，雅利安人中的一部分人也轉為定居農耕。他提出的宗教思想是對新情況的反應，也是世界

烏茲別克斯坦中部布哈拉一座 10 世紀的伊斯蘭陵墓，頂上仍然有代表太陽光芒的裝飾，說明在伊斯蘭文化進入波斯世界之前，在波斯文化圈享有獨特地位的祆教的影響仍然存在。

上最早出現的相對完整的宗教體系。

《阿維斯塔》的基本概念是宇宙二元論。也就是說，善與惡由兩個神分別代表。一個叫作阿胡拉・馬茲達，是光明與生命的源泉，是智慧、善良、真誠與創造的象徵。另一個叫作阿赫里曼（有一個宗派認為他是馬茲達的孿生兄弟），是黑暗和死亡的淵藪，是愚昧、邪惡、虛偽和破壞的代表。在整個宇宙和全部的人生中，善與惡同時存在；但經過長期的鬥爭，善終於會戰勝惡。而在未來某個時間，一位生於童貞女的救世主蘇什揚特將會奇妙地降臨，並審判世界，結束馬茲達的時代。

瑣羅亞斯德所創的宗教強調倫理與道德。他對人的行為與未來的關係做了解釋：如果一個人在生活中恪守善思、善言、善行的原則，那麼他會在未來的末日審判中接受考驗，在救世主蘇什揚特的指引下，在天堂永享福樂。但是決定一個人行善還是作惡的力量，不是來自善神馬茲達的加持，也不需要罪魁阿赫里曼來蠱惑，而是由具有自由意志的人自己決定。瑣羅亞斯德教在隨後的發展過程中，強調利用代表光明的火作為宗教崇拜的祭壇，所以有時被認為是一個崇拜火的宗教。之後的發展又增加了一些神祇與禮儀，因而分成了兩種不同的觀點。一派特別強調馬茲達的身份和力量，所以又被稱為馬茲達宗教或馬茲達主義。另一派則主張兩個主神同時並重，持黑白善惡同時存在的二元論。這是瑣羅亞斯德教歷史上的內部分歧，但對世界文明而言，瑣羅亞斯德關於善惡對立、救世主、末日審判以及自由意志的思想，對後來的猶太教、基督教和伊斯蘭教都有重要的啟發作用。說伊朗是一個"心智的帝國"，瑣羅亞斯德教的教義就是例子。

馬上得天下的帕提亞（安息）王國

當塞琉古帝國經過了幾代的統治之後，人少事多，內鬥頻繁，因此就使波斯領土上的地方勢力得以伸張。在裏海東岸有一個稱作帕提亞的部族，他們不算是波斯人，但語言卻與波斯語類似，其主體是遊牧者，所以騎兵十分強悍。帕提亞人在領袖阿薩西（Arsaces）家族的帶領下統一了波斯，並且向西擴展到美索不達米亞西部，向東進發到阿富汗東部。由此他們建立了持續將近400年的帕提亞帝國。中國史家因為統治家族的名稱為 Arsaces，所以稱這個國家為"安息"。

帕提亞人馬上得天下，但是無法馬上治天下，所以在他們的治理中，使用了很多希臘的手段，也學習了希臘的文化。他們的領土遼闊，經濟上分成三個不同的區域：在西部的美索不達米亞平原上和中亞西南部比較肥沃的綠洲上，屬於農業經濟；在希臘化的城市和東方既有的城市中，則以手工業和商業經濟為主；再就是存在於草原地區的遊牧經濟。有這種三元經濟的力量，加上強大的軍隊，帕提亞帝國在公元前200年到公元200年之際，也就是歐亞大陸的貿易因絲綢之路而蓬勃發展的時候，扮演了十分重要的角色。考古學家曾經在中亞和中國西部發現過安息時代的貨幣，也證實了帕提亞帝國在歐亞大陸貿易中的地位；這些貨幣都以希臘文為抬頭，說明帕提亞帝國仍然處於希臘化時代。

在伊朗的馬茲達信仰中，有一種類似於神秘結社的信仰，就是對太陽神米特拉的崇拜。米特拉崇拜在帕提亞帝國雖不是主流，但是許多羅馬軍人因為常與帕提亞軍人作戰，慢慢也就接受了米特拉崇拜。

後來羅馬帝國的皇帝奧勒良特地把太陽神定為羅馬的諸神之首。這是東方的波斯文明影響西方的羅馬文明的另一個例子。

波斯與羅馬的對抗

在帕提亞（安息）帝國成立了 100 年左右之後，在巴爾幹半島上的希臘被從意大利半島起源的羅馬取代，所以羅馬就變成了西方的代表，而波斯的帕提亞王朝則是東方的代表。羅馬和帕提亞帝國之間曾直面發生了一些衝突，當然也有諸多的貿易行為。

衝突的兩個焦點之一，是位於波斯西北的亞美尼亞 —— 就在今天南高加索和土耳其東北部地區。亞美尼亞素來是波斯的勢力範圍，甚至有一段時間是波斯的一個行省。但是隨着羅馬帝國的擴張，其邊境推到了幼發拉底河，帕提亞附近的亞美尼亞實際上成為羅馬的保護國。另外一個衝突的焦點地區在今天敍利亞的帕爾米拉，這是通過底格里斯河之後，經過沙漠才能到達的地方，是絲綢之路上的重鎮。

帕提亞帝國跟羅馬帝國的對抗中，一個高潮是公元前 50 年之前的幾年。羅馬三大名將之一的克拉蘇為了顯示自己的功勳能夠跟龐培和凱撒相比，率兵數萬進襲帕提亞。但是帕提亞騎兵都是射箭好手，而羅馬士兵則長於在平地上近距離作戰。結果克拉蘇不僅兵敗，而且身亡。這裏有一則歷史軼事：當克拉蘇被波斯軍隊殺死的時候，波斯國王正在宮廷裏面看希臘的戲劇。也就是說，希臘化的結果讓帕提亞帝國的國王在希臘人被趕走 100 多年之後，仍然在宮廷裏以看希臘戲劇為娛樂。而恰在此時，作為希臘繼承者的羅馬帝國的大將克拉蘇，被帕提亞波斯的軍隊擊斃。

像世界上所有的朝代一樣，帕提亞帝國固然抵擋住了克拉蘇的進攻，但跟羅馬帝國長期的競爭使它的國勢受到不可避免的影響。而更致命的打擊則來自帝國內部的鬥爭：王權的更迭往往過於頻繁——曾經在一百年裏換過 15 個皇帝，平均起來一個皇帝在寶座上還不到七年。這對一個大一統的王朝來說顯然十分不利。然而，帕提亞王朝的衰落和潰敗替波斯歷史上另外一個著名的王朝——薩珊王朝的建立創造了條件。

薩珊王朝：瑣羅亞斯德教及摩尼教

在帕提亞帝國的後期，波斯文化已經跟西方的希臘文化有了相當的融合，而波斯文化的基本信仰瑣羅亞斯德教以及對馬茲達的崇拜等都得到了恢復，希臘化時代至此基本結束。帕提亞帝國後來日漸式微，在外有強敵，內有惡鬥的情況下，被另外一個王朝取而代之。

公元三世紀的時候，在今天伊朗的法爾斯省西南部有一個貴族戰勝了帕提亞的軍隊，建立了自己的王朝，此人叫作阿爾達希爾，他建的王朝以他祖父薩珊的名字命名。

薩珊王朝立國伊始就奉瑣羅亞斯德教（祆教）為國教。這個時候瑣羅亞斯德教雖然已經是多數波斯人的信仰，但有東部教派和西部教派的區別，薩珊王朝儘量設法讓東、西方面的瑣羅亞斯德教互相兼容。

薩珊帝國是波斯幾個帝國中和中國來往最多的一個。它的年代與中國的魏晉南北朝至唐朝初年這段時間相吻合，這也正是絲綢之路逐漸開通到波斯，進而西達地中海的階段。

歷史上有許多案例說明，一個帝國要保持強大，一定會有並且幾乎必須要有外部敵人。薩珊帝國的外敵就是羅馬帝國和後來繼承羅馬帝國，逐漸改用希臘語文的東羅馬帝國（又稱拜占廷帝國；是近代歷史學家賦予東羅馬帝國的名字）。東羅馬帝國即使首都、語言、領土範圍都改變了，仍然自稱羅馬帝國。

薩珊帝國除了在西部有敵人之外，東部也有一個新興起的對手——嚈噠。嚈噠人說阿泰語系的語言，是類似於匈奴的遊牧民族。他們在五世紀左右到達中亞。嚈噠又被稱為白匈奴，可能是因為這個部落的主要統治階層後來是阿爾泰語系的北亞人口和操波斯語系語言的中亞人口相互通婚所形成的。嚈噠雖然和薩珊帝國交界並且常有衝突，但又鼓勵薩珊帝國跟東羅馬帝國作戰，並幫助波斯去打東羅馬帝國。所以薩珊帝國在東西皆有強敵需要應付，而財務稅收又不充裕的情況下，雖然是波斯歷史上最為顯耀的朝代之一，享國也有 400 年左右，但是終其一朝也無法讓老百姓真正安居樂業。

從整個波斯文明圈的角度看，薩珊帝國是最為純正的波斯文明的代表，也是波斯文化復興的高度表現，因此在薩珊帝國亡國之後的歷史書上，甚至包括現當代的伊朗歷史書上，薩珊帝國以及其若干個君王都享有非常正面和顯著的地位。

早期波斯帝國的治國的方式主要是地方自治。地方政權得到中央政府的首肯之後，有很大的自主權，但是由於時代的推演，到了薩珊帝國時期，中央集權大大加強。帝國疆域東到印度河，整個中亞幾乎都屬於它，而其對臣民的統治則比前代細化得多，例如其治下粟特人的信仰和很多行為都要受到薩珊帝國的規範。

由於薩珊帝國特別強調宗教信仰，突出波斯本土的文化，所以瑣羅亞斯德教的教士階層就有了更強的政治影響力以及更大的勢力，得到更大的經濟力量。因此修建祭壇非常盛行，教士們的社會地位也非常高。於是波斯社會出現了不滿宗教上層腐化和跋扈的情緒，在這個背景下，一個新的宗教出現了，這就是摩尼教。

任何亂世都容易有新的宗教產生。公元 216 年。有一位在美索不達米亞出生的帕提亞帝國王族的後代，名叫摩尼（Mani），在瑣羅亞斯德二元論的基本概念下，創建了一個受到基督教神秘派影響的新宗教。摩尼本身是個瘸子，身體上有殘障，早年可能信仰過基督教，也受到了新柏拉圖主義的影響。在他所創的宗教裏，對人的肉體持一種厭惡的態度，認為潔淨精神才是崇高的和需要努力追求的。摩尼教雖然也是二元論，但是和瑣羅亞斯德教的二元論不同；它認為世間有善和惡，但這兩種力量在三個階段有不同的表現。這兩種力量和三個時段，叫作二宗三際論。二宗就是善神阿胡拉・馬茲達和惡神阿赫里曼。三際是指光明和黑暗二宗的鬥爭要經過三個時代。初際時，光明與黑暗分開，互不相干；中際時，黑暗侵入光明，互相纏繞，反覆鬥爭，先是黑暗戰勝，後來光明似乎又有點恢復；後際時，兩者分開，恢復到原始的狀態。（瑣羅亞斯德教則認為經過鬥爭，光明最後戰勝並且消滅黑暗。）二宗體現在人類中，就是精神和肉體的鬥爭：靈魂是聖潔的，但是被束縛於骯髒的肉體之中，要恢復純淨和光明，聖潔的靈魂就應該拋棄物質享受，不置產業，不結婚，不生小孩，不吃肉，等等，這樣才能使人死後進入冥界，升入光明，與肉體所屬的黑暗永遠分離。這其實是一種出世的甚至悲觀的宗教。但在那個時代，這種信仰傳播得很快，而且除了在波斯本土，也很快就傳入了中亞的粟特人地區，繼而通過粟特商人又傳到北方草原上的突厥語民族，也傳到了中國的中原地區。

唐武宗滅“三夷教”的時候，摩尼教就是其中一個，所以摩尼教在中國公開存在的時間並不長。不過摩尼教後來轉入地下，這種信仰的地下組織被稱為明教，一直到明朝初年都還存在。

霍斯勞中興

在薩珊帝國社會裏，按照《阿維斯塔》的說法分為三個種姓，後來又加了一個，共四個種姓。第一是祭司種姓；第二是武士種姓；第三是新加入的文書員種姓；第四是農民、牧民、手工藝者、商人等，即納稅種姓。社會這樣分工和運轉固然並非不可，但是這個種姓制度之下，祭司和武士貴族往往佔據了大多的財產，使社會貧富不均。自從有摩尼教出來對抗官方所定的國教後，在摩尼教內部還出現了一個極端的派別。他們認為既然這個世界上的罪惡主要都來自財富和情慾，那麼就應該把這兩者徹底禁絕，或者大家完全平等；不應該存在富人有土地，多妻妾，而窮人無立錐之地且無妻的現象。在一個叫馬茲達克的領袖人物的倡議下，薩珊帝國各地掀起了一場沒收富人財產，大家平分的運動，有的地方甚至還專設場所，供男子自由分享女性。這場運動使社會非常混亂，但是國王卡瓦德在初期卻選擇支持這個運動，目的是要遏制祭司和貴族的勢力，以免他們威脅到自己。後來他又設法鎮壓馬茲達克反叛，但不久突然去世。

幾乎與馬茲達克動亂的同時，薩珊帝國也受到嚈噠人的威脅。卡瓦德國王去世後，王子霍斯勞於公元 531 年繼位。他首先設法平定了馬茲達克的叛亂，然後着手恢復社會秩序 —— 把動亂後沒有人繼承的財產和土地都交給慈善組織。接着，他下令改革賦稅，重新調查人口，丈量土地、測定各類土地的產值，並且編訂了兩套全國的納稅名冊。此外，霍斯勞還大興水利，修整田宅，讓農民生產增加。

霍斯勞在位期間是波斯文化最為昌盛和活躍的時期。霍斯勞曾學習過希臘的哲學以及印度的各種知識，包括印度人發明的棋術。他下令把重要的希臘文、敍利亞文和印度文的學術和宗教著作（包括一些新柏拉圖主義的著作）都翻譯為波斯的巴列維文，又把棋術引進到波斯。他導引學者編纂整個波斯的歷史──這本是希臘人和中國人的專長，印度和波斯過去並不重視撰寫歷史。

所以，霍斯勞不只是能外卻強敵，內平動亂，而且能發展經濟，提倡文化，是一位有知識，有謀略，富於領導才幹，長於執行能力的雄主。

由於他的巨大成就，後人稱他為"霍斯勞──不朽的靈魂"。也有人稱他是公正的化身或是哲學家皇帝。這是薩珊王朝末期的中興。雖然後來薩珊王朝曾經戰勝過東羅馬帝國，佔領過耶路撒冷，甚至進入小亞細亞，也曾經打敗過嚈噠人，但始終沒有辦法徹底解決王室與祭司集團彼此妒忌和爭鋒的問題。

在薩珊王朝初創之時，國王阿爾達希爾就對他的兒子說，教會和王權是互相依賴的，沒有教會的支持就當不上國王；沒有國王的支持，教會就興盛不起來，所以必須要兩者兼顧，使其保持平衡。可事實上終薩珊一朝，瑣羅亞斯德教是國教，且薩珊帝國的開國君主本身就出自祭司家庭，但始終沒有能夠避過開國之君的警語。公元七世紀中期，帝國已經民窮財盡，國家的團結也因教權和王權的鬥爭而遭到很大的打擊。這就給阿拉伯半島新湧現出來的一股新力量造成良機，得以進入一千多年來輻射出巨大影響力的波斯文明圈。

第 23 章
伊斯蘭教與入侵者

阿拉伯人的征服活動

在整個波斯民族幾千年的歷史中，最大的兩件事莫過於公元前六世紀中葉波斯人建立阿契美尼德帝國並信奉瑣羅亞斯德教，以及薩珊王朝於七世紀中葉被阿拉伯人征服，開始伊斯蘭化。七世紀中葉以後，在將近 1,000 年的時間裏，波斯文明圈的主要部分先後被阿拉伯人、突厥人、蒙古人統治。

公元七世紀，正當拜占廷帝國和薩珊帝國互相纏鬥到精疲力竭之際，阿拉伯半島原本異常分散，各有自己的偶像和崇拜儀式的許多部落，在先知穆罕默德的引導下，逐一皈依了伊斯蘭教。阿拉伯民族從此得以團結，並轉而向外擴張。他們擴張的速度之快與範圍之廣確實是史無前例；其外在表現當然是武力征服其他民族和擴大自己的統治範圍，但是這種表現的內在動力則來自新近信奉伊斯蘭教的阿拉伯人的宗教熱誠。

阿拉伯人向外擴張初期，領導層做出了一個似乎不合戰爭常規，而又必須無比自信、具有非凡勇氣才能做出的決定，那就是他們在征服了東羅馬帝國在阿拉伯半島北部（今日伊拉克、約旦、以色列／巴勒斯坦、黎巴嫩、敍利亞）的領土之後，立即向西進攻拜占廷帝國轄有的埃及和突尼斯，又同時向東進攻波斯薩珊帝國。

這兩個分別代表西方文明和東方文明，互相纏鬥了幾百年的大帝國，居然被一個從未有過光輝歷史，文明落後且人數又不多的阿拉伯民族摧枯拉朽般擊潰。究其原因，這兩個國家常年作戰，使得雙方都精疲力竭，民窮財盡，賦稅沉重，所以普通百姓不再願意支持自己的皇帝或國王。

阿拉伯軍隊遠征各地有三重目標：第一是作為入侵者，統治大多數的被征服者；第二是宣揚伊斯蘭教；第三是使被統治者阿拉伯化。這三重目標無論在埃及、黎凡特，還是伊朗都是一樣的。

歷史證明，阿拉伯化和伊斯蘭化在埃及和突尼斯幾乎完全成功了。阿拉伯人征服埃及之後不出兩百年，阿拉伯語和阿拉伯文已經成為全體埃及居民的工作和生活語言，但因為伊斯蘭教的教義尊重猶太教和基督教人的信仰，所以部分埃及的科普特基督教徒並沒有伊斯蘭化（今天仍然有大約 10% 的埃及人口是科普特基督教徒）。猶太教徒也是如此。在原來東羅馬帝國的領土黎凡特地區，阿拉伯化和伊斯蘭化也極為成功。這些地區的語言和文字完全阿拉伯化，絕大多數的人口都信奉了伊斯蘭教。當然，出於和埃及同樣的理由，小部分基督教徒並沒有改變信仰，而猶太人則早已被羅馬人驅趕離開了巴勒斯坦。

伊朗的伊斯蘭化與阿拉伯化

通過經濟和行政手段，對瑣羅亞斯德教徒徵收人丁稅，再加上一些行政上對穆斯林有利的措施，使過去缺乏統治經驗，並且文明程度和伊朗完全不可同日而語的阿拉伯人居然完成了三項目標中的兩項——成功統治波斯人，並且使伊斯蘭教變成波斯文化圈最主要的宗教。但是也有許多阿拉伯人認為，伊斯蘭教是真主用阿拉伯語向先知穆罕默德做出的啟示，是恩賜給阿拉伯人的宗教，其他民族不需要甚至沒有資格成為穆斯林。穆罕默德在世時，就曾對麥地那（Medina）附近的猶太人有過不同的態度——先是尊重和共處，後來又對猶太部落加以申斥和限制。但無論如何，伊斯蘭教承認同樣屬於一神論宗教的猶太教徒和基督教徒屬於"有經之人"，可以繼續保持自己的宗教信仰和社區自治，但需要對穆斯林統治者繳納人丁稅。

阿拉伯人統治伊朗之後所面臨的最大問題就是：瑣羅亞斯德教到底是多神教還是一神教？瑣羅亞斯德教的教徒算不算"有經之人"？與這個問題相關的有兩重考慮：一是理論層面的，即應不應該迫使瑣羅亞斯德教徒信奉伊斯蘭教？二是現實層面的，即如果人人都成為穆斯林而不必繳納人丁稅，那又如何彌補政府收入的損失？最終阿拉伯人的結論是，瑣羅亞斯德教大多獨尊馬茲達，算是一神教，《阿維斯塔》是一本正經。但是在心中和在行動上，阿拉伯穆斯林對瑣羅亞斯德教徒是有歧視的。

也許出乎阿拉伯人的意料，在不到一百年之內，整個波斯文明圈裏的絕大部分人都信奉了伊斯蘭教，其中固然有不少是為了免交人丁稅和提高社會地位，但是伊斯蘭教義中穆斯林互相平等的概念對屬於低等種姓的波斯人確實具有吸引力。

改宗之後必然要學會阿拉伯文，並且要使用阿拉伯文從事宗教活動，因此波斯語文裏也大量出現了阿拉伯語詞彙。不久波斯人廢止了書寫波斯語的巴列維文，而採用微調過的阿拉伯字母來書寫波斯語言。實質上波斯的語言和文法並沒有真正改變，改變的只是字母。另一方面，雖然波斯的語言裏面增加了許多關於宗教和其他方面的阿拉伯詞彙，波斯的語言裏面本來很豐富的關於行政、財務以至哲學、物理學、醫學方面的詞彙，也因為改以阿拉伯字母書寫，而逐漸進入了阿拉伯的文字和語言裏。這就形成了阿拉伯語和波斯語、阿拉伯文和巴列維文的互相交流和交融。

總而言之，第一，阿拉伯很輕易地征服了伊朗高原是事實；第二，阿拉伯人沒有全力推動波斯人的伊斯蘭化，絕大多數波斯人卻改信了伊斯蘭教；第三，阿拉伯的文字和語言被信仰伊斯蘭教的波斯人所接受；反過來，波斯文裏的詞彙也滲入了阿拉伯人的語言。

伊斯蘭教的波斯化

波斯的人口眾多，地域遼闊，文明悠久，一旦許多波斯人都信仰伊斯蘭教之後，伊斯蘭教就不可能沒有改變。

八世紀時，新近改宗的波斯穆斯林（他們被阿拉伯人稱為"麥瓦利"，帶有輕蔑的意味）曾經對阿拉伯人頗為不滿，還掀起過以波斯民族主義為基礎的"舒比葉"運動，進行抗議。有些地方的阿拉伯軍政長官要求已經改奉伊斯蘭教的波斯人依舊交納人丁稅，並且在生活和工作中也有諸多歧視麥瓦立的條例，所以波斯人是帶着不滿的心情進入阿拉伯人所建立的宗教帝國和伊斯蘭社會的。

這種心情在呼羅珊（伊朗的東部）特別顯著。因為呼羅珊與阿拉伯人集中的兩河流域相距較遠，離倭瑪亞王朝的首都大馬士革更遠。一個叫阿布·穆斯林的麥瓦立與多年來一直反對倭瑪亞王朝的阿拔斯家族（穆罕默德叔父阿拔斯的後人）合作，於公元 746 年在他的家鄉呼羅珊組建了一支以黑色旗幟為標誌的軍隊，於 749 年擊敗了駐守當地的倭瑪亞軍隊。他繼而帶兵西進，與阿拔斯家族協同攻入大馬士革。連續幾任哈里發都嗜酒、好色，不知天下大事的倭瑪亞王朝迅速瓦解（只有一位母親是摩洛哥人的年輕王子在一位義僕的護衛下西逃摩洛哥，後來在西班牙建立了後倭瑪亞政權）。哈里發由阿拔斯家族接任後，阿拔斯王朝決定把首都東遷到波斯人口聚集的地區，先是在薩珊王朝的首都泰西封附近。阿拔斯王朝初期，波斯人阿布·穆斯林地位顯要。755 年，生性多疑的哈里發曼蘇爾為防止阿布·穆斯林權勢過大，設計將他殺害。然後，在距離波斯不遠但主要是阿拉伯人居住的底格里斯河邊建了一座新城──巴格達──作為首都。阿布·穆斯林的被殺有他與曼蘇爾的個人恩怨因素，並沒有影響到後來大批波斯裔高官在阿拔斯朝廷裏擔任要職，並且得到榮耀的封號。

阿拔斯王朝建都巴格達，是把伊斯蘭教的統治中心設在波斯文明圈的邊緣。新王朝開始模仿波斯式的建築修建清真寺。事實上，阿拉伯人並沒有自己的建築風格。穆罕默德在麥地那時所住的是很簡單的屋子（masjid），也兼做清真寺用。今天在阿拉伯文裏，清真寺稱為"masjid"，其故在此。但是倭瑪亞王朝在大馬士革蓋了很大的拜占廷式的清真寺，阿拔斯王朝在巴格達則蓋了宏偉華麗、受波斯風格影響的清真寺。此時，阿拔斯王朝的哈里發除了是宗教領袖之外，漸漸地不再具體處理政務了，因為後來的哈里發採用了在波斯已經沿用很久的首相制。九世紀以後，雖然哈里發本人是阿拉伯人，而且是穆罕默德家族阿拔斯系的後裔，但不少哈里發的母親都是波斯人，而且首相也往往是波斯人。因為朝廷裏和重要場合都使用阿拉伯文，這使大部分波斯知識分子都兼通波斯文與阿拉伯文。許多波斯人也都以阿拉伯文著作。

波斯人有長久的治國經驗與優秀的文化傳統。阿拔斯哈里發國正是借鑑了波斯人的長處，才發展出中世紀全世界最輝煌的文明之一，創造了今天許多穆斯林仍然懷念的伊斯蘭黃金時代。

波斯－阿拉伯－伊斯蘭文明

講到伊斯蘭文明的黃金時代，一般是指公元 9–12 世紀時的阿拉伯–伊斯蘭文明。這個說法雖然很普遍，但是忽略了波斯人的貢獻。

在阿拔斯哈里發王朝建都巴格達不久之後，就建立了一個智慧之宮，並且開啟了歷時一百多年的翻譯運動。這裏面當然有很多波斯人的參與，翻譯的內容主要是希臘的古典哲學、文學和科學，以及波斯和印度的古籍。在這個基礎上，伊斯蘭發展了自己的伊斯蘭教理學、教義學、教法學，也發展了自己的哲學、數學、天文學和醫學。

即使是通俗的文學 —— 阿拉伯文的經典著作《天方夜譚》（或稱《一千零一夜》），其中的大部分故事都源自波斯，少數則是印度的故事。

在嚴肅的課題裏，遜尼派伊斯蘭有四個主要的教法學派，其中兩個學派是由波斯人創立的。在教義學上面，伊斯蘭學者提出了兩個至今也無法明確回答的問題。

第一個：《古蘭經》既然是真主對人的啟示，每個字都是神聖的，那麼《古蘭經》是真主呢，還是受造之物？後來的主流教理學家認為《古蘭經》並非受造之物。但事實上，《古蘭經》是穆罕默德去世後，由前幾位哈里發下令由信徒編纂和謄寫完成的。然而從邏輯上講，如果《古蘭經》是真主的語言，那麼語言的存在必然要遲於真主的存在，因此不可能不是受造之物。

第二個：如果真主知曉一切，遍識過去、現在、未來，並且每個人都有前定，那麼人為甚麼還會犯罪？真主怎麼會預定讓祂創造的人犯罪，並且因此而受罰呢？正統的伊斯蘭教解釋是：真主創造萬物的同時也給了人自由意志，所以人可以用自己的自由意志選擇跟從《古蘭經》還是接近撒旦。這是出於真主所賜給人的自由意志。

一部分伊斯蘭學者認為，如果人確有自由意志，那麼人是否應該用真主所賜的自由意志和推論能力來理解真主所造的世界？這一點上，醫學、化學、物理、天文學、地理學、數學都是很重要的對象，而且穆斯林學者當時對這些問題的研究給後世的歐洲學者提供了很重要的啟示與線索。操波斯語的民族在這些方面的貢獻非常之大。

現在大家都說高等代數是阿拉伯人的發明。沒有錯，這樣的書最早確實是用阿拉伯文寫的，但是其作者卻是八世紀末出生於鹹海附近的花剌子模地方的一位波斯人，名為花拉子米。

還有一位非常天才的哲學家和醫學家，他是 10 世紀末出生在中亞布哈拉的波斯人，叫伊本・西納（歐洲人稱他為阿維森納）。他 10 歲就能背誦全部《古蘭經》，16 歲跟一位印度醫學家學醫，18 歲開始行醫，當時薩曼王朝（見本章下一節）的國王重病而御醫束手無策，伊本・西納奉召入宮，治愈蘇丹。伊本・西納精研過亞里士多德的哲學，後來還為此放棄信仰，並受懲罰。他的著作極多，包括一部包羅病症、診斷、療法和藥物學等的百科全書式的《醫典》。這部以阿拉伯文寫成的醫典後來被譯成拉丁文，歐洲許多醫學院從 12 到 17 世紀，一直沿用這部《醫典》作為教科書。元朝時，《醫典》的主要內容也被介紹到中國的醫學界，對今日的中醫有相當大的影響。

從七世紀中葉阿拉伯人征服伊朗，到 11 世紀左右伊斯蘭文明達到黃金時代，這 400 年裏，雖然阿拉伯人在宗教上、政治上、軍事上征服了波斯人，但是在文化上、思想上和生活習慣上，則是波斯人改變了阿拉伯人。所以我們今天說的阿拉伯－伊斯蘭文明，準確地說應該稱為波斯－阿拉伯－伊斯蘭文明。

波斯人建立地方政權

因為阿拔斯王朝的首都巴格達就在波斯附近，而哈里發政權的內部時常有鬥爭，於是就給了文化力量和凝聚力都很強的波斯人一個可以自行建立地方政權的機會。從九世紀開始，在波斯文化圈裏面先後有幾個地方的統治者建立了幾乎是獨立的政權。之所以用"幾乎"而不是完全獨立，是因為他們多半都還奉巴格達的哈里發為元首，在週五的瞻禮（主麻）上多半也還是提哈里發的名字（雖然後來也有人提自己的名字）；他們鑄造的貨幣還是以哈里發的名義發行的。但是實質上這些都是波斯人在他們聚居的地區建立的政權，阿拉伯人已經無法對其實施管轄。

最早成立的地方政權應該是公元 820 年在今天土庫曼斯坦的東南部，首都在絲綢之路的重鎮馬雷（中國古籍稱為木鹿）的塔希爾政權。不久後，一個錫斯坦地區（今天巴基斯坦的西部和伊朗的東部一帶）出身的銅匠建立了叫作"薩法爾"的王朝（867–1003 年；薩法爾的意思是銅匠）。這些波斯人建立的地方政權往往並不稱自己是沙（國王），而是用阿拉伯文的"埃米爾"（將軍或者督軍的意思）一詞，有時也自稱馬利克（意為王公），表明他們並沒有與哈里發"共比高"的意思。

　　波斯文明圈東部影響力最大的地方政權有兩個。一個是打敗了薩法爾王朝的薩曼王朝。薩曼王朝在公元892年到999年的一百餘年裏，以今天烏茲別克斯坦的布哈拉為首都，建立了一個相當有力而穩定的政權。這段時間，正是錫爾河之南、阿姆河之北的河中地區有大量突厥裔的奴隸被販賣到波斯各地區的時候，於是布哈拉就成了當時波斯文明圈的主要奴隸市場。9-10世紀的阿姆河地區，是從北方草原南下的操突厥語的遊牧人口、從事定居農業和貿易的操東伊朗語的粟特人、阿姆河南部（今日阿富汗地區）說其他伊朗語的人口，以及其他西部波斯人口相頻繁交匯的地方。薩曼王朝既然定都於此，必然要和各種人口交流。於是，薩曼王朝在阿拉伯文盛行的時代，出於中亞地區人口彼此交流的需要，以及對古代波斯文明的珍惜，有意識地把當時不同的伊朗語族的語言統一到薩珊王朝時代的標準語，即以法爾斯地區的方言為標準的波斯語。所以今天烏茲別克斯坦的波斯語人口、塔吉克斯坦的主要人口以及阿富汗的第二大族羣塔吉克族都說的是今日伊朗的標準語。20世紀以來，出於政治原因，波斯語在阿富汗被稱為達里語；此外，阿富汗的最大族羣普什圖人的語言也與波斯語很接近。

　　發生於10世紀的這場語言統一，使各個突厥語族羣在波斯化時也都改用"標準"波斯語。因此，波斯文明圈在12-18世紀其實包括了今日的伊朗、土庫曼斯坦、阿富汗以及大部分巴基斯坦、印度的西部以及土耳其的東南部。由於語言的相通，波斯人所創作的詩歌和建立的蘇非社團也都在這些地區相互流通無阻。

　　另外一個波斯的地方政權是伊朗西部有一個波斯血統的人所建

立的白益（布韋希）王朝。他們信仰的是什葉派伊斯蘭教。但是他們因為自稱是薩珊王朝的後裔，並且曾在薩曼王朝裏擔任高級軍職，所以擁有軍事力量。其後，當巴格達的哈里發日漸式微，不得不聘用突厥族裔的軍人擔任禁衛軍時，白益王朝把軍隊開入巴格達，解救了受禁衛軍擺佈的哈里發。此後幾任哈里發又成了白益王朝的傀儡。這確實是對伊斯蘭歷史的一大諷刺 —— 遜尼派的哈里發要聽命於什葉派的軍閥。

薩曼王朝和白益王朝都自稱是薩珊王朝重要人物的後代；薩曼王朝還自稱祖上是瑣羅亞斯德教的貴族。他們所處的時代，正逢突厥語裔各個民族大量進入中亞波斯人的世界，並且逐漸波斯化。這就給這些波斯人建立的地方政權的歷史增加了一個新的維度。

突厥人與蒙古人的入侵

突厥語部落最早出現在今天蒙古高原西北部葉尼塞河的上游一帶。中國隋朝的時候，他們曾經征服草原各個民族、部落，建立了突厥汗國，後來在隋朝和唐朝的打擊下，分成東突厥與西突厥兩部分。西突厥汗國活動範圍大概在今天新疆的西部、烏茲別克斯坦和吉爾吉斯斯坦一帶。其中一部分西突厥的部落再繼續西遷，這就是史書上所稱的烏古斯部。

烏古斯部到了鹹海附近，向南越過錫爾河進入了波斯人的世界。由於他們在草原上就已遇到過許多波斯的蘇非，所以一部分操突厥語的部落已經轉信了伊斯蘭教，但多數人仍然信仰他們原先的薩滿教或者保持佛教信仰。由於不是穆斯林，他們許多人賣身為奴隸兵或是波斯上層的家奴，因而進入了布哈拉、撒馬爾罕等城市。這些出自突厥語各部落的軍人中，後來有人掌控軍權，又從掌控軍權而進一步取得政權。因此在波斯人的土地上，已經波斯化了的突厥軍人也開始建立他們的地方政權。比如在今天的阿富汗地區的伽色尼，本來存在波斯人建立的政權，但 11 世紀初被擁有軍事力量的烏古斯突厥集團給篡奪了，建立了伽色尼汗國，屢次攻入印度。

烏古斯人持續向西遷徙，於 11–13 世紀在伊朗和伊拉克建立起一個面積廣大、人口眾多的塞爾柱汗國。他們還是按草原遊牧者的習慣稱自己的國家為汗國。統治塞爾柱汗國的兩兄弟都非常有能力，一個率部打入了小亞細亞，進入今天的土耳其和亞美尼亞。另外一個兵臨巴格達城下，被哈里發冊封為蘇丹，之後驅逐了什葉派的白益王朝，成為遜尼派伊斯蘭的實際控制者。這個時候雖然來自不同部落的突厥人都已經學會了波斯文，但是他們在日常生活中還是使用各自的突厥方言。他們實行的是三語制度：以阿拉伯語進行宗教禮儀，以波斯文為行政語言，以突厥語各方言為生活語言。

塞爾柱人掌控阿拔斯哈里發和統治波斯地區的時期，當地的經濟和文化都相當發達。他們還起用出色的波斯學者尼扎姆為首相，替塞爾柱汗國建立了此時已經行之有效的波斯式的阿拔斯王朝的治理模式。這位名相曾寫過一部《治國之道》，在伊斯蘭世界頗具斐聲。

進入小亞細亞的塞爾柱人，不久就以今天土耳其中南部的科尼亞為他們的基地，建立國家，而且用巴格達的哈里發賜給他們的封號"蘇丹"作為名號。因此他們的國家叫作塞爾柱魯姆（Rum, 即羅馬）蘇丹國，即是塞爾柱人在羅馬的蘇丹國。

突厥人在伊朗建立的政權中，最早的當屬伽色尼王朝。伽色尼王朝時期，有一位波斯裔詩人叫斐爾多西。他繼承了薩珊王朝時代一位詩人開始但未完成的努力，用波斯文寫出一部波斯歷史上各位"馬上打天下"的國王的故事集——《列王紀》。斐爾多西出生於今天伊朗呼羅珊省，他寫作《列王紀》花了 30 多年的時間，全書盡量避免使用早已深入到波斯語文裏面的阿拉伯詞彙。就是說，他這本書是很少或者可以說幾乎沒有阿拉伯文字，而是以純正的波斯文寫成的。《列王紀》從公元 1,000 年問世到今天，一直是波斯人的文學瑰寶，每一個學童都要學習，幾乎沒有一個波斯人不知道《列王紀》裏面的歷史——它等於一部波斯文化史或是波斯民族史。斐爾多西完成這部巨著時，恰逢薩曼王朝覆滅，於是菲爾多西就把書獻給位於東南部的伽色尼王朝的國王。但因為伽色尼王朝的當政者是剛取得政權的突厥人，並不重視甚至不願意見到這本着意頌揚波斯文化的書，所以菲爾多西的畢生努力根本沒有得到甚麼獎賞。萬幸這本書沒有被毀壞，得以流傳至今，成為伊朗的國寶。

在塞爾柱人逐漸把重心遷移到小亞細亞（今天土耳其亞洲部分）的時候，波斯文明圈裏面最強大的政權是花剌子模。花剌子模由於和新興的蒙古人有衝突，引起了蒙古人的三次西征。

蒙古人三次進入伊朗，每次都很兇殘地在許多地方屠城，也破壞了許多清真寺。第三次西征後，成吉思汗的孫子旭烈兀以伊朗為中心，於 1256 年建立伊兒汗國，首都是伊朗西北部阿塞拜疆地區的大不里士。伊兒汗國的統治者起初對穆斯林非常不友善。他們自認為是薩滿教信徒，而當時蒙古大汗和伊兒汗的皇后和家人還是聶斯脫里派基督教（景教）教徒。所以他們常在伊斯蘭文化的基地上進行破壞伊斯蘭文化的活動。當然這些活動不能夠長久維持下去，畢竟蒙古人的數目和波斯人、阿拉伯人的數目相比太少了。經過三十餘年，幾位汗王之後，伊兒帝國的統治者合贊汗於 1295 年決定改宗伊斯蘭教，成為伊斯蘭文化的捍衛者和重建者。從他以後，蒙古人的伊兒汗國就成為信奉伊斯蘭教的汗國了。當然，伊兒汗國境內的蒙古人很少，數代之後就同化在當地人之中，不復存在蒙古政權甚或蒙古族了。

這裏要稍微補述一下，伊兒汗國初期，即使其統治者不信伊斯蘭教，堅持蒙古傳統，也任用了一些本地人作為首相或者是重要顧問，其中就包括志費尼兄弟。他們二人去過蒙古的首都哈拉和林，其著作《世界征服者史》被後世學者認為是對於成吉思汗家族征服各地的極為重要的記錄。此外，還有一位原本是猶太裔，後來轉奉伊斯蘭教的學者拉施特。他受到重用，做過伊兒汗國的宰相，後來還奉命帶領不同國家和宗教的學者編寫了著名的《史集》，可以說是人類第一部世界史。合贊汗本身也做了很多改革，但是他在改革中又做了另外一個極端的事；因為他改宗伊斯蘭教，就又下令摧毀大量的基督教堂和祆教的廟宇。

可以這樣總結：波斯人很早就有了文明，很早就通曉治國之道，被阿拉伯人征服之後，他們改變了宗教，並沒有改變自己的語言和治國之道；突厥人曾經權重一時，但是逐漸波斯化；蒙古人曾經兇殘屠殺，甚至把頭顱堆成金字塔，也曾經破壞清真寺，禁止穆斯林宰牛羊時放血，但是後來蒙古統治者還是改宗了伊斯蘭教，並且在語言上和生活習慣上都被波斯人同化。

帖木兒帝國與波斯－伊斯蘭的文藝復興

帖木兒（1336–1405）出生在今天烏茲別克斯坦的歷史名城撒馬

爾罕附近，屬於一個突厥化的蒙古別部。在他的兒童時代，蒙古人所建的伊兒汗國已經逐漸衰落。帖木兒娶了西察合台汗國的一位公主，所以他以作為成吉思汗黃金家族的駙馬為榮；由於他畢竟不屬於真正的"黃金家族"，所以他終生沒有稱"汗"，只用"埃米爾"的稱號。

帖木兒由撒馬爾罕起兵，控制西察合台汗國之後，以伊斯蘭聖戰和成吉思汗大法（dazhasa）為旗幟，到處征伐，從沒有打過敗仗。他曾經侵入印度，攻下今天整個伊朗，佔領高加索地區，也曾打到今天的土耳其。他的戰績遠超伊兒汗國的創始者旭烈兀，最終建立了帖木兒帝國。

在他和兒子沙哈魯以及孫子兀魯伯三代人的統治時期，他們的政治－宗教信條是蒙古－阿拉伯式的，法律體系是突厥－成吉思汗式的，文化上卻是波斯－突厥式的。以這樣一種意識形態和統治體系，帖木兒建立了一個新的帝國，不止彌補了蒙古人 100 餘年統治對伊斯蘭文明造成的破壞和不愉快記憶，而且成功地推動了波斯－伊斯蘭的文藝復興。這場文藝復興在時間上大致與歐洲的文藝復興同時，且內容也主要在文學、繪畫、建築幾方面。

帖木兒汗國的歷任統治者都致力於推動波斯文化發展，獎掖詩人，鼓勵細密畫，提倡數學與天文學。

帖木兒出生在中亞，雖然是屬於波斯文化圈，但是那個時候中亞已經以突厥語為主了。他的兒子沙哈魯把帖木兒汗國的首都從撒馬爾罕遷到今天阿富汗的赫拉特，宮廷語言是雙語並用，即是中亞的突厥語（今日的烏茲別克語）與達里波斯語（阿富汗的主要語言，與波斯語無異）同等重要。

帖木兒的孫子兀魯伯曾經在布哈拉建立了許多重要的伊斯蘭建

薩馬爾罕的帖木兒陵墓

布哈拉一座帶有太陽與鳳凰圖像的伊斯蘭建築

築，包括清真寺、經堂學院等。他也是一位天文學家，在撒馬爾罕修
建了一座當時世界上最為先進的天文台，並且記錄了 1,000 多顆恆星
的位置，以及一些行星的運動軌跡。他自己還親自到經堂學院去講課。

　　就是在帖木兒汗國興盛的時候，細密畫的大師畢扎德在赫拉特創
作了他最主要的作品。波斯詩人的集大成者賈米也是在赫拉特成名，
後來遷居大不里士。帖木兒汗國時期有許多重要的和創新的伊斯蘭建
築。

　　因此，從波斯文明的經歷可以看到，這樣一個富有想像力、創造
力和感染力的古老文明，確實經過了幾千年的上下起伏。而文明史的
引人之處就在於它高潮迭起，永無停止。

第 24 章
波斯的詩與畫

入侵者激發的波斯文化自覺

七世紀中葉開始，曾經產生強大且影響力深遠的波斯文明的誕生地 —— 伊朗高原被阿拉伯人佔領，之後又有嚈噠人、塞爾柱突厥人、花剌子模人、蒙古人和土庫曼人輪流統治。作為文明體，波斯文明始終健在，但是波斯帝國和它的王統卻間斷了大約 1,000 年。在這 1,000 年間，多批入侵者大都已經變成穆斯林，並且幾乎全部在語言上波斯化。所以波斯雖然被征服了多次，但多批入侵者卻在語言上和宗教上被波斯同化。多番被入侵後，波斯人對自己的文明產生了一種加以保護和予以發展的慾望。九世紀時，波斯人建立的地方性政權薩曼王朝在中亞崛起。雖然他們也奉哈里發之名進行統治，但王朝的主體意識是波斯的，因此刻意推行波斯文學。

波斯人在建築、繪畫、音樂和文學等方面早有成就；薩珊王朝時代，這幾項都已達到相當的高度。然而，詩作為文學的一種表現形式，在早期的波斯文明裏並不重要。七世紀，阿拉伯人征服波斯後，絕大多數波斯人信奉了阿拉伯人的宗教，許多人也通曉阿拉伯文。阿拉伯語很有韻律感，也容易押韻，所以阿拉伯人對詩素來非常重視。

兩個民族逐漸融合，在文化上的結果之一就是波斯人也開始重視詩。在 9-10 世紀在呼羅珊地區（包括今天烏茲別克斯坦和阿富汗）出現的使用波斯語的政權——薩曼王朝（819-999）和伽色尼汗國（977-1186）——都很重視詩人，在宮廷裏時常有波斯詩歌朗誦；因此詩人的社會地位很高，對民間的語言和文字有重要的影響。

薩曼王朝的創建者是薩珊王朝皇族的後代。七世紀亡國後，薩珊皇族東遷呼羅珊地區。過了一百餘年，他們以布哈拉（今烏茲別克斯坦境內）為首都，建立了波斯人為主的王國，鼓勵詩人以薩珊王朝的宮廷語言"達里語（Dari）"創作詩歌。達里語詩歌在皇室的推動下，在各地廣泛流傳，以致波斯文化圈的東部人口自 9-10 世紀起，改說以西部法爾斯省的語言為基礎的"達里波斯語"，即宮廷的波斯語，簡稱波斯語。

波斯語盛行的時代，恰巧也是蘇非神秘主義在波斯文明圈迅速發展的時期。所以蘇非主義的哲學思想，以及蘇非信徒們的一些感受，往往用很簡短的詩句來表現。蘇非把人與真主之間的關係當作他們最重要的宗教體驗和神學命題，把尋求與真主合一當作最高的期盼和快慰。在四行詩出現之後，通過蘇非的愛好與傳播，終於在 9-10 世紀時，使得詩歌在波斯文明圈內成為非常重要的文學形式。

波斯四行詩的發展與特色

雖然波斯詩在薩珊時代已經存在，但是一直到 9-10 世紀才出現了幾位著名詩人。當時的詩體是四句，句尾有押韻，跟中國唐代盛行的絕句頗為相像。北京外國語大學的穆宏燕教授曾分析波斯四行詩與中國唐代絕句之間的異同，並引述一位意大利學者的研究，提出四行詩很可能與中亞的西突厥人的詩都起源於中國的絕句。

四行詩和絕句的確有相似的特質；它們都短小簡潔，很適於表現一種瞬間的感覺或是直觀的意念。詩人可以用比喻讓讀者在短短四行文字裏感受到自己想要傳達的意念。

波斯早期的詩人中，最著名的是出生於今日塔吉克斯坦的魯達基（858-941）；他是一位傳統的穆斯林，受到薩曼王朝宮廷的推崇，被公認為四行詩的奠基人。

較晚一些的著名詩人海亞姆（Omar Khayyam, 1048-1131）出生於今天伊朗東部的內沙布爾。他同時也是天文學家和數學家，很尊重理性，與信奉蘇非神秘主義的詩人很不相同。海亞姆雖然只寫四行詩，但是他的詩作精闢，題材十分廣泛，可以說是波斯四行詩的代表人物。可能因為海亞姆崇信理性，學識廣博，與後來歐洲文藝復興和啟蒙運動時期的學者有共同點，所以他在西方非常受歡迎。他關於愛情、苦難、人間不平以及宇宙奧秘等方面的詩作都被翻譯成數種西方文字。

12 世紀以後，波斯詩裏又出現了其他體裁，但是四行詩卻始終是最受人們歡迎的。

下面借用穆宏燕教授舉的例子，對比中唐詩人劉禹錫（772-842）的一首絕句和 13 世紀塞爾柱魯姆蘇丹國（今天土耳其中南部）的莫拉維（1207-1273；見後）的一首四行詩：

竹枝詞（劉禹錫）

山桃紅花滿上頭，蜀江春水拍山流；

花紅易衰似郎意，水流無限似儂愁。

而莫拉維（西方人一般稱其為"魯米"，即生長於"羅馬國"之人）的四行詩是：

秀髮似網纏且纏，紅塵如蜜歡弗歡；

相會誓言空又空，離別之痛添再添。

以上的漢語翻譯雖不能和原文等同，但至少可以看出來，兩首詩都短小精幹，講的都是男女愛情。

但是劉禹錫寫的就是男女之愛，沒有其他的隱喻，而莫拉維寫的卻是帶有宗教意味的蘇非愛情詩。

沉醉於愛情的蘇非詩

魯達基、海亞姆以後又出了許多用波斯文寫作的著名詩人，除了波斯人之外，還有塞爾柱突厥人、花剌子模人、阿塞拜疆人，以及後來的奧斯曼人以及莫卧兒印度人。可以說，中世紀和前現代波斯文學的傳播地區與古典時期波斯帝國的領土大致重合 —— 西起愛琴海，東達印度河。

魯達基與海亞姆之後，生活在阿塞拜疆的內扎米（1141－1209），以他的《五卷詩》著稱。《五卷詩》中的《蕾莉與馬傑農》是內扎米（Nizami）的代表作，根據阿拉伯傳說而寫成，敍述一對屬於不同部族的青年男女為追求愛情而殉死的悲劇。詩中有這樣的句子："若不是胸中燃燒着愛你的情火，為你而流的淚水早已把我淹沒；若不是眼中飽含為你而流的淚，憂傷之火熊熊早已把我焚燒成灰。"

歷史上最著名的三位波斯蘇非詩人都生活在蒙古人統治的時代。在蒙古人的伊兒汗國治下，波斯和中國來往很多，所以在文學上和藝術上也有相當的交流。

伊朗西南部的設拉子在蒙古人入侵時，因為本地統治者付出重金，所以沒有受到殺戮與破壞，社會環境比較平和，也許因此而產生了兩位世界著名的詩人：薩迪（1210－1291）與哈菲茲（1315－1390）。前者的名作《果園》、《薔薇園》以及後者的《詩頌集》在波斯世界可謂無人不曉，任何人都能背誦幾首。在整個波斯文學史中，除史詩作家斐爾多西所著的《列王記》之外（見前章《伊斯蘭教與入侵者》），哈菲茲的幾百首抒情詩可能是最被廣泛引用的作品。

薩迪幼年喪父，出身寒微，長大後曾到巴格達學習阿拉伯文學與伊斯蘭法律，也曾經以沿途托缽的蘇非身份遍遊中東各地。他的作品包括詩歌及短篇小說，文字高雅而富於深刻的哲學思想與社會意義。他的一個名句是："全能的真主所鍾愛的人是：富有但具有窮者的謙卑的人，以及貧窮而具有富者的雅量的人。"

哈菲茲是一個沒有教團或官府職稱的文學家，自小就能背誦全部《古蘭經》（在伊斯蘭世界裏，能夠背誦全部《古蘭經》的人被稱為"哈菲茲"；他的名字就是如此得來）。他有大量詩作流傳下來。從這些詩中，人們能夠看到從哈菲茲的"酒杯"裏流出來的不是"瓊漿"，而是對精神自由的追求，是狂放不羈的、真正的風流。正因如此，哈菲茲的詩也被全世界（特別是歐洲）的文學愛好者所推崇。

另外一個極為重要蘇非詩人是上面提到的蘇非教團的領袖莫拉維（即魯米）。當他寫飲酒的時候，他把酒分為"真主之酒"與"魔鬼之酒"；他還把"愛情"視作"人神之愛"，並且經常以"男女之愛"來比喻人和真主之愛。他認為人生所有痛苦的來源是與真主分離，所以設法和真主結合，並且設法保持"人和真主合一"的狀態應該是所有人的最高追求。

蘇非詩人筆下的美女與醇酒既然另有隱喻，那麼要理解蘇非神秘主義的詩，就必須要能夠看出，作者是以喻託來表達他們對真主的感情，以及達到與真主結合的體驗時難以名狀的歡愉。

在這類表述中，蘇非主義者其實等於修改了伊斯蘭教最基本的"信主獨一"的教義。依照傳統教義，萬物皆為唯一的真主所創造，莫不為唯一的真主所有。而蘇非神秘主義則認為，萬事萬物都是真主神性的一部分，所以詩人們往往在詩裏面寫的是對真主的愛情以及與真主合一時的陶醉。他們把着眼點從"後世才能回歸真主"轉為"今世即可與真主合一"，把真主和人之間創造者與被造者的關係說成是"戀人關係"。所以我把本篇的這一節叫作"沉醉於愛情的蘇非詩"。

波斯詩發展到 15 世紀的時候，重心又轉移到呼羅珊，即今天的阿富汗。當時整個波斯文藝復興的重點在中亞。這是因為受波斯文化影響很深，說突厥語而自認是蒙古人的帖木兒所建立的王朝繼承了波斯人的文明，並且大力推動波斯文明的復興。也就是說，蒙古人 13 世紀的入侵削弱了波斯文明，而突厥化蒙古人的後代於 15 世紀又促進了波斯的文藝復興。

當時有幾位重要的波斯詩人，最著名的是將波斯詩歌水平推到最高點的集大成者——賈米（1414-1492）。他出身於一個蘇非教士的家庭，主要生活於帖木兒汗國的首都赫拉特，是納格什班迪蘇非教團的重要成員。賈米除了是蘇非神秘主義的論述者，還精研伊斯蘭遜尼派的教理學與哲學，主張今世後世雙修。他的詩作和散文極多，文字優美，風格清新，受到帖木兒朝廷和民間學者的共同讚賞。他的作品中有七部被合編為一套，稱作《七寶座》。

總結一句，波斯文明在發展出獨特的軍事組織、政治制度和法律系統之外，還創造了瑣羅亞斯德教。自從波斯人信奉伊斯蘭教之後，波斯人在文學上開始注重詩，而詩的發展又和蘇非主義的發展差不多同時並行，因而形成了蘇非愛情詩這種文學類別。

從浮雕到細密畫

波斯文明對於藝術，其實很早就有表現。約 2,500 年前的波斯波利斯王宮裏就有栩栩如生的浮雕藝術。薩珊王朝時代，摩尼教的創始

波斯波利斯王宮遺址

人摩尼本人是一位藝術家、畫家。後來摩尼教非常注重繪畫，還用金箔等特別鮮豔的顏色創作藝術。在蒙古人征服西亞後所建立的伊兒汗國時期，波斯與中國來往頻繁，通過史書、繪畫、瓷器，以及人員的來往，波斯的幾個藝術品類都有了改變，特別是波斯繪畫有了新的發展。

這時全部波斯文明圈早已伊斯蘭化，而在伊斯蘭傳統裏，繪畫是不受鼓勵的，尤其不能畫人像，甚至也不畫動物，以免觸犯偶像崇拜的禁令。因此在伊斯蘭社會裏，一般只能畫花草、幾何圖形以及經過藝術加工的書法。在蒙古人統治西亞和中亞的時代，中國的繪畫藝術傳到了波斯，許多畫工開始受到影響而將"中國畫風"表現在他們的畫作裏。如前文所述，這正是波斯文學非常昌盛，有許多詩作問世的時期；同時也是蘇非神秘主義成為波斯文化主流的時期。由於許多史書和詩集（如前面講到的《列王紀》、《五卷詩》、《薔薇園》）相繼問世，且多數書中都有富歷史意義、生動感人的情節。於是出現了一種新藝術形式，即是在書中用插畫把某些情節表達出來。插畫家需要用很細的筆和多種色彩來畫成令人賞心悅目的圖畫，這就是細密畫。

細密畫裏面有人、有物、有景。這個插圖藝術因為需要很細的筆和很細緻的功夫，與中國傳過來的工筆畫相比，青出於藍而勝於藍。這種插圖藝術（細密畫）是波斯文明繪畫藝術幾乎中斷後，再創造出的一種繪畫方式。它和中國的繪畫，以及文藝復興時期歐洲人的繪畫，無論在理論上還是作畫方法上都很不同。細密畫後來傳到莫卧兒時代的印度和奧斯曼時代的土耳其，也傳到了阿拉伯地區。由於阿拉伯地區的宗教信仰更傳統，大多數人不接受蘇非思想，所以細密畫在阿拉伯地區固然存在，但沒有盛行。在土耳其，印度和整個波斯文

伊朗一個清真寺牆壁上的書法藝術

明圈，細密畫逐漸成為最受重視以及最高檔次的繪畫藝術。

作為一種藝術表現形式，波斯細密畫所代表的思想，以及畫家們的作畫方式，可以與意大利文藝復興時期的繪畫，以及唐宋以來的中國畫相對照。

細密畫導讀 ——"我的名字叫紅"

2003 年暑假，我偶然間得到一本用英文翻譯的土耳其文小說《我的名字叫紅》，作者是土耳其小說家奧爾罕・帕慕克。我一開始看就幾乎放不下手；但這部情節曲折，環繞一羣宮廷細密畫師而寫的小說，必須要仔細看，前後對照着看才能明白。

讀畢這本書，我對作者非常欽佩。半年後，通過朋友介紹，我到伊斯坦堡會見了奧爾罕・帕穆克。我們談得很好，所以我邀請他到香港城

與諾貝爾文學獎得主奧爾罕・帕慕克攝於香港城市大學

市大學做一個特別講座，作為當時我主持的每月一次的"城市文化沙龍"的特邀嘉賓，我還請他到我寓所做客。

奧爾罕・帕慕克是一位學過建築但沒有當建築師的小說家。為了寫《我的名字叫紅》，他花了好幾年的時間在圖書館裏查閱資料。令我十分高興的是，帕穆克到香港做客兩年之後，得到 2006 年的諾貝爾文學獎，是突厥語作家中的第一人。而宣佈諾貝爾獎的當天，我恰巧在伊斯坦堡和他的兄嫂會晤。

《我的名字叫紅》的確是一本非常吸引人的小說。但我認為同樣或者更有價值的是，書中對細密畫做了多維度的介紹，可以說是一部細密畫專輯；作者也在書中看似隨意地表露了他對一些問題的頗為深刻的看法。在這本小說裏，細密畫與意大利文藝復興時代的繪畫之間的衝突引發了一宗離奇的謀殺案，因此帶動了本書的主軸。

這裏先說從意大利開始的文藝復興時代的歐洲繪畫。這種繪畫的基本特點是，畫家先選定自己的位置才開始畫出自己所見到的。畫中有遠近大小的分別，表現出立體幾何的概念。此外，畫中的人或物都有色澤和光線的分別，畫和夜明暗當然不同，表現光影透視。文藝復興時，歐洲人開始追求人本主義，畫出人眼看到的世界，正是人本主義的表現。

中國唐宋以來的繪畫原理和方法則與此不同。同一幅畫中，畫家可以從不同的地點去觀察他要描繪的人物和景象，講求的是意境而不是寫真。因此用的是"散點透視"而不是"定點透視"；同一幅畫裏，畫家可以忽而從山上看山下，忽而從山下望山上，而且畫家想要突出表現的人或物可以畫得大，旁邊作為陪襯的物體則不必與之成比例。但中國作畫者仍有一定的規律要遵循：夜就暗，畫就亮，花卉必然鮮豔，山石樹木必須別致，等等。

細密畫都是為某一本書作插圖，就畫在文字旁邊。所以細密畫的內容情節從旁邊的文字便可以知道，插畫只是細密畫家對書中某段情節的着重介紹。畫家如何在插畫裏表現一段已經清楚地寫着的內容，既是對畫家的考驗，又給畫家提供了創作空間。

由於許多書都是表現蘇非主義者的幻境般的體驗，所以畫家們就要從蘇非神秘主義"人主結合"的角度作畫。細密畫家的基本論點是：人的肉眼所見並非真實，只是虛幻的景象。因此他們不把人之肉眼所見作為繪畫的基準。他們認為是真主創造了，並且隨時看得到宇宙間的萬事萬物。人眼會被一座山或是一道牆遮住，但這並不改變山和牆的另外一邊也有人或物。細密畫家相信，真主既然這麼安排，畫家自然就完全可以把牆另一面的情景畫出來。同時，故事說到誰，要畫誰，誰就要在那張繪畫裏顯得比較大，這與中國畫有相似的地方。繪畫並非限於人眼所見，這是細密畫的第一個特點，。

細密畫家對於光線的用法，跟中國的國畫以及歐洲繪畫都很不同。他們是用紅就用到底，用綠就用到底，不用中間的顏色，所以一整張畫經常是色彩鮮豔。為了達到這個目的，一匹馬可以是藍色，也可以是紅色。白天的事固然要畫得清楚，夜裏的故事，也畫得很光亮，而不是黑蒙蒙的；為了說明故事發生在夜間，畫家會畫一輪月亮，說明這是在夜裏。這是細密畫的第二個特點。

細密畫的主要特質是要畫得非常細，作畫者用眼非常多，所以不少畫家年紀大的時候會失明。奧爾罕·帕慕克的小說裏就提到，一個老畫家到他已經看不見東西的時候還能夠繼續作畫，因為他已經對所有需要表現的事物有清楚的記憶。也就是說，細密畫是一種程式化、概念化的藝術，有點像京劇的臉譜。要畫人，大概都是某個樣子；畫馬匹，也有幾個定型。究其原因，一是伊斯蘭文化中素來不講究為人或是動物作畫，因此馬就是馬，是意念中的馬，而不是某一種特定的馬。白馬非馬是也！故事中的人物長甚麼樣並不重要，反正也沒人見過，所以用程式化的人臉不是問題。正統伊斯蘭學者根本不贊成畫人物，所以對畫家來說，在很小的畫面上避免人臉寫真不但比較容易，還會少受正統學者的批評，在伊斯蘭教義中反而能得到更多的合法性。所以程式化是細密畫的第三個特點。

從波斯詩與畫的發展，我們可以看到，波斯文化的演化與發展是和波斯與外部的交往息息相關的。無論是詩還是畫，都受到過外界的影響，但是波斯人又從自己的文化根底出發，創作出來別具一格的詩與畫。細密畫固然主要是蘇非主義者的創作，但是在 14–16 世紀的波斯文化圈裏，無論作畫者的信仰是甚麼，畫工的畫風大致是一樣的，並無非蘇非或反蘇非的畫派。

蒙古統治波斯的時代帶入了敦煌壁畫裏的佛教藝術，也加入了中國畫裏盤根的樹、捲雲、麒麟、龍鳳等元素。這些在 14–15 世紀的細密畫中間都有表現。細密畫大師比赫札德（1450–1531）就曾經做過一副先知蒙召登霄的名畫，他把佛教的概念引進這幅畫裏，甚至所畫的具象也是從中國佛教畫裏傳過去的。

波斯文明有自己的深厚底蘊，又能夠不斷接受外來元素，因此可以一再創造出具有勃勃生機的"嶄新而古老的文明"。

第 25 章
什葉伊斯蘭與薩法維王朝

什葉派伊斯蘭

伊拉克戰爭之後不久，遜尼派的恐怖主義分子炸毀了在伊拉克東部的什葉派第 11 位伊瑪目（阿拉伯文裏意為"領袖"）的陵墓，凸顯了伊斯蘭教內遜尼派和什葉派之間的分歧甚至仇恨。

其實伊斯蘭教的遜尼派和什葉派信仰和閱讀的是同一本《古蘭經》，基本教理是一樣的。兩者之間的區別甚至比基督教裏天主教與新教或東正教之間的差異更細微。

當今全世界大約 17 億穆斯林，約 85% 屬於遜尼派，15% 左右是什葉派。因為伊朗人幾乎全國都是什葉派穆斯林，而伊朗近四十年來在新聞裏頻頻出現，所以什葉派這三個字在全世界也就成為常見詞。

公元 680 年，先知穆罕默德的外孫侯賽因帶着幾百人從麥加穿過沙漠，前往伊拉克東部的庫法（Kufa）。倭瑪亞王朝派出的軍隊在距庫法不遠的卡爾巴拉截攔了他們。

侯賽因提出留他一個人面對這些軍隊，換取其他人繼續前進。重重包圍他們的軍隊沒有答應，甚至不許這些人到河裏取水。經請示首都大馬士革後，倭瑪亞王朝的軍隊要求侯賽因立誓效忠大馬士革的哈里發耶齊德，即倭瑪亞王朝的創建人穆阿維叶之子。這個條件被侯賽因拒絕了。倭瑪亞王朝的軍隊於是開始殺戮侯賽因的部眾和家人。後者寡不敵眾，不久幾乎全部犧牲了。侯賽因作為最後一個倖存者，手裏還抱着他那被一箭射死的年僅兩歲的幼子。但很快他也被打倒在地，一名倭瑪亞軍官用長矛穿透了他的身體。他的首級被割了下來，放在一個蜂蜜罐子裏送回大馬士革。這個慘劇是後來在什葉派信徒中一再傳述的故事。而在侯賽因被圍困的那幾天，庫法有人得聞消息，想過要前往卡爾巴拉營救，但由於人少，又缺乏決心，而沒有成行。事後庫法的那些人十分悔恨自己的無能與怯懦，在每年伊斯蘭曆的 1 月 10 日都要悲痛地度過阿舒拉節（阿舒拉是阿拉伯語第 10 的意思），重演卡爾巴拉的悲劇。在這一天許多人都會放聲痛哭，用鞭子抽打自己。這說明什葉派雖然和遜尼派信仰相同的《古蘭經》，也有大致一樣的禮儀，但是在心理素質上，什葉派的穆斯林始終有一種傷痛、背叛以及被羞辱的感覺。

什葉派這個名字的並不是信徒們的自稱。"什葉"（shiah）在阿拉伯文裏是"黨派"的意思。自從穆罕默德辭世之後，一直有一部分人追隨阿里，被人稱為"阿里的黨派"，簡稱為黨派，就是"什葉"。阿里是穆罕默德的堂弟和女婿，他和穆罕默德的親生女兒法蒂瑪結婚，生了兩個兒子，即大兒子哈桑和上面提到的次子侯賽因。什葉派穆斯林認為，只有穆罕默德的後裔，即阿里的後代，才能作為先知的繼承人（阿拉伯文為"哈里發"），擔任全體穆斯林的宗教和政治領袖。

但是遜尼派穆斯林認為，任何一個穆斯林都可以成為"哈里發"而統領全世界的穆斯林。開創伊斯蘭教早期事業的四位繼承人被稱為正統哈里發，分別為阿布・伯克爾、歐麥爾、奧斯曼和阿里。多數什葉派信眾認為阿里早就應該成為穆罕默德的繼承人，因此對於阿里之前的三位哈里發並不太尊重，甚至不予承認。

基督教分裂為幾個不同的宗派是在耶穌去世三百年之後，而伊斯蘭教則在穆罕默德去世之後不到五十年就發生了嚴重而且血腥的分裂。四大正統哈里發中，有三人（包括阿里）都是被刺身亡。

阿里是第四任哈里發。他為人忠厚謙和，用很多時間祈禱和默思，不常與人爭鬥，所以等了二十多年，直到前後三任哈里發去世之後，才被選為哈里發。可是他的當選引起了敘利亞總督穆阿維葉的直接挑戰。兩邊作戰，難分勝負，經過"神裁"後，阿里一方被判失敗。穆阿維葉是麥加貴族出身，也是第三任哈里發奧斯曼的姪子，過去一度反對過穆罕默德。他成功挑戰阿里之後，立即建立了以他家族為中心倭瑪亞王朝，首都設於他所征服和管理之地 —— 大馬士革。阿里的黨人對他不服，他的後人也對阿里的黨人厭恨並且壓制。因此阿里的徒眾在卡爾巴拉悲劇之前，就有一種失落和被凌辱的感覺。

卡爾巴拉事件發生之後，什葉派開始組建自己的行政系統，推舉自己的領袖。他們稱這個領袖為"伊瑪目"；伊瑪目本是指在清真寺禮拜時的領經人，後來這個名詞被用來指什葉派的最高領袖。今天的遜尼派穆斯林仍然稱任何一座清真寺的主持人為"伊瑪目"，但在波斯語地區和中國，穆斯林把這個職位稱作"阿訇"（這也間接說明，歷史上中國的伊斯蘭教受波斯的影響很大）。

回到七、八世紀，遜尼派的繼承人逐漸形成了家族王朝，父傳子或兄傳弟的繼承制度建立起來了。後來，穆罕默德的叔叔阿拔斯的後裔乘波斯穆斯林在東部起義得勝之際，和其他反對倭瑪亞王朝的力量聯手起兵，消滅了倭瑪亞王朝。緊接着，阿拔斯家族在伊拉克東部建立了阿拔斯王朝，不久修建新都巴格達，一直到持續到 1258 年被蒙古人滅亡。

與遜尼派相比，什葉派的穆斯林從來沒有首都這樣的概念，始終分散在各地，有不少支派，各有自己的學說與傳統。例如伊朗北部、埃及、突尼斯（Tunis）、摩洛哥、也門都經歷過什葉派政權的統治，但都不是全體什葉派的首都。

什葉派在發展過程中分裂過多次。第一次重要的分裂是在侯賽因之孫、第五代伊瑪目宰德的時期。他曾在庫法組建軍隊，企圖推翻倭瑪亞王朝，但於公元 740 年死於戰鬥。只承認宰德而不承認第六代伊瑪目的人，就被稱為宰德派或是五伊瑪目派。這一派的宗教見解比較接近遜尼派，承認阿里之前的三個正統哈里發，也容許幾個哈里發同時並存，各自在自己的領土內獨立行使權力。

事實上宗教並不一定需要有政權護持，因為信仰畢竟屬於精神範疇，有政權維護的宗教容易發展，但沒有政權的維護，宗教也未必消亡。在整個伊斯蘭教的歷史上（其實也包括歐洲基督教的歷史），宗教的虔誠度與統治者的施政手法之間經常出現張力，但兩者卻又需要彼此適應與配合。

第六代伊瑪目有兩個兒子。 他剝奪了長子伊斯瑪儀的繼承權，立次子卡西姆為第七任伊瑪目，這引起內部的嚴重分歧。許多人主張應該由伊斯瑪儀繼承，但是並沒有成為事實。伊斯瑪儀於公元 762 年去世，他的信徒認為伊斯瑪儀不僅是第七任伊瑪目，而且是末代伊瑪目；他已隱遁而成為"隱遁伊瑪目"。這一派被稱為"七伊瑪目派"，但更多人直接稱他們為"伊斯瑪儀派"。

伊斯瑪儀派建立了複雜、神秘的宗教哲學體系，認為《古蘭經》含有表隱二義：表義包括對經文的公認的解釋，隱義包括隱含在經文和教法中的永恆真理，應該以隱喻、意會的方法求其玄義。公元 10-12 世紀，他們曾經在北非建立了法蒂瑪王朝，並且建立一個新城市開羅為首都。

第十一任伊瑪目哈桑・阿斯卡里一生都被軟禁在巴格達之北的薩馬拉的軍營裏，並於 28 歲時被毒殺。沒有任何記錄證明他有子嗣，所以很難將伊瑪目的職位照什葉派的原則傳下去。但許多支持他的人聲稱他有一個兒子，叫作穆罕默德・本・哈桑，是隱遁的第十二任伊瑪目，也是最後一位伊瑪目。他將於世間充滿黑暗時，以馬赫迪（Mahdi）的身份復臨大地，鏟除邪惡，使大地充滿公正與光明。這部分穆斯林被稱為什葉派中的十二伊瑪目派。由於今天伊朗將近 8,000 萬人口的絕大多數，以及伊拉克 3,800 萬總人口中超過 2,100 萬人都屬於十二伊瑪目派，所以當一般人們說到什葉派時，大都是指十二伊瑪目派。

馬赫迪重臨世界的思想，和瑣羅亞斯德教相信馬茲達終將戰勝阿赫里曼給世界帶來光明和正義，以及基督教相信耶穌將於世界末日重返世界這兩種宗教理念十分近似。所以，這個源自伊朗的救世主概念滲入了猶太教、基督教與伊斯蘭教什葉派的基本信仰裏。

從比較宗教學的觀點看，什葉派和遜尼派的確有一些分別。比如，由於什葉派經常遭受迫害或者壓逼，因此有一個可以隱瞞信仰的"塔基亞原則"，就是說當敵人有壓倒優勢的時候，什葉派信徒可以隱瞞自己的身份，從而避過災難。遜尼派則不同意"塔基亞原則"。可是在十字軍佔領巴勒斯坦的時代，基督教徒曾經壓迫和殺害過各派別的穆斯林，所以可能有若干遜尼派穆斯林也借用了這一方法以逃過劫難。其實在 16–17 世紀基督教分裂為舊教和新教之際，往往也伴隨着相互的迫害。這時天主教（舊教）就有學者提出過"意識上保留"的概念，大意是信眾可以表面上服從對方的教儀，但仍然保留自己的心理狀態。這個"意識上保留"和若干世紀之前什葉派穆斯林提出的"塔基亞原則"其實是類似的。

講到比較宗教學，我還有一個觀察：在遜尼派和什葉派的總分歧中，遜尼派自稱是尊重傳統的，因此對教法、法律更注重。在這一點上，遜尼派伊斯蘭和首創一神教的猶太教更接近。而什葉派和耶穌所創的基督教更加接近一點，因為這兩個宗教都更注重謙遜和犧牲，並且在發展過程中產生了教階制度。教階是指每個教徒並非有完全平等的地位和對宗教的理解，有人更接近上帝（真主），更能夠詮釋上帝的意思。比如在天主教裏有教宗、樞機主教、主教、神父、修士，然後才是一般教民。什葉派的發展過程中也逐漸形成了教階制度，特別是十二伊瑪目派。總體而言，一般信眾和受過宗教訓練的學者（烏萊瑪）之間的地位差異要比遜尼派裏兩者之間的距離要大。在伊朗的十二伊瑪目什葉派中，最高的教階有大阿亞圖拉、阿亞圖拉，以及胡加特伊斯蘭和大毛拉等並沒有精確定義的尊稱。

除了教階制度外，十二伊瑪目派和天主教還有一個信條方面的相似之處。在天主教裏，教宗被認為是耶穌在世上的代表，因此教宗在宗教問題上所發出的上諭是不會有錯誤的，這個信條叫作"教宗不會錯誤說"。在十二伊瑪目派的信條中，十二伊瑪目是在隱遁中，他的意志會通過最高階的教士（如大阿亞圖拉）顯示出來，所以不會偏離真主的旨意和《古蘭經》的啟示。

正是由於這一個信條，以及什葉派素來對於自由意志以及眾議公決和類比推理的重視，什葉派在面對現實問題時可能比遜尼派更容易改變傳統而"與時俱進"。

蘇非主義與蘇非教團

第九世紀開始，伊斯蘭教裏有不少新進的穆斯林都有過其他的宗教體驗。比如有穆斯林曾經信仰過基督教、祆教，後來還有許多信仰過薩滿教的人轉奉伊斯蘭。這些宗教的體驗都似乎比伊斯蘭教的朗誦某段《古蘭經》和重複鞠躬、跪地這些動作更能夠打動人的宗教情感，更能讓人感到與真主接近。所以逐漸有人用簡單的生活、沉思默想作為一種宗教體驗的方式，以此接近真主；另有人用歌唱、舞蹈、音樂作為協助宗教儀式，增強心靈感應的方法。這就是蘇非主義對乾枯的伊斯蘭禮儀的補充。

但是要得到這

布哈拉附近納格什班迪蘇非教團創始人的陵墓

種體驗，也不是任何人憑自己喜好便能感受到，它往往需要一個導師給予指導，指出特定的方式，即所謂的"道門"。因此蘇非主義慢慢就變成了有組織的蘇非教團。因為一旦某導師成名，就會有人聚集在他身邊，很自然地就形成了教團。有的宗教導師募集金錢，修建自己教團的清真寺，並且把這個教團和清真寺的領導權交給自己的後人，這就是蘇非教團的延續。所以蘇非是相信某一種崇拜形式的穆斯林，有時也會持有某一種與眾不同的對於真主的理解。蘇非教團既是一種伊斯蘭神秘主義信仰者的聚集，也是伊斯蘭社會的一種組織形式。

蘇非主義獨立於遜尼派和什葉派之間的差異或者爭論而存在。蘇非既可以是遜尼派，也可以是什葉派。但是蘇非主義的盛行，或者蘇非教團的出現主要都是在波斯語族和突厥語族聚集的地方。阿拉伯世界裏面也有蘇非主義，但是比例不如波斯文明圈裏那麼大。這跟過去的文化歷史因素明顯有關。

此外，傳統穆斯林的宗教學者大多在城市裏，他們極少與鄉間百姓或是草原上的突厥人接觸。因此，在伊斯蘭的發展過程中，有過許多在鄉村或是草原上托缽行走的波斯蘇非，和樸素的穆斯林農民，或是遊牧的薩滿教徒接觸較多。逐漸地，他們的崇拜方式宣揚和傳播了伊斯蘭教，但也偏離了正統伊斯蘭的一些教規和儀軌。這就引起了傳統宗教學者（烏萊瑪）與蘇非主義者的爭論。11-12 世紀，一位飽讀傳統宗教理論但又出身於蘇非家庭的波斯裔學者安薩里（1058-1111）提出來一個影響全體伊斯蘭社會的折中方案：傳統穆斯林學者承認蘇非的所為合乎伊斯蘭教的教理；而蘇非們在各種儀式中只可以根據《古蘭經》的說法，而不可偏離"真主獨一"的基本教義。

突厥軍事集團與薩法維 "紅帽軍"

當突厥語民族從草原上陸續進入波斯人的生活圈，並且接受了波斯人的宗教以後，有突厥人背景的蘇非教團就更加盛行。重要的蘇非教團的創始人幾乎都是波斯人（如世界上最大的納格什班迪教團），但是蘇非教團的信奉者和參與者主要是突厥語部族的穆斯林。

14 世紀左右，在今天裏海的東岸和南岸，甚至後來到安納托利亞（今天土耳其亞洲部分）的東部和南部，都有一些說烏古斯突厥語言但已開始波斯化的土庫曼部落，他們信奉遜尼派伊斯蘭教。他們在 14 世紀後期相繼形成了兩個部落聯盟，逐漸掌控了各地的政權。一個是在大不里士附近形成的白羊王朝，另一個是帖木兒王朝開始衰落後，在阿富汗東部的赫拉特附近出現的黑羊王朝。他們之間曾發生戰爭，以黑羊王朝的失敗告終。

白羊王朝創始人的一個後代名為伊斯瑪儀，他是一位有魅力和魄力的領袖，於 1501 年統一了相當於今天大部分的伊朗和一部分高加索的地區，在大不里士建立了新政權，並以他的祖父之名為國號，這就是薩法維王朝。

伊斯瑪儀建立的薩法維政權起初相當極端。他宣佈什葉派伊斯蘭教是他們的信仰，又選擇了什葉派裏一個非常極端的小支派，要求每一個信徒都要咒罵遜尼派四大哈里發中間的前三位。在薩法維王朝建立的同時，其西邊的奧斯曼帝國是堅定的遜尼派，而東部呼羅珊省之東又有一羣來自南俄草原的蒙古後裔烏茲別克人，他們取代了帖木兒汗國並建立了自己的汗國。所以薩法維政權建立初期就需要兩面作戰。但他們成功地鞏固了自己的統治，重整了被黑羊和白羊王朝佔領過的地區，基本上恢復了薩珊帝國的領土，大致奠定了今天伊朗的地理範圍。

伊斯瑪儀之所以能夠取得軍事上的勝利，是因為它有一支宗教信仰非常虔誠，並且作戰非常勇猛的突厥裔軍隊。由於他們都戴着紅帽子，所以被稱為"紅帽軍"。一方面，伊斯瑪儀本來是白羊王朝統治集團的一分子，可是當他建立了政權之後，為了維護自己的統治，他必須要打擊或者消滅白羊王朝的殘餘。另一方面，他也利用並在後來又打擊過的蘇非教團。伊斯瑪儀既有蘇非集團的家庭背景，又有與"紅帽軍"的聯繫，可是他在勝利以後卻決心限制這兩者的發展。所以他需要重新選擇宗教上的支持者，而他的選擇就是十二伊瑪目什葉派的上層人物。他在什葉派的長期基地庫姆（Qom）培養並選拔了支持他的人。所以伊朗在薩法維時代就開始大批任用高級教士，其中許多人都出自庫姆。

阿拔斯大帝

薩法維王朝成功的主要軍事力量是"紅帽軍"，它主要的政治和思想力量則來自什葉派的教士集團。到了 17 世紀末期有一位新的沙（即國王）出現，他就是在伊朗歷史中間佔相當地位，在薩法維王朝歷史上佔最主要地位的阿拔斯一世。因為他的重要地位，伊朗人尊稱他為阿拔斯大帝。

阿拔斯所處的時代使他必須做出改革，他也因勢做了改革。他首先將軍隊的軍裝和武器做了改變，開始使用長槍和大炮。他的長槍團和奧斯曼帝國的長槍團相類似，但比後者出現的時間要晚一些。改變了軍事方法之後，阿拔斯便着手改變國家的治理方式。他在概念上以及實踐上建立了一個由波斯人、普什圖人、土庫曼人、阿塞拜疆人、亞美尼亞人和庫爾德人共同組建的大國家，官方語言是波斯語。在這個系統下，各個民族的職業取向有所不同。比如亞美尼亞人一向以經商為主，主要從絲綢貿易上面獲利──這時販賣的已經不是存在於古代絲綢之路上的那種絲綢了。由於烏茲別克人的出現，古絲綢之路在此時幾近中斷，加之海上貿易日漸繁榮，古絲路走向了衰落。這裏所說的絲綢是在伊朗境內的吉蘭（Gilan）製造的絲綢。

世界著名的伊斯法罕清真寺

伊斯法罕著名的 33 孔橋

除了改革軍隊、行政以及宗教方面的工作以外，阿拔斯在意識形態上也改變了只有波斯人能夠出任上層統治職務這種觀念。這個改變和他遷都是有關係的──他把首都從大不里士遷到了今天伊朗中部的伊斯法罕。伊斯法罕的建築美輪美奐，所以17-19 世紀的波斯人很自豪地認為：世界的一半在伊斯法罕。

阿拔斯大帝之後，薩法維王朝就沒再出現過像他這樣的英主雄君。而世界局勢的改變使得薩法維王朝逐漸落伍，不得不承認歐洲人崛起的事實。討論薩法維王朝逐漸衰落和滅亡，仍然不得

伊斯法罕的一個伊朗傳統健身館（Zurkhaneh）

不提到阿拔斯。雖然阿拔斯創建了一個新式的行政管理機構，但是一個任何行政管理機構本身並不是力量之所在，它可以清廉而有效，也可以腐敗而散漫，重點在於是誰用甚麼方法領導它。阿拔斯在位的時候，他以個人的魅力和過人的精力進行領導，並輔以對宗教的熱忱 —— 他本人的確是具有宗教熱忱的，曾經步行 28 天到伊朗東部的馬什哈德去朝聖。他以這些特質影響王朝行政機構裏的成員，結果很成功。

然而，他所創建的行政管理體制在他去世後不久就逐漸鬆散；於是薩法維帝國從此走向衰亡。

第 26 章
波斯文明與伊朗的現代化

面對歐洲，波斯的王朝更迭頻繁

波斯薩法維王朝的阿拔斯一世去世不久，世界局勢開始急劇變化，波斯帝國也因此進入了一個新的時代。

首先，此時的歐洲人已經在美洲和亞洲佔有若干據點，並且大力經營殖民地。第二，當時世界上幾個大國都由歷史上著名的君主統治：中國的康熙、俄羅斯的彼得大帝和法國的路易十四。這幾個帝王分別鞏固和拓展了他們國家的疆土，並且提高了王權。

和這幾位皇帝同時在世的，還有對後世可能影響更大的幾位科學家，比如牛頓和萊布尼茲。牛頓對物理學和天文學的貢獻，構成我們今天對世界的認識的基礎；萊布尼茲的數學運作和二進位算法，奠定了微積分的運算方法和數字時代的基礎概念。

在同一時代，波斯沒有拓展疆土的強勢帝王，也沒有大科學家。波斯這時所面對的歐洲，已經不再是古希臘城邦、亞歷山大帝國、羅馬帝國或拜占廷帝國。這就決定了它在西部和北部會面臨很大的挑戰。而在它的東面，同屬波斯文明圈的阿富汗也曾有軍隊攻入並且佔領了波斯人頗為自豪的首都伊斯法罕。

於是，1722 年薩法維帝國終於結束，取而代之的是出自西部，首都在波斯省的設拉子的贊德（Zand）王朝。不久，贊德王朝又被一個由土庫曼部落建立的愷加王朝推翻，首都也隨着搬到裹海南緣的德黑蘭。

在愷加王朝統治的一百多年裏，波斯面對的挑戰是如何保持它原有的疆域和文化傳統，又要面對來自俄羅斯和英國的軍事和經濟壓力。

愷加王朝的變革

愷加王朝曾主動聘請歐洲軍事教官來改革軍隊編制和武器。統治階層自己的生活方式也逐漸歐化。比如說，不再半臥在傳統的榻上，而是坐在歐式的沙發上。連國王的服裝都改變了：不再纏頭，不再穿寬褲子，而是戴尖頂呢帽，穿窄腿褲；然而卻沒有採用歐洲帝王的假髮和帶跟的皮鞋。其實，這個裝束頗有象徵意義：波斯要學習西方，但是並不是要全盤西化。

愷加王朝一方面試圖自我改革，一方面借鑑歐洲人的長處。但是，俄羅斯很快就把波斯帝國的北部劃入了勢力範圍，英國也通過印度和阿富汗把波斯帝國南部視為自己的勢力範圍。當 19 世紀這兩個國家在中亞進行著名的"大博弈"的時候，波斯被夾在中間。那時其他的歐洲列強也先後向波斯要求經濟和政治特權，比如其公民不受波斯法庭管制的權利。這與同時代中國和奧斯曼帝國的情況類似。

此外，波斯的各級官員多數不熟悉財務管理，又經常貪污公款，即波斯欠缺有效的稅收制度和稽核制度。中央王朝的財政經常捉襟見肘（有幾位國王十分揮霍，除了宮廷裏妃子和僕役無數，還動輒去歐洲奢華旅遊），因此頻頻向西方借貸，每次都必須以某些專營權或某地的開發權作為獲得貸款的條件。

19世紀末至20世紀初，愷加王朝曾經聘請過一位比利時人擔任海關總長（後來擔任財政部長），也曾請過一位瑞典軍官負責訓練武裝警察，後來還請過一位美國人擔任國家財政顧問。這些西方人對當時的波斯確實起到一些正面作用。

談到變革以圖存，從伊斯蘭教法來看，遜尼派更注重法律和傳統，什葉派則較寬鬆而易改變，且什葉派的哲學體系相對更容易接受新科技和新思維。

在波斯的社會裏，什葉派力量十分雄厚，因此不像某些遜尼派伊斯蘭國家那樣，基於宗教的保守性而抗拒科技和社會革新。但是另一方面，什葉派龐大的教士集團（"烏萊瑪"）總體上不願意打破舊的經濟和社會結構，尤其不願意放棄他們自身所擁有的土地，和對大量捐獻土地的管理權。因此波斯始終沒有能夠把適當的資源用於對工業的投資。

在思想文化方面，19世紀末出現了一位沒有教階，卻被譽為大師的伊斯蘭思想家 —— 阿富汗尼。他名為阿富汗尼，可能是因為出生在阿富汗，事實上他是波斯人。阿富汗尼認為，伊斯蘭與科學沒有衝突，可以用伊斯蘭教法所容許的眾議公決和類比推論原則，來建成和西方同等或者超過西方的科學和技術。阿富汗尼的思想得到了不少當時伊斯蘭國家統治者的青睞。而他也善於結交，至少是嘗試接近這些當權者，這令他對當時的整個伊斯蘭世界有相當大的影響力。雖然他的思想表述在不同時期並不一致，但總體來說，他是一位有新見解的伊斯蘭主義者。

阿富汗尼曾在巴黎居住過，因此影響了一部分在巴黎的波斯留學生。當這些留學生回國以後，多數不滿波斯的狀況，希望能夠通過憲政改革來建造一個更為現代化的波斯。

　　在知識分子覺醒以及國勢衰頹的情況下，許多巴扎商人和什葉派的教士也紛紛參與政治討論。愷加王朝的統治者於 19 世紀最後幾年迫於形勢，放寬對出版物的檢查，允許民間成立各類協會，還成立了女子學校。這在當時，無論在伊斯蘭國家裏，還是整個亞洲，都算是先進之舉。

　　進入 20 世紀，波斯社會出現強烈要求改革的聲音，其中不少還是來自傾向保守的教士階層。1905 年夏，正當伊斯蘭曆一月“阿舒拉節”，全國哀悼侯賽因被害的時候，德黑蘭幾百家商店罷市，許多人遊行到阿里六世孫的陵墓（近代幾位波斯國王也葬於此）。同年冬天，兩名巴扎商人被警察打傷，引起大批民眾的抗議。從此社會上議論紛紛，要求憲政的聲音愈來愈強。1906 年夏天，因為政府企圖壓制一批言辭激烈的教士，有一名聖裔被警察擊斃，街頭抗議再起，民情沸騰。此時，大批商人、毛拉（中層宗教學者）和市民到德黑蘭北部的英國公使館請求庇護，最多時公使館大院裏曾經有過一萬四千人。外面的巴扎商人主動提供飲食及生活用品，而德黑蘭的市面連續冷清了一個多月。迫於形勢，國王穆扎法爾丁·沙於 8 月簽署命令，同意成立國民議會。

　　愷加王朝國民議會與 1906 年 10 月召開，迅速開始制定憲法，並且先把國家的基本制度寫成《基本法》，得到了國王的批准。批准後沒多少天，在位 11 年的國王去世，終年 54 歲。他的兒子穆罕默德·阿里·沙隨後即位。

國民議會的議員雖然分為西化派與伊斯蘭派，但是不久還是通過了一部憲法。這不但是伊朗歷史上，也是世界歷史上的一件大事。這部憲法確認十二伊瑪目伊斯蘭教為國教，但是明言國家的權力來自人民（而沒有提及真主或是十二伊瑪目）。憲法規定國民議會所通過的法案必須符合伊斯蘭教法；是否符合教法由五名高級教士組成的委員會確定。此外，憲法保障非什葉派穆斯林人口的人權，為少數民族地區（如阿塞拜疆）以及其他宗教和民族（如亞美尼亞人、猶太人）提供了國民議會中的保障名額。憲法規定選舉權限於有產者，實行兩層的間接選舉制。

這場政治變革是在中國的辛亥革命之前的五年發生的，沒有經過暴力與流血，而是在和平示威之後實現的。這部通過於 1906 年的憲法直到 1979 年還有效。

巴列維王朝

伊朗不流血革命之後不久，英國和俄國就正式劃分了他們在伊朗的勢力範圍，其中英國的勢力範圍相對較小。雖然英國和俄國分割了在波斯的勢力範圍，可是愷加王朝最後一位實質國王 —— 穆罕默德・阿里・沙的策略是容俄制英。所以就由俄國人幫他在北方訓練了一支稱為 "哥薩克旅" 的精銳部隊。

憲法公佈後，社會上出現了激進派和保守派的爭論。這個爭論也反映在 "烏萊瑪" 集團的上層，全國許多地方的高層教士都做了表態。在納傑夫甚至出現了暴動。1908 年 6 月，國王感到他可以採取行動了，於是命令哥薩克旅開進首都，炮轟國會。在一片混亂中，國王趁機解散了國會。

但不久一戰開始。俄國的力量退出了波斯。十月革命之後的蘇俄更是無暇兼顧，何況列寧還發表了廢除沙俄時代的不平等條約的宣示。所以一戰之後，在波斯的最大贏家，毫無疑問是大英帝國。

　　這時波斯的兩派衝突頗多，雙方都有人被暗殺。民主派被商人批評，少數民族屢次被攻擊。1921年，德黑蘭有反猶太人的暴動。哥薩克旅的指揮官禮薩‧汗（Reza Khan）平定暴動後，乘機攫取了首都的控制權，任命自己為國防部長。各地也乘機不再替中央政府徵稅，愷加王朝從此失去了所有力量。但是愷加王朝尚未正式壽終正寢。動亂後，穆罕默德‧阿里‧沙12歲的兒子被立為新國王，禮薩則成為總理。

　　1925年，禮薩正式廢除了愷加王朝。稍後，他給自己取了姓氏巴列維，建立了巴列維王朝。傳統上，穆斯林是不用姓氏的，所以採用姓氏是穆斯林現代化的重要舉措之一。禮薩取的姓是巴列維，這乃是薩珊王朝時代波斯語言文字的名稱。伊斯蘭化之後，波斯文大量引入阿拉伯文，因而也開始普遍採用阿拉伯式的名字。總而言之，禮薩是一位有軍事和政治才能，有獨裁傾向，但又有民族情結的軍人。

　　一戰之後，儘管禮薩不願意，英國還是強行和波斯簽訂一系列不平等條約。恰巧在這個時候，波斯境內發現了大量的石油，這就使英國當初強迫波斯簽訂的一系列條約變得對英國更為有利。同時，石油的發現使禮薩掌控的國庫也比較充裕，具備了進行改革的財政基礎。

　　但禮薩國王沒有經過仔細的社會調查就進行了一系列的改革。改革的第一項就是一個世俗化的變革，要求每個家庭要有一個姓氏。這和土耳其強人凱末爾的做法類似，仿效歐洲而忽視伊斯蘭傳統。第二項是強制實行波斯化政策，要求每個人都要說波斯語，貶抑或是弱化庫爾德人、阿塞拜疆人、土庫曼人、亞美尼亞人、猶太人等少數民族的地位。他忽略了一個現實：這個國家有很多不同的民族或族裔，而能夠把他們結合在一起的是伊斯蘭教，尤其是什葉派伊斯蘭教。薩法維時代，什葉伊斯蘭教成為波斯帝國境內最大的公約數，是大多數人口彼此認同的基礎。禮薩國王草率地實施波斯化的政策，破壞了社會的凝聚力，把阿塞拜疆人和土庫曼人等排除在外。此外，他對於傳統的貴族，尤其是擁有土地的貴族和教士比較蔑視，不給予他們原有的地位。所以他四面樹敵 —— 西方國家批評他有法西斯主義傾向，老百姓不支持他的世俗化改革，而且過去當權的貴族和教士希望看到他垮台。

伊朗第二大城市馬什哈德的禮薩伊瑪目紀念堂（禮薩伊瑪目為什葉派第八位伊瑪目，於 818 年殉教）

1935 年，波斯政府照會世界上所有國家，"波斯"正式更名為"伊朗"。因為"伊朗"是"雅利安"的別音。此時德國的納粹黨人正在鼓吹雅利安人是優越人種，英、美、法、蘇等國家反對納粹德國，當然也對禮薩把波斯更名為伊朗不滿。雖然禮薩國王實行波斯化，有強烈的雅利安情節，可是據調查，他的家族其實是蒙古人的後代。當然，"血統"在文化和民族認同中並不重要，何況是混雜了將近 700 年的血緣？

　　13-14 世紀蒙古人統治波斯期間，與本地的波斯人大量通婚，以致蒙古人最終消失在波斯的人口中。所以在現代伊朗人中，任何人都不可能查清楚自己家族千百年來的基因變化。

　　在各種反對聲音和爭議中，禮薩汗迫不得已，於 1941 年逃亡到南非。他 21 歲的兒子穆罕默德・禮薩・巴列維繼任為巴列維王朝的第二任國王。

白色革命

　　巴列維王朝先後兩位國王思想相同，政策也相似，都希望儘快推進伊朗的現代化。穆罕默德・禮薩・巴列維登基之後，極力爭取伊朗應該得到的石油收入，希望利用伊朗因為石油財富而分得的那一份收入來建立伊朗的工業。他曾大量高薪聘請外國工程師、會計師等到伊朗工作，因此伊朗的工業化和整體現代化在他統治的幾十年裏有相當的成績。

　　1951 年美蘇冷戰初期時，一位主張社會主義的伊朗政治人物摩薩台擔任總理，他希望伊朗在石油的收入分配上都能夠獲得更多些，所以就把英國在伊朗的石油公司國有化，引起了英、美兩國的強烈反彈。1953年他被刺殺；一般都認為這是美國中央情報當局所為。

此後，巴列維國王在冷戰中選擇親近美國。在農業和土地改革中，他卻採取了一部分蔣介石在台灣所實行的政策。1958年巴列維國王曾到台灣考察過"耕者有其田"的做法，回到伊朗之後，他開始了土地改革，部分就是參考了台灣的經驗。國民黨政府遷到台灣後，曾把日本留下來的由公家控制的一部分工業資產分成股份，以工業股份向地主贖買某個限額以上的私人農田。然後再把這些土地分給本來沒有土地的佃農；佃農有了土地後，除了向國家交稅，還需要向公私合營的公司購買肥料、農藥、農具等。台灣的許多大工業家，都曾經是過去的大地主。

巴列維國王在1963年正式宣佈開展"白色革命"，要以這種方法滿足農民對土地的渴求，但又要防止共產主義者所鼓吹的紅色革命。然而，即使是白色革命，還是會有損於大地主和教士們所管理的教產，因此受到了他們的反對。與此同時，伊朗過去曾經有過社會主義思潮，部分有民族主義思想的知識分子也不願意見到國家在制度上和外交上跟着美國走。

為了制服或鎮壓反對者，巴列維國王建立了一個聽命於他的特務機構 SAVAK。SAVAK 能夠不依法律而拘押、刑訊甚至殺害反對國王的人。這當然引起許多人民的反對，而反對的矛頭自然就是指向專權的國王。

在教士集團眼裏，他想要在伊朗進行去伊斯蘭化，把伊朗變成土耳其那樣的世俗化國家。這對教士來說是滔天大罪，而這個指控的確也有相當的根據。

巴列維國王和任何當權者一樣，最重視的也最不願放棄的是他的統治權。除了小市民和教士的反對，西化的知識分子憎恨他集權，左派的知識分子先天就反對王權。所以 1979 年，連續多日，有幾百萬人在伊朗全國各大城市上街遊行並且呼口號，要求處死巴列維國王。他眼見大勢已去，於是步上了他父親逃亡國外的老路，出走王后的娘家埃及，然後又在摩洛哥、巴哈馬、墨西哥等被短期拘留，因為伊朗新政府要求將他引渡回伊朗。不久，他因為癌症惡化而赴美國就醫不到兩個月。之後再度流亡埃及，但仍然不敵病魔，於 1980 年 7 月病逝於開羅。

教士集團領導的革命與現代化

巴列維國王出走後，曾經被他嚴厲處置並且自我放逐到外國多年的什葉派領袖人物 —— 阿亞圖拉·霍梅尼從巴黎飛回伊朗，在德黑蘭機場受到幾百萬幾近乎瘋狂的羣眾歡迎。這些歡迎者並不抱持同一種思想，他們歡迎霍梅尼，部分是因為他在巴黎的時候，就不停地把他議論伊朗時政與前途的卡式錄音帶秘密運進伊朗，內容都是反對巴列維國王的，受到大多數小市民的支持。那時，效忠於霍梅尼的教士們所遵循的統一戰線策略是集中力量反對巴列維國王，凡是想要推翻國王的人都是戰友。這個統一戰線裏包括政治界的自由主義派人物、社會上具有真誠宗教信仰的知名之士、知識界的西化派，還有就是在白色革命中受到傷害的商人以及地主。

霍梅尼回國以後具有極高的人望。他是一位非常有能力、有決心的領導人。他利用自己的威望迅速地組織了一個"伊斯蘭革命委員會"，逐漸地用鎮壓、判刑、逮捕或是驅逐反對他的人，把統一戰線中的自由派和民主派排除在新政權之外。然後以迅雷不及掩耳的速度進行了一次全民投票，把國名改為"伊朗伊斯蘭共和國"。在保留巴列維國王建立的頗為現代化的軍隊之外，又成立了一個由最高領袖直接統御的"伊斯蘭革命衞隊"。

根據伊斯蘭革命委員會的理念，教士們改寫了由自由主義分子、前任總理所擬就的憲法草案。新憲法的大致內容是：確定伊斯蘭教十二伊瑪目什葉派為國教；政治與宗教無須也不能分開；國家仍然維持着一個世俗性的政府機構，有民選的總統，省長、市長等，以及民選的國會、省議會、市議會等，但是除選舉之外另有任命、推薦和審查等制度；被選舉人的身份必須要經過各相關教士會議的認可。也就是說，以宗教領導國家，以宗教最高會議領導政府，每一個重要部門都有一個宗教委員會。這樣所達成的，是過去伊斯蘭世界從來沒有嘗試過的制度：一是伊斯蘭教要國家化，各級政府都要承認真主的統治並順從祂的意向；二是國家要伊斯蘭化，政府各個部門都要有包括教士在內的集體負責的專家會議、監護委員會等；還有一點，是體現法律之下人人平等的概念，"領袖或領袖委員會在法律面前與其他公民平等"。

簡言之，如果給霍梅尼領導的伊斯蘭革命總結一個特點的話，那便是伊斯蘭的制度化和制度的伊斯蘭化。但是伊斯蘭又是甚麼呢？

在今天伊朗的情況下，伊斯蘭不是遜尼派所代表的伊斯蘭，也不是曾經十分活躍的蘇非集團所代表的伊斯蘭，而是十二伊瑪目什葉派教士們所代表的伊斯蘭。在幾百年的發展中，什葉派伊斯蘭的學者們創建了一套理論和制度。其理論的基礎，是十二世的伊瑪目隱遁之後直到再次現世之前，需要有一些伊斯蘭學者組成的教士集團代為解釋和執行伊瑪目的理念。這些教士們分成不同的級別，比如說，波斯文中穆治台希德（Mujtahid）就是教士學者中的模範。他們中間有一種過去不是很正式，或者說不是大家公認的稱號，叫作阿亞圖拉（意思是"大學者"）。在伊朗伊斯蘭革命之後，阿亞圖拉的任命變得更制度化、更正式化了。也就是說誰真正掌握了權力，誰就能夠任命阿亞圖拉。

其次，原本整個什葉派伊斯蘭教裏面，包括在伊拉克、伊朗、部分阿富汗或者是巴基斯坦的教徒裏都可能產生阿亞圖拉。但是在伊朗伊斯蘭革命之後，設立了一個"大阿亞圖拉"位置，就是首席阿亞圖拉。他們有一個信條：在宗教事務上，大阿亞圖拉的決定（經過咨詢其他高層教士的意見），代表着隱遁中的第十二伊瑪目，除非第十二伊瑪目自己出來拯救並改變這個世界。

在過去還有兩種學派，認為最高的這位阿亞圖拉，可以有另外一個名號"Hokumat-e Eslami: Velayat-e Faqih"——伊斯蘭政府裏教法法官的主持人；也就是伊瑪目的代理或攝政的意思。

阿亞圖拉·霍梅尼沒有回來之前，曾經有一名非常受尊敬的阿亞圖拉——一位具有"阿亞圖拉"這個含有"代理或攝政者"意義名號的宗教學者。霍梅尼成為最高領袖之後，褫奪了這位宗教學者的榮譽稱號，這是歷史上從來沒有過的先例。所以霍梅尼這位伊斯蘭大學者出身的革命領袖是一個非常果斷、非常不畏人言，也非常冷酷無情的政治人物。

伊朗伊斯蘭革命並非必然導致和美國互為死敵。但是 1979 年，出於一次沒有計劃好的意外行動，伊朗學生們闖入了美國大使館，把 50 餘名美國人作為人質前後扣留了整整 444 天。因此引起了美國全體民眾對伊朗的惡感，造成了美國和伊朗到現在為止還沒辦法打開的死結。

霍梅尼在 1989 年去世，他去世的時候又引起了人羣的瘋狂。大家都希望能夠從他的棺材上面拿到一小塊作為聖潔的遺物，以至於最後他的棺材需要用直升機運到墓地。

他的繼承人哈梅內伊也是具有強烈領袖性格的人。伊朗的伊斯蘭革命已經 40 餘年了。40 餘年下來，確實是按照憲法按時選舉了幾次總統和其他的政府官員。是否有作弊，論者不一。但毫無疑問，伊斯蘭教的最高級教士是誰能夠成為候選人的終極決定者。

在當前的情況下，俄羅斯跟伊朗有許多交往，中國、土耳其跟伊朗也有若干交往，敍利亞則與伊朗交往頗多，可是其他的國家多半都對伊朗或是制裁或是敬而遠之。2018 年，美國退出了經過十多年所討論後與伊朗簽訂的核協議，使美國和伊朗的關係再度緊張，波斯灣上空戰再度出現。

伊斯蘭革命究竟會把伊朗這個具有傑出的古代文明的國家帶往更現代化的方向，還是阻礙伊朗的現代化，只有歷史才能給出答案。

根據我數次去伊朗的經歷以及和一些伊朗人，特別是和知識分子的交談，我發現他們多數並不氣餒，也不反對伊斯蘭教，但是他們對教士們過大的影響力普遍感到不滿。巴列維王朝的兩位國王都很希望伊朗現代化、世俗化和西方化，但是他父子兩人都不願意放棄自己的王權。今天的伊朗伊斯蘭共和國也非常希望現代化，並且做出了相當的成就，不然根本就也不會有核協議的必要。

無論如何，現實會逼迫伊朗伊斯蘭共和國在經濟上、軍事上逐漸現代化。但是他們現在所施行的制度很自然地把國家分成了類似於過去貴族和平民的兩種階級 —— 有影響力、有裙帶關係的教士階層以及普通的平民階層。但是，有一點值得欣慰的就是，儘管在伊朗目前

與大不里士藝術學院的學生合影

教法治國的情況下，在愷加王朝的時候就成立的，有 100 多年校史，同時也是目前伊朗最有名望和學術實力的高等學府德黑蘭大學，還是有 60% 的學生是女生。儘管不少穆斯林並不鼓勵女孩子讀書，但今天的伊朗確實與沙特阿拉伯以及阿富汗的塔利班不同。霍梅尼當初和巴列維國王的爭論之一就是女性是否可以有投票權和被選權；國王當初說是，而霍梅尼反對。現在我只能說，一個社會的運轉和演變畢竟有它自己的邏輯。

西方和波斯曾經在約 2,500 年前以希臘和波斯的身份對峙過，約 1,500 年前又曾經以拜占廷王朝和薩珊王朝的身份對峙過。不知道今日的西方世界和伊朗會怎樣以及於何時打開彼此的心結？一個由教士領導的伊朗能夠實現經得起客觀檢驗的現代化嗎？

高加索巡禮

第 27 章
高加索：歐亞交界線上的民族博物館

1953 年，蘇聯獨裁者斯大林去世，最受他信任的特務頭子貝利亞隨即被處決。在台北讀初中的我從報紙上知道，他們兩個原來都不是俄羅斯人而是高加索地區的格魯吉亞人。不久我又得知，蘇聯的另一個重要領導人米高揚是高加索地區的亞美尼亞人。

1963 年，我在美國斯坦福大學讀研究院，有兩個土耳其同學，他們是安卡拉中東科技大學本科的同學；一個屬於土耳其裔，另一個是亞美尼亞裔。兩人一起租房，共用一輛舊汽車，但對一戰時亞美尼亞人的遭遇卻有不同的說法。

1973 年，我在紐約州立大學任教，認得好幾個伊朗人，大家都說波斯語，但有一位伊朗學生是北部的阿塞拜疆人，還有一位年紀大一點的博士後是伊朗公民，但自稱是亞美尼亞人。為了弄清楚亞美尼亞、阿塞拜疆、格魯吉亞與土耳其、伊朗和蘇聯的關係，以及高加索地區的不同民族，我查閱了《大英百科全書》，對高加索地區的人文地理和歷史沿革算是有了一個初步的認識。

1992–1993 年，剛從蘇聯獨立出來的格魯吉亞因為境內的阿布哈茲地區爆發獨立運動而發生內戰。

2003 年，大批格魯吉亞羣眾在一位受美國教育的青年政客領導下，拿着玫瑰花闖入國會，驅逐總統，奪得政權。這就是西方媒體所讚揚的"玫瑰革命"。領導這場革命的青年政客 —— 薩卡什維利 —— 接任了格魯吉亞總統的職位。

2013 年，善於奇想、慣於鬥爭的薩卡什維利已失去民心，被控貪污與濫權。他隨即以難民身份逃亡波蘭，次年進入烏克蘭，在烏克蘭總統波羅申科的幫助下取得烏克蘭的公民資格，並被委任為敖德薩州的州長。不久，他被格魯吉亞法院缺席判刑，又因為和波羅申科發生齟齬而被取消了烏克蘭國籍。2018 年春，他被烏克蘭公安人員強制遣送到波蘭。因為格魯吉亞政府要求波蘭引渡薩卡什維利回國服刑，於是他又再度從波蘭闖關進入烏克蘭，並且對媒體高調批評波羅申科，還組織反波羅申科的示威。

白雲蒼狗，世事多變。高加索的政治版圖、人口分佈和社會制度近五十多年來發生了令人驚訝的變化。

對大多數人來說，"高加索"這個名詞並不陌生，但是這個地區的人口、語言、宗教和政治形勢到底如何？它的歷史背景是甚麼？它和絲綢之路有甚麼關係？它對今後的國際格局又會產生甚麼影響？恐怕能預見答案的人並不多。

別具一格的地理與人文

橫亙於黑海與裏海之間的大高加索山脈（它的南面還有一座小高加索山脈）是歐亞兩洲分界線的一段；山脈北麓被認為是歐洲，南麓

攝於大高加索山脈南麓格魯吉亞境內，山北即為俄羅斯。

則被視作亞洲。整個山脈自西北向東南綿延 1,000 餘公里，高峰很多，最高的厄爾布魯士峰海拔 5,642 米，是歐洲最高的山峰。大高加索山脈另外還有 14 座海拔超過 5,000 米的山峰，而阿爾卑斯山脈的最高峰——位於法國南部的白朗峰——僅有 4,807 米。

高加索地區的西北邊緣是黑海的東南岸，與克里米亞半島相鄰，最重要的港口是 2014 年舉行冬季奧運會的索契；它的東部邊緣是裏海的西岸，主要海港是阿塞拜疆的首都巴庫。

高加索山脈中有 200 多個冰川，但很少便於交通的隘口。山脈北麓的坡度比較平緩，和庫班草原相接，屬於溫帶氣候；山脈的南麓十分陡峭，和土耳其以及伊朗相接，大體上屬於亞熱帶氣候。整個山脈的南北兩側都有山峰、高原、平原、沙漠，甚至是低地；也有湖泊、河流、濕地、森林、草原。因此高加索地區動植物種類繁多，很適於打獵、畜牧和種植。

在高加索居民中盛傳一個神話。造物主在創造了地球之後，發現有些太過平淡無奇了，所以決定把一些好山好水和花草樹木散佈在各地。祂把這些壯觀和美麗的景色都裝在一個大口袋裏，正要飛上天去散播時，魔鬼撒旦心生歹念，不想讓地球太壯麗，就偷偷地把上帝的大口袋下部剪開一條縫。當上帝飛到高加索上空時，這些山河景色全部都落到了黑海和裏海之間！

神話之外，許多學者認為，高加索地區是人類文明最早的發源地之一，與美索不達米亞文明在時間上相差無幾。不少考古證據顯示，大約 4,000 年前從黑海北岸進入新疆的吐火羅人，以及約 3,500 年前進入伊朗高原與印度半島的雅利安人，都是通過高加索地區繞過裏海南岸而東進的。大約 3,000 年前，許多來自黑海之北的南歐草原上的遊牧部落（如斯基泰人）入侵高加索地區，他們說的都是屬於印歐語系的語言，而高加索地區的早期居民則是說多種彼此很不相同的"高加索語言"，與印歐語系全然沒有關係。

人類學專家最近確認，歐亞大陸上最早的直立人骨骼是在高加索地區的格魯吉亞境內發現的；這批骨骼距今大約有 180 萬年。但這不等於說高加索地區是現代智人最早出現的地方。今天絕大多數科學家都認為，直立人、尼安德特人和現代智人是由原始人類逐漸在非洲東部進化而來；他們分別在大約 200 萬年前、30 萬年前和 10 萬年前從非洲進入歐亞大陸。

提到高加索地區的早期人類，我想應該對常見的"高加索人種"這個名詞稍作解釋。

十九世紀後半期，許多歐洲學者熱衷於人類種族的研究。1870

年，德國哥廷根大學有幾位從事體質人類學研究的學者提出了一個簡單的人種分類法。他們根據頭顱、顴骨、眼眶、鼻樑、毛髮、膚色等體質特徵，把人類分成高加索人種、蒙古人種和黑色人種，一般俗稱白種人、黃種人和黑種人。這一對人種的命名方法很不科學：它沒有指出三個人種在生理學上的差異；即使他們建議的外型差別，也缺乏清楚的區分標準。比如，在中亞、南亞、西亞、北非和東南歐的許多族羣都難以判定究竟屬於哪個人種。

歐洲在殖民時代盛行種族主義，多數人都有"白種人最優越"的誤信和偏見。歐洲人的偏見也因為他們當時的強盛而傳播到世界各地。在中國，大學者梁啟超在他的著作裏就表達過這樣的意思：在人種裏，白種人最優越，而在白種人之中，以條頓人最為優越，條頓人中則以盎格魯－撒克遜人最為優秀。這個說法符合了當時大英帝國是世界第一強國的現實。但是如果他今天還在世，就斷然不會有這種說法。

近半個世紀以來，人類對基因的研究突飛猛進；各地人羣的基因庫，以及可見的與不可見的體質特徵的數據業已十分豐富。因此，除了少數無知或是具有種族主義傾向的人，一般科學家們都不再使用"高加索人種"這個詞彙。相同的族羣之間固然有一定程度的血緣聯繫（即類似的特別基因），但文化與心理也是重要的因素。由此看來，高加索地區的人口被認作標準的"白種人"乃是"浪得虛名"！

民族、語言博物館

南、北高加索地區的總面積大約 40 萬平方公里，約為廣東省的兩倍，總人口不到 3,000 萬人，是廣東省人口的 1/3。然而在高加索山脈兩側有將近 40 個民族與超過 100 種語言。

歐亞非大陸上"白種人"的語言一般不是屬於"印歐語系"(如伊朗語、俄語、西班牙語),就是屬於"亞非語系"中的"閃米特語族"(如希伯來語、阿拉伯語)。但是由於高山的阻隔,高加索地區原住民所說的多種語言彼此也很不相同,而且它們都不屬於任何語系。因此語言學家只能無奈地把它們統稱為"高加索語"。

北高加索地區現在是俄羅斯聯邦的領土,分成好幾個自治共和國和州。粗略而言,這一地區操高加索語的早期居民包括東部的達吉斯坦共和國的幾個族羣,中部的車臣人和印古什人,還有過去分佈頗廣,目前主要住在西部近黑海地區的切爾克西亞人。而不算是"原住民"的奧塞梯人說的是古伊朗語,主要在高加索山脈的中部(見後)。當然,北高加索地區也有大量的俄羅斯人、烏克蘭人、韃靼人、蒙古人等。實際上,俄語是近一個半世紀以來高加索地區最主要的生活與工作語言,俄羅斯東正教和伊斯蘭教的遜尼派是北高加索地區的兩大主要宗教。

車臣與印古什的恐怖分子這些年來給俄羅斯政府和老百姓帶來許多傷亡和頭痛。而男子以彪悍善戰著稱,女子則以美麗又能幹出名的切爾克西亞人,在 19 世紀中葉,大半已經被殺戮或是被放逐到歐亞洲各地。歷史上從 12 世紀末到 19 世紀初統治埃及的馬穆魯克(阿拉伯語中意為"被擁有者",即是"奴隸")軍人集團的重要首領中,許多都是切爾克西亞族的奴隸兵出身。不少奧斯曼帝國的蘇丹、軍政要員和富商都喜歡娶切爾克西亞女子為妻或是妾,以至於今天土耳其的一些時髦仕女還驕傲地自稱有切爾克西亞血統。北高加索地區東部的達吉斯坦人也以善戰聞名,他們的軍刀既鋒利又漂亮。我在俄羅斯旅遊時,

格魯吉亞鄉間的一個舊修道院

雖然沒有機會邂逅切爾克西亞女郎，卻買得一把令許多人羨慕的好刀。

　　至於南（外）高加索，最著名的原住民當然是格魯吉亞人。他們在約 3,500 年前即已進入文明狀態，於公元四世紀中葉信奉基督教，五世紀時創造了至今仍然使用的字母。最近十年來在新聞中屢屢出現的阿布哈茲人主要住在格魯吉亞西北部，說一種不同於格魯吉亞語言的高加索語，處於實際獨立的狀態。在格魯吉亞西南角與土耳其相鄰的阿札拉人又說另一種高加索語，他們大半是穆斯林，實際上也是獨立狀態。

　　操印歐語的民族主要有亞美尼亞人。他們大約在 2,000 年前由小亞細亞遷入高加索地區，公元 301 年成為世界第一個以基督教為國教的王國。今日的亞美尼亞公教會和埃塞俄比亞教會一樣，獨立於羅馬

兼容基督教與伊斯蘭教兩種文化的格魯吉亞小鎮古達烏利（Gudauri）

天主教與東正教，在耶路撒冷舊城裏各自佔一席之地。亞美尼亞的文字創於公元 406 年前後，比現行的格魯吉亞文字略早，也一直沿用至今。兩者都比俄羅斯字母的出現要早 600 年左右。值得一提的是，格魯吉亞與羅馬帝國大約同時信奉基督教，格魯吉亞教會也算是早期的教會了，但 19 世紀初俄羅斯控制格魯吉亞後，格魯吉亞的教會在組織上附屬了俄羅斯正教。

在南高加索另外一支說印歐語的民族，就是前面提到的，最近十幾年來俄羅斯、格魯吉亞兩國衝突的導火線奧塞梯人。他們的語言是一種古老的印歐語言，有學者認為他們的祖先和今日庫爾德人的祖先相當接近。

高加索地區因為山地交通非常不便，各部落與族羣素少往來。所

亞美尼亞教會發源地埃奇米阿津（Etchmiadzin）年輕的神學院學生

亞美尼亞鄉間的一個老教堂

以即使沒有不同歷史時期的入侵者，這個地區的語言也很複雜。兩千年前羅馬軍團征服高加索時，便要僱用 80 多名通譯方能和本地人打交道。

　　當然，今日高加索地區少不了最近的入侵者俄羅斯人、較早的入侵者蒙古人，以及更早的入侵者突厥人。其他再早的入侵者還有歐洲的希臘人、羅馬人、拜占廷人，亞洲的亞述人、米底人、波斯人。他們都先後在高加索地區駐紮軍隊和建立行政區。可以說，高加索地區在歷史上從來是一個東西對峙的地方。今日格魯吉亞的東西兩部分，就長期被來自小亞細亞的力量和來自伊朗高原的力量分別主宰，它的首都第比利斯曾經被戰火摧毀過 29 次！

第 28 章
你方唱罷我登場的高加索舞台

七世紀上半葉，伊斯蘭教在阿拉伯半島勃興，由此改變了西亞、北非以及中亞的歷史進程。阿拉伯帝國取代波斯薩珊帝國，繼續與拜占廷帝國在高加索地區對峙，為這一地區的帶來了全新的元素。

突厥人登上舞台

六世紀末期，源自蒙古高原的突厥汗國分裂為東、西兩個汗國。西突厥汗國的一部分於七世紀向西推進到裏海之北，建立了由不同部落聯盟組成的可薩汗國，將勢力逐漸發展到北高加索地區和今天的烏克蘭。八世紀時，可薩人因為處於東西貿易的通道上而獲利，又因為處於信仰基督教的拜占廷帝國和信仰伊斯蘭教的阿拉伯帝國之間，不願意在這兩個宗教中做選擇，所以他們的統治集團決定信奉猶太教。可薩汗國的勢力維持了將近兩個世紀，是歷史上唯一不是猶太民族建立的信奉猶太教的國家。可薩汗國後來被其他突厥部族以及更晚些的蒙古人和斯拉夫人消滅。當初可薩汗國各部落的不少後裔，今天仍然居住在北高加索地區的東部，被俄羅斯人稱為庫梅克人。

　　從八世紀起，許多原來在中亞草原上的突厥人皈依了伊斯蘭，並越過鹹海之東的錫爾河，進入了此前屬於波斯文化圈（今烏茲別克斯坦）。10 世紀開始，許多突厥部落紛紛南渡阿姆河，進入今天阿富汗、土庫曼斯坦與伊朗境內。其中最強大、向西邁進得最遠的一支是塞爾柱突厥人。他們於 11 世紀在西亞波斯地區建立起幅員遼闊的王國，並於公元 1071 年，在高加索地區之南的亞美尼亞王國曼齊克特地方大敗拜占廷軍隊，俘虜了拜占廷皇帝。自此，原本在波斯文化圈東北的突厥人大量進入拜占廷帝國最重要的領土小亞細亞（在今土耳其），到了波斯地區的西北。

　　隨着塞爾柱突厥人大量進入高加索地區後，伊斯蘭在這一地區聲勢大升，許多本來信仰基督教或其他宗教的高加索居民也都逐漸皈依伊斯蘭。今天的阿塞拜疆人原是隨塞爾柱人進入高加索地區的突厥部

伊斯蘭世界最傑出的詩人之一，12 世紀生於今阿塞拜疆中部小城占賈（Ganja）的內扎米（Nizami Ganjavi）的紀念碑

族。12 世紀，他們的上層已經使用波斯語，其中一位生長在今日阿塞拜疆西部的詩人叫內扎米。他用波斯文寫了五部韻律優美的浪漫長詩，成為伊斯蘭世界（特別是波斯人）的文學瑰寶。其中一部是描述波斯王子霍斯勞和亞美尼亞公主希琳的愛情故事。幾個世紀以來，無數的波斯細密畫都以這個故事為題材。

14 世紀初，處於小亞細亞西北角、塞爾柱突厥蘇丹國邊疆地區的一個小公國的首領奧斯曼，逐漸擴充領土，自立國家。奧斯曼之後的十代統治者，連續 250 年，個個能文能武，勤政善戰。到 16 世紀中葉，奧斯曼帝國的國勢達到巔峰。它的領土包括了匈牙利、羅馬尼亞、巴爾幹半島、小亞細亞（又稱"安那托利亞"；過去很大一部分是亞美尼亞王國的領土）、北非、埃及、巴勒斯坦、敘利亞、兩河流域、阿拉伯半島東西部和波斯灣西部沿岸地帶。而這個強大帝國的東北邊疆就在今天格魯吉亞的西部。

由於奧斯曼帝國的聲勢，其影響力越過了黑海，而到達當時統治克里米亞的韃靼汗國，同時對克里米亞之東的大高加索山脈北麓，尚未皈依伊斯蘭教的最大民族切爾克西亞人產生了影響。之後，切爾克西亞人放棄了古老的信仰和規矩，於 17 世紀普遍轉奉遜尼伊斯蘭。

波斯文化復興

13 世紀中葉，由成吉思汗第四子托雷的兒子旭烈兀統帥的蒙古人征服了伊朗與南高加索地區，建立伊兒汗國，並將首都設在高加索地區南緣的大不里士。此一時期，波斯－伊斯蘭文明受到極大的破壞。

比旭烈兀的部隊更早到達高加索地區的，是成吉思汗長子尤赤的兒子拔都所率領的蒙古軍。他們佔領了整個南俄羅斯草原，包括高加索山脈之北的庫班河流域平原與濕地。蒙古軍與更早前已經在此放牧及長途貿易的突厥語各族很快就融合起來，也信奉了伊斯蘭教。信奉東正教的俄羅斯人將他們並稱為韃靼人。俄羅斯人與韃靼人的相互交往與鬥爭持續了兩百多年。16 世紀俄羅斯人擊敗韃靼人，鞏固了對伏爾加河中游的控制，開始與北高加索地區相鄰。

伊朗的蒙古統治者不久也皈依了伊斯蘭教，所以波斯文化因此又開始復興。15 世紀初，中亞撒馬爾罕一個自稱是蒙古人但說突厥語的軍人帖木兒佔領整個西亞，包括部分小亞細亞與南高加索地區。他的兒子以阿富汗西部的赫拉特為首都，帖木兒汗國的宮廷自此使用波斯文。他們在中亞和西亞大量修建清真寺，建立伊斯蘭經學院，發展科學，提倡文學，注重藝術，形成波斯的文藝復興。16 世紀初，帖木兒帝國敗亡。代之而起的，在中亞是從伏爾加河中游南下的、突厥化了的蒙古人所建的烏茲別克汗國，在西亞則是由波斯化了的阿塞拜疆人和土庫曼人所建立的薩法維王朝。因為烏茲別克人從來沒有波斯化，所以今天的中亞主要是突厥語的世界；而伊朗與阿富汗則仍然屬於波斯文化圈。

薩法維王朝在 16–17 世紀裏，將伊朗建成一個什葉派伊斯蘭帝國，其軍事、商業、文學、藝術都相當發達（見本書 "波斯文明圈" 部分）。這個帝國的西北邊疆就在高加索地區的東部，包括今天的阿塞拜疆共和國和俄羅斯聯邦的達吉斯坦自治共和國。進入 18 世紀，波斯與奧斯曼帝國的邊界趨於穩定，而波斯與俄羅斯的邊境卻因為戰爭而一再變動。

我曾在今天伊朗北部與阿塞拜疆共和國幾乎接壤的大不里士買了一條聞名世界的大不里士地毯，也重溫了 14 世紀時蒙古人的欽察汗國與伊兒汗國為這座古城而發生戰爭，以及 16 世紀時，這裏在奧斯曼帝國與薩法維帝國的爭奪下，數易旗幟的往事。

俄羅斯的長期經略

佔地廣袤、組織鬆散、生活於森林中的俄羅斯人於 13–15 世紀被草原民族蒙古／韃靼人統治。15 世紀開始，俄羅斯人逐步擺脫了蒙古／韃靼人的控制，以莫斯科公國為核心，向四周擴張。18 世紀初，俄國沙皇彼得大帝為向西歐學習，而將國都自莫斯科遷至新建於波羅的海之濱的聖彼得堡。但這位雄才大略的君主和比他更有才華的葉卡捷琳娜女沙皇（1762–1796 年在位）絲毫沒有忘記向東向南拓展領土，尋求位於溫帶的不凍港口。1722 年，波斯薩法維王朝覆滅，高加索地區的不少小王侯紛紛擁兵自立，受到繼起的波斯國王發兵討伐。這些小汗國的王公於是向俄國求救。正是前門拒狼，後門迎虎！

在俄國入侵時代為沙皇效力的，除了由貴族所統帥的正規軍的和行政官員，還有一種被稱為哥薩克人的羣體。哥薩克人是彼此之間未必有血緣淵源的亦兵、亦盜、亦農的社羣。許多俄羅斯文學作品，包括曾經在高加索任職的托爾斯泰的名著《哥薩克人》，都以哥薩克人替俄羅斯開疆拓土為主題，描述他們的冒險精神與羅曼蒂克（浪漫）的生活。其實哥薩克人不是一個民族，他們主要是由來自俄羅斯、烏克蘭、波蘭社會的下層所組成，通過戰爭獲得了新土地後，就在上面耕種並實行自治，但基本上仍然效忠於在聖彼得堡的沙皇。

18 世紀末，俄國已然吞併了大部分北高加索地區，將諾蓋人（居住在北高加索西北部的突厥族裔）、庫梅克人、切爾克西亞人與奧塞梯人置於俄羅斯統治下。19 世紀中葉，通過對波斯和奧斯曼帝國的多次戰爭與條約，又蠶食了南（外）高加索的大部分土地，把格魯吉亞、亞美尼亞和阿塞拜疆納入俄羅斯版圖。

20 世紀初，一名格魯吉亞神學院的修士，易名斯大林，改信馬克思主義，並與同伴貝利亞在外高加索鼓吹無產階級革命。十月革命來臨時，興起於歐洲的民族主義浪潮席卷了外高加索各民族。1918 年，格魯吉亞、亞美尼亞、阿塞拜疆這三個分屬不同民族，信仰不同宗教，使用不同語言文字的民族，經過一番戰鬥，各自成立了獨立的共和國。1922 年，布爾什維克的紅軍壓境，取消了這三個共和國，另組成 "外高加索蘇維埃社會主義聯邦共和國"。蘇聯的第一任民族事務委員會主任就是斯大林。斯大林當政時期，南、北高加索地區的行政版圖及民族劃分屢有改變：1936 年，在斯大林主導下，蘇聯新憲法取消了外高加索蘇維埃社會主義聯邦共和國，把外高加索地區又重新分為格魯吉亞、亞美尼亞和阿塞拜疆三個加盟共和國；北高加索則作為一個邊疆區，完全併入俄羅斯共和國。1943-1944 年，在德軍進攻蘇聯的伏爾加河地區時，北高加索的車臣人和印古什人，還有克里米亞的韃靼人，被蘇聯當局懷疑具有同情德國的傾向，而遭集體流放中亞和西伯利亞。斯大林死後被赫魯曉夫批判，他們才獲准還鄉，但是並沒有收到補償，過去的房屋、財產自然也要不回來了。

歷史上這些大規模的殺戮和放逐，一方面固然加強了沙俄和蘇聯在北高加索的控制，另一方面也成為今天北高加索地區層出不窮的恐怖主義活動的淵藪。

20 世紀 80 年代初，蘇聯出兵阿富汗不久之後，我在一份美國外交學刊上讀到一篇文章。它指出，蘇聯雖然看似強大，但內聚力很低，因為它幅員太廣，境內民族太多。文章的結論是，只要有適當的條件，蘇聯的各共和國會相繼獨立，而且獨立後也不會太平無事。這個推論對高加索地區來說，可謂相當準確。

第 29 章
北高加索與俄羅斯

俄羅斯的南部邊疆

俄羅斯人自從 16 世紀進入伏爾加河中游佔領了喀山之後，100
多年之間持續的向東、向南發展。地理位置以及氣候使俄羅斯雖然國
土廣袤，資源豐富，卻很難與外界交通。18 世紀初，雖然沙俄的首都
搬到了波羅的海的聖彼得堡，但是俄羅斯人向南尋找不凍港和通達歐
洲與亞洲各地的動機仍然很強。19 世紀，沙俄和英國在中亞的持續
對抗的原因之一就是沙俄希望能夠獲得通往阿富汗、巴基斯坦和印度
這一片土地的主導權，進而獲得靠近印度洋的出海口。

今天俄羅斯聯邦領土的南部邊疆在北高加索，它包括兩個重要的
不凍港：一個是黑海東南岸的索契，大約位於北緯 44 度，俄羅斯可
以隨時由此進入黑海，然後穿過博斯普魯斯海峽和達達尼爾海峽進入
地中海；另一個是裏海西岸的馬哈奇卡拉，大約在北緯 43 度，它只
能通往裏海周邊地區，無法聯通到其他海洋。所以俄羅斯希望得到不
凍港的夙願雖然完成了，但是先天的地理劣勢使它很難成為像美國、
中國、印度一樣，成為四通八達的全面經濟大國。

北高加索人的特質

在俄羅斯人向南擴張的過程中，他們先後與北高加索地區之北的遊牧民族，包括屬於蒙古後裔的卡爾梅克人以及操突厥語族語言的庫米克人和諾蓋人遭遇。之後俄羅斯的力量逐漸與高加索山地和平地交接地帶的高加索原住民族開始接觸，並發生了持久的衝突。

18 世紀以前，整個高加索地區的不同民族曾經有過幾次大規模宗教改變。前面兩次改變最終使基督教在高加索各民族中間成為重要的宗教。這主要是受了當時拜占廷帝國和南高加索的格魯吉亞這兩個基督教國家的影響。之後又有過三次伊斯蘭教的浪潮，最早是八世紀時阿拉伯帝國的力量進入這個地區，引入了伊斯蘭教；其後在 10 到 14 世紀，已經改宗伊斯蘭教的幾個突厥語部族和蒙古人大量進入這個地區，推進了遜尼派伊斯蘭教的擴張；最後一次改宗浪潮是 17 世紀時由奧斯曼帝國主導。奧斯曼帝國那時在整個高加索地區，無論是在平地、山地還是海岸線都有許多據點，輻射力強大，因此，連北高加索地區那些一向堅守傳統自然崇拜的原住民，也紛紛皈依了遜尼派伊斯蘭教。

北高加索的原住民由於從很早以來就被困在崇山峻嶺之中，極少與外界交往，因此形成了很強大的由鄉土概念而產生的內聚力。他們主要是由部落組成，每一個部落中都有貴族、自由民，和一些屬於奴隸身份的同族人。

無論基督教或伊斯蘭教都沒有改變山民以自己的宗親為效忠對象的習慣。而基督教和伊斯蘭教所不允許的一些習俗，如血親復仇等，卻仍然是他們的榮辱觀的一部分。對於本部落的女性違反部落的習俗而與異族或其他部落的男子結婚或私奔，本部落的男子一定要實行報復。如果是在某次暴力衝突中自己人被對方殺死或是重傷，就一定設法殺死或重傷對方一個人，或實施類似程度的報復。這樣的血親復仇在 20 世紀之前的北高加索社會裏十分普遍。

北高加索社會的另外一個傳統就是部落長老的民主協商制。這類似於中國的農村裏面由德高望重的長輩們組成的宗族議事制度——幾個家族的長老聚集在一起，通過協商的方式決定本家族的大事。高加索地區的這種傳統還有一些獨特性，比如他們開會的時候出於禮節，要讓年紀大的人先發表意見，其他人不能夠打斷。若是長者們發言冗長，這個協商會就可能要開幾天，直到開會地點的主人家吃不消的地步。所以宗親會往往要"搬着家開"，把會議安排在不同的家庭裏，以便解決開會期間的食宿問題。

切爾克西亞人的遭遇

當俄羅斯人越過庫班河，繼續向南進入高加索山脈北麓時，與他們遭遇最多的原住民就是切爾克西亞人，當時總人口應該在一百萬以上，散佈在北高加索的西北部。

這個古老的民族在中東地區歷史上曾經引人注目。

切爾克西亞男子大多健壯並且驍勇善戰，女性則以標致漂亮著稱。所以不少阿拉伯國家都曾大量招募非穆斯林的切爾克西亞男子為奴隸兵，或招募切爾克西亞女子進入宮廷當宮女。（伊斯蘭教教法規定不可以把穆斯林當作奴隸；如果奴隸信奉了伊斯蘭教就需要釋放。）13 世紀後統治埃及的馬穆魯克集團中，就有大量出身切爾克西亞的軍人，其中有好幾人信奉了伊斯蘭教之後，當了埃及馬穆魯克王朝的蘇丹。奧斯曼帝國有幾位蘇丹的母親也都是切爾克西亞人，宮廷裏的切爾克西亞妃子更是多不勝數。

19 世紀初，切爾克西亞各部落和奧斯曼帝國來往日漸頻繁。切爾克西亞人世代居住的西北高加索靠近黑海東南海岸，所以從海路很容易到土耳其東部，甚至通過博斯普魯斯海峽直達伊斯坦堡。

當俄羅斯人入侵西北高加索腹地的時候，切爾克西亞人寄希望於兩個國家的援助，一個是英國，另一個就是奧斯曼帝國。奧斯曼帝國 19 世紀時已經衰落，不是俄國的對手。英國不願意看到俄國佔領那麼多土地並拿到不凍港，所以派遣了一些外交官和其他人員以商人的身份進入切爾克西亞人的地區刺探情報，並幫助當地人購買軍火。但最終切爾克西亞人還是逐漸被俄羅斯人壓逼到高加索山脈的高峰，不得不放棄山腳和山麓的土地。這時候北高加索東部的達吉斯坦大半已被俄國佔領，有一位以伊瑪目・沙米爾（Imam Shamil）之名著稱的伊斯蘭蘇非領袖組織軍隊抗俄。切爾克西亞人同意加入沙米爾領導的聖戰，共同對抗俄國。

伊瑪目・沙米爾的力量主要是在高加索山脈的東部地區，也就是達吉斯坦、車臣和印古什。他嚴格以伊斯蘭教法作為治國的法律，也具有很強的個人魅力和號召力，抗擊俄國一度頗有成績。但無奈俄國的社會和軍隊組織都比高加索的原住民要強許多，所以 19 世紀中葉以後，高加索原住民的命運就已經相當明顯了。

此時在高加索山脈西部以切爾克西亞各個部落為主的人口形成了部落聯盟。建立了一個由 10 個酋長部落和 3 個民主制的部落組成的聯合體，並且設計了自己的旗幟，加強自我認同並爭取到國際支援。這個政治聯合體在和俄國軍隊以及哥薩克人對抗的時候，明顯佔弱勢。1859 年伊瑪目・沙米爾最終被迫投降後（條件是保住他家人的性命），切爾克西亞人也面臨着投降和繼續抗爭的選擇。

最終，一部分人接受了俄國的條件，願意停止戰爭，同意遷居到俄國要求他們去居住的庫班河以北的平原地區，另一部分人則逃上了高山繼續抗戰。其中堅決抵抗的部落叫尤比克（Ubykh, 這是說某一種切爾克西亞方言的人對自己的稱呼）。他們的首領一生都堅定地抵抗俄國的侵佔 —— 老首領去世後，他的兒子領導族人繼續作戰。然而到了 1864 年，連這股最後的抵抗力量 —— 尤比克部落也無法繼續戰鬥了。於是他們跟俄羅斯人在黑海岸邊簽了協定，所有願意去奧斯曼帝國（今日土耳其）的人可以設法乘船去奧斯曼帝國，不願意去奧斯曼帝國的，就要搬到俄羅斯人指定的地方居住。俄國規定，尤比克部落早前作為根據地的山區必須清空騰出來。這是俄羅斯人在北高加索戰爭的最終勝利，也是切爾克西亞人厄運的開始。

為甚麼說是厄運的開始呢？因為雖然切爾克西亞人的抗俄鬥爭也遭遇了嚴重的死傷，但整個民族大體仍然存在。然而，經過幾代沙皇的經略，俄國已經決心奪取整個高加索地區，不容再有任何原住民的阻擋。幫助沙俄政府的哥薩克人也極欲向南發展，佔領更多高加索山脈南部的肥沃富饒之地，因此作為原住民的切爾克西亞人就被大量的驅趕和屠殺了。具體死難人數雖然沒有準確記錄，但是根據今天能夠推算的證據來看，死者應該有三四十萬人。那些逃奔到奧斯曼帝國領土的切爾克西亞人也將近十萬，後來進一步分散，遍佈巴爾幹半島、敘利亞、巴勒斯坦。在今天的約旦、以色列，都還有切爾克西亞後裔的社區。由於高加索原住民的語言太多，所以外人很難分得清楚；奧斯曼人把說尤比克語的部落以及與他們語言類似的部落人口統稱為“切爾克西亞人”。現在散居各地的切爾克西亞人的後裔自己也使用這個名稱。

今天的俄羅斯聯邦裏，能夠被稱為切爾克西亞人的人口總數大概不到十萬。他們在蘇聯時代被賦予三個不同的名稱，分屬三個不同的行政區。這顯然是統治者分而治之的策略。

總之，一個發源於北高加索，19世紀仍然有大約100萬人口，在11-12世紀就已經參加譜寫中東歷史的民族，經過1,000年的變遷，今天仍然散佈在中東各國，但是除了在俄羅斯聯邦內的由俄羅斯人決定命名的幾個小行政區之外，已經沒有自己的家園了。

克里米亞戰爭的前因後果

從18世紀葉卡捷琳娜女皇開始，俄國就專注於向黑海地區擴張，克里米亞半島就是那時候併入俄國的。經過尼古拉和亞歷山大幾位沙皇的持續努力，鄰近克里米亞的北高加索也逐漸地落入了俄國的掌控之中。而同時期的奧斯曼帝國則日薄西山，國勢漸頹，不再成為俄國的對手。

1850年左右，英國形成了一項明確的外交政策，就是要在黑海設法抗擊俄國的擴張，遏制其氣焰。直接的目標是阻止俄國在黑海擁有海軍。這就是後來不久就發生的克里米亞戰爭的真正原因。這是一個基於地緣政治做出的決策。而克里米亞戰爭的表面導火線居然是為了爭奪耶路撒冷的基督教聖地的管理權。當時，整個巴勒斯坦（包括耶路撒冷）都屬於奧斯曼帝國。法國認為自己作為世界上最強大的天主教國家，是全世界天主教的代表，所以在耶穌誕生聖地的教堂應該由他們管理。而俄羅斯人認為他們代表了包括希臘人、塞爾維亞人、羅馬尼亞人、保加利亞人在內的所有的東正教徒，聖地的教堂應該由他們來管理。就這樣，奧斯曼帝國、法國和俄國就為了一把教堂鑰匙這樣的小事情，而發生了一場大規模戰爭。這就是克里米亞戰爭。

在這場戰爭中，英國與法國合作幫助奧斯曼帝國對抗俄國。最終英法奧打敗了俄國。本章的主題不是克里米亞戰爭，因此戰爭的過程就不再詳表。但因為克里米亞是北高加索的鄰居，而北高加索的戰爭以及北高加索的命運此時正在危急存亡之秋，所以在這裏插一段關於克里米亞戰爭的述評。

這場戰爭以俄國戰敗告終，因此他們失去了在黑海擁有海軍的權利。正如英國人當時所說的，此戰使黑海避免了變成俄國內湖的命運。這個結果一方面使得俄羅斯失去了北高加索地區西岸的部分控制權，也略為延長了北高加索地區原住民對俄羅斯的抵抗。另外一方面，在克里米亞戰爭的失敗使有革新意識的沙皇亞歷山大二世決心要對俄羅斯進行大刀闊斧的改革，調整俄國社會制度，紓解矛盾，穩定社會。其中最重要的改革就是廢除農奴制度。這對俄羅斯社會來說是非常關鍵的一件事情。克里米亞戰爭的失敗可以說是因禍得福。否則不能想像，一個仍然需要大量農奴的俄羅斯帝國，能夠在不久之後變成強大如蘇聯那樣的社會主義國家。

蘇聯時代的北高加索政策

克里米亞戰爭的失敗讓沙皇時代的俄國更加注重對高加索地區

的掌控，直至徹底兼併這一地區。1917年十月革命之後，高加索地區形成了幾個不同的共和國。1922年蘇聯正式成立之後，建立了包括格魯吉亞、亞美尼亞和阿塞拜疆這三個地區的外高加索蘇維埃社會主義聯邦共和國。但1936年，出生於格魯吉亞的斯大林取得對蘇聯的絕對主導權之後，蘇聯新憲法決定解散原先的外高加索共和國，另在南（外）高加索的阿塞拜疆、格魯吉亞和亞美尼亞分別成立了與俄羅斯、烏克蘭、白俄羅斯等具有同樣地位的三個社會主義邦聯共和國，而在北高加索地區則建立了幾個民族自治區。如上所述，每個共和國和自治區的邊境內都有不少跨境的民族，使得這些行政單位很難按照民族自治的原則正常運作。

二戰開始之後，納粹德國軍隊對伏爾加河下游平原的斯大林格勒進行重攻，北高加索處於蘇聯政府認為的危險地帶。斯大林以及他信任的助手貝利亞認定北高加索的各民族可能會同情德軍，反對蘇聯政權，遂用軍隊把住在克里米亞半島的韃靼人、住在山頂的山地突厥人，以及車臣人、印古什人，統統送到中亞去定居。這樣一次匆促的強制性人口大遷徙，給這些人口帶來了極大的憤慨和難忘的痛楚。

車臣戰爭後的北高加索

20世紀末葉，在伊朗伊斯蘭革命成功以及沙特阿拉伯擁有巨大的石油美元優勢之後，全世界穆斯林 —— 無論遜尼派或是什葉派都產生了一個穆斯林復興的趨勢。而這個伊斯蘭復興的後果之一，就是相當多的穆斯林增加了對宗教的虔誠，甚至逐漸傾向於接受沙特阿拉伯所特有的瓦哈比宗派的"基本教義"信條。

蘇聯境內以及後來俄羅斯聯邦境內的穆斯林，特別是高加索地區的穆斯林也受到了瓦哈比主義的影響。在 2001 年"9‧11"恐怖襲擊事件前，不少地方，如菲律賓、阿富汗、尼日利亞（Nigeria），都已經出現了以宗教為號召的反叛政權。俄羅斯北高加索地區的車臣也於在 1991 年出現過戰事，1999 年又有前蘇聯軍官領導的叛軍和宣稱獨立的反叛政權。"9‧11"恐怖襲擊事件之後，各地又出現了不少恐怖主義組織，而且都自稱是在進行聖戰。在北高加索的車臣、印古什和達吉斯坦等地，同樣出現了這種恐怖組織。他們以伊斯蘭的名義盤踞在某些地區，也有具實戰經驗的前軍官參與；普京就任總統後採取軍事強攻政策，2003 年基本穩定了局勢，並扶持親莫斯科的車臣人卡德羅夫為車臣總統。但是零星的軍事行動仍然繼續，恐怖襲擊時有發生。這樣的低強度交火又持續了好幾年，直到 2009 年方才正式結束。在車臣恐怖襲擊較為嚴重的 2004 年，印古什自治區的別斯蘭市發生了整個俄羅斯歷史上最大的一次恐怖襲擊，1,200 多人被大批有組織的恐怖分子劫持為人質，三天後，俄軍發動攻擊，最後造成包括 186 名學童在內的 300 多名人質死亡；恐怖分子悉數被擊斃。這次恐怖行動的連帶效應，引起了車臣其他的小規模恐怖主義組織和達吉斯坦的一些零星的恐怖主義組織的活動。此起彼伏的恐怖主義行動又持續了幾年。

但是最近五六年來，由於俄羅斯政府的決心，一方面毫不手軟地肅清恐怖主義，另一方面積極增加這個地方的經濟建設，特別是以 2014 年的冬季奧運會為契機，進一步建立了比較和平的北高加索地區的社會環境。目前旅客已經可以自由進出這些地區 —— 雖然可能他們還要取得邊境通行證。而索契作為黑海港口城市，從 19 世紀以來，就是俄羅斯人喜歡的度假勝地，而現在索契的沙灘再度獲得遊客們的青睞。至於格羅茲尼或者是其他的達吉斯坦地區，也逐漸在開發旅遊業。北高加索地區的歷史歷經三千年，到現在可以說是進入了一個新階段。

第 30 章
蘇聯解體後的南高加索

　　歷史上任何大帝國的滅亡和解體都一定有後遺症。一戰前後奧斯曼帝國的頹敗與滅亡直接造成今天的中東問題與巴爾幹問題，還間接導致了現在的高加索問題。今天高加索問題的基本原因當然是沙皇

格魯吉亞的首都第比利斯

俄羅斯帝國的解體。外高加索於 1918 年分裂為類似民族國家的格魯吉亞、亞美尼亞、阿塞拜疆三個共和國就是最直接的結果。但沒有幾年，它們又都在蘇維埃邦聯的名義下重受莫斯科的管轄。

格魯吉亞與歐洲

1991 年 6 月，我參加女兒從哈佛大學畢業的典禮。當天獲頒授榮譽博士並應邀發表演說的是蘇聯外交部長謝瓦爾德納澤。這位曾任克格勃將軍、格魯吉亞共產黨第一書記的蘇共政治局委員受到台下美國精英的熱烈鼓掌。但就當他在美國接受喝彩時，他的家鄉已經在一位長期持政治異見的英國文學教授的領導下宣佈脫離蘇聯而獨立。

獨立後的格魯吉亞立即陷入混亂與內戰。那位富民族主義激情的教授總統動兵鎮壓阿布哈茲自治州的獨立傾向，卻因不善統治國家而被迫逃亡到俄羅斯聯邦的車臣共和國。1992 年，因蘇聯解體而失業的謝瓦爾德納澤被家鄉故人推選為格魯吉亞的新元首。但這位富於行政經驗的新總統不但無法阻止內戰的延續，還經歷了 19 次對他行刺的圖謀！最後他並未死於非命，而是被他一手提拔的受美國教育的年輕人薩卡什維利在 2003 年率眾手持玫瑰花衝進政府大廈，將他轟了出來。這就是著名的“玫瑰革命”。

格魯吉亞不少領導者和精英階層很想儘快加入北大西洋公約組織，以便像以色列那樣，成為位於亞洲的“歐洲國家”。弔詭的是，格魯吉亞自 19 世紀起就想依附俄羅斯進入歐洲，從而擺脫輪流統治它幾個世紀的落後的奧斯曼帝國和伊朗。到了 21 世紀它仍然只能在歐洲的外面盼望，絕不比土耳其離歐洲更近。這說明，地理環境對歷史的發展確實有莫大的影響。別說格魯吉亞很難離開它所臨近的中東，就連在它西面，宣佈"脫亞入歐"已經一百年的土耳其，也沒辦法離開中東。

2008 年格魯吉亞與俄羅斯因南奧塞梯的衝突而斷交。但是格魯吉亞這個只有 500 多萬人口的小國面對的問題遠不止俄羅斯這個強大的前宗主國。在普京的運作下，格魯吉亞怎麼折騰都跳不出俄羅斯的勢力範圍。

當前格魯吉亞貧富非常懸殊，官員貪污濫權的現象很普遍，內部凝聚力很低。首先，在它領土內已有南奧塞梯、阿布哈茲，以及新聞中較少提到的阿扎拉等幾個已然實際上獨立的自治州。首都附近有 25 萬從阿布哈茲被驅趕出來的格魯吉亞族難民。此外，在它與兩個鄰國的邊境附近還分別有約 30 萬亞美尼亞人和 30 萬阿塞拜疆人。

這些問題對建設以格魯吉亞民族為主的格魯吉亞國是很大的阻力。尤有甚者，民族團結也並不是一般格魯吉亞族人的心中所想。正像世界許多其他未經現代洗禮的地區一樣，一般格魯吉亞人只以家族和家族所在的小地區為效忠對象，對國家並沒有特殊的認同感。比如說，斯大林的故鄉哥里（Gori）的大部分居民仍以這位同鄉為榮，許多人還自願守護設在城中的斯大林紀念館。

說到民族主義，需要補充一段。上面提到的"玫瑰革命"的領導人薩卡什維利當了幾年格魯吉亞的總統，樹敵甚多，結果被控貪污濫權，以致他自己須離開本國，投奔烏克蘭。在烏克蘭總統波羅申科的支持下，他獲得烏克蘭公民身份，並在 2015 年被波羅申科委任為敖德薩的州長。不久，二人公開鬧翻，薩卡什維利攻擊波羅申科，烏克蘭的檢察官卻指控薩克什維利幫助俄羅斯打擊烏克蘭。近幾年，薩克什維利又被剝奪了烏克蘭的公民權，但是他仍然繼續和波羅申科鬧騰。2019 年，烏克蘭大選後總統換了人，薩克什維利大概可以消停一陣子了。

2008 年北京奧運時，格魯吉亞、南奧塞梯與俄羅斯之間的關係佔據許多新聞版面。格魯吉亞貿然出兵南奧塞梯，後者法理上是前者的一個自治州，但實際上卻等於獨立並傾向俄羅斯。因此，格魯吉亞被俄羅斯出兵痛擊，引起西方輿論的同情。一時間，格魯吉亞感覺到自己似乎就是歐洲的一部分了。不久，在高加索地區，已有一百年難消冤仇的土耳其和亞美尼亞似乎有了良性互動的跡象：土耳其總統居爾應亞美尼亞總統薩爾基相之邀，到亞美尼亞觀看兩國足球隊比賽。球賽好幾年前就已經結束了，但是這兩個國家究竟誰勝誰負，目前還看不出來。從歐盟不接受土耳其這一點來看，土耳其贏不了。從土耳其的例子看，格魯吉亞的入歐夢也實現不了。

阿塞拜疆與石油

雖然格魯吉亞不可能成為單一民族的國家，但是亞美尼亞和阿塞拜疆卻在蘇聯解體後經過戰爭和民族清洗，大致上成為單一民族的國家。

在阿塞拜疆政府能有效控制的領土上，佔人口 90% 以上的主體民族是信仰什葉派伊斯蘭的阿塞拜疆人。他們與相鄰的伊朗北部兩省的居民同種、同文、同宗教，而伊朗境內的阿塞拜疆人口遠比阿塞拜疆共和國要多。這對民族國家的模型是另一種挑戰。目前，阿塞拜疆的領土被分為不相連的東西兩片，而東面的那一片主要領土又有六分

阿塞拜疆的首都巴庫是 20 世紀初的世界石油中心，也是許多歐洲富人（如諾貝爾兄弟）的居住地，現在市區仍有若干豪宅

之一左右（這裏的居民目前已幾乎全是亞美尼亞人）被亞美尼亞實際佔領，並視為獨立。

歷史上，阿塞拜疆先後被波斯與俄羅斯統治過。20 世紀初，阿塞拜疆發現石油，吸引了歐美國家不少投資。歐洲財閥羅斯柴爾德家族就曾在此擁有許多資產。一戰前，它的石油產量佔到全世界的一半。近年來，正是因為阿塞拜疆的石油儲量很大（據統計可能超過伊朗），國際能源公司大批進軍它的首都巴庫，使那裏呈現一幅繁榮景象。

阿塞拜疆獨立後的先後兩任總統是阿利耶夫父子。老阿利耶夫當初做過阿塞拜疆共產黨總書記，獨立前是蘇共政治局委員。他們父子的外交政策是親近土耳其（兩國語言很接近），拉攏格魯吉亞，力抗亞美尼亞，但與美、俄則儘量保持等距離。從裏海到地中海的那條石油管道，就是在老阿利耶夫手上完成的。

　　儘管阿塞拜疆的人均所得近年來迅速提高，但是人民素質，社會風氣卻沒有多少進步。整體來說，它的社會比格魯吉亞和亞美尼亞要落後一截。

亞美尼亞與大屠殺

　　亞美尼亞人歷史上曾經很輝煌，最強盛時的領土比現在要大得多。奧斯曼帝國時代的許多知識精英與商人都是亞美尼亞人。19世紀上半葉，同樣信奉基督教的希臘在英、法協助之下獲得獨立，這就使許多亞美尼亞人也想在沙俄的庇護之下從奧斯曼帝國獨立。一戰前俄國與奧斯曼帝國幾次衝突，奧斯曼人把亞美尼亞人居住的大片領土都割給了俄國。一戰時，許多亞美尼亞人支持俄國，因此遭到土耳其人（即信奉伊斯蘭，操土耳其語的奧斯曼人）的報復。亞美尼亞人在各地被大量屠殺，被驅趕到敘利亞（當時仍屬奧斯曼帝國）的沙漠中。雖然土耳其官方至今不承認，但據亞美尼亞人以及他們在歐美的支持者說，這一大屠殺死難人數超過一百萬。

　　亞美尼亞人的確是一個苦難深重的民族。從中世紀以來他們就以善於經商知名，與歐洲的猶太人頗有相似之處。在阿拉伯人、波斯人、奧斯曼人和俄羅斯人的統治下，他們幾次大規模逃散以保性命。

　　現在生活在北美、西歐、中東以及俄羅斯的亞美尼亞人數目非常多，政治、經濟影響力也很強。1991年亞美尼亞獨立後，它海外的僑民十分支持政府收復在蘇聯時代被判給阿塞拜疆的"失土"納戈爾諾－卡拉巴赫。這就釀成了亞、阿兩國在獨立後的戰爭，以致兩族人

亞美尼亞首都埃里溫市中心的歌劇院與噴泉水池

口都有大量死傷，並且被迫逃離家園。這場戰爭發生的時候，恰逢巴
爾幹半島上的波斯尼亞人和科索沃人遭塞爾維亞人"清洗"，導致這
場戰爭幾乎沒有受到西方傳媒的注意。

南（外）高加索的困境

我的亞美尼亞朋友告訴我，亞美尼亞人根據過去當鄰居和同學、
同事的經驗，比較願意和阿塞拜疆人做朋友，不喜歡"自大"的格魯
吉亞人。據說一般格魯吉亞人也更願和阿塞拜疆人交往，而不喜歡
"狡猾"的亞美尼亞人。

不論誰喜歡或不喜歡誰，南高加索三國就是這樣矛盾重重，危機
處處。在這背後，有上千年的歷史恩怨，也有當今國際政治的現實利

益。今天住在高加索地區的任何一個民族的任何一項領土主張，或對另一個民族的指控，都能找到歷史的依據。

高加索的人口分為許多語言羣體和民族，大家都有歷史包袱，而誰都沒有經歷過現代化的洗禮。極端主義、貪污瀆職、有家無國的現象十分普遍，絕不限於某一個民族或國家。

毫無疑問，南高加索三國都在轉變中。其實無論是社會主義還是資本主義，民主政體還是專制政體，都需要在一定社會和文化傳統中實行。西方國家所實行的民主政體和它們近年來所推行的公民社會，在目前的高加索地區還找不到合適的土壤。西方國家從前所奉行的民族主義和民族國家的概念，卻在這個古老的民族博物館裏得到了強烈的共鳴。

即使沒有大國之間地緣政治的較量，高加索地區也很難在短期內安定下來，民主起來，繁榮開來。目前，美國、西歐和俄國正在為了南高加索地區（以及烏克蘭）進行“新冷戰”。但是不要忘記，真正的利益攸關者還包括土耳其和伊朗這兩個地區大國。

第 31 章
國際博弈中的南高加索

輸油管中的乾坤

不少年前，楊紫瓊和皮爾斯・布魯斯南（Pierce Brosnan）合演過一部以巴庫為背景的 007 間諜片《007 之明日帝國》，說的是各國為了爭奪裏海石油各出奇謀的故事。我因為對高加索地區感興趣，就去看了這部電影。出戲院時心中自忖，將來真正的情形會是怎樣呢？

自從 2008 年俄、格動武以來，許多媒體都報道了格魯吉亞對西方的重要性，其中很受到媒體關注的就是線路為巴庫－第比利斯－傑伊漢（位於地中海東北角的土耳其海港）的一條很新很大的輸油管。另外，還有一條從巴庫經第比利斯到土耳其東部名城埃爾祖魯姆的，很新也很大的輸氣管。許多人認為這兩條管道給了格魯吉亞很大的戰略價值，因此美國和歐洲一定會保護它，不讓俄羅斯借薩卡什維利魯莽出兵南奧塞梯的機會，把格魯吉亞再度置於俄羅斯的勢力範圍內。

以上的分析當然有一定的道理，至少經過第比利斯南下地中海的路線對法國、意大利、西班牙等國家有不少便利。但是如果講到石油和天然氣，那就應該環顧一下裏海的四周。其實裏海周邊的俄羅斯、哈薩克斯坦、土庫曼斯坦、伊朗也都是產油、產氣大國，目前已有十幾國的好幾十家石油公司在裏海周邊探勘和開採，也有許多條已建成和擬建中的輸油管和輸氣管，把產品輸往不同的方向。所以經過格魯吉亞的管道雖然有戰略價值，但又不是絕對重要的。我認為，美、歐、俄圍繞格魯吉亞而進行角力的主要原因不是能源，它未來的發展方向也不會受能源支配。

地理環境（主要地）決定歷史發展，而歷史和地理共同塑造文化；文化必然影響政治和經濟的發展。經濟力量是軍事力量的基礎，而兩者同為外交的支撐。從另一個角度看，外交是內政的延伸——一個國家的外交政策和外交措施總是反映這個國家的政治局勢。我覺得以上這些應該是大家都能接受的"定律"。下面我就從這些角度來觀測南高加索的局勢。

土耳其、伊朗和俄羅斯的手段

土耳其和伊朗都是以前的大國、強國，對內處理不同民族、不同宗教的問題，對外和強弱不等的國家周旋，經驗都很豐富。令中國人熱血沸騰的"外抗強權，內除國賊"，"割地賠款，喪權辱國"等詞句，用在這兩個從未當過殖民地的中東國家身上也同樣適用。對他們來說，"強權"之一就是老鄰居俄羅斯。但是時移勢轉，近幾年來，這兩國民眾心中的"強權"是以美國為主要對象的。

蘇聯解體後，土耳其、伊朗兩國和俄羅斯不再接壤了。有南高加索三國當緩衝，對土耳其和伊朗當然是好事。而且俄羅斯已不是以前的蘇聯，和它打交道也不是壞事，能投資做生意或是接受俄羅斯的技術轉移以減低對美國和歐洲的依賴，對土耳其、伊朗都有好處。

但是，2008 年格魯吉亞在南奧塞梯的舉動觸及俄羅斯的底線，惹得俄羅斯重新在南高加索駐兵，對土耳其和伊朗而言，這也不是好事。所以土耳其和伊朗會和南高加索三國加緊聯繫，以免它們再度被納入俄羅斯的軌道。平衡這三個國家之間的紛爭和疏解他們的心結，其他國家都不會比土耳其和伊朗更有條件去做。

　　土耳其許多年來的既定目標是加入歐盟。但歐盟似乎不肯接受它，所以許多土耳其人認為土耳其應該也向東看。我的一些頗為西化的土耳其朋友甚至對歐洲已經失去耐心，對加入歐盟已不再那麼感興趣了 —— 雖然他們仍然憧憬歐洲人的自由與民主，而且不能認同現任總統埃爾多安。現在土耳其當政的羣體不是歐化甚深的伊斯坦堡精英，而是主要代表安納托利亞的中小企業的虔誠穆斯林。他們對土耳其東部的了解和感情遠遠超過住在博斯普魯斯海峽西面的那些“世俗主義者”。由於東南部庫爾德人的問題一直困擾着土耳其，而近年來的敘利亞內戰又深刻影響土耳其的安全和主權，所以這些年土耳其並沒有真正大力向東發展。儘管如此，土耳其的企業和文化機構在阿塞拜疆、哈薩克斯坦等突厥語國家還是有相當的投入。在俄羅斯和美國之間，土耳其的現任和未來當政者都會十分為難。但是，向東看是必要的。理想的情況是，設法解決屬於土耳其公民的庫爾德族和亞美尼亞人的離心傾向，這是一直懸在土耳其頭上的一把劍；然後再面對各方，包括歐盟、埃及、伊朗、沙特阿拉伯、以色列，以及美、俄等強國，處理好複雜的周邊情勢。

　　伊朗伊斯蘭革命已經 42 年了。它真正需要做和想要做的，是去實現現代化。但伊朗面對一個兩難的局面：不與美、歐關係正常化就很難打破制裁，實現現代化，所以伊朗才和六國簽訂了有限的核協議；但為了追求現代化而向美、歐讓步以建立良好關係，會令當今的政權對外失去它在伊斯蘭世界的特殊地位，對內可能還會失去統治的合法性。無論如何，伊朗的宗教政權如果不降低失業率，提高政府效率，改善人民生活，遲早也得面對他不想見到的問題。在近年來的敘利亞和也門的內戰中，伊朗和沙特阿拉伯針鋒相對。近年來格魯吉亞問題、克里米亞問題所引發的俄、美、歐的角力將會使伊朗得到俄羅斯更多的支持。伊朗利用這個新形勢，放低身段簽訂了核協議，並曾表示願意與美國討論關係正常化，藉以減輕經濟制裁給它的壓力。但是美國特朗普總統的驚人之舉──廢止與伊朗的核協議，卻給了伊朗一個真正的難題。伊朗既不能停止對美國的鬥爭，又要負擔更多的軍費，還要面對老百姓對經濟發展遲緩的怨怒。

俄羅斯富有和土耳其、伊朗打交道的經驗，地理決定了它們永遠是鄰居。俄羅斯今後應該會以睦鄰之道儘量善待這兩個地區性大國。只有蠢才和瘋子才會在對付家門口來勢洶洶的兩名大漢的同時，再跟左鄰右舍吵架。努力把左鄰右舍拉到自己這邊，幫忙對付美、歐兩大勢力，才是俄羅斯在中東和高加索問題上的上策。

美國、歐盟、俄羅斯胸中的格局

在近幾年困擾全球各種勢力的敘利亞內戰問題上，願意為之付出代價由大到小的順序是俄羅斯、美國、歐盟，但綜合力量由大到小的順序卻是美國、歐盟、俄羅斯。從全球的視角看，除了面對環境污染、國際犯罪、金融危機等，它們還面對着兩個共同的挑戰，那就是如何回應激進伊斯蘭主義的擴張與東亞國家（特別是中國）的興起。從文化與價值觀的角度看，他們之間現在沒有無法調和的基本差異，只有利益衝突。所以，無論他們之間有甚麼尖銳的矛盾，都不會再發生 60 年前那種你死我活的鬥爭。

對美國來說，目前高加索、烏克蘭以及中東地區的局勢是一個利大於弊的機會。美國要進入東歐和中亞的戰略設計，本國能源和軍工集團的利益，以及推行美國價值觀在這一大片地區可以相輔相成，化為一體。但是無論特朗普總統或是反對他的美國精英，都要面對 20 年來生活水平沒有改善的中產階級，也必須滿足更新國內基礎設施的需要，改善教育及增加醫療的投入。近年來，美國主流精英都認為中國可能是俄羅斯之外的另一個挑戰者，所以必然會增加國防經費。這就讓美國面臨兩種選擇：或是降低姿態，只需要作為最強大的國家，而不必是全球的霸主；或是進行一場豪賭，對俄施以軍事和經濟雙重壓力，對中國，則設法阻礙其對現代化的努力，並且阻攔中國在代表古代文化交流的絲綢之路各地得到實質的經濟利益。

在南高加索、烏克蘭和中東問題上，歐盟和美國的利益幾乎一致。所以歐洲一定會陪着美國跑。但是因為歐洲國家和俄羅斯接近，也受到中東和北非的難民問題影響，所以歐洲國家不會願意看到美國太強硬，也不願意見到美國把問題推到歐洲頭上，要歐洲埋單。歐盟幾個大國連羅馬尼亞和保加利亞的入盟都還消化不了，更不敢接受土耳其。所以，今後幾年，歐盟的主要注意力會放在英國脫歐和消化難民上面。要 21 世紀的歐洲大有作為，難矣！

蘇聯解體後，俄羅斯民族幾百年來建立起來的自尊受到了挫傷，它的實際地緣政治利益也受到損害。所以這些年來普京經過深思熟慮，建立了國內共識，立定腳跟，咬緊牙關，怎麼也要給格魯吉亞和烏克蘭以教訓，對美國不讓步。但是，俄羅斯也不會主動把事情鬧得太大，只要能讓它在南高加索地區恢復發言權，保留克里米亞，不讓美國在自己家門口建立軍事基地就可以了。以後的事，還要看其內部的發展。比如說，人口老齡化怎麼應付？遠東地區人口太少怎麼辦？在新興的寡頭的操控下，經濟如何才能有活力？

俄羅斯在格魯吉亞問題、烏克蘭問題之前，至少在普京初初上任總統時，本來可以選擇與歐盟加深合作，遵循歐洲的遊戲規則，逐漸加入西方，並解決自己面臨的內部問題。這是三百年前彼得大帝的舊夢，也是今日許多俄國人的願望。但是近來歐洲和美國對俄羅斯一再採取攻勢，反而給普京一個團結內部的機會。他的政策取向，將會導致俄羅斯民族主義的抬頭，再度突顯它作為一個"東方"和"專制"國家的特色，以致俄羅斯未來的政治生態和文化取向都更不同於西方。

這樣的發展對某些西方國家來說，可能不是太壞的事，因為一個包括俄羅斯的歐洲將不再由德、法、比、意、西等國主導，而這樣一個歐洲又可能令美國不易指揮與應付。但是對高加索山脈之南的三個想擺脫俄羅斯影響的小國（以及烏克蘭與波羅的海三國）來說，這樣的發展的意義，就不難預料了。

土耳其進行曲

第 32 章
突厥語民族西遷

　　突厥民族發源於葉尼塞河上游，在今天的蒙古西北部，以遊牧為生，其語言與中國史書上的高車、鐵勒、柔然相近；遊牧民族的部落族羣間經常發生衝突與戰爭，而部落間的聯盟又經常改變，聚散無常。突厥人在沒有形成自己的民族之前，曾經被柔然人奴役。他們善於鍛鐵，被稱為鍛奴。鍛奴集團的各個部落於公元 552 年組成了自己的國家，並在數十年間逐漸擴張為一個帝國 —— 突厥汗國。

　　突厥汗國因為幅員遼闊，分為東西兩部分，分由兩個人治理。東突厥汗國跟中國的中原王朝有不少交往，而隋朝和唐朝的創建者都曾經受封於突厥帝國。唐代李氏家族，還有之前不少駐守西北邊陲的漢族將領都曾和鮮卑或突厥上層家族通婚。唐太宗李世民就具有鮮卑和突厥血統。

　　草原民族最重要的文化就是御馬術。馬大約六千年前才被人類馴化，最早是為了提供肉食。後來人們發現馬可以駄重，再後來又發現它耳朵靈敏，記憶力特別好，路走過不忘，所以有 "識途老馬" 之稱。馬脖子很長，能看到很遠的地方，馬跑得很快，人騎在馬上很有利於作戰。於是，騎兵成了遊牧民族巨大的軍事優勢。

　　當時的突厥民族還有一個優勢，他們能在馬上使用由幾層樺木打

希臘化時代與亞歷山大圖書館齊名的帕加馬（Pergamum）圖書館，位於今土耳其境內，約建於公元前三世紀

造的雙弧形的弓。這種雙弧弓射出來的箭速度很快，力量也很強，跟 15 世紀時"英格蘭長弓"差不多，而英格蘭長弓的長度等於一個人的身高，士兵必須穩站地上才能開弓射箭。

從葉尼塞河到多瑙河

東突厥汗國與中國隋唐兩朝都有交往，和西突厥卻逐漸失去了聯絡，於是慢慢地被隋朝和唐朝吸收，歸順於中國的中央政權。西突厥人則繼續向西發展，而且越走越遠，一直到鹹海。鹹海有兩條河流注入，北邊的是錫爾河（中國唐代以前稱為藥殺水），南邊的是阿姆河

（唐以前稱為烏滸水），起初西突厥人主要在錫爾河以北居住。錫爾河以南屬於農耕社會，是粟特人居住的地方。慢慢地突厥人越過了錫爾河，有的自願充當奴隸兵，還有的被販賣為定居者的家奴。

之後，突厥人又到了阿姆河之南，進入了波斯人的世界，逐步接近當時伊斯蘭世界的中心，也就是巴格達。公元 10–11 世紀的時候，巴格達（由先知穆罕默德的族人阿拔斯家族統治）是哈里發帝國的首都，也是伊斯蘭世界的政治與文化中心，和（在北非穆斯林統治下的）西班牙的科爾多瓦（Córdoba）、東羅馬帝國的首都君士坦丁堡、中國北宋的首都開封並列為世界四大都會。但是阿拔斯哈里發從 10 世紀起，被來自北方屬於什葉派的布韋希（白益）王朝所控制，形同傀儡。塞爾柱人起源於西突厥的烏古斯部，在領袖塞爾柱的率領下結成一個部落團體。他們先是定居在錫爾河與阿姆河之間的（絲綢之路重鎮）布哈拉，信奉了伊斯蘭教，繼而渡過阿姆河，由裏海東岸南下，進入伊斯蘭的心臟地帶。塞爾柱人首領圖格魯勒於 1055 年率兵進軍巴格達，驅趕了布韋希政權，被阿拔斯帝國的哈里發任命為帝國的攝政王，授予他“東方和西方的國王”的稱號和“蘇丹”的官職。從此塞爾柱王公“挾天子以令諸侯”，建立了今天我們所說的塞爾柱王朝。

塞爾柱人進入巴格達，把持伊斯蘭的政治中心 11 年之後，1066年，法國北部的諾曼底公爵渡過英倫海峽，控制了整個英格蘭，建立起由諾曼底貴族統治的英國 —— 今天的英文有如此多的法語詞彙主要是這個原因。又過了五年，即 1071 年，塞爾柱人在小亞細亞東部的曼齊刻爾特擊潰了東羅馬帝國的軍隊，俘虜了東羅馬帝國的皇帝。之後，一批批的塞爾柱突厥人就開始進入小亞細亞，以伊斯蘭拓邊戰士的身份，蠶食了東羅馬帝國最重要也是最大的一塊領土。到了 12 世紀中葉，在今土耳其的亞洲領上已經有許多突厥人建立的政權。塞爾柱人的王朝的首領自稱蘇丹，在安納托利亞中南部的科尼亞建立首都，被稱作塞爾柱魯姆蘇丹國。這時，塞爾柱突厥人離開錫爾河以北的亞洲草原已經四百年了，離開突厥人的發源地蒙古則有六百多年了。他們經過了伊斯蘭化與波斯化的雙重過程，又先後和許多不同民族（如粟特人、波斯人、阿拉伯人、亞美尼亞人以及希臘人）大量通婚，但是他們卻仍然保持着烏古斯突厥語。

塞爾柱魯姆蘇丹國和突厥人在小亞細亞建立的各個公國依靠對伊斯蘭教的宗教熱忱，加上固有的草原民族戰爭法則，一直不斷擴張，把本地人的政權一一打敗，讓他們成為附庸。通過行政力量、宗教皈依和大量通婚，（受波斯和阿拉伯詞彙影響的）烏古斯突厥語逐漸取代了希臘語，成為小亞細亞的通用語言。

1243 年，正當突厥人西進順暢的時候，東邊又來了一批源自蒙古的草原民族，統帥是成吉思汗的孫子拔都。他的軍隊所向披靡，佔領了小亞細亞很大一部分，令塞爾柱魯姆蘇丹國俯首稱臣。這樣，塞爾柱王朝的力量就大為受限，需要應付蒙古人，便無法兼顧自己境內的一些地方勢力。不少地方的部落於是紛紛自立。其中跑得最遠的一批人，到了十分接近東羅馬帝國首都君士坦丁堡（今天的伊斯坦堡）的地方。大概在 1299 年，這批人的首領奧斯曼建立了自己的小公國。這個小公國的前兩代首領還不敢自稱"蘇丹"，只是自稱"加齊"（拓展伊斯蘭領土的邊疆戰士）。但隨着後來迅速地擴張，向西奪取了東羅馬帝國許多地方，向東又平服了一些突厥人的小公國，於是該國領導人改稱自己為蘇丹，這就是後來的奧斯曼帝國。奧斯曼帝國的前十位領袖個個勤政善治，長於征戰。到蘇萊曼蘇丹時，奧斯曼帝國的力量到達頂峰。1529 年，蘇萊曼蘇丹率兵抵達多瑙河，圍困維也納。這位面孔消瘦、鼻樑尖且直的蘇丹被認為是當時歐洲最偉大的君王。也許他並不清楚，一千年前在葉尼塞河上游放羊的圓面扁鼻的牧人們，就是他的遠祖。

從小公國到大帝國

奧斯曼公國建於 1299 年左右，經過 100 年的擴張，已經佔有不少歐洲領土，都城也從小亞細亞西北部的布魯薩遷到巴爾幹半島的埃迪爾內。

這時，小亞細亞東部又出現了一位操突厥語的厲害人物，叫帖木兒。帖木兒以撒馬爾罕 —— 今天烏茲別克斯坦的重要城市 —— 為基地，向南打到今天的阿富汗，又繼續南下洗劫了印度的德里；向西打到今天伊朗的波斯灣，再向西北進攻到今天的土耳其，進入今天的土耳其的首都安卡拉，把奧斯曼的蘇丹抓了起來。突厥人在 11 世紀曾經把東羅馬帝國的皇帝抓起來，同是突厥裔的帖木兒在 15 世紀又把奧斯曼帝國的蘇丹抓起來，使得本來西進順暢的奧斯曼帝國不得不再度面向東方，延緩對東羅馬帝國的最後進攻。

奧斯曼帝國的創建者奧斯曼是一個運氣很好的人。他選擇立國的地方的對面，就是異教且異族的東羅馬帝國的首都。當蒙古人衝散了以科尼亞為首都的塞爾柱蘇丹國的時候，許多地方王侯紛紛自立。蒙古人撤退後，這些王侯就逐鹿中原，相互征伐。奧斯曼在小亞細亞的西北一角，他的敵人就是東羅馬帝國，因此吸引了很多無用武之地的豪強投奔，幫他一起向西攻打東羅馬帝國的領土。奧斯曼的兒子叫奧爾罕。奧爾罕攻佔了不少地方，並且第一次參與了東羅馬帝國的內爭。當時拜占廷的皇帝有個政敵，皇帝要跟那位政敵打仗的時候，向奧爾罕求援，並且把女兒嫁給他，所以奧爾罕成了東羅馬帝國的駙馬。

自他以後，好幾代的奧斯曼蘇丹都娶基督徒貴族之女為妻。上行下效，奧斯曼從貴族到老百姓都時常娶歐洲基督教徒為妻。所以奧斯曼人的血統混雜得很厲害，他們自認是歐洲人一點也不為過。

再過幾代，年僅 21 歲的穆罕默德二世在 1453 年攻陷了君士坦丁堡，消滅了東羅馬帝國，羅馬帝國第 195 任皇帝戰死在城牆上。（東、西羅馬帝國總共有 195 任皇帝，起初幾百年以羅馬為首都，後來的一千年是以君士坦丁堡為首都，史稱東羅馬帝國。）

穆罕默德二世之後過了幾世，出現了 1520 年登基、1566 年去世的蘇萊曼蘇丹。他是奧斯曼帝國最強，也最有威望的蘇丹，他除了在 1529 年帶兵圍困維也納外，又在 1534 年領軍向東，佔領了巴格達。在他之前，奧斯曼帝國已經把埃及、敘利亞以及包括伊斯蘭聖城麥加和麥地那的阿拉伯半島西部納入了版圖。從 1517 年起，直到 1922 年，奧斯曼帝國的蘇丹還兼任伊斯蘭世界的哈里發，即先知穆罕默德的繼承人。

奧斯曼帝國的地理位置很優越，東部不易受敵，西部可以擴張。14 世紀發生了一場決定性的戰爭，那就是科索沃戰役。奧斯曼帝國戰勝了塞爾維亞、保加利亞以及阿爾巴尼亞的聯軍，整體上控制了巴爾幹半島。科索沃戰役後奧斯曼帝國才開始攻打君士坦丁堡。

當奧斯曼帝國佔領君士坦丁堡的時候，炮兵是匈牙利人，騎兵是塞爾維亞人，那時候他們已經成功地把君士坦丁堡從西邊和東邊包圍起來了。向奧斯曼帝國臣服的聯軍裏面，有很多是信仰東正教的塞爾維亞人和信仰天主教的匈牙利人。

前面提到，奧斯曼帝國的前十位蘇丹都能征善戰並勤於治國，但這並不是帝國繁榮的全部原因，制度等原因也是重要因素。

第一是在宗教的鼓勵之下，開疆拓土的人被封為加齊之後會有榮耀感，心理素質會增強。

第二是奴官制。這是奧斯曼人的創舉，就是把體質性格優秀的基督教青少年訓練成蘇丹的家奴，然後派他們在王宮、政府機構或軍隊任職。在波斯和印度之外的整個伊斯蘭歷史裏，被伊斯蘭政權統治的人大多是猶太人和基督教徒。根據古蘭經和先知穆罕默德的做法，也就是伊斯蘭教法，這些人是要受到保護的。他們不是穆斯林，但他們有穆斯林也承認的經文，所以叫"有經之人"。"有經之人"只要交人丁稅就會受到保護，不能當作奴隸。解決這個理論困難的辦法，就是找到支持這個做法的教法學者給出新的解釋。於是蘇丹御用的教法學者做出了牽強的解釋：如果把一個基督教徒的人丁稅退回，這個基督教徒就不受保護了，就可以被當作奴隸。

奴官制的實際做法是從歐洲或小亞細亞選拔十歲到十七八歲、身體健碩、頭腦聰明的基督教男孩，把他們送到小亞細亞的一個農莊，讓他們在那裏學習語言，轉化為穆斯林，然後給他們最好的教育。這些蘇丹的家奴長大後都效忠於蘇丹，這樣就衝擊了奧斯曼突厥人原來的部落制度。如果大家的向心力仍在自己的部落，部落和部落之間又有鬥爭，蘇丹的中央集權就無從實施。奴官制雖然似乎有違伊斯蘭教法，卻為奧斯曼蘇丹添加了許多有能力並且對蘇丹效忠的基督教人口。事實證明，當了蘇丹家奴的基督教青少年長大後經常把自己原來的家族勸化為穆斯林，還想方設法讓其他親戚的兒子也能被選為蘇丹的家奴。

奴官制中最有名的一部分人，在土耳其叫新軍或"禁衛軍"。這支軍隊戰鬥力極強，並且效忠於蘇丹，在奧斯曼帝國擴張時期是無往不勝的一支軍隊，是全世界（至少歐洲）唯一的一支常備軍。

第三是米勒特（Millet）制，這也是奧斯曼人首創的符合伊斯蘭傳統的統治方法。米勒特的意思就是一個社區，奧斯曼帝國按照宗教信仰把居民分成不同的米勒特。奧斯曼帝國的統治者沒有種族的概念，或者不把種族當作主要認同對象，也不以語言為主要認同對象。米勒特制以宗教劃分國內人民的身份：所有穆斯林是一個社區，所有的猶太人不管住哪裏，是一個社區，所有的亞美尼亞基督教徒屬於一個社區，所有的希臘正教徒也屬於一個社區。

在米勒特裏面，被委任的領導者負責收稅，然後繳納給中央。凡宗教事務、教育、婚姻、財產的分配、訴訟、解決社區內部的衝突等，都由米勒特自己處理，幾乎是完全自治。但是在軍事上，米勒特不能有自己的軍隊，軍隊只能歸蘇丹，完糧納稅則是所有米勒特的義務。這個制度跟過去的伊斯蘭統治者有所不同，但差異也不大。

另一個制度叫采邑制，英語叫"Timar"，意思類似於"普天之下莫非王土"，所有蘇丹統治的土地都屬於蘇丹，別人不准買賣也不准繼承。有戰功的人，蘇丹就封他一塊地。但是他的兒子和孫子不能繼承這塊土地，除非蘇丹允許繼承。因此在奧斯曼帝國裏面不容易形成地主階級，也不容易形成有足夠財力和人力跟中央王朝對抗的家族。這對鞏固蘇丹的統治和延續奧斯曼帝國的王統是有好處的，對緩和農民對地主的抗爭也有作用。

最後需要講一下奧斯曼帝國的繼承制。奧斯曼土耳其人雖然花了一千年的時間，向西遷移了幾千公里，並且滲入了大量波斯人與希臘人的血液，但是他們始終維持着基本的草原民族統治方式，沒有採用長子繼承制。這個制度的好處和壞處很難說，起初可能是好處多，後來可能是壞處較多。

總而言之，要論奧斯曼蘇丹的繼承制，在草原民族（包括元朝）中大致都是這樣的：哥哥去世之後往往是由弟弟繼承，當然也可以由某一個兒子或是姪子繼承，但必須要開一個宗親大會，通過協商與選舉決定。奧斯曼帝國前期的 150 年中選的都是能幹的人繼位。但是後來從穆罕默德二世開始，就對自己的兄弟都不放心，怕他們趁自己外出打仗的時候在家裏造反。於是從這位蘇丹開始，後任蘇丹們就用不同的方法把兄弟們變得無法和自己競爭。或者給兄弟很多宮女，讓他們沉迷於女色，或者把兄弟禁閉在宮內，不讓他們熟悉政務。後來有個蘇丹乾脆收買了教法法官，讓教法法官解釋說，可以為了維持帝國的安定和大眾百姓的利益而毒死自己的兄弟，所以有的蘇丹一登基，就殺光自己的兄弟。

從將士用命到佞臣弄權

蘇萊曼一世（1520 年－1566 年在位）是奧斯曼歷史上最偉大的蘇丹。他把奧斯曼帝國的疆土擴展得很廣，包括整個東南歐洲、整個小亞細亞、整個高加索地區、黑海西部與北部（克里米亞等地）、整個肥腴新月（今天的伊拉克、敍利亞、約旦、以色列和巴勒斯坦）、阿拉伯半島的西部（包括麥地那跟麥加）和東部（即今日海灣諸國）、埃及和北非（即今日利比亞和突尼斯）。奧斯曼帝國成了整個伊斯蘭世界的領袖。

佔領埃及後，奧斯曼的領土開始收縮。因為在采邑制之下，只要能不停地擴張領土，就會有新的采邑賞賜給有軍功的人，也就不斷地有人願意為蘇丹效勞，日子就會越過越好。但是到了某一個程度，領土不能再擴張了，而貴族後代們對生活的要求很高，需索無度，統治矛盾就會凸顯。再加上這時葡萄牙人和西班牙人發現了新航路，把世界商業中心從地中海移到大西洋，繞過好望角就能到印度洋，到印度洋就能通到中國。當時中國還是世界上最富足的國家，這樣地中海以及絲綢之路就逐漸不那麼重要了，因而在絲綢之路尾端和地中海東部和南部跟歐洲進行貿易的奧斯曼帝國收的稅就少了。蘇丹收入減少，軍隊打仗就不行，領土也就無法再擴張。受奧斯曼統治的人口不再增加，稅收也就難以增加，所以就進入了一個萎縮的循環。這是我對奧斯曼宏觀歷史的看法。

奧斯曼帝國沒有御璽，每一個蘇丹有一個很有藝術性的簽名式。他所發的詔書，一定用這個形式來書寫。奧斯曼時代的文字是以阿拉伯字母拼寫的烏古斯突厥語，但雜有大量的波斯和阿拉伯詞彙，這就是奧斯曼文。

在 16–17 世紀的時候，奧斯曼帝國的主要對手是奧地利的哈布斯堡王朝；在東部，什葉派的波斯薩法維王朝也給奧斯曼帝國帶來一定的麻煩。總體而言，歐洲文藝復興使歐洲在各方面越來越強。雖然奧斯曼軍隊在 1683 年又一次包圍維也納，但是沒有成功攻下該城，不得不再度退兵。自此奧斯曼帝國和哈布斯堡王朝的強弱對比發生變化，雙方攻守開始易勢。

就在這段時間，奧斯曼帝國上層驕奢淫逸日益無度，教士集團、受他們影響的禁衛軍和保守官僚聯手阻礙改革，宮廷的內爭日漸激烈，佞臣、宮女、阿諛奉承的文人紛紛顯露身手。蘇丹和兄弟們的鬥爭往往既反映出他們的母親之間的鬥爭，又折射出蘇丹後宮中女眷的家族之間的矛盾。16 世紀，共有五名蘇丹在位；16 世紀末登基的穆罕默德三世，利用法律漏洞，下令同時殺死他的 19 個兄弟。17 世紀，蘇丹的更迭就更為頻繁，先後共有八名蘇丹登上歷史舞台。

如果說奧斯曼帝國只有哈布斯堡王朝這一個對手，即使對手逐漸變強，它或許還能應付，但是奧斯曼還有另外一個逐漸崛起的新對手，那就是在北方的俄國。自從莫斯科大公於 15 世紀擺脫了蒙古統治者的枷鎖以後，俄國逐漸強盛，並且開始向外擴張，這就和奧斯曼帝國在東歐、克里米亞和高加索都發生了接觸與衝突。

1683 年，奧斯曼軍隊最後一次進攻奧地利，包圍防備薄弱的維也納。由於統帥輕敵，波蘭援軍趕到，奧斯曼軍最後被迫撤離。此後，奧地利、波蘭、俄國、威尼斯等國聯合與奧斯曼在幾處作戰，強迫奧斯曼帝國於 1699 年簽訂了第一次損失領土的《卡洛維茨條約》。

儘管 17 世紀末有過企圖中興的蘇丹，但是任性而懦弱的更多；雖然也有過公忠體國的名臣（如科普魯盧祖孫三代），但是貪贓枉法者當道（管理分封采邑證書的機構可以受賄，將國有土地給予毫無戰功的婦女，作為"買鞋錢"），保守主義者又愚蠢顢頇。

進入 18 世紀，奧斯曼帝國從歐洲第一強國變為歐洲病夫，"落日照大旗"的景象已然可期。

第 33 章
走向共和

　　奧斯曼帝國於 1520 年佔領了伊斯蘭聖地麥加和麥地那，土耳其人開始成為咖啡的愛好者。咖啡先是從埃塞俄比亞傳到也門再傳到麥加，然後通過到麥加的朝聖者傳遍伊斯蘭世界。奧斯曼人接管聖地之後，壟斷了咖啡的運銷，獲取重利。

　　今天的"土耳其咖啡"是指將磨碎的咖啡豆煮了之後不過濾就喝的濃咖啡，喝完會在杯底剩下渣子。咖啡館在整個中東非常流行，在 16 世紀到 17 世紀的土耳其更是十分普遍。當時還沒有報紙，更沒有收音機，所以大家就到咖啡館聊天，交換信息。好幾個蘇丹都曾因為擔心老百姓在咖啡館聚談會引起造反，而下令關閉咖啡館。

　　到過土耳其的人多半都會記得幾座著名的清真寺。這些清真寺大都出於 16 世紀到 17 世紀的建築大師之手，其中有一位名為希南的建築師必須要特別一提。希南出生於安納托利亞（小亞細亞）的一個希臘人家庭，小時候曾經幫着他爸爸做泥水匠的工作，後來被編入禁衞軍。他本來當工程兵，負責架橋修路建碉堡，但是蘇萊曼蘇丹看中了他的能力，讓他設計和督建一座巨大的清真寺。伊斯坦堡最受人矚目的清真寺 —— 蘇萊曼清真寺就出自希南之手。整個土耳其造型最好也最為精緻的清真寺是埃迪爾內的賽利米耶清真寺。埃迪爾內是奧斯曼帝國遷都伊斯坦堡之前的首都，距今天的保加利亞和希臘很近。賽利米耶清真寺在希南 97 歲高齡時完成，是他最為傑出的作品。

希南在回憶錄裏說，他一生中最大的榮耀和快樂，莫過於能和蘇丹接近，聽蘇丹說話，儘管有時在行軍時，蘇丹騎在馬上，他自己在地上跑。

從"師夷長技"到"改革整頓"

就在奧斯曼帝國國力達到頂峰、上層開始驕奢淫逸、官員逐漸貪污腐敗之際，世界形勢起了巨大的變化。來自美洲的黃金和白銀促進了商業和貿易，並導致經濟活動貨幣化。奧斯曼帝國也因而悄然進入了貨幣經濟時期，稅收和薪餉不再以實物計而改用貨幣。政府為了維持龐大的開銷，往往發行成分不足的金幣和銀幣，造成通貨膨脹。通貨膨脹使官員和軍人生活水平下降，許多人就從事副業，或是把家人介紹到政府和軍隊裏佔名額領薪餉。許多禁衛軍還加入各種行會另謀生計，逐漸疏於軍事。在這種情形下，幾位蘇丹鑄造貨幣以支付對外用兵費用，吃了敗仗不說，還因之引起通貨膨脹，令社會更為不滿。過去戰功彪炳的禁衛軍因屢次戰敗而受到詬病，他們便和保守的教士集團聯盟來抗拒改革，屢屢鬧事。

這對奧斯曼帝國的國運是很大的不幸。當時歐洲各國剛走出中世紀不久，如果奧斯曼帝國上層能夠決心革新，兩者的差距未必會很大。由於保守派的阻撓（比如，因為反對印刷品而不許穆斯林開設印刷廠），支持改革的大臣們時常無法施展。

即使如此，18 世紀時一些試圖中興的皇族和大臣還是勸服了蘇丹引進歐洲人才，學習西方先進技術，特別是軍事技術。一位法國伯爵為此受命建立軍校，創辦新式炮兵。他為此特別改宗伊斯蘭教，更名為艾哈邁德。

俄羅斯彼得大帝的改革和其後葉卡捷琳娜女皇的步步進逼，使奧斯曼帝國不僅失去許多北方領土，還造成了境內各東正教社區（即"米勒特"）的離心。

1789 年法國大革命之後，在官僚集團主導下，奧斯曼帝國正式引進了法國的軍事制度，也開始建立印刷所，創辦報紙，設立翻譯局，印發西方書籍等。他們派遣大量留學生赴西歐，鼓勵工商業，希望由此增強國內的經濟活力。

這一時期登基的蘇丹賽利姆三世很想改革。他另建新軍，採用歐洲的方式練兵，但是禁衛軍卻以"集體掀翻大湯鍋"的方法推翻了他，另外擁立新蘇丹。後來一個擁有地方實力的改革派大臣出來，設法讓賽利姆三世復位，但是賽利姆還沒來得及復位，便在皇宮內被人殺害。

法國大革命後，拿破崙進攻埃及，使埃及的行政權落入當時的封疆大吏穆罕默德·阿里和他後代手中（直到 1952 年），實際上等於獨立。同一時期，奧地利佔領了貝爾格萊德，阿拉伯半島（提倡基本教義的）教派領袖瓦哈比和（企圖統一阿拉伯各地的）部落首領沙特結盟，並互相娶對方的女兒，聲言要把不守教律（如飲酒、崇奉蘇非教士）的奧斯曼人逐出阿拉伯半島。

19 世紀，奧地利、俄國、英國、法國都對領土廣闊的奧斯曼帝國進行侵略。歐洲列強紛紛對奧斯曼帝國放債並與奧斯曼帝國簽訂關稅協定、最惠國待遇等"不平等條約"。列強還以奧斯曼帝國法律落後為由，取得審判居住在奧斯曼的外國公民的"治外法權"。比如，俄國宣佈會保護東正教徒，天主教徒則由法國保護，（由英國逼迫蘇丹認可的）基督教新教米勒特則由英國保護。只有猶太人沒人保護，所以猶太人一般對奧斯曼帝國最為忠誠。19世紀末意大利變強之後，主動"認領"了猶太米勒特。

1820年左右，英、法、奧地利等國的政府和文化精英支持希臘人爭取獨立，其中包括巴爾扎克、拜倫等人。拜倫還親自跑到希臘去，參加對抗奧斯曼軍的遊擊戰，又寫詩描述希臘人備受摧殘和英勇反抗的事跡。

奧斯曼帝國當然不能容忍希臘獨立，因為奧斯曼帝國的主要部分就在過去拜占廷帝國的希臘土地上。奧斯曼蘇丹派最精銳的禁衛軍去鎮壓希臘獨立力量，結果吃了敗仗。1821，年希臘開始宣佈獨立，這是奧斯曼境內第一個獨立出去的民族。

自此禁衛軍顏面盡失，連那些本來跟他們一起做小生意的人都覺得禁衛軍實在是難堪大用。所以蘇丹馬哈茂德二世趁勢在1826年解散了禁衛軍。

這時奧斯曼帝國上下大都知道要向歐洲學習，否則無以圖存。當然，大家所最為關心和想學習的首先是軍事技術，但也有人提出要進行更深刻的改革。對改革最為熱衷的是帝國政府（Sublime Porte）的官僚集團，尤其是一些外交官。由於奧斯曼帝國內部沒有可以制衡蘇丹的社會階層，而官僚集團自己的力量不夠，所以他們經常以列強要干涉為由，恐嚇蘇丹和不肯配合的地方豪紳。

1839年，馬哈茂德二世病逝，繼位的新蘇丹年僅16歲。他雖然不通政事，但是心地善良，希望臣民能夠生活幸福。在他母后的支持和官僚集團的勸導下，他頒佈了一份詔書，指出興衰除弊的辦法是實行"新法令"，包括確立帝國人民不分宗教一律平等的原則，又提出未經審判不可處刑。這個自上而下的改革被稱為"坦齊馬特"（Tanzimat,意為"改革整頓"），共持續了37年。

從改革到革命

社會變革一旦開始，就會進入一個不可逆轉的歷史進程。想要阻擋這個進程的人，只能成為不同形態的犧牲者

"坦齊馬特"的目標是建立法治社會和現代經濟。這時有一些奧斯曼精英已經認識到，這兩個目標是相互關聯的。因此，發展教育，建立法院，杜絕賄賂，興建鐵路，創辦報紙、電報和郵局都是改革的要務。

但是"坦齊馬特"時代最明顯的改革是服飾 —— 從蘇丹到各級官員都改變了裝束。男子放棄了觸地寬袍，改穿及膝帶扣的西式禮服；原來的大型頭飾也改成了紅色圓帽（fez）。另外，軍隊廢止了繡有不同動物的軍旗，改用紅底新月加一顆星的設計。這面旗也就是今天土耳其的國旗。

"坦齊馬特"啟動了奧斯曼帝國世俗化的進程。原來由教士集團控制的各類伊斯蘭教的基金要接受國家機關的監管，連教法總法官都幾乎成為公務員，並被配給辦公室。

實行改革整頓的37年間，奧斯曼帝國經歷了兩次大的對外戰爭與隨之而來的危機。

1853－1856年，奧斯曼帝國在英、法兩國的協助下，與俄國進行了克里米亞戰爭，獲得勝利。在戰後的《巴黎條約》中，俄國放棄了

一些它過去搶奪的奧斯曼領土，奧斯曼帝國同意進入"歐洲的政治、文化和經濟軌道"，英、法等國保證奧斯曼帝國的獨立與領土完整，但由於它的法律制度不同，不承認它是一個平等的國家。奧斯曼帝國政府官員利用這個"成績單"，迅即促請蘇丹頒佈新詔書，進一步推動西方化與世俗化，重申蘇丹統治下的穆斯林與基督教臣民一律平等，同時宣佈設立銀行，拓展道路和改善工商業。接着，1858年又頒佈了土地法（允許私人擁有土地）和新刑法。

1875年，經過20年的連年對外舉債後，奧斯曼帝國政府承認破產，宣佈對債務一律折半付息，"歐洲病夫"的病情更為嚴重。1875–1877年，巴爾幹半島的東、西部都有基督教徒因不滿專制統治而起義，政府出兵血腥鎮壓，引起歐洲各國強烈反應。在亂局中，發生法、德領事被殺事件，幾乎引起列強的軍事干預。

"坦齊馬特"時代給奧斯曼社會帶來兩個深刻變化。第一，派遣留學生、對歐洲貿易以及基督教社區地位的提高，製造出了一個文化上的西化階層和經濟上的"買辦"階層：他們多數不是舊秩序的既得利益者，許多是基督教徒。第二，由於國勢日弱，許多穆斯林對蘇丹和官僚集團很不滿。不少出身中下層的知識分子加入了最初由上層精英成立的"青年奧斯曼人"組織，並逐漸成為主力，不僅在國內外報章上抨擊時政，還從事地下活動，企圖用政變推翻奧斯曼的制度；更多人則因為難以在商業上和基督教徒競爭而進入政府或軍隊；還有一些人選擇入讀伊斯蘭經學院，希望進入教士階層。

1876年，蘇丹阿卜杜拉·阿齊茲在首都民眾連續示威的壓力下，任命一批深孚民望的改革派出任首相（Grand Vizier）和教法總法官（Sheikh-ul-Islam）等職務。不久，新上任的教法總法官簽名同意罷黜蘇丹，大臣們借此逼他退位，由曾被他長期監禁的姪子繼位；兩天之後老蘇丹割脈自殺。新蘇丹在任不到三個月，就因為精神病發作而不能親政。於是改革派官員再次罷黜蘇丹，請新蘇丹的弟弟阿卜杜爾·哈米德繼任。阿卜杜爾·哈米德支持主要由改革派起草的憲法草案。1876 年底，奧斯曼帝國第一部憲法正式公佈，不久便舉行了議會選舉。這是奧斯曼帝國歷史上的一件大事。

1877 年，俄國從高加索和巴爾幹半島兩翼發動進攻。1878 年初，俄軍逼近伊斯坦堡，迫使奧斯曼帝國承認羅馬尼亞和塞爾維亞獨立，讓（被俄國擴大了的）保加利亞完全自治，俄國自己也奪取了大片領土。英國、奧地利並不願意見到俄國坐大。剛獨立不久，還沒有海外殖民地的德國，由首相俾斯麥於 1878 年倡議召開"柏林會議"，英、奧等國勸誘俄國參加，協商各方的勢力平衡。結果俄國做出一些退讓，英國因為替奧斯曼帝國說話，得到塞浦路斯，奧斯曼帝國則損失了將近 40% 的領土。

從 1839 年開始改革整頓到 1876 年頒佈憲法，用歷史的長焦距來看，這個時期起到了承先啟後的作用，為奧斯曼土耳其的現代化播下了種子。但是從當時親歷者的觀點看，"坦齊馬特"的道路很不平坦：反改革的聲音不斷，改革政策沒能妥善落實。不論是"改革派"還是"反改革派"的官員，能力和素養普遍不高，而且以貪污無能者居多。

1878 年，阿卜杜爾·哈米德蘇丹以俄國軍隊逼近，首都形勢緊急為借口，宣佈議會休會。自此奧斯曼帝國議會休會整整 30 年！

他的反對者指責他這 30 年的統治是保守反動，殘暴獨裁。事實上阿卜杜爾·哈米德既鐵腕高壓，又銳意改革。他隨意任免官員，大量放逐反對者，厲行新聞審查，四處派遣密探（包括到咖啡館裏偷聽談話）。同時，他又仿照歐洲的辦法切實推廣教育，積極發展經濟，大力建設國防。

阿卜杜爾・哈米德遭到的反對主要有兩個源頭。一個是非奧斯曼（土耳其）裔臣民日益增長的民族主義；另一個是受過西方教育的奧斯曼青年對他專制統治的不滿。為了團結帝國內的穆斯林，同時也為了在思想上對抗西方和俄羅斯，阿卜杜爾・哈米德公開支持泛伊斯蘭主義，也特別強調他是全世界所有穆斯林的哈里發。他除了要維持自己的地位，也許還是為了保衛帝國的安全與獨立。但是，一如上文所言，社會變革一旦開始，就會進入一個不可逆轉的歷史進程。想要阻擋這個進程的人，只能成為不同形態的犧牲者。阿卜杜爾・哈米德深知他那自殺身亡的伯父是個悲劇人物，並且力圖避免同一命運。

1908 年 7 月，此時已成為秘密地下組織的"青年土耳其"（前"青年奧斯曼"）黨人策動一部分駐紮在馬其頓的年輕軍官發動武裝起義，接着有穆斯林平民佔領軍械庫，引發各地暴動，最受蘇丹信任的安納托利亞部隊也倒向了革命一邊。7 月 24 日，阿卜杜爾・哈米德被迫宣佈，凍結了 30 年的憲法再度生效；次日首都各大報紙都刊登了將舉行議會選舉的官方通知。奧斯曼帝國終於進入了君主憲政的階段。

阿卜杜爾・哈米德於恢復憲法一年之後被黜。可以說，他花了 30 年推廣新式教育和建設現代軍隊，是在自掘墳墓；也可以說，他完成了自己也不清楚的歷史使命。

從君主憲政到始建共和

憲法恢復後舉行帝國議會選舉，青年土耳其黨人獲勝主政。他們最關心的是奧斯曼帝國的獨立與統一。他們重申"公民"一律平等的理念，並且提出要把對"蘇丹"的忠誠改變為對"奧斯曼祖國"的忠誠。這些理念明顯受到法國大革命的影響，然而現實卻不是如此 —— 歐洲列強和國內各個基督教社區都用具體行動對這些宣示做出了否定。

不久，傾向保守的伊斯蘭主義者在首都軍營叛亂。革命與反革命的力量繼續激烈交鋒。青年土耳其黨人此時分為自由派和民族派。民族派青年黨人與支持他們的新派軍人聯合，嚴厲鎮壓反對者，在首都實施戒嚴，手段比剛退位的老蘇丹更為暴烈。不久，支持保守勢力的舊派軍人進入首都發動政變，青年土耳其黨人被逼下台。

1881 年，柏林會議有關"尊重奧斯曼領土完整"的宣言墨跡未乾，法國就出兵佔領突尼斯，英國於 1882 年接管埃及之後，意大利於 1911 年出兵利比亞。奧斯曼政府派兵迎戰，情況不利。

1912 年，巴爾幹半島的塞爾維亞、黑山、保加利亞和希臘利用奧斯曼帝國內外交困的局面，向奧斯曼帝國的歐洲領土發動進攻。奧斯曼軍節節敗退，幾乎失去整個巴爾幹半島。保加利亞包圍了埃迪爾內，英、法建議奧斯曼政府先放棄埃迪爾內，然後他們會參與斡旋。奧斯曼政府正在遲疑不決，保加利亞軍已然攻佔了這個奧斯曼帝國發跡時代的首都 (賽利米耶清真寺還矗立在那裏)。青年黨人借機發動政變，再度上台。

1914 年，一戰爆發。奧斯曼帝國內部有中立、選擇英法和支持德奧的不同聲音。出於對英、法、俄的敵意，也因為德國皇帝一再拉攏奧斯曼蘇丹，又對全世界穆斯林示好，青年土耳其黨的主要領導人希望可以借德國的力量收復失土並廢除治外法權，於是決定參戰，與德國結盟並請德國軍官指揮奧斯曼軍隊。這個誤判，令他們把一心想要搶救的"歐洲病夫"送進了醫院的停屍間！

　　一戰是青年土耳其黨人"無力可回天"的四年。軍事上，在1915年-1917年，奧斯曼的60多萬人的部隊需要同時應付四條戰線——英法聯軍由西邊逼近伊斯坦堡，俄軍從東邊攻人安納托利亞，英軍進入伊拉克，法軍登陸敘利亞。在國內，希臘和亞美尼亞社區有離心力，於是主政者在1915年局勢緊急時，決定大量轉移希臘與亞美尼亞人口，這導致大批亞美尼亞人在各地被殺害，或是被軍隊驅趕到敘利亞的沙漠裏。

　　1917年秋季，俄國發生十月革命，退出大戰，給奧斯曼帝國一個喘氣的機會，但是較早前美國的參戰已經注定了德國的失敗。疲憊不堪、奄奄一息的奧斯曼帝國這時已經回天乏力了。而蘇丹恰於1918年夏天去世，把投降（與遜位）的苦澀差事留給了繼他登上蘇丹寶座的親弟弟。10月，青年土耳其黨人的大臣們宣告辭職，新蘇丹任命一位自由派人士為新首相，並交給他謀求休戰的任務。不久，奧斯曼帝國政府與英國簽署停戰協定，實際是無條件投降。

　　英、法軍隊立即進入伊斯坦堡，成立軍事管理機構。接着，英國、法國又分別由陸路進攻，希臘和意大利分別由愛琴海和地中海登陸。希臘軍佔領了愛琴海岸一帶之後，長驅直入，威脅到安納托利亞的心臟地帶。

　　在這個危機存亡之秋，戰時曾經屢建奇功的英雄人物凱末爾將軍，由帝國政府派遣到黑海南岸的薩姆松地區擔任軍政巡視員，監督武裝部隊的遣散復員工作。他很早就參加了青年土耳其黨人的秘密組織，只是由於看法和主要領導人不同，從來沒有受到重用。此時，他對希臘軍的入侵極為憤慨，毅然辭去軍職，着手協調安納托利亞各地自發組成的"保衛權利協會"，準備進行一場"民族解放戰爭"。

1919 年的《巴黎和約》把奧斯曼帝國肢解 —— 馬其頓、（包括科威特的）伊拉克、（包括黎巴嫩的）敍利亞、（包括外約旦的）巴勒斯坦和阿拉伯半島西部都沒有了，只剩下伊斯坦堡連同附近的一小塊歐洲領土和大部分安納托利亞。1920 年由奧斯曼政府簽署的"色佛勒條約"把安納托利亞又割掉幾塊，一塊是獨立的亞美尼亞，另一塊是自治的庫爾德斯坦。連接黑海和地中海的兩條海峽由國際機構管理，愛琴海東岸的重要城市伊茲密爾由希臘管理。此外，治外法權全面恢復。這樣，奧斯曼帝國就成為一個支離破碎，有形無實的國家。

好幾個少數民族都依照民族自決的原則獨立或自治了。奧斯曼帝國的主體民族 —— 說土耳其語的穆斯林 —— 卻沒有自己的"家園"，因為連安納托利亞都是祖先來自中亞的突厥部族在 12 世紀後才大量遷入的。奧斯曼帝國是一個由蘇丹依照伊斯蘭教法統治的多民族、多宗教的軍事聯合體，有宗教的區分，但沒有民族的界別，更沒有某塊領土屬於某個民族的概念。

凱末爾決定按民族自決的邏輯，進行一場"民族解放戰爭"，讓土耳其民族（住在安納托利亞和色雷斯的穆斯林，包括突厥裔、庫爾德裔、切爾克西亞裔、阿拉伯裔和拉茲裔）也在自己的"民族家園"

獨立。而第一步是要把這個家園從外國佔領軍手中解放出來。在這一點上,凱末爾把西方詞彙裏的 "nation"(即民族)和 "ethnic group"(即族羣,族裔)混雜了起來,同時又沿用了奧斯曼帝國對 "米勒特(即社區)"的界定,認為所有住在土耳其領土之內的穆斯林同屬一個穆斯林 "社區",因此是同一個 "民族",但是這個民族又是由不同的伊斯蘭元素組成的。

總之,在歷時三年半的解放戰爭中,凱末爾用他的軍事才華、外交手段、組織能力和領袖魅力,得到了大多數土耳其人的信任和崇拜,中立了蘇俄和保加利亞等國,因而可以集中力量把外國佔領軍趕出去。1922 年 9 月,凱末爾領導的國民軍進入伊茲密爾(Izmir)(凱末爾的夫人是伊茲密爾一位富商之女),希臘軍潰敗。不久,國民軍收復在安納托利亞的所有失地。

土耳其民族解放戰爭期間,建國的任務也在同時進行。1920 年,奧斯曼帝國議會為抗議英國佔領首都、逮捕議員而無限期休會後,一個全新的大國民議會在安卡拉召開,選凱末爾為主席。1921 年,又通過了基本組織法,界定了主權和行政區域,建立了國家機關。凱末爾的胸襟、韜略和審時度勢的能力在這段時間充分表現出來。有鑑於一般民眾對蘇丹仍然非常敬仰,而且對奧斯曼帝國蘇丹同時兼任全世界穆斯林的哈里發也非常自豪,凱末爾一直說,是因為蘇丹成了異教徒的俘虜,他才不得已而另起爐灶。

英國在土耳其民族解放戰爭結束後,邀請有關各國到洛桑討論 "土耳其問題"。由於土耳其是 "一個國家,兩個政權",它就故意把邀請函同時發到伊斯坦堡和安卡拉。誰知這反而給了安卡拉政府一個好理由,大國民議會於是趕在洛桑會議之前通過決議廢除蘇丹,但仍保持哈里發的位置。

傳世 600 多年的奧斯曼帝國的末代蘇丹穆罕默德六世，帶着他的幼子，趁夜間潛出王宮側門，乘英國戰艦倉皇逃亡。奧斯曼帝國從此一去不返。

第 34 章
邁向現代共和國

　　穆斯塔法・凱末爾於 1881 年出生在愛琴海西北部的重要海港薩洛尼卡（今希臘的第二大城塞薩洛尼基）。他的祖父能背誦古蘭經，是個小學教員；父親曾任海關職員，後經營木材生意，因社會動蕩而生意失敗，身染重病。凱末爾 7 歲喪父，12 歲背着母親考入薩洛尼卡一所幼年軍校，15 歲離家入讀西馬其頓的軍事中學，18 歲進入伊斯坦堡陸軍大學，主修步兵；1902 年畢業後短暫服役，因表現優異被選派到參謀學院深造，1905 年獲陸軍上尉軍銜。他嫻熟於軍事，擅長法文、化學、數學，也喜愛文學，是阿卜杜爾・哈米德時期培養出來的知識豐富的新式軍官。

時勢造英雄，英雄造勢時

　　一個偉大政治人物的出現，除了本身的因素，還需要外在條件。土耳其共和國的締造者凱末爾可謂兼具天時、地利、人和。

　　1908 年憲政革命前後，凱末爾分別在敍利亞、馬其頓和利比亞服役，結識了一批關心國事的年輕軍官，包括許多青年土耳其黨人。1909 年，駐馬其頓的軍隊乘火車前往伊斯坦堡平息舊式軍人的反革命政變。這支部隊的司令是幾年後擔任首相的塞夫凱特將軍，而他的參謀官就是凱末爾。革命後的帝國政府被青年土耳其人中的"團結與進步委員會"的三個領導人把持，其中權力最大的是恩維爾——凱末爾在軍事中學和陸軍大學時高兩班的校友。兩人並不親近，對國家的理念也不一樣，恩維爾的妻子是一位奧斯曼帝國公主，他堅決捍衛奧斯曼王室，力主與德國結盟對抗英、法、俄，並把奧斯曼帝國軍隊的指揮權託付給德國軍官。凱末爾起初並不反對蘇丹，但是他非常不贊成把軍隊指揮權交給德國人。

一戰爆發時，凱末爾任駐保加利亞武官。1915 年初，經過凱末爾本人多次請求，帝國政府召他回國，指令他以中校軍階在伊斯坦堡西南地區組建一個師。在英軍迫近，首都處境危險之際，凱末爾指揮的第十九師在達達尼爾海峽西側的加利波利半島，抵擋住了英軍的強大攻勢，扭轉了不利戰局。他因此贏得"伊斯坦堡救星"的美稱，成為家喻戶曉的人物。但這引起恩維爾的妒忌與防範，所以凱末爾在 1916 年初被授予准將銜之後，立刻被派往帝國的東部，擔任迪亞巴克爾（庫爾德族聚居的城市）的戰地司令。凱末爾在東部再創佳績，在一次快速戰鬥後，從俄軍手中奪回了兩個城市。此後，他再次被派往敘利亞，雖然沒有獲勝，卻打得很漂亮，並做了有秩序的撤退。因此凱末爾在奧斯曼帝國軍民心中形象極佳，被認為是一個智勇雙全的常勝將軍。

1917 年 10 月，凱末爾因為不滿恩維爾對他的安排而辭去軍職，回到伊斯坦堡，公開批評掌政的"團結與進步委員會"三巨頭。年底，不喜歡"團結與進步委員會"的王位繼承人瓦希代丁應邀訪問德國，凱末爾被指派陪同前往，因此結識了這位未來的蘇丹。

1918 年 7 月，蘇丹穆罕默德五世病故，他的弟弟瓦希代丁繼位，史稱穆罕默德六世。1918 年 8 月，凱末爾被任命為軍團司令，再度前往敍利亞。10 月 30 日，奧斯曼帝國政府的代表與協約國簽訂停戰協定，青年土耳其黨人的三位領導人同乘德國軍艦逃跑；英、法軍隊隨即開入伊斯坦堡，實行軍事管治。有一個細節值得一提：法國在近東的統帥德斯佩雷將軍，像拿破崙於 1798 年進入埃及那樣，也像 1453 年奧斯曼帝國蘇丹——"征服者"穆罕默德二世一樣，於 1919 年 2 月 8 日騎着一匹白色駿馬，在希臘人、亞美尼亞人和歐洲人的歡呼聲中，正式進入伊斯坦堡。這對土耳其穆斯林來說是一個極大的刺激，間接推進了三年後土耳其共和國的誕生。

1918 年 11 月 13 日，凱末爾解甲回到伊斯坦堡。他很少公開露面，有人認為他是在憂國憂民，鬱鬱寡歡。但是根據當時一些人的回憶，他曾接受過外國報紙的訪問，也曾和許多人會晤，包括四度謁見蘇丹。素來精力過人的穆罕默德六世這段時間更是忙碌非常，為了維護他代表的 600 餘年的王統和保住自己的蘇丹寶座，而與許多大臣頻頻晤談。也許是要表現奧斯曼帝國的獨立性，他不顧英國佔領當局的反對，堅持要派凱末爾到東部去監督軍隊的遣散和復員。假如英國當局堅持不許凱末爾離開首都，今人就很難評斷歷史將會怎樣發展。事實是，凱末爾於 1919 年 5 月 16 日乘船離開伊斯坦堡，前往黑海南岸的薩姆松。前一天，一支希臘軍隊在協約國軍艦的掩護下，在愛琴海東岸的重要城市伊茲密爾登陸。

凱術爾從 5 月 19 日登陸薩姆松開始，就利用這個天賜良機，一方面廣為聯繫安納托利亞各地的"護權委員會"，一方面把解散與復員工作改為動員與整裝。一場歷時三年半的土耳其"民族解放戰爭"就此開始，以土耳其共和國的建立為結束。

我在這裏不厭其煩地敍述凱末爾在土耳其建國前的作為，是想借此說明：歷史的大轉折往往含有偶然因素；某些精英的個人選擇也時常會影響歷史進程。

　　中國人對歷史的重視要高於任何其他民族，然而，對歷史規律的掌握和對歷史教訓的吸取卻並非我們的專利。"乘勢而動"不僅需要智慧，還需要勇氣。在土耳其建國史上，凱末爾和他的夥伴們就在歷史大轉折的關鍵時刻，以行動證明了自己的智慧。

　　從中亞跑到東歐的土耳其民族在亞、歐、非三大洲的遼闊土地上建立了一個多民族、多宗教的龐大帝國；奧斯曼帝國加上之前的塞爾柱王朝，總共持續了 800 多年。待到奧斯曼帝國分崩離析之際，上天對這個民族確實已表現得十分仁慈了。

　　先是歐洲把奧斯曼帝國肢解到只剩下土耳其民族的基本軀體，所以當戰勝者在一戰後想要繼續削割這個行將斷氣的"歐洲病夫"時，在亞洲各地的土耳其穆斯林紛紛組織了"護權委員會"，發出"最後的吼聲"。其次，已經戰敗的無權蘇丹居然堅持要凱末爾到安納托利亞去解散奧斯曼部隊，身負王命使凱末爾因而有了"武裝鬥爭"和"統一戰線"的本錢。第三，在伊斯坦堡的帝國議會因為首都被佔領而宣佈進入無限期休會狀態，把舞台讓給了在安卡拉新設的"大國民議會"。此時凱末爾開始進行"黨的建設"，成立"共和人民黨"。第四，玩慣了"讓本地人鬥本地人"伎倆的英國殖民主義者，把召開洛桑會議的邀請函分別發送給伊斯坦堡的帝國政府和安卡拉的共和國政府，這就使本來還在遲疑的凱末爾黨人鐵了心，乘機宣佈廢除大家心中都仍然有些敬畏的蘇丹。最後，沒有甚麼殖民地的美國倡議以"民族自決"作為國際新秩序的標準。假如奧斯曼帝國沒有經過 100 年的衰落肢解過程，土耳其人就沒有理由以"民族解放戰爭"來爭取屬於自己的"民族家園"。就在許多土耳其上層人物主張由美國託管的時候，凱末爾巧妙地"借東風"，用列強的時髦名詞"民族自決"來助長自己的聲勢。

一旦凱末爾政府和列強的代表簽訂了《洛桑條約》，土耳其共和國就等於從西方人手上得到了"現代文明國家"的"出生證明"。這的確是土耳其民族的一個大勝利。凱末爾和他的支持者清楚地知道，"乘勝追擊"是最佳的戰略選擇，因為機會經常稍縱即逝。

於是，凱末爾和他的戰友們決定和青年士耳其黨人做清楚的切割：不再懷念奧斯曼帝國，而是要建立嶄新的土耳其共和國。這個共和國必須做到四點：其一，在國際上獨立自主；其二，緩和國內的民族對立情緒；其三，進行全方位的社會變革；其四，建設現代經濟。

安卡拉政府的外交策略清楚而有效。凱末爾和斯大林簽訂《和平友好條約》，穩住了東方；再和保加利亞交好，又穩住了巴爾幹地區。二戰前，土耳其反法西斯，受到西方自由派人士的稱讚。總體上，土耳其不許西方視它為"半殖民地"，也不讓蘇聯當它的"老大哥"（為此，土耳其曾經庇護托洛茨基）。

在對待少數民族問題上，土耳其共和國採用"屬地主義"：在土耳其境內出生的人都是"土耳其人"，應效忠於"土耳其祖國"；但是對於希臘人和亞美尼亞人則仍然採用類似於"米勒特"制的辦法。

在改造社會方面，凱末爾執政的時代可以說是聲勢凌厲，萬馬奔騰。在不到十年時間裏，通過了多個重要法案：廢除以伊斯蘭教為國教的決議；廢除伊斯蘭教的哈里發；廢止用阿拉伯字母拼寫的奧斯曼文，改用拉丁字母；解散蘇非教團並沒收它們的財產；置伊斯蘭教總教長於政府控制之下；關閉經堂學校；規定每個人在傳統的名字之外還需要有一個"姓"（大國民議會立法通過，凱末爾的姓是"阿塔圖克"，意為"土耳其人之父"）。

經濟建設是任何革命政權都不易應付，但又必須重視的任務。凱末爾政府採用混合型經濟，政府一方面發展基礎設施，建立基本工業；一方面補貼私人企業以助其成長。在執政黨內有兩種主張：一部分人主張以國家資本主義為主；也有人認為政府的角色應該是臨時的，發展自由資本主義才能使經濟健康成長。凱末爾採用實效主義，平衡兩種力量。

凱末爾·阿塔圖克的政策並不都是一帆風順的。

1930 年，西方國家正在經濟蕭條中，土耳其受到影響，普通百姓的生活艱難。為了實現政黨政治，凱末爾請一位好朋友出面組織了一個"忠誠的反對黨"，取名為"自由共和黨"。兩黨的支持者在競選集會中屢次大打出手，反對黨的得票率遠超過預料。於是，這次民主實驗以"自由共和黨"主動宣佈解散告終。同一年，一個鄉下的蘇非教士宣傳恢復伊斯蘭教的法定地位，並且要求恢復哈里發。當一名後備軍官奉派前往調查的時候，這個教士在羣眾的歡呼聲中，把軍官的頭砍了下來。

這兩個事件使凱末爾明白到，要讓老百姓得到實際的利益，也要讓老百姓理解政府的施政理念。他還體會到，對缺少安全感的老百姓來說，認同傳統，從宗教象徵中獲得慰藉是很自然的事。自此，凱末爾到處演講，想用愛國主義代替宗教。

1938 年 10 月 29 日，凱末爾缺席共和國建國 15 週年的慶祝大會；總統在大國民議會的開幕演說也由總理代為宣讀。11 月 10 日，土耳其政府公佈了他去世的消息。凱末爾剛到安卡拉時，土耳其仍是一個半封建的農業社會。1924 年把希臘正教徒遣送到希臘後，土耳其甚至連水管工和鞋匠都缺乏；凱末爾也曾親自選派一批青年到巴黎去學做西裝。他去世時，土耳其已經有了各種技術工人和基礎工業。最重要的是，大多數老百姓都已具有"土耳其人"的認同。

沒有凱末爾的凱末爾時代

凱末爾死訊公佈的第二日，大國民議會一致推選伊諾努為第二任總統。伊諾努沒有凱末爾的英雄光環，也缺少個人魅力，因此強人政治就此結束。稍後，共和人民黨召開非常大會，宣佈凱末爾·阿塔圖克是黨的創始人和"永久領袖"，伊諾努是"常任總裁"，土耳其自此進入以凱末爾主義為指導思想的時代。

凱末爾主義是共和人民黨根據他的一些演講內容，在 1931 年的土耳其全國大會上正式通過的"基本的和不變的""六原則"。共和人民黨黨徽上的"六支箭"就象徵着凱末爾主義的"六原則"：共和主義、民族 / 愛國主義、人民主義、國家主義、世俗主義、革命 / 革新主義。這六項原則於 1937 年被寫進了土耳其憲法，至今仍是土耳其每個小學生都要熟記的基本知識。總體來說，凱末爾主義是青年土耳其人的改革政策的總結與延續，不是對過去的否定。

二戰前，土耳其的外交方針是力求獨立自主。因為它怕意大利獨霸東地中海，所以堅決反法西斯。但在二戰中土耳其嚴守中立 —— 一戰魯莽參戰的教訓告訴它，土耳其誰都得罪不起。

戰爭剛一結束，伊諾努就指出，為了使土耳其的現代化與戰後的新世界秩序相適應（即為了符合資本主義與民主政治），土耳其應該主動改變政治體制。他提議開放黨禁，建立多黨制。1946年，土耳其舉行第一次有競爭的全國選舉，新成立的民主黨雖然失敗，但表現得不差。1950年，兩黨再度交鋒，民主黨大勝，凱末爾親手創建的共和人民黨慘敗。

這在土耳其歷史上是一個重要的轉折點。究其原因，是因為土耳其的中下階層歷來在國家生活中被邊緣化，而在民主選舉中，他們的參與可以發揮作用。這對日後各個政黨的政綱取向有重要的指標意義。不少政黨都說自己代表普通老百姓；凱末爾所創的共和人民黨演變成了"中間偏左"；另外一些彼此區別不大的政黨則自稱中間偏右，也頗有市場。

從內政看，自民主黨於1950年憑選票上台執政，到1980年軍人最後一次以政變更換政權，土耳其經歷了頗為混亂的30年。多黨政治造就了許多政客和政黨；他們合縱連橫，輪番出場，有些人頻頻"變臉"，一些政黨也紛紛改名重組，但是沒有一個政府能夠持久。有的政黨被選票逼退，有的被軍人趕走，還有的因醜聞下台。貪污舞弊、貨幣貶值、工會抗爭、街頭騷亂，大家都習以為常。穩定的力量來自軍人，他們以凱末爾的忠實信徒自居，以憲法保衛者的身份監督政客和政黨。

土耳其軍人於1960年、1971年和1980年三次發動政變，宣佈戒嚴，重寫憲法，又三次在政變一兩年內就"回到營房"。他們有時也開殺戒。土耳其高級軍人最痛恨左派和政治伊斯蘭，所以多次出手鎮壓左派，又經常禁止伊斯蘭主義者參與選舉。上層軍人的政治取態固然是由於他們自幼就接受凱末爾主義的教育，但一定程度上也是因為他們的社會地位使他們和大資產階級及世俗派精英有私交，如婚姻和商業上的聯繫。他們盼望土耳其能夠"脫亞入歐"，但是當土耳其社會走到接近西方那一步時，軍人的表現又好像是葉公好龍。

在國際上，土耳其在二戰後放棄了凱末爾的中立外交路線，完全投入了西方陣營，不僅接受美國援助，派兵參與朝鮮戰爭，還是北大西洋公約組織和巴格達條約組織的積極成員。

地緣政治與社會結構的改變

土耳其的現代化進程已經有兩百年的歷史。它以學習歐洲為目標，所採取的一直是由精英主導，自上而下的權威主義模式。

二十世紀八十年代，由於政黨政治的開展以及市場經濟的運作，權威主義的作用相對減弱。這就決定了土耳其最近 30 年來政治和經濟發展的基本趨勢。這 30 年間，國際政治的格局發生了三次重大變化，而國際局勢與國內因素總是相互影響的。這 30 年來土耳其在政治、經濟和文化上的轉變，必須也只能從國內與國際的雙重視角來審視。

1979 年伊朗伊斯蘭革命使西方國家認識到，一個穩定的土耳其對西方非常重要，而軍人動輒政變，無法真正維持穩定。從那時開始，儘管土耳其內部仍然紛爭不斷，伊斯蘭主義者的聲音也越來越高昂，但軍人一直沒有再發動過政變。然而，超內閣的權力組織"國家安全會議"卻成立了：總理任主席，五名成員中三名是軍人，秘書由一名軍官擔任，可以說是形成了新的"軍人訓政"局面。

土耳其歷來用補貼政策（如"進口替代工業政策"）扶助本國工業。土耳其大多數的人才精英在伊斯坦堡附近，它的工業也集中在以伊斯坦堡為中心的馬爾馬拉海地區，因此土耳其一向以歐洲為主要進口來源和出口市場。積極加入歐洲共同體（歐盟前身）的呼聲主要來自這個地區的精英階層。

由於受到政府補貼，以及面對政黨為爭取選票而支持工會的現實，土耳其的工業品成本不易降低，缺乏競爭力，外銷市場很小。在1980-1988 年的兩伊戰爭期間，土耳其政府恰巧推動市場經濟，增加了土耳其企業的競爭力。這期間受益最大的是位於東部的中小企業（被稱為"安納托利亞之虎"），它們乘機拓展外銷，對伊朗和伊拉克的出口急速增加。土耳其的出口額從 1979 年的 23 億美元驟升至 1988年的 117 億美元。

土耳其的世俗主義者以上層精英為主，主要在伊斯坦堡等大城市。儘管凱末爾時代就開始進行激進的世俗化，但土耳其社會一直存在不同的宗教觀；大部分安納托利亞的中小城市和農村人口並沒有脫離保持了多個世紀的宗教傳統，因此東部中小企業家們的伊斯蘭色彩仍然很明顯。他們成立了在土耳其文中簡寫為 MüSiAD 的"獨立工業家與商人聯合會"，以與一向由世俗化大企業家和大商人控制的，簡寫為 TüSiAD 的"土耳其工業家與商人聯合會"分庭抗禮。在土耳其文中，"獨立者"與"穆斯林"均以"M"為首個字母，因此人人都知道 MüSiAD 其實就是"穆斯林"工業家與商人的聯合會。其實，土耳其的世俗主義者與伊斯蘭主義者都主張現代化，他們的區別並不是現代性與傳統的衝突，而是兩種現代化設想的不同。

在工業發展，出口增加的同時，自由經濟政策的實施也帶來了收入分配的失衡，這是土耳其社會需要緊急並且長期面對的問題。

東部中小企業家的興起與社會貧富不均的加劇這兩個現象，成為日後伊斯蘭主義者獲得政治勝利的國內因素。

　　蘇聯解體、美國獨強以及其後西方國家強調的全球化，為土耳其創造了另一個發展經濟的機遇。一如中國因為參加全球化經濟體系而成為重要的受惠者，土耳其的經濟在同一過程中也得到長足發展。"安納托利亞之虎"活力充沛地進入蘇聯，尤其是高加索與中亞地區。即使是總部設在伊斯坦堡的巨型企業，如柯齊（Koc）和薩班吉（Sabanci），也在俄羅斯、巴爾幹地區和阿拉伯國家急速擴展，成為實力雄厚的跨國集團。這些新發展令不少土耳其人不再以加入歐盟為唯一選項。

　　伴隨這些新發展的還有土耳其國內伊斯蘭政黨的演變。屢次遭解散又重組的伊斯蘭政黨愈來愈溫和，採取了盡量不刺激軍方和世俗派的語言來表述自己的政綱，公開頌揚凱末爾，也應允不會推行伊斯蘭教法（Sharia）或是改變現有的世俗化司法制度。即使如此，當今執政的正義與發展黨（AKP）的勝利還是經歷了一段艱辛曲折的過程。2002 年秋季，正義與發展黨獲得選舉勝利，有足夠的票數可以組閣，但是它的黨魁埃爾多安未能參加這次選舉，因為他在 1998 年的一次政治集會中背誦過一首引用《古蘭經》而又有宗教敵對含義的詩，而被判入獄 10 個月。於是正義與發展黨推出第二號人物居爾（Gül, 後來擔任過土耳其外交部長、總統）出任總理，繼而通過憲法修正案，允許埃爾多安參加國會補選。等埃爾多安當選國會議員後，居爾辭職，埃爾多安才出任總理。

　　埃爾多安出身寒微，沒讀過大學，不會說任何外語，受過幾年宗教教育。但是他富有魅力，善於演講，更長於解決實際問題。他在伊斯坦堡市長任內的成績有目共睹。他領導的正義與發展黨已經連續贏得三次大選，主要原因是他並非傳統政客出身，而是以解決民生問題為最長處。這十年來，土耳其的經濟大有進步，而且目前仍在高速發展期。

"9‧11"事件和隨之而來的阿富汗戰爭和伊拉克戰爭，使土耳其的戰略重要性大為增加。以美國為首的西方國家認識到，作為一個政治民主、經濟發展頗有成績的穆斯林大國，土耳其是他們在中東和伊斯蘭世界最有價值的朋友。與其勉強地把它納入歐盟，引起一部分歐洲人的不安，倒不如讓它留在伊斯蘭世界，當中東各國（和其他伊斯蘭國家）的楷模。在這個前提之下，土耳其幾代人（包括許多虔誠的穆斯林）的"脫亞入歐"夢想可能就更難以實現了。

西方國家對土耳其的評估是基於自己的利益。作為位居歐亞之間，有將近8,000萬人口和1,000多年輝煌歷史的國家，土耳其需要為自己的明天做出定位。

土耳其的地理和歷史告訴它，土耳其既在亞洲也在歐洲，所以其未來的發展必然要兼顧東西兩面。土耳其的經濟總量已經大約是世界第15位，這個驕人的成績是靠"國家主義"和"市場經濟"互相配合得到的，很難想像土耳其會選擇偏執一端。土耳其的民主政治已經行之有效，這是其精英與草根、軍人與政客、世俗主義者與伊斯蘭主義者經過80年的衝突與妥協才達成的，彌足珍貴。但是在對"庫爾德問題"沒有共識之前，政治民主的基礎仍然不能算是鞏固。

土耳其的現代化歷程對全世界發展中國家（特別是對伊斯蘭國家）十分有借鑑意義，不過，土耳其也必須回答兩個問題。其一，現代化是否必須通過西化才能實現？其二，假如答案是否定的，那麼一個國家能否在伊斯蘭的文化範疇內達至現代化？

第 35 章
博斯普魯斯海峽（Bosporus Strait）與埃迪爾內（Edirne）

2009 年，因為建國 60 週年大慶以及土耳其這邊的手續問題，我的行程被耽擱了一陣，終於在 10 月 4 日抵達伊斯坦堡 —— 世界上唯一一座跨越歐亞大陸的城市。這是我第四次踏上這片土地。

應土耳其政府的邀請，我將在土耳其海峽大學擔任一個學期的客座教授，我也想借此機會好好遊覽土耳其以及周邊國家。在工作方面，主要教授兩門課程：一門是給生物醫學工程專業學生開設的 "現代生物醫學工程與生活質量"，另一門則是給歷史學系開設的 "中國與絲綢之路"。作為土耳其最好的大學之一，海峽大學每年通過高考招收全土耳其最頂尖的學生。我原以為他們會很聰明而用功，事實上在這兩個方面，北大和清華的學生可能會更好一些。

海峽大學主要校園在歐洲，從我住的三層白色木製小樓可以俯瞰博斯普魯斯海峽，離著名的歐洲堡壘只有二十幾步的距離。征服者奧斯曼一世在 1452 年建立了歐洲堡壘，一年後，他攻入君士坦丁堡，結束了歷經約 1,500 年的羅馬帝國 —— 羅馬帝國分製之後，國祚近 1,000 年的東羅馬帝國又被稱為拜占廷帝國。如今，歐洲堡壘已經被改建成國家博物館，供人們細細品味這段歷史。我把公寓裏的傢具重新擺設了一番，這樣就不僅能夠從前窗看到遠處海峽上的吊橋，還能夠從書房窗口看到更廣闊的海峽及亞洲海岸。我所屬的生物醫學工程院系位於亞洲，辦公室風景也相當不錯，可以看到歐洲堡壘，甚至還能看到我所住的白色小樓，不能不說是很愜意的。為了方便，我一般都會用在歐洲小區的歷史系的辦公室，而如果不需要打印或是複印東西的話，我更願意在我的公寓工作。

一提到伊斯坦堡，人們腦海中浮現的可能是高聳的奧斯曼式宣禮塔和莊嚴宏偉的清真寺，或是擺滿各式各樣琳琅滿目商品的集市。女人穿着嚴實的黑袍在集市旁匆匆走過，蓄着胡子的男人們則在隨處可見的咖啡店或是人行道上喝着濃濃的土耳其咖啡。這種畫面在托普卡珀皇宮周圍幾公里內還能看到，這裏曾經是奧斯曼帝國的統治者和他們的皇親、宮廷官員、宮娥、太監和那些禁衞軍團生活、工作、禱告、玩樂和搞陰謀的地方。某個週日，我在這裏待了整整一個下午，花了 15 里拉買到一張用小珠串成的門簾。就好像我要把花在門簾上的 15 個里拉省回來，我決定徒步走過金角灣，走到城市比較繁榮的部分。暮色中有人在釣魚，他們上上下下拉着魚竿，一旁幾乎是空着的小桶似乎在等着今天的最後一次嘗試。當我走到金角灣北岸後，便沿着台階走上有 1,500 年歷史的加拉他（Galata）塔，那裏有幾家紀念品商店和一家表演旋轉蘇非舞的餐廳；穿過伊斯迪克拉爾大街，一直走到貝尤魯地區繁華中心地帶塔克西姆的一個公交車站。因為好奇心的驅動，這不到 2,000 米的旅程花了一個多小時。但在這一個小時中，我卻經歷了近 2,000 年的歷史，這也是伊斯坦堡的迷人之處 —— 在地理上、社會上、思想上都這麼的複雜多樣，與眾不同。而這則需要我進一步慢慢地探索與品味。

其實我在很多年前就對伊斯坦堡有濃厚的興趣，但和它真正的接觸還是在 2004 年 1 月底，我正好有機會趁着農曆新年來這裏待了五天。那時我剛讀完奧爾罕・帕穆克的著作《我的名字叫紅》，便想親眼看看這個虛構故事的發生地以及這本書的作者。不巧的是恰好遇到了暴風雪，我又受背痛的困擾，然而這些並沒有打亂我的行程，我仍然遊覽了著名的旅遊景點，並和奧爾罕・帕穆克一起吃了晚餐。從那以後，我先後三次到訪伊斯坦堡，並在這座城市一共待了 30 天的時間。這 30 天的經歷向我證明了伊斯坦堡是我所走訪過的最有趣的城市，而在這之前，我一直覺得巴黎是最具魅力的。儘管我對法國情有獨鍾，並且從 1963 年起去過無數次巴黎，但是與巴黎相比，伊斯坦堡的氣候更宜人，風景更秀麗，文化更深重，這就使它更為迷人多彩。它總是給人們一種歷史與現實的強烈的衝撞對比，讓遊客覺得自己是受歡迎的。至於為甚麼我會覺得伊斯坦堡更加歡迎遊客，這需要進一步說明。因為我會說法語，所以在巴黎時不會像一般外國遊客一樣遇到和巴黎當地人交流困難等相關問題，而巴黎當地人事實上並不是特別喜歡討好遊客的。在和巴黎一樣喧囂繁忙的伊斯坦堡，外國遊客們通常會看不懂用土耳其語寫的標誌，也說不出一句當地的語言，但是土耳其人通常都會很熱心地幫助外國遊客。在伊斯坦堡乃至土耳其的其他城市中，我都能感受到這樣一種發自內心的溫暖和好客。在路上匆忙走過的路人被我們攔下之後，還能非常耐心地為我們指路，甚至有時候會陪我們走上一段。我們總是能聽到當地人熱情地說：「歡迎來到土耳其！」商店店主和出租車司機遇到數不清零錢的外國遊客時，通常會向下調到一個整數，旅店的保安、地鐵站的工作人員、餐廳的服務生甚至是街上的警察通常都會非常有風度地為遊客提供服務（不過我聽說，土耳其人談到足球和政治時，會失去他們的風度，所以我在土耳其的這段時間內，並不想涉及這兩個領域）。土耳其語聽上去非常快，但是讓人感覺很舒服。我發現土耳其人吃飯的時候往往要比中國或是美國人說話的聲音低一些，我認識的大部分土耳其人說話的腔調都很柔和，舉止也十分優雅，體現出一種自然的風度。

土耳其司機時常會自己修改交通規則，但卻沒有印度和中國的司機做得那麼輕易——與印度和中國的同行相比，土耳其司機之間的關係則更為和睦，一般不會互相生氣、惱怒。因為在伊斯坦堡的街上行人要比司機多得多，所以他們絕對值得我在這裏一提。通常來說，伊斯坦堡街上的行人都有很穩定的心理素質，能夠熟練地判斷迎面而來的汽車車速大概是多少。對他們來說，紅綠燈和斑馬線只是個參考，他們會根據自己的方便判定在哪裏、何時過馬路，就好像所有的伊斯坦堡的司機都有非常好的剎車技術和反應能力似的。我現在已經知道在當地怎麼乘坐公交車了，所以忍不住告訴你們當地乘公交車的景況。因為許多公交車路線會共用同一個車站，所以在路邊排隊是不實際的。每次有車停下，我就會見到一次我稱之為"文明戰勝混亂"的場面！雖然人們說不準站在哪裏，但似乎想上車的人都能及時上去。在我多次以 1.5 土耳其里拉為代價做的"伊斯坦堡公共交通社會學"的"自費研究"中，我從來都沒有看到過相互推擠或是使用胳膊肘的情況。

在海峽大學工作之餘，我和妻子總是擠出週末去伊斯坦堡附近的城市轉轉。我們乘車去了埃迪爾內，它坐落在伊斯坦堡西北部約 250

公里處，與希臘和保加利亞接壤，曾為奧斯曼帝國的首都，現在號稱土耳其西部門戶。埃迪爾內最吸引我的是它豐富多樣的奧斯曼建築瑰寶，尤其是塞利米耶清真寺。對於在埃迪爾內的旅行，我和妻子都充滿了期待。一大早，我們就乘坐旅遊大巴從伊斯坦堡前往埃迪爾內，三個小時的車程非常輕鬆愉快，車上還有茶水和小吃。旅遊大巴最終停在了市郊，乘客們可以免費換乘迷你巴士去各自的目的地。儘管我倆只會說"塞利米耶"這一個單詞，但我們最終也順利地乘上了車。這一路我既不安，又激動，生怕乘錯了車。當司機師傅招呼我們下車的時候，我迫不及待地向窗外望去，遠遠看見在一條林蔭大道上，一座雄偉的清真寺被鬱鬱葱葱的樹木半遮掩着。塞利米耶清真寺是由土

建於 16 世紀的塞利米耶清真寺，非常典雅優美，具有拜占廷式的穹頂結構和四個奧斯曼式的細長尖塔

耳其帝國時期著名建築師米瑪・希南（Mimar Sinan）設計和建造的。從外面看上去，塞利米耶清真寺是一座巨大的拜占廷式穹頂結構，有很多小的穹頂支撐，而且還有四個奧斯曼式的細長的尖塔，每一個尖塔又有三層陽台式的建築做裝飾。從建築裏面看，塞利米耶清真寺呈八邊形，顯得非常的寬闊明亮，各種裝飾品看上去並不豪華俗麗而是非常具有藝術感。整個清真寺給我印象最為深刻的，就是它由內而外自然散發的莊嚴感和那種清新高雅的感覺。希南設計建造塞利米耶清真寺時已經是 97 歲的高齡了，也許他已將自己的心境完全融入了他的設計之中。

即便這次旅途除了塞利米耶清真寺之外，我們沒有看到任何景點，我也覺得很值得。但驚喜的是，我們還有幸參觀了一個展覽伊斯蘭藝術作品及歷史文件的小博物館，並在埃迪爾內逛了不少條街，一路很有收穫，也有不少思考。

第 36 章
特拉布宗（Trabzon）和
科尼亞（Konya）

　　我在美國西北大學研究生院讀書時曾有過一件搞笑的 T 恤衫，上面印着："三年前，我還布會品寫公程師三個字，現在井然成了公程師（"Three years ago, I cudn't spel ingineer, now I is one."帶有幽默色彩的謬字）。"而在寫本章之時，我真的可以說："三個月前，我還不會拼寫特拉布宗，現在竟然在描寫它。"

　　特拉布宗西南方的羣山深處，一座高高的懸崖上坐落着修建於四世紀的蘇美拉基督教修道院。它一直矗立在這裏，經歷了拜占廷時代、塞爾柱王朝、奧斯曼土耳其時代和土耳其共和國時代，曾經遭到破壞，但更常受到保護，雖然曾經年久失修，卻從未損毀荒廢。20 世紀，蘇美拉修道院歷經翻修，更換後的部分與保留下來的古老部分風格明顯不同，令人看了有些失望。古代基督徒繪製壁畫也許是緣於宗教熱情，而在我看來，在這樣與世隔絕的地方修建修道院反映出的不僅僅是對上帝的虔誠之心，還有人們遠離塵囂的共同渴望，不然怎麼會有如此多的中國詩畫離不開隱居山林、寧靜致遠的主題？我在特拉布宗的深山中體驗到了中國古詩的意境，只可惜我不是詩

土耳其特拉布宗附近建於四世紀的基督教修道院

人，真希望王維（701－761）曾來到特拉布宗，曾在這座修道院中吟詩作賦！（這並非完全是臆想，與王維同一時代的杜環就曾遠行至巴勒斯坦、埃及和摩洛哥。）

我和周敏民登上一輛標着"聖智（聖索菲亞）"的小巴，被載到特拉布宗附近的一座小山上。這裏的聖智（聖索菲亞）教堂與伊斯坦堡另一座更知名的聖智（聖索菲亞）大教堂同名，是 13 世紀時，由第四次十字軍東征後從拜占庭帝國分裂出來的希臘人小王國的統治者修建，當時這裏已經被較早前入侵土耳其東部的塞爾柱突厥人圍困。雖然這是一座拜占廷風格的基督教堂，但一些石製品上也有伊斯蘭塞爾柱人藝術風格的交錯幾何圖形。當時信奉伊斯蘭教的突厥部族和信仰基督教的希臘人之間存在着宗教和政治上的敵對，但文化上卻互有借鑑。實際上，反方向的借鑑也非常明顯：幾乎所有的奧斯曼土耳其清真寺都採用了以伊斯坦堡的聖智（聖索菲亞）大教堂為代表的拜占廷式穹頂。最直觀的例子是奧斯曼突厥人進入伊斯坦堡不久後修建的蘇丹艾哈邁德清真寺（又因裝飾風格被稱為"藍色清真寺"），它就屹立在聖智（聖索菲亞）大教堂旁邊提醒後人：一個民族的智慧可以，也理應與其他民族共享。

由於來自北端黑海的濕氣被南端的山川阻擋，特拉布宗是土耳其年降水量最大的地區。除北面外，特拉布宗的其餘三面都覆蓋着鬱鬱蔥蔥的植被，茂密的森林之外，大部分是茶園。

在特拉布宗以東 100 公里、距海岸 50 公里的一個小村莊裏，我們受邀與在路邊咖啡館外消磨閒暇的當地人合影，一位四十多歲的男子與我們攀談起來。他在國營茶葉公司工作，提議帶我們參觀附近的有機紅茶加工廠。參觀後，他又提議帶我們去另一家綠茶加工廠！儘管我們非常委婉而禮貌地謝絕了邀請，這位熱情過頭的東道主似乎仍然覺得傷心。

當然，熱情過頭的東道主遠勝過充滿敵意的當地人。我們在一個美麗的湖畔小鎮偶遇一場婚禮，這兩種人在這裏都沒出現，令我們再歡喜不過。男男女女排成數隊，隨着響亮的民間音樂跳起民間舞蹈。一位男子注意到我們，但只是微笑着點頭示意。一個漂亮的小女孩兒坐在她爸爸的肩頭，一直在偷偷地瞄我們，她的爸爸卻甚麼也沒說，甚麼也沒做。

臨近黃昏，從不遠處的宣禮塔傳來宣禮者對禮拜者的召喚聲，與舞蹈樂曲交織成了名副其實的二重奏，婚禮上卻沒有一個人停止跳舞。我們走向清真寺，看到那裏有幾個人，有的在水槽前做淨禮，有的在門口脫鞋，準備進入寺裏做禮拜。這一刻，我想起了婚禮上那個可愛的小女孩。她長大以後會選擇聽從哪種聲音呢？最後一次望着這個我還拼不出名字的小村莊，我由衷地希望將來小女孩不必在跳舞和做禮拜之間選擇，而可以自由地二者兼得。

儘管我不懂土耳其語，絕大多數土耳其人也不懂英語和法語，但在特拉布宗的這次經歷使我相信，不需私人導遊陪同，我也可以造訪土耳其的城市，甚至樂在其中。

2009 年 11 月某個週五晚上，我懷着這樣的信心飛往塞爾柱魯姆蘇丹國的古都科尼亞，住進了旅遊指南中所寫的"科尼亞最有名的酒店"。

第二天一早，我在酒店服務台拿了當地地圖，問好了怎樣前往科尼亞最重要的文化景點梅夫拉納博物館。唉！我對地圖的高水平誤讀最終令我轉進一條陌生的街道，只有一家理髮店開着門。我拿着地圖走進去，用生硬的土耳其發音說"梅夫拉納（Mevlâna）博物館"。店主示意讓我跟着站在我身邊的年輕人。年輕人帶着我走了不到五十米，停在街邊對我嘟噥了點甚麼，然後就帶着笑意走了。正當我疑惑不解時，一輛小巴開過來，我才知道這個沒有站牌的地方就是當地人搭小巴的地點。不過因為擔心搭錯車，我不敢貿然攔車，又返回理髮店，請店主為我在地圖上指出我在的位置。人們都滿心好奇又饒有興致地看着我們。我很快意識到"在地圖上，我們在哪兒？"這個問題用手勢根本表達不出來，只會讓彼此都越來越糊塗。不過老理髮師的心情沒有受影響，他帶我走出理髮店，他的車就停在附近。老理髮師為我打開了車門。

接下來的 15 分鐘裏，我們一句話也沒聊，只是偶爾微笑。當我看到科尼亞的標誌建築 —— 梅夫拉納博物館的綠瓷磚尖塔時，理髮

土耳其科尼亞的莫拉維紀念堂

師把車停下了。這兩個語言不通的人相識了 30 分鐘，相伴了千米，一個心懷受人幫助的感激，一個心懷幫助陌生人的滿足，毫無障礙地互道了再見。

傑拉爾‧丁‧梅夫拉納（1207－1273，按波斯文又譯為莫拉維）生活在被叫作"魯姆"的前東羅馬帝國領土，因此被西方人稱為"魯米"。梅夫拉納（莫拉維）出生在今天阿富汗的巴爾赫，父母都講波斯語。梅夫拉納的父親創立了一個伊斯蘭蘇非教團，為了逃避蒙古人，帶着家人和徒眾搬到塞爾柱突厥人統治之下的科尼亞。後來，蒙古人佔領了中亞和西亞，控制了安納托利亞的大部分地區，迫使科尼亞的塞爾柱統治者淪為他們的藩屬。

梅夫拉納 24 歲時接替父親成為教團長老。他相信音樂和舞蹈能使人進入"普世之愛"的狂喜狀態，使人擺脫日常生活的焦慮和痛苦。這種對宗教的理解方式使數以千計的穆斯林獲得了現實的存在感和心靈的滿足感，而傳統的伊斯蘭教儀則無法令他們體驗這種強烈的情感。

梅夫拉納的《瑪斯納維》詩集包含約 25,000 首神秘主義詩歌，詩集完成不久梅夫拉納就去世了。包括基督徒和猶太人在內的科尼亞人為他深深地哀悼，他的教徒建立了以他命名的梅夫拉維蘇非教團，梅夫拉納的名字在全世界讀者的心中成為神秘主義詩歌的代名詞。今天，由梅夫拉維教團聚會所擴建而成的梅夫拉納博物館是科尼亞的標誌建築，博物館中有梅夫拉納的墳墓，還展出他的手稿和其他遺物。我在儀式廳裏逗留了很久，想像着七百年前的宗教儀式。

梅夫拉維教團被西方人稱為"旋轉的苦修者"，這個名稱來源於一種名為薩瑪的獨特的舞蹈儀式。

晚上，我在新建的梅夫拉納文化館觀看了一場精彩的薩瑪表演。旋轉的修行者們身着白色或黑色長袍，頭戴紅色錐帽。樂師們彈奏樂器、吟誦《古蘭經》，為旋舞儀式伴奏。伴隨着音樂和吟誦聲，苦修者們平伸雙臂，一只手掌朝天，另一只手掌朝地，在緩慢優雅的樂聲中長時間旋轉後達到人與真主合一的狀態，這就是舞蹈儀式的最終目標。

2006 年，我在伊斯坦堡第一次觀看薩瑪，當時還不了解儀式各個部分的含義，因此沒有太留意舞蹈儀式的宗教層面。而這一次，在我眼中，科尼亞演出大廳裏的蘇非舞者們並不僅僅在表演，而是全神投入於這種宗教儀式中，徹底陶醉在他們的宗教自覺中。這種經歷使我這樣一個不信仰宗教的人強烈地意識到：人類需要精神的滿足感，而這個宗教儀式以神秘的方式使人們獲得了這種滿足。

然而，蘇非主義在伊斯蘭世界至今仍然備受爭議。蘇非主義詩人經常在詩歌中用美酒和美人喻指真主，而傳統穆斯林對此或憎惡或鄙夷（見本書《波斯的詩與畫》篇）。蘇非主義追求人與真主合一的境界，一些蘇非教徒在狂喜狀態中尖聲呼喊"我即真主；真主即我"，受到瓦哈比等保守派的強烈譴責，他們認為這些做法違背了伊斯蘭的基本教義信條，即"萬物非主，唯有真主"。

　　拋開教義不談，在包括土耳其在內的很多國家，蘇非主義的聚會所形成了重要的社會和政治力量，因為這些聚會所的成員們很有組織，而且同事和鄰裏間經常互助。

　　週六的整個下午，我一直在科尼亞的街道上漫步，觀察以虔誠著稱的科尼亞人。我並不了解這個地方人們間的關係，不過還是被這個塞爾柱汗國古都裏大部分人的彬彬有禮和親切友善深深打動。

　　土耳其目前由溫和的伊斯蘭政黨執政，將科尼亞作為旅遊勝地和伊斯蘭文化中心大力宣傳。土耳其政府的這一做法並沒有像其他政策一樣引發爭議，因為在土耳其，就連最世俗的社會成員也認為科尼亞是土耳其歷史上一個重要的政治和文化中心。我很慶幸自己造訪了這裏。

第 37 章
新奧斯曼主義的浮現

君士坦丁堡（今伊斯坦堡）的聖智（索菲亞）大教堂，建於六世紀中葉，是東羅馬
（拜占庭）帝國最具代表性的宗教建築。1453 年，奧斯曼帝國奪得君士坦丁堡之
後，在四周加建了喚經塔，將這座東正教堂改為清真寺。土耳其共和國成立後，於
1934 年將這個拜占庭時代的建築改為博物館。2020 年，現任土耳其政府宣佈撤
銷 1934 年的決定，又將其恢復為清真寺。

土耳其歷史的一個轉折點是 2002 年的全國大選：正義與發展黨獲得國民議會過半席位，成為 80 年來首次執政的伊斯蘭政黨。

　　正義與發展黨的靈魂人物是埃爾多安，他從 2003 年起連任十一年總理和七年總統。這期間他惹起了幾次國內政治風暴和國際爭議，但在黨內的領導地位卻更加鞏固，領導正義與發展黨連續贏得大選。因此埃爾多安本人對於土耳其的未來發展居於主導地位。這個現象對於土耳其、中東、中亞和歐洲都很重要。究其原因，一是埃爾多安個人的能力和魅力，二是國際局勢的變化，三是土耳其的社會現實。

　　先說埃爾多安本人。他出身草根，十幾歲時在街上當過小販，青年時讀的是伊斯蘭經堂學院，又曾是半職業的足球員。他的言語舉止很受中下層百姓的擁護；他一般表現得堅毅、自信，有時對外國人說話很強硬，符合大部分土耳其人對領袖的期望。此外，他長於籠絡盟友，也善於打擊對手，是天生的政治人物。

　　再說國際環境。冷戰結束後，土耳其的周邊環境有了巨大的改變。雖然它仍舊是美國的堅強盟友，但大中東地區的地緣政治和商務關係都發生了根本性的變化。土耳其一方面和俄羅斯的關係明顯改善，另一方面和伊朗也增加了文化與商務往來，而對南高加索三國和中亞五國則有了更大的影響力。這令許多土耳其人體認到，土耳其畢竟是大中東地區的穆斯林大國。

　　然後是土耳其社會的轉變。凱末爾主義者連續統治土耳其八十年，多數社會精英（其中很大一部分住在伊斯坦堡附近）認為西方化和世俗化乃是土耳其命運之所繫。具有諷刺性的是，這個精英羣體包括了互相猜忌甚至經常敵對的兩部分，即具有強烈民族主義傾向的軍人和信奉近世西方自由主義、反對軍人專政的知識分子。另一方面，許多土耳其社會的中下層（大多住在其亞洲部分，即安納托利亞）從來沒有真正西方化和完全世俗化過；許多人認為精英們對伊斯蘭信仰和奧斯曼文化傳統不夠重視。在具有伊斯蘭信仰的大量人口中，有主要從事政治活動的正義與發展黨，和主要從事社會和文化活動的葛蘭（Gülen）運動。

近 20 年來，土耳其最有影響力的宗教團體是伊斯蘭學者法土拉·葛蘭所創建的，沒有正式名稱，但被他的會員們稱作"服務社團"（一般土耳其人也稱之為"集會"）的社會運動。葛蘭說他很受 19 世紀的土耳其庫爾德裔宗教學者賽義德·努爾西和魯米（意為羅馬人，又名 Mevlana, 意為大師；13 世紀著名蘇非詩人和蘇非教團創始人；該教團的宗教儀式包括穿着長袍連續旋轉。見本書第 36 章。）的影響，倡導"文化伊斯蘭"（以有別於"政治伊斯蘭"），主張友愛、寬容、希望、對話、參與和互相尊重。他多年來在美國居住，推崇科學、市場經濟和多黨政治；強調伊斯蘭、現代性和教育之間的相互適應。葛蘭運動在全世界據說有幾百萬成員，採用鬆散而互不從屬的組織方式建立了許多學校（在土耳其就有 300 多所，全球有接近 1,000 所）、慈善機構、地產信託基金、僱主聯合會、學生團體、文化協會和大眾傳媒（包括在土耳其銷路極大的《時代報》）。對於這個組織，土耳其和國外都有不同的評價。有人認為這是伊斯蘭教和伊斯蘭社會的未來形態；有人認為它是一個善於包裝的秘密宗派；甚至還有人說它是由美國設計、組建和指揮的組織。

在經濟上，主要位於安納托利亞的中小企業過去從政府的工商政策中得不到好處，但近年來他們在對伊朗、埃及、高加索和中亞各國的貿易中展示了地理、文化和技術優勢，增強了自信也增加了利潤。

而這些開始蓬勃的企業，又在正義與發展黨執政後推出的許多基建項目中大大提高了競標的成功率。

可以說，埃爾多安和正義與發展黨的選民基礎是安納托利亞的虔誠穆斯林，特別是與中小企業有關的人口。這些人的企業，以及他們所管理的（在穆斯林社會非常普遍的）慈善基金（Vakf），因此成為正義與發展黨的主要捐獻者。

在爭取選票和財政支持這兩個互相關聯的層面上，葛蘭運動（包括與之相關的電視、報紙、電台）對正義與發展黨的支持至關重要。如果沒有葛蘭運動的支持，正義與發展黨和埃爾多安當初就未必能夠上台執政。

埃爾多安上台後，前幾年先在軍警、情報和法院系統裏安插同情正義與發展黨的人，然後下令這些關鍵部門的人員去調查反政府的世俗派。2010 年，土耳其官方開始調查一宗據稱是十幾年前由軍人主導的代號為"大錘"的秘謀政變計劃。在"大錘"案中，幾百名高級軍官（包括前參謀總長和陸、海、空軍司令），以及警官、法官、學者和文化人被起訴，大多數被判刑，許多現役軍官也被迫退休。

不久之後，土耳其政府又掀起一個名為"Ergenekon"（於都斤山，即神話中突厥人的發源地）的大案，調查並判處了許多據稱是屬於極右翼恐怖組織的知識分子和文職人員。在處理這個案子的同時，埃爾多安和葛蘭這兩位曾經聯手對付世俗派精英的伊斯蘭主義活動家之間出現了分歧。

2013 年，葛蘭系統的報紙刊出三名內閣部長貪污的調查報道。這三人被起訴並且認罪後，埃爾多安一口氣撤換了包括這三人在內的十名內閣部長，並且指稱葛蘭集團控制着一個包括軍人、警官、法官和媒體從業者的"平行政府"。葛蘭運動的媒體則指控埃爾多安獨裁貪污，背離民主。

作為一個遠在中國的觀察者，我看到的是，當土耳其的西化世俗派幾乎潰不成軍時，原來的伊斯蘭主義盟友之間出現齟齬，終於也變成了對手。不論當事人是否具有相同的宗教信仰，大中東政治維度的競爭法則在 21 世紀的土耳其又一次得到印證。

埃爾多安於 2014 年當選土耳其總統，這是土耳其第一次由人民直接選舉總統。他隨即提名自己多年來的助手擔任總理，並且宣佈自己要做一個實質性的總統而不是象徵性的國家元首。其實在此之前，許多土耳其老百姓已經開始稱他為"蘇丹"了。這位"蘇丹"上台後的第一個動作，是把他當總理時花巨款修建的、有九百九十九個房間的總理府改為總統府，令現任總理無緣享受這座豪華的宮殿。

就在奧斯曼帝國垮台一百年後，愈來愈多的土耳其人開始懷念奧斯曼帝國時代的時候，埃爾多安用他的一些做法滿足了許多土耳其人的大國、古國情懷。最近在他以總統身份迎接到訪的巴勒斯坦總統時，土耳其總統府的儀仗隊列成十六個身着不同裝束的分隊，代表歷史上由突厥族裔先後建立的十六個政權！

埃爾多安執掌土耳其之初，既開了伊斯蘭政黨以民主方式在土耳其上台的新紀元，又恰逢"9·11"恐怖襲擊事件後國際聯合反恐，使土耳其在大中東地區的重要性大增。正義與發展黨政府提出的與鄰國"零問題"，以及溫和寬容地對待國內的庫爾德族，是兩個良好的開端。無奈，埃爾多安和他的團隊出於自身的局限，以及更為迫切的爭取選票的慾望 —— 爭取對象是具有大國沙文主義傾向和反對綏靖庫爾德人的土耳其民族主義者，最終在兩個良好開端都沒有成功。

在土耳其國內，埃爾多安政權和庫爾德人以及庫爾德政黨人民民主黨（HDP）之間的善意已經不再；他們又蔑視源自凱末爾、目前屬於中間偏左的最大反對黨共和人民黨（CHP）。

令我最為注意的是 2016 年土耳其的幾個大動作：埃爾多安公開宣稱葛蘭運動是個秘密會道門的組織，派人接管了《時代報》，又關閉了許多家葛蘭運動辦的學校，包括我 2014 年曾在安卡拉參觀過的、正在興建中的依派克（Ipek, 土耳其語種內"絲綢"之意）大學。

自從 2007 年埃爾多安第二次當選總理，他展開了不少外交活動，包括與敘利亞總統阿薩德在安卡拉簽訂自由貿易協定。由於雙方都不願意見到伊拉克戰爭後庫爾德地區快速發展，雙方有共同利益，所以兩人表現親熱。但是敘利亞內戰開始後，土耳其採取的態度卻儼然是要做敘利亞的宗主國，而當阿薩德被西方羣起而攻之，地位幾乎不保時，土耳其又在伊斯坦堡召開會議，聚集反對阿薩德的各國政府與敘利亞國內的反政府力量代表，共同謀劃在敘利亞實行"政權更迭"。土耳其（以及其他一些反對阿薩德的國家與武裝組織）甚至為了打擊阿薩德政權，而特意姑息甚至援助敘利亞政府的死敵 —— 當時氣焰頗為高漲的"伊斯蘭國"組織。

2016 年 7 月，土耳其突然發生了一場為時不到一天的未遂軍事政變。這是土耳其共和國的一個大危機。政變時，土耳其世俗主義者和正義與發展黨的支持者通過手機聯繫，共同上街反對政變。事後，埃爾多安政府指控長期在美國居住的葛蘭是政變的幕後主謀，因此立即大舉逮捕據稱是滲透到政府和軍隊裏的葛蘭運動核心分子，大批封閉與葛蘭運動有關的學校、新聞機構和慈善基金等。

土耳其曾擊落一架俄羅斯飛機，挑起和俄羅斯的衝突，引起俄羅斯對它的經濟制裁。但是後來因為政變而與美國生齟齬，遂很快又與俄羅斯言和。由於土耳其的搖擺，中東地緣政治的版圖隨時可能發生改變。

歷史上，為了延續已經日薄西山的奧斯曼政權，奧斯曼帝國政府在 19 世紀末期一方面加緊對內控制，一方面提倡"泛伊斯蘭主義"和"泛突厥主義"這兩個具有擴張性的思想。如果要從埃爾多安政府這十年來推出的各種政策中找到一個脈絡，他似乎是在沿着晚期奧斯曼帝國政府的路，有意識地離開凱末爾主義，而要推行 21 世紀的"新奧斯曼主義"。

結語

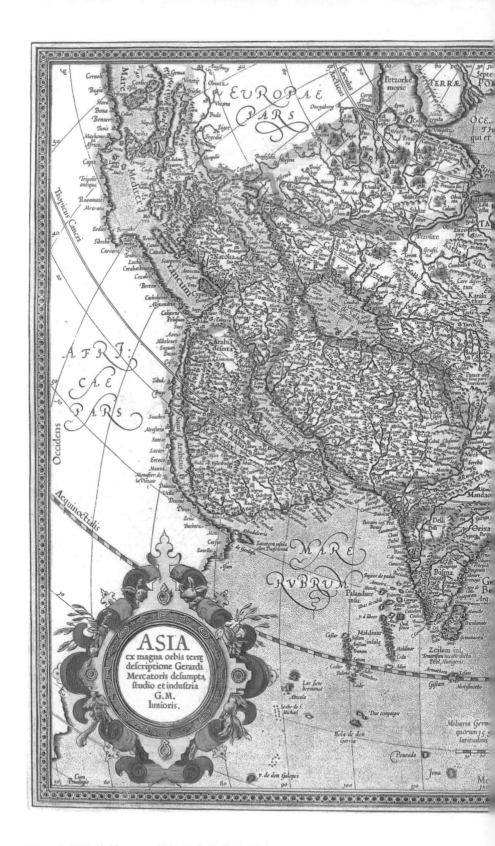

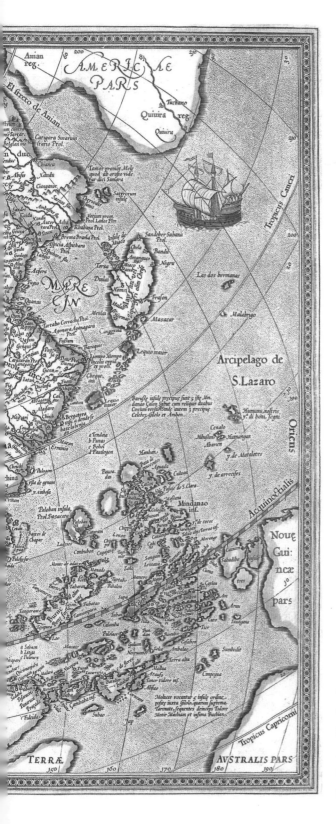

十六世紀荷蘭地圖繪製
者及地球儀製作者墨卡
托（Gerhard Mercator）
用他發明的投影法繪製
的全球最早的《世界地圖
集》中的一張──亞洲。

第 38 章

古絲綢之路：人類歷史的地理宿命

走出東非，環視全球

地球大約有 46 億年的歷史。平原山脈、海洋沙漠、花草樹木、鳥獸魚蟲，它們在地球上的歷史都比人類要長許多。人類的生存和發展不可能離開所處的地理環境。

靈長類動物在地球上出現大約是 5,000 萬年前的事；原始人和黑猩猩分化大約在 750 萬年前。現代智人的歷史不過 10 萬年左右。人類進入文明期只有 1 萬年，有文字記載的歷史也就是五六千年。

大約 10 萬年前有一批現代智人從非洲東部走進了今天的西亞，然後從那裏逐漸散佈到歐亞大陸各地。

四萬年前，居住在東南亞某個島嶼的少數人渡過了當時相當窄的海峽，到達澳大利亞。不久地球變暖，海洋水面增高，海峽變寬，澳大利亞不再有人進入，直到三百多年前歐洲人遠渡重洋而來。自從第一批到達澳大利亞的居民上岸，這四萬年來，他們的子孫只能在既有的地理環境中生存發展。

至遲在 13,000 年前，有人從歐亞大陸的東北角走過結冰的白令海峽，到達北美洲西北部的阿拉斯加。不久地球進入第四間冰期，白令海峽變寬，也不再結冰；從此亞洲與美洲的來往斷絕了一萬多年。早期到達北美洲的原始居民則繼續向東南遷移，逐漸到達接近南極圈的南美洲南端。從人類最早渡過白令海峽，到哥倫布約 500 年前"發現新大陸"，美洲人獨立地創造了北美洲的卡霍基亞文明、中美洲的瑪雅文明和南美洲的印加文明。

人類首先出現之地 —— 非洲的面積非常之大，把中國、印度、歐洲和北極附近的格陵蘭都加起來，還不及非洲大。但是非洲的撒哈拉沙漠（幾乎和美國一樣大）以及它南邊的鹽鹼地帶，把接近地中海的北非，與中非和南非隔開了。在非洲中部和南部，河流多半不適於航行，叢林、沼澤也難以穿過。所以非洲各個地區彼此互相孤立，不能交通。非洲的海岸雖然十分美麗，卻很少有可用的港灣。

再回頭審視一下歐亞大陸。"歐羅巴"和"亞細亞"這兩個詞是古希臘人首先使用的。因為希臘被認為是歐洲文明的濫觴，而最近 300 年來對全球各個方面影響最大的是歐洲人，因此現在世界各國人都把地球上最大的一片土地稱為歐亞大陸。也就是說，全世界現在都按古希臘人的想法，人為地把地球上最大的一塊陸地分為歐洲和亞洲兩部分，其實歐洲和亞洲之間並沒有天然的界線。

大約 1,1000 年前，歐洲人、亞洲人、非洲人、美洲人和大洋洲人都處於文明發展前的狀態。地球的地理環境對歐洲人和亞洲人很有利，對美洲人、非洲人、大洋洲人則是天然不利。首先，歐亞大陸上有好幾條東西向（大約相同緯度，氣候類似）的交通要道，也有十分豐富的動植物品種。這很有利於農業的發展以及工具與技術的傳播。

其次，歐亞大陸上有不少可以被人馴服的大型動物，如牛、馬、驢、駱駝、亞洲大象等，很利於長途運輸和貿易，大大增加了歐亞大陸上的居民彼此學習的機會。反觀非洲、美洲和大洋洲，它們的山川地形不便於東西向的交通。這幾塊大陸的海岸線長度和陸地面積之比又很小，良好的港灣也不多，因此不利於人們沿着海岸線行船。陸上交通主要是南北向，要經過很多差異很大的氣溫區，對人的來往、農業物種的交換和移植都不利。再者，非洲、大洋洲和美洲，除了美洲有一種羊駝之外，都沒有可以被馴化，並且能為人類馱重拉車的大型動物，反而有些不聽人使喚的大型動物，如非洲大象、斑馬、長頸鹿、河馬、犀牛，更不要說獅子和野豹了！

可以確定，任何人想要創造歷史，都不能脫離自己的地理環境。

農業革命，起源西亞

12,000 年前，地球氣候變暖。一些習慣於寒冷的動物（如馴鹿）逐漸北移，一部分人為了獵食而跟蹤北上，進入以前人跡罕見的寒帶地區，即歐亞大草原以及草原之北的針葉林地帶和凍土區。

由於西亞（中東）地區有充足的陽光、雨水、河流和沃土，動物和植物種類繁多，這裏的人可以在一個小範圍內既獵殺動物、捕撈魚蝦，又採集根莖和果實，因此西亞最早出現了種植和飼養這兩種農業活動。後來這裏的人還有意識地協調種植和飼養活動，讓收成可以最大化，不僅滿足短期的食物需要，還可以儲存一部分富餘的食物（包括動物和植物）。為了裝盛穀類和水，陶器隨即在這一地區出現。這種求生方式使定居成為可能，甚至成為必要。

歷史學家們一般認為農業革命是人類文明的起源，時間大約是一萬年前。農業革命之前被稱為舊石器時代；農業革命之後一直到大約 6,000 年前青銅時代開始之前，被稱為新石器時代。

農業發展以後，多餘的食物可以養活更多的人口，使一部分人得以從事手工業、貿易、管理和其他工作，城鎮因而出現。文字也大約在 6,000－5,500 年之前出現，有記載的歷史也就從此開始。這些都發生在今日伊拉克境內的幼發拉底河與底格里斯河之間的美索不達米亞平原（即兩河流域）。其後不久，在東北非的尼羅河谷、南亞的印度河谷、東亞的黃河和長江流域也出現了獨立的農業文明。

目前已知的人類新石器時代社區中，最早的是在約旦河西岸的傑里科，距今大約 9,000 年。這裏有很大的房屋羣，估計能住 2,000 人。考古學家判斷，傑里科的主要產品是小麥和大麥，也蓄養山羊。而最有意義的，是在傑里科發掘到安納托利亞的黑曜石和紅海的貝殼等。也就是說，伴隨着文明的出現，如果地理環境允許，人們已經開始到遠方進行貿易，開始了人口、貨品、技術和思想的交流。

在美索不達米亞和尼羅河谷，有河水可以灌溉農田，於是最早發展出能夠動員大量人力以便引水灌溉的社會組織。這兩個地區先後出現了超越於部落的“國家”這種政治形態，且當地人崇拜某些特定的神靈。這兩個地區的國王逐漸被認為是神祇的化身，具有無上權威。這時社會分工開始細化，除了有國王、僧侶、農民，還有士兵、行政人員、商販和手工業者等。

貿易和農業生產幾乎是同時出現的，所以商販和農民都是早期人類文明的創造者。

遊牧商貿，傳播文明

在歐亞大陸的北方，從多瑙河下游向東到第聶伯河，經過烏克蘭和俄羅斯南部（黑海和裏海的北部）到伏爾加河，再向東到哈薩克草原、阿爾泰山區、準噶爾草原以及蒙古高原，一直到大興安嶺，是比較平坦、樹木灌叢較少、氣候比較乾燥的歐亞大草原。這片橫跨歐亞大陸，長約一萬公里的草原的大部分土地不適於耕種，但又不是難以居住的凍土寒帶。許久以前在這個大草原上就活動着屬於不同語系的部落和民族。距今大約一萬年前，正當某些西亞溫帶人口開始從事農耕的時候，草原上的居民也開始有意識地飼養動物，並且在冬夏兩季到不同的草場上放牧牲口 —— 這就是遊牧文明的開始。農耕與遊牧這兩種文明狀態不是人們可以隨意決定的，而是應對不同地理環境，選擇的不同適應方式；兩者發生的時間大致相同。

由於遊牧者生活中需要許多他們自己不能生產的物品，故而遊牧部落比農耕人口更加依賴與遠方人口的交換；也由於他們經常遠途移動，故而遊牧部落和民族更加善於長途貿易，並且更傾向於和不同語言與血統的人口通婚融合。這些遊牧者的特徵令農耕定居人口的史學家們很難追蹤遊牧人口的血統和語言變化，因此我們至今還難以確定一些古代遊牧民族（如北匈奴）的下落。

遊牧部落的活動範圍於約 6,000 年前開始大為增加，因為此時馬匹在南俄羅斯草原被馴化。當人類能夠培育出大量的馬匹之後，長途交通的距離就大為增加。接着，馬車出現，人的作戰能力和運載貨物的能力也大為增加。因此，最早貫穿歐亞大草原的人羣正是在農業帶以北，針葉林凍土帶以南的遊牧人口。

這些遊牧人口，除了從西到東橫向的移動之外，也經常南下到溫帶農業人口居住的地區，有時是貿易，有時是掠奪。主要是為了從南方農業定居人口得到他們需要的糧食、珠寶和紡織品，而遊牧人口一般用以交換這些物品的則是牲口、皮毛和礦石。

全世界人口中最早發展文明的是西亞的農耕人口，所以當北方遊牧者與西亞進行交換之後，西亞的早期文明（如車輪、曆法、手工藝）也就傳到了遊牧民族那裏，並由他們帶到歐亞大草原的東端。世界聞名的蒙古馬一定是從歐洲傳過來的。周武王所使用的"一人御，一人射"的雙人戰車是周人滅商的主要武器；而這種戰車與西亞早已出現的雙人戰車十分相似，說明西亞的文明極可能在周朝之前已經傳到中國西部。

當然，在和農業人口交往中，遊牧者也將他們的長處，包括養馬、騎射、冶金和弓箭製作傳授給南方的農業定居人口。所以農耕人口和遊牧人口的來往不是單向的，並沒有明顯的優劣之分。

統而言之，直到 20 世紀，遊牧人口和農耕人口的衝突與交融是歐亞大陸上重複出現的主題，對整個歐亞大陸的歷史發展影響至巨。

在商、周之前，歐亞大陸東西方的交流就已經存在。當時在長江流域已經有了絲織品，西傳的早發時間不能確定。可以確定的是，4,000 多年前有一批操印歐語言的人羣從黑海北方移居到阿爾泰山北麓。他們的部分後裔又向南進入新疆的巴里坤草原和甘肅的河西走廊，中國史書稱他們為月氏人，西方學者則將他們稱為吐火羅人。科學家發現，是月氏人把小麥從西亞帶到黃河上游地區，使黃河流域以粟米為主糧的文明得到了另一種重要的糧食來源。

帝國形成，絲綢香料

　　從距今 3,000−1,500 年前，也就是從西周初期到南北朝時期，在歐亞大草原上活動最為頻繁，勢力最雄厚的遊牧者是希臘人所稱的斯基泰人 —— 波斯人稱他們為薩卡人，中國史書將之稱為塞人。他們說一種印歐語言。斯基泰人的血緣與語言和中亞的粟特人相近，但粟特人以農耕和販賣為生，斯基泰人則以遊牧和征戰為業。19 世紀以來，考古學家在哈薩克斯坦西部和蒙古西北發現了為數不少的斯基泰人的墓穴和王陵；出土的金製飾物非常華麗精緻，而且數量驚人。斯基泰人建立了人類史上最早的草原大帝國，比匈奴人要早幾百年。匈奴崛起後，兩者之間有過接觸與交往。一部分斯基泰人後來轉為定居，在中亞和新疆建立過數個王國，包括楚河流域的烏孫和塔里木盆地的于闐。

　　匈奴人從蒙古高原北部的草原崛起，在中亞稱霸之後，成為漢朝的威脅，於是漢武帝命張騫通西域，想要通過河西走廊聯繫西域各國共同對付匈奴。而張騫出使西域最重要的經濟和文化意義，在於他把中國的絲綢帶到了烏孫和其他中亞地區，把西域的寶馬和一些農作物帶回了漢朝，正式開通了絲綢之路。

　　斯基泰和匈奴建立的是草原帝國，波斯和秦漢建立的是農業帝國。無論在甚麼地方、甚麼時候，人羣的社會組織和行政結構都和他們的經濟活動有關，當然也受制於地理環境。在物質條件欠發達的情況下，任何羣體的商業活動範圍和政治影響力的半徑都不會很大，所以最早的政治形式只能是幾百人的部落。後來在遊牧人羣中出現了部落聯盟，在農業人羣中出現了城邦小國。之後有了封建制度的國

家 —— 名義上尊奉一個共同的國王，實則是封建貴族們佔地自雄，各自為政。再往後出現了專制的國王和統一的國家，正如中國自秦朝以降的歷代王朝和法國 17 世紀後出現的那種王權。當某些國家統治者的行政（武力震懾是主要手段）能力和資源調配（鑄幣、徵稅和壟斷貿易等）能力增加以後，就有一種新的統治形式和政治結構出現，在漢語裏稱為"帝國"，即是有一個至高無上的皇帝之國；在歐洲的語言中叫"empire"，不一定有一個中國式世襲的皇帝，但一定是很大的行政組織，領土遼闊，人口眾多，包括不同民族、語言和宗教等。

　　大約 2,000 年前，從歐洲西部到亞洲東部，有四個不同的農業帝國彼此相連。最西邊是統治大部分歐洲、中東和北非的羅馬帝國；其東是統治美索不達米亞、伊朗高原和阿富汗的波斯帕提亞帝國；在巴基斯坦和中亞以及印度西北部，一直伸展的新疆南部的是貴霜帝國；最東方的就是漢帝國 —— 從塔里木盆地、河西走廊到太平洋之濱。由於這四個帝國的存在，長途商貿活動得以方便並且有序地進行。每一個帝國境內通常有軍隊維持治安，並且使用固定、統一的貨幣和一套可以依賴的法律。這使長途貿易成為歐亞大陸上的常態，增加了不同地域和民族的交往，因此促進了不同文明之間的交流。這種交流使得歐亞兩洲的文明進步加快，把赤道以南非洲、南北美洲和澳大利亞拋後得越來越遠。

　　張騫通西域以後的 100 多年裏面，草原上的交通道路愈加繁密，而由定居人口所建立的不同城市 / 綠洲則是像珍珠一樣被串聯起來，形成了所謂的綠洲之路。

　　在歐亞大草原和農業城市串聯起來的這兩條歐亞大陸的交通大動脈上，首先出現的是奢侈品貿易。這是因為當時的運輸能力還不強，沉重的、體積大的貨物不可能進行大宗的長途貿易。但是中國的絲綢、地中海的琉璃、中亞和印度的寶石，以及印度和東南亞的香料等商品就受到各地富裕人口的歡迎，形成了最早期的奢侈品貿易，一如今天 LV（路易威登）手袋和香奈兒時裝的銷售。奢侈品裏最有代表性的是中國的絲綢。2,000 年前，正當絲綢之路正式開啟的時候（當時的人並沒有為這些道路命名，是 19 世紀下半葉由德國學者李希霍芬首先提出"絲綢之路"的概念和名稱），羅馬貴族很喜歡穿中國的絲綢，以至於一兩絲綢在羅馬帝國境內竟價值一兩黃金。一位著名的羅馬作家反對女性身着半透明的絲衣，還有人提出警告：大家如果都穿絲綢，將會把羅馬帝國穿窮。當然中國人只是絲綢的供應者，並不承擔從頭到尾的絲綢運送和沿途販賣；絲綢從中國東部的產地要經過多次轉手貿易才能夠到達地中海東岸。某種程度上來說，全球化供應鏈和附加產值的概念在兩千年前就已經得到實踐了！

這裏要還談一下羅馬人喜愛的另外一種奢侈品 —— 香料。香料大部分產於印度尼西亞羣島和印度南部，一般是從印度南部海港穿過印度洋西部運到也門，再沿着阿拉伯半島西部的陸上商道運到地中海地各地。除了穿絲綢，羅馬人也喜歡吃用香料烹飪的菜肴；公元一世紀的著名羅馬美食家阿比修斯（Apicius）所寫的食譜中列有 500 多種菜式，其中超過 400 種都需要東方的香料。一如中國是絲綢之路的故鄉，而印度是世界香料之路的中心。

陸海並用，歐亞相通

前面提到歐亞大陸上有兩條交通大動脈，一條位於北緯 45–55

度之間的歐亞大草原上，另一條是位於北緯 30–40 度之間由綠洲和城鎮串聯起來的道路網絡。除此之外，歐亞之間還有一條海上交通路線，即沿着歐亞大陸的東部、南部邊緣，用船進行運輸。海上交通線多半在熱帶，因此船體腐爛得很快，考古學者不容易找到古代的船隻。現在查明，在北歐挪威附近發現的一萬年前用動物皮縫製的皮筏，也許是最早能夠稱之為船的交通工具。

香料之路很重要的一部分是從印度的南部到也門的西南端，這是相當長的一段航行距離。大約 2,300 年前，希臘人統治埃及的時候曾經乘船出紅海，進入印度洋。善於航海而又注重推理的希臘人首先發現了季候風（貿易風）的規律：冬天此風由北向南吹，夏天則由南向北吹。因此印度洋裏的貿易多以半年為一程，來回恰好要一年。

在中國廣東沿海一帶，周代就有從波斯和埃及運來的貨物。今天廣州南越王博物館中，有漢初南越王的宮中所藏的串珠、琉璃和銀盒等，是北非和西亞產的精美飾物。漢朝文獻中也提到過長頸鹿這種只在非洲生活的動物，這說明海上絲綢之路由來已久。不過該條貿易通道在早期並沒有起到重要的文化交流作用，因為使用海上絲綢之路的人不夠多，能夠運輸的貨物也有限。這種情況一直持續到約 500 年前才有了重大的改變。

蒙古時期，陸權之極

作為中國北方的一個羣體，蒙古人在 13 世紀初由成吉思汗統領，形成了一個說阿爾泰語系語言的部落大聯盟。他們以蒙古為名，進行向南和向西的征討，並在共同征討中形成了蒙古人的意識。其實他們和歷史上的匈奴、鮮卑以及 13 世紀仍然存在的突厥人（分佈在西亞、中亞和新疆）、契丹人（在中亞、蒙古和華北）的語言以及風俗相差不多；尤其後二者很容易與成吉思汗統領的蒙古國人口形成認同感。

蒙古人掌握當時全世界最有威力的作戰方法。他們擁有自己的神速騎兵、中國發明的火炮，以及波斯人的拋石機，在不到 50 年間橫掃歐亞大陸，建立了四大汗國，其領土包含歐亞大草原以及歐亞溫帶農業區，再加上古代中國的全部。這就是歷史學家所稱的蒙古帝國。

如前文所述，人類從早期就開始長途貿易，古典時代的四大帝國曾經為長途貿易創造了良好的條件。13－14 世紀蒙古人統治的地區包括了歐亞大陸上自古以來的兩條大動脈（一條穿過草原，一條穿過溫帶農業區），他們也因而開創了歐亞大陸東西交通的新局面。蒙古人維持了歐亞大陸道路的安定，創立了極為快速的驛站系統，開辦了許多商旅客棧，為後世的全球化做了表率。

近年來，不少西方學者對波斯和中亞穆斯林歷史家以及歐洲學者對蒙古史的觀點進行重新審視；部分中國和日本學者最近對漢族學者所撰寫的史書也提出檢討。大致而言，中國史書歷來以漢族為中心，以多世紀以來建立的王統觀念為出發點，把南下的北方各民族納入漢族文化一統天下的框架中，並且對他們建立的政權賦予"得天命者得天下"的政治倫理。這種論點忽略了北方各民族的主體性和歷史傳承。因為大量非漢族的史料沒有得到過細緻的分析與整合，所以沒有表現出北方民族諸如匈奴、鮮卑、突厥、契丹和蒙古之間的聯繫和近似性。另一方面，波斯和中亞的穆斯林學者們把蒙古當作入侵者和伊斯蘭教的敵人，而沒有把蒙古人入侵前、退出後本地區穆斯林統治者之間的長期爭奪殺戮與蒙古人的作為放在同一個天平上來衡量。西歐學者的論述倒是比較有趣。一方面，其民間一般佩服這批能征善戰，吃苦耐勞的戰士，又覺得蒙古人打敗了自己的敵人穆斯林，所以不是甚麼惡魔！另一方面，他們認為是蒙古人帶來了黑死病，所以也不是好人。然而，無論是穆斯林學者還是歐洲評論家都沒有解釋，為甚麼滅掉阿拉伯阿拔斯帝國和處死伊斯蘭哈里發的蒙古貴族們，在進入中亞、西亞不到一百年內，就信奉了伊斯蘭教，與比他們早幾個世紀到達歐洲的韃靼人和奧斯曼人一樣，成為不少東歐與西亞地區的政治精英，也因此與烏克蘭和俄羅斯的斯拉夫貴族們互相交往並且通婚。

蒙古帝國在 14 世紀初就開始衰落，但是統治各地的成吉思汗的後裔仍被奉為"黃金家族"，維繫了好幾個世紀。烏茲別克斯坦境內布哈拉汗國的埃米爾統治，一直到 1920 年蘇聯成立後才被迫終結；受清朝冊封的哈密王，則要遲至 1930 年，才因第九代哈密王病逝而結束了歷時 233 年的王統。

除了黃金家族，14-15 世紀在中亞和西亞進行有效統治的，還有一個出身蒙古集團的巴魯剌思部，生於撒馬爾罕附近的軍人帖木兒。他信奉伊斯蘭教，說突厥語，卻自認是成吉思汗的傳人。他一生中認為自己最大的榮耀是娶了黃金家族的一員——察合台汗國的公主，因此他要求部下稱呼他駙馬爺。由於帖木兒不是成吉思汗的血裔，即使他是據有中亞、阿富汗、北印度、伊朗、高加索和土耳其東部的大帝國的創建者，卻仍終身不敢稱汗，只以埃米爾（地方督軍）自居。他在撒馬爾罕為自己準備的陵墓便被稱作埃米爾之陵。帖木兒東征西討四十年，從沒有打過敗仗，1405 年死在率軍進攻明朝的路上。

帖木兒死後，他在中亞農業區的疆土被來自北方欽察草原的正統黃金家族侵佔，這些人是成吉思汗之孫拔都的後裔月即別和其後人與部下，被稱為烏茲別克（"月即別"的另一譯音）人。今天中亞烏茲別克人的源頭是北亞草原的居民，但是他們改為定居生活已經六個世紀了。而 2,000 年來一直定居於此的人口一般被稱作"城裏人（Sarts）"，主要是指說波斯語的粟特人的後裔；這些人現在自稱是塔吉克人。

帖木兒帝國衰亡後，西亞和中亞的局勢有了改變。從西邊起，奧斯曼帝國興起，佔據東南歐、安納托利亞、黑海北部的克里米亞地區以及高加索南北麓。奧斯曼帝國之東是信仰什葉派伊斯蘭教的波斯薩法維帝國；再向東就是烏茲別克人建立的幾個汗國，和帖木兒的六世孫巴布爾在印度次大陸開創的莫卧兒帝國。

莫卧兒王朝立國不久，就先後被從大西洋來到印度洋的葡萄牙、荷蘭、法國和英國人分別侵略蠶食。歐洲航海強國在印度的出現標誌着絲綢之路上陸權時代的終結。於是，從中國經中亞、西亞到歐洲的古絲綢之路淪入了"馬鳴風蕭蕭，落日照大旗"的境地。

第 39 章
新絲綢之路：歐亞非大陸
的歷史宿命

歐亞大陸的地理和氣候適於交通，因此人類很早就能逐段貫穿整個大陸並進行分段貿易。14 世紀，在蒙元帝國的統治下，形成了連通東亞與西歐以及非洲東部的陸上和海上絲綢之路。這一複雜而龐大的交通網絡之建立可以說是人類歷史的地理宿命。近 500 年來，世界各大洲的經濟、文化、社會發展很不均衡；展望未來，倡議並推動"一帶一路"的中國將會發揮重要作用。歐亞非各國將在互利互惠的原則下建成促進人類進一步發展的"新絲綢之路"。這是歐亞非大陸的歷史宿命。

西歐勃興，海權領先

大約 3,500 年前，地中海東部克里特島上的居民受到埃及文明和希伯來文明的雙重影響，創造了米諾斯文明。三千年前，米諾斯文明北傳到希臘半島，成為今日歐洲文明的源頭。不久，希臘文明西傳到意大利半島，形成了羅馬文明。

一至二世紀，羅馬帝國最為強盛，控制萊茵河以南和多瑙河兩岸的歐洲，以及地中海周邊地區，在亞洲則控制小亞細亞和高加索地區，與波斯對峙。公元四世紀，羅馬帝國的首都從羅馬東遷到君士坦丁堡（今伊斯坦堡）。四世紀末，羅馬帝國正式奉基督教為國教。此後，羅馬帝國的西部領土連續遭到來自亞洲的匈人（Huns）和歐洲北部的日耳曼人的侵襲與佔領。

　　476年，日耳曼族裔的西哥特人罷黜西羅馬的皇帝，帝國秩序被摧毀，西歐因而陷入六七百年的"黑暗時代"；唯一能夠維繫文明和秩序的社會力量就是以羅馬為中心、使用拉丁文的天主教會。在這段時間裏，東羅馬帝國形成了使用希臘文的基督教東方正教和後世歷史學者所稱的"拜占廷文明"。

　　七世紀，伊斯蘭教興起於阿拉伯半島，在短短數十年間滅亡了文明古國埃及（屬東羅馬帝國）和波斯薩珊帝國，並佔領了東羅馬帝國在地中海東岸"黎凡特"的領土。八世紀，阿拉伯帝國橫跨亞非歐三洲，幅員遼闊，西達大西洋，東至印度河。9–11世紀是阿拉伯–伊斯蘭文明的黃金時代，從西班牙到阿富汗的穆斯林學者經過兩百年對希臘、波斯與印度文明的學習與綜合，創造出輝煌的中世紀伊斯蘭文明，其哲學、數學、天文學、醫學一時間舉世無雙。

　　11世紀起，西歐的農民用新式的鐵犁進行深耕，因此糧食增產，人口激增。各地建立了以自給自足的莊園經濟為基礎，以大小封建主之間的依附關係為權力結構的政治秩序。隨着農業的發展，西歐出現了不少以商貿和手工業為主的村鎮（bourg），因此也出現了不依賴土地的市民階層（即"布爾喬亞"）。

　　此時，西歐人充滿自信與活力。在西部的伊比利亞半島（西班牙和葡萄牙），基督教政權開始了它們的"再征服"運動，逐步驅逐自八世紀以來就統治伊比利亞各地的北非穆斯林。在東部，遭到塞爾柱突厥人進逼的東羅馬皇帝向羅馬教宗求援；羅馬教宗烏爾班二世於1095年倡議歐洲基督教徒組成十字軍前往東方，奪回被穆斯林佔領了400多年的聖城耶路撒冷。懷着宗教狂熱和偏見以及對東方財富的覬覦，西歐各地大小貴族（主要是法蘭克人，包括被教會封為殉道聖人的法國國王路易九世）和不少小市民，在11–13世紀組織了八次十字軍東征，佔領耶路撒冷，又在敍利亞和巴勒斯坦建立了幾個拉丁王國，維持了100多年的統治。

將近200年後，十字軍逐漸失去動力，於13世紀中葉被穆斯林軍隊驅逐。恰在此時，蒙古大軍從東方來到敍利亞，曾試圖與十字軍合作打擊穆斯林，但沒有達成協議。1259年，蒙古大汗蒙哥去世，蒙古軍西征首領旭烈兀（忽必烈之弟）為參與大汗的選舉而率軍東返，只在敍利亞留下少量部隊。結果這部分蒙古軍被埃及的馬穆魯克（奴隸）軍剿滅，縱橫幾十年、聲勢浩大的蒙古軍銳勢盡失。

在12–13兩個世紀裏，無論是在伊比利亞還是在地中海東岸的西歐人接觸到了先進的阿拉伯-伊斯蘭文明，於是大量翻譯阿拉伯文的數學、天文學、哲學、宗教、醫學、航海、地理學著作，也將古希臘的典籍從阿拉伯文轉譯為拉丁文。這可以說是歐洲文藝復興的萌芽期，為停滯了多世紀的西歐社會補充了文化養分。

與西歐文藝復興密切相連的是東羅馬帝國的覆亡。塞爾柱突厥人的一支（奧斯曼人）於14世紀初進入東羅馬帝國的歐洲地區；1453年，奧斯曼軍隊攻佔君士坦丁堡，東西羅馬帝國的第195位皇帝戰死在城牆上。之後的100多年間，大批希臘人逃散到西歐各地，許多人成了西歐貴族和上層市民的家庭教師。也有許多希臘匠人進入西歐，提升了西歐的手工業水平。最重要的是，古典希臘時代的人本主義的重新傳入使西歐社會得到"再生"（漢譯為"文藝復興"）。

另一方面，素來對基督教徒頗為寬容的伊斯蘭社會在 12 世紀受創於十字軍後轉變態度，開始敵視"法蘭克人"（阿拉伯人對西歐人的統稱）並抗拒他們的文明，伊斯蘭的教義和教法也轉為更加保守。這種心態在 16 世紀西歐勃興的背景下對伊斯蘭文明的發展很是不利。

由於阿拉伯穆斯林和突厥穆斯林長期阻斷歐洲人與東方的直接貿易，西歐人在文藝復興時期也開始尋找通往亞洲的新路徑。

在伊比利亞半島，獲得勝利的基督教徒一面用宗教法庭迫害穆斯林和猶太人，一面又學習阿拉伯人的科學和航海技術。葡萄牙皇室連續一百年獎勵本國海員沿非洲西岸向南試探新航路；西班牙皇室則資助哥倫布從大西洋的西端找尋亞洲。法國和英國經過彼此的百年戰爭後，也開始尋求海外貿易和殖民的機會。

1492 年，哥倫布到達他以為是印度的中美洲。1497 年，約翰·卡伯特（John Cabot）率領英格蘭探險隊越過大西洋北部到達加拿大的東北部。1498 年，達·伽馬繞過了非洲南端的好望角到達印度西南部。1502 年，哥倫布第四次也是最後一次到加勒比海，仍然堅信他見到的島嶼屬於亞洲。1522 年，麥哲倫率領的遠征船繞行地球一週後，回到西班牙。1534 年，法國探險家雅克·卡蒂亞進入加拿大的聖勞倫斯河，豎立了一個高大的十字架，聲稱這片土地是法國國王的領土。

此時，蒙古帝國早已衰落，自認是成吉思汗繼承者的帖木兒所建的大帝國也已分裂。於是，歐亞大陸上陸權至上時代告一段落，海權逐漸取代了陸權，成為歐洲國家日後稱霸世界的基本條件。

工業革命，海外殖民

16 世紀上半葉，西歐發生了三件大事。一是葡萄牙和西班牙開始大量佔據海外殖民地；二是始於意大利的文藝復興傳遍西歐各地；三是萊茵河以北日耳曼貴族統治地區的宗教改革運動。

這三個事件發生在西歐的不同地區，但彼此有相當的關聯。其中很重要的一個因素，就是蒙古人在 13−14 世紀創立的交通系統成為歐亞大陸歷史上最為便捷和安全的通道，使歐亞大陸兩端的商業、科技、思想交流都變得迅捷而方便。正是這個時期，東方的造紙術、印刷術和火藥在西歐開始普及，一般人的文化程度得以提高，軍事力量也大為上升。

1517 年，德國教士馬丁・路德在他的教堂門口貼出《九十五條論綱》，抗拒和譴責羅馬教廷，掀起了西歐的宗教改革運動。他鼓勵信眾閱讀《聖經》，主張個人可以直接和上帝交往，不必借助於教會認可的聖人。這項主張是文藝復興時期人本主義的體現，而它的物質基礎則是《聖經》可以通過紙張與印刷被許多人所擁有，不必再以人力手抄在羊皮上。馬丁・路德曾說，上帝對我們最大的恩寵就是賜給我們印刷術。由此可見，西歐的全面勃興不是一個偶發事件，而是若干因素的積聚效果。人類文明素來是通過互相學習與借鑑而發展的。16 世紀西歐的勃興包含着中國、阿拉伯和希臘人的智慧。

西歐的勃興可以這樣總結：作為動物界一員的人類意識到，通過自己的理性可以認識客觀世界。從對理性的重視，對客觀世界的認識開始，西歐人在自然科學和技術方面取得了飛躍；在人文和社會方面，宗教改革運動說明歐洲人已經脫離了中世紀的迷信。

宗教改革運動中，不少新的教派主張個人不僅要期盼死後的天堂，也要通過勤儉努力求得在現實世界的美好生活。因此，大多數歐洲人既沒有摒棄對上帝的信仰，又體現了文藝復興的基本精神——人本主義。

在這一個物質逐漸豐裕的社會變革過程中，先是葡萄牙人、西班牙人，繼而有荷蘭人、法國人、英國人紛紛外出探險，尋求個人的滿足和財富。西歐勃興的主要外在表現是攫取海外殖民地，而海外殖民和由之而起的海外貿易令大量黃金白銀流入西歐。黃金和白銀在西歐大量流通刺激了更多的商業活動，貿易越加重要。經濟學家所稱的"重商主義"於焉開始。

與此同時，西歐各國皇室眼見海外殖民地帶來的豐厚利潤，主動組織力量支持並鼓勵國民出外貿易、探險、佔據殖民地。荷蘭的東印度公司是早期的代表，之後法國和英國各自建立了特許公司來進行貿易和經營殖民地。英國的東印度公司一直是英國在印度的實際統治者，直到 1858 年維多利亞女王正式成為英屬印度的元首。這種由皇家特許公司統治海外殖民地的做法，正是因教育普及而注重法治的西歐國家採取的變通辦法：國家賦予這些公司特殊的法律地位，默許它們在海外進行本國法律不容許在本土進行的奴隸買賣和鴉片貿易。

當貿易和商業行為發展到一定程度時，對產品數量和質量的要求必然提高，因此推動了生產者改進生產方式。18 世紀末，英國出現了以利用蒸汽為標誌的工業革命。接着法國、荷蘭等地也進入了工業革命階段。此前已經領先全球達兩個世紀的西歐，在工業革命後出現了殖民大帝國。

19 世紀下半葉，西洲幾個國家以不大的面積、不多的人口，統治着全世界大部分的領土和絕大多數的人口。殖民者和被殖民者之間的力量對比確實懸殊！

一戰之後，北美超前

19 世紀中葉，美國南北戰爭結束，加拿大成為英國的自治領，自此北美洲出現了兩個主要由歐洲移民組成的新興強國。兩國都從大西洋地區修建通往太平洋海岸的鐵路，並且在過去鮮有歐洲人居住的地區開發礦產和發展大規模、高效率的農業。

美國和加拿大雖有明顯的不同之處（美國曾經長期實行奴隸制度；加拿大則有大約四分之一信仰天主教的法語人口），但是大多數人的語言、宗教、社會習俗和經濟發展程度卻類似。在長達六千公里的邊界上兩國都不駐兵設防，雙方公民不需要護照，僅憑駕照即可通過邊境。美國和加拿大可以說是世界上最友好的兩個相鄰大國和強國。

20 世紀初，老牌的殖民國家葡萄牙和西班牙已經式微。當時全世界最有力量的殖民國家是英國、法國和俄羅斯。19 世紀末期才統一的德國和意大利正在追趕，工業化的速度極快。德國在東非和西南非各拿到一塊殖民地，意大利也在非洲之角奪得兩塊殖民地。

然而，就工業能力而言，美國和加拿大在 19 世紀末和 20 世紀初開始顯出非凡的創造力。電話、電影、留聲機、發電機、電冰箱、交流電網和飛機的發明者都在北美洲。另外，美國和加拿大是全世界最早實現十年義務教育的國家。

第一次世界大戰於 1914 年爆發。英、法、俄三國合力對付德國，德國僅得到日薄西山的奧匈帝國和奧斯曼帝國的支持，居於戰略弱勢，但是德國初期士氣旺盛，戰績輝煌。在這次大戰中，工業革命的成果被充分利用在戰爭中。飛機發明僅僅 10 年之後，交戰雙方就各自成立了空軍，把戰爭由往日不脫離地球表面的二維空間延展到空中。

本章意在論述"新絲綢之路"；因此德國飛行員"紅男爵"李希霍芬值得一提。他出身貴族家庭，11 歲入軍校。一戰開始時，他任騎兵，在東線作戰；1915 年被調到西線，開始學習飛行。當時的空軍戰機主要是雙層機翼的單人小飛機，駕駛員用身上的佩槍射擊敵機人員；也有部分雙座的飛機，每架飛機上有一名駕駛員和一名使用機關槍的觀察員。李希霍芬先任雙座飛機的觀察員，不久轉任單人飛機的駕駛員。他智勇雙全，飛機漆成紅色；據德方統計，"紅男爵"總共擊落敵機 80 架，是一戰中最著名的英雄。1918 年 4 月 21 日，他擊落第 80 架敵機的次日，李希霍芬被地面的機關槍擊中，墜機身亡，年僅 25 歲。"紅男爵"與絲綢之路有特殊的淵源——1877 年首先提出"絲綢之路"這個名詞的德國地理學家李希霍芬是他的伯父。

在一戰中，美國開始時按兵不動，坐山觀虎鬥，繼而宣佈參戰，出兵打敗德國。戰爭中，俄羅斯發生革命，退出了大戰。法國在戰爭中人員傷亡十分嚴重，但國力並沒有太嚴重的倒退。英國也受到嚴重衝擊，但是仍維持世界第一強國的地位。美國是真正的勝利者：在戰爭尚未結束時就提出了"民族自決"的口號，鼓勵殖民地在戰後爭取獨立；但戰後卻又保留了 1898 年從西班牙手中奪取的殖民地 —— 古巴的一部分、波多黎各和菲律賓。

二戰之後，美國霸權

一戰後的德國和奧斯曼帝國損失最為慘重。德國被迫制訂《魏瑪憲法》(*Weimarer Verfassung*)，付出巨大的賠款，備受戰勝國的擺佈；奧斯曼帝國完全解體，在北非和西亞的領土被英、法分別接管。德國因為受到戰勝者的羞辱而民族主義盛行，導致 1933 年納粹黨贏得選舉，上台執政。意大利雖然是一戰的戰勝國，但痛感自己沒有趕上殖民主義的末班車，需要設法"追上"；法西斯黨人執政黨時，於 1934 年入侵東非古國埃塞俄比亞，成為最後一個試圖在非洲建立殖民地的國家。

1939 年，德國入侵捷克，英法無奈地出面干預，引爆了二戰。這一次與德國結盟的，是法西斯黨人執政的意大利和早已入侵中國的軍國主義統治下的日本。在 1937 年中國全面抗戰以後，以及二戰在歐洲爆發後，美國仍不願直接參加"他人"的戰爭，一直到 1941 年日本偷襲珍珠港後，美國才對日宣戰，同時參加了歐洲的戰爭。德、意、日在各個戰場的前期優勢在美國參戰後逐漸變為頹勢，戰爭的主動權逐漸轉到美國和蘇聯領導的同盟國手中。1945 年 8 月，美國投下兩枚原子彈，徹底摧毀日本頑抗的意志力，並且凸顯美國科研的成就。

戰爭結束，美國主導新的國際秩序。聯合國、國際貨幣基金組織、世界銀行的成立，以及"馬歇爾計劃"的實施都反映出美國的全球戰略。此時，美國的國內生產總值佔全世界總產值的一半。"美國式生活方式"在 20 世紀後半葉被全球多數人所追求。

冷戰期間,蘇聯領導的社會主義陣營曾經給美國以及西歐各國造成了真實的威脅。但是由於蘇聯總體經濟力量薄弱,農業落後,重國防工業而輕民生工業,它的頹勢很早就已經顯現。在里根任美國總統時,就有美國學者預言蘇聯會在 10-15 年內解體,主要原因將是波羅的海和中亞的加盟共和國的民族問題。 1989 年,柏林圍牆倒塌。1991 年蘇聯正式解體,世界霸權完全落在美國手裏。

這個霸權的取得與鞏固,當然有賴於軍事力量和政治運作。但是支撐一個國家軍事和政治力量的是經濟和文化力量,而經濟和文化力量的來源是社會的良好管治和個人創造力的充分發揮。從二戰前到今天,美國在經濟和文化創造力方面確實在全世界領先。

二戰爆發後的七八十年是人類歷史上科技進步最為迅速的時期。原子彈、電視、半導體、激光、電腦、互聯網、手機、納米技術、衞星、空間站、基因技術、幹細胞、人工智能等等,把人類的生活方式帶入全新的時代,而這些創新都是在美國率先出現的。文化上,從 20 世紀中葉開始,美國式的衣着、音樂受到全世界的喜好;好萊塢的電影受到各國的歡迎和模仿。今天,中國新近出現的中產階級的衣着品味和生活情趣也明顯受到美國文化的影響;在全球化的推動下,英文的使用也越來越普遍。環顧全世界,美國的科技、文化、經濟、軍事力量仍然是最強的,無人可以望其項背。

然而在地緣上,美國的國土安全既受到太平洋和大西洋的保護,又因為相對隔絕而不能在歐亞非大陸隨處任意發揮力量,必須在各地尋求同盟與基地。

絲綢新路，須靠東方

20世紀下半葉，美國的航空力量傲視全球，構成遠途投射美國軍事力量和發揮文化影響的基礎。1969年，美國成功實現登陸月球，此後繼續發展了許多空間技術，包括空間穿梭機，各類衛星和長期空間站等。二十世紀七十年代，美國首創互聯網；40年之後，全世界都成為互聯網的天下。人類對自然界和社會的理解越來越廣闊和深刻，也越來越精微細緻。

20世紀最後20年，對全世界影響最深遠的改變，就是中國加入經濟全球化的進程，成為今日歐亞大陸上最為突出的力量。四十年來，中國已有10億人口（美國人口的三倍）脫離了貧窮，並接受了現代教育；全國農村人口與城鎮人口的比例從二十世紀七十年代的8:2，變為今天的大約4:6，並且極可能於2035年變為3:7。解放這麼多人口的智能以及高速提升他們的消費能力，是任何人類社會所未曾有過的。而這些成就的基本原因，是大量的人力和物力在政府的調配下所修建的屋宇、公路、鐵路、橋樑、隧道、電網、光纖，也包括水渠、水壩、電站、海港、機場的建設。這些基礎設施的興建是幾千年人類文明的結晶，也是人類文明建設最大規模、最快速的總演練。

回顧歐亞大陸上人員、思想、貨物的交流情況，是古代陸上和海上絲綢之路推動了人類文明的發展。要進一步發展當前的世界，讓人類文明的結晶以現代科技和管理手段惠及當代的大多數人類，就需要建立歐亞非大陸上新式的交通大動脈。

不論飛機和互聯網多麼便於交通，大量物資的運輸和眾多人員的來往仍然需要陸上和海上的通道。中國近年提出"一帶一路"的概念，特別注重發展中國家的基礎設施建設。這是基於中國自身發展的經驗，又是多數發展中國家的實際需要。

"一帶一路"倡議被提出後，引起國際廣泛關注，論者褒貶不一。我認為，中國推行"一帶一路"倡議，有幾個有利條件。

首先，中國是絲綢的故鄉，中國歷史和絲綢之路關係密切，因此中國的倡議有天然的吸引力。其次，中國有懷柔遠人的歷史傳統及援助亞非國家的現代經驗；這些既可以使中國得到"長時段"的參照系，避免急功近利的行為，又會使"一帶一路"的概念更容易被有關國家所接受。再者，中國既是海洋大國，又是陸地大國，具有陸海兩方面的地理縱深與歷史經驗。因此"一帶一路"可以有如一首協奏曲，兩者既必須相互配合，又可以各自發揮。同時，中國目前具有強勁的經濟動力，豐沛的金融資源和雄厚的科技實力。以上這些優勢對新絲綢之路的建設，以及建設過程中所必需的廣泛國際合作都十分重要。更何況，中國與任何"一帶一路"國家都沒有過文明或是宗教衝突；而歐洲十字軍、歐洲殖民主義，以及當前歐美國家以我為準的心態和反穆斯林的情緒，會使相當多國家的人民對歐美再度直接進入自己的家園有抗拒心理。

1935 年，毛澤東寫道："莽崑崙……安得倚天抽寶劍，把汝裁為三截？一截遺歐，一截贈美，一截還東國。"環顧全球，今天世界上能夠有潛力發揮跨洲運作的恰是這三股力量；而對眾多發展中國家來說，最好的情況莫如這三股力量協調與合作。美國現在是世界的頭號霸權，但頭號霸權也不可能甚麼都做、甚麼都必須牽頭。歐洲是當今世界最大的經濟體，科技力量雄厚；但歐洲的內聚力正在渙散，相對於美國和中國，歐洲力量正在消退。這三股力量中，最有動力、有能力，又所受阻力相對最小，能建設 21 世紀新絲綢之路的，應該就是毛澤東筆下的"東國"。然而，沒有歐美的認同，"東國"的倡議也很難順利推行。

我盼望發展中國家和發達國家都能支持"一帶一路"倡議，以互助、互信、互惠和共商、共建、共享的方式，達到各國集體繁榮的目標。古代絲綢之路將被賦予新生命；歐亞大陸將實現促進人類文明進一步發展的歷史宿命。

索引

地理名詞

人物

文明、文明概念

語系、語族、語言（文字）

歷史事件及其他